FOURTH EDITION

VISTAS

INTRODUCCIÓN A LA LENGUA ESPAÑOLA

BLANCO | DONLEY

VISTA
HIGHER LEARNING

Boston, Massachusetts

Table of Contents

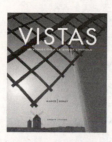

Introduction

The VISTAS 4/e Activity Pack

VISTAS 4/e includes a new instructor ancillary, the **Activity Pack**, which is a collection of supplementary activities for each lesson. With nearly 300 activities and 500 pages, there is something here for every Spanish class!

Some of the activities in the ancillary, such as word searches, crossword puzzles, and multiple-choice and fill-in-the-blank activities, are designed to provide students with additional structured language practice. Others, such as the classroom surveys, Information Gap Activities, scavenger hunts, and interviews, are communicative and give students the opportunity to use active vocabulary and grammar in more open-ended situations. About half of the activities in this instructor resource offer directed practice with a written component, and the other half offer communicative, open-ended practice that focus on speaking and listening skills. Instructors who are familiar with **VISTAS** will recognize the Information Gap Activities and the Activity Sheets from the previous edition's **Instructor's Resource Manual**.

The **Activity Pack** provides the following sections for each of the 18 lessons in **VISTAS**:

- **Contextos** activities focus on vocabulary. They encourage students to practice the lesson's vocabulary in both spoken and written form. Activity types include crossword puzzles, word searches, short dialogues, scavenger hunts, and word or picture identification activities.

- **Estructura** activities focus on grammar. There are two pages of discrete practice for each grammar point (six to eight pages per lesson). Section A is typically a multiple-choice or fill-in-the-blank exercise, followed by Section B, an open-ended writing activity. Some activities are designed to support oral and aural practice by having students work with a partner after they have written questions, for example. Task-based activities also form some of the activities in the **Estructura** sections.

- **Comunicación** activities focus on spoken communication. Information Gap Activities, interviews, role-plays, and classroom surveys support the use of natural language. These activities provide prompts and situations that encourage students to use all the grammar and vocabulary they know in order to communicate in Spanish.

- **Recapitulación** activities cover all of the lesson's vocabulary and each grammar point. Two pages long, the closed-ended questions provide a quick way to review material, gauge retention, and can be used for test preparation. The last activity asks small groups to collaborate on a skit, an interview, or a project that can then be shared with the class.

- **¡Atrévete!** is a board game that provides a content review after lessons 4, 8, 12, 15, and 18. However, it can be used throughout the class as appropriate, since it can be customized to suit any lesson. Each review has its own set of cards that contains images, grammar structures, vocabulary, verbs, and **los retos** (*challenges*) that dare the players to complete an activity in a given time.

With this plethora of individual, pair, and group practice that focuses on writing, reading, listening, and speaking skills, we hope that your students develop their communication skills and you find material that is suitable for your **VISTAS** class.

The VISTAS 4/e Authors and the Vista Higher Learning Editorial Staff

contextos

1   **Sopa de letras (Wordsearch)**

A. Look for words of greeting and courtesy. These can be found horizontally, vertically and diagonally. Circle them and write them in the blanks.

R	B	U	E	P	N	S	A	S	N	O	E
E	A	C	H	E	E	A	E	B	I	E	N
G	S	D	M	R	E	L	L	Ñ	L	A	C
U	M	O	I	D	R	U	A	Ú	O	L	A
L	S	O	Y	Ó	E	D	S	T	U	R	N
A	D	I	A	N	S	O	N	T	E	D	T
R	E	E	S	P	A	S	A	Ñ	O	L	A
S	I	G	U	A	L	M	E	N	T	E	D
T	E	S	M	Ñ	Z	U	X	H	O	L	A
T	A	R	D	E	S	T	E	D	E	S	D
E	E	D	O	N	D	N	O	C	H	E	S
S	G	R	A	C	I	A	S	E	S	O	N

1. _____   5. _____   9. _____

2. _____   6. _____   10. _____

3. _____   7. _____   11. _____

4. _____   8. _____   12. _____

B. Imagine that you run into your Spanish teacher as you leave the library. Write a brief dialogue in which you greet him/her with some of the words you found.

_____

_____

_____

_____

_____

contextos

Estudiante 1

2 **Information Gap Activity** This wordsearch has only half of the words. Your partner has the other half. To figure out which words your partner has, choose a letter and number where there is an empty space (Ex: 8D), and ask your partner if there is a letter in the matching space. If the answer is yes, write the letter in your wordsearch and go again. If the answer is no, your partner should say **cero** and go next. Continue until you have all six words, which can be read horizontally, diagonally, or vertically. You start.

> **Modelo**
>
> **Estudiante 1:** 8D
> **Estudiante 2:** cero. 10E
> **Estudiante 1:** jota
> *You write down J in box 10E and play on.*

Clue: All six words are connected.

	1	2	3	4	5	6	7	8	9	10	11
A	C										
B		O				C			P		
C			M			A			A		
D				P		P			S		
E					U	I			A		
F						T			J		
G						A	A		E		
H						L		D	R		
I									O		
J										R	
K											A

Group the six words into these three categories and compare your results.

Personas **Cosas** **Lugares (*Places*)**

_____ _____ _____

_____ _____ _____

contextos

Estudiante 2

2 **Information Gap Activity** This wordsearch has only half of the words. Your partner has the other half. You will need to figure out which words your partner has. So, when it is your turn, choose a letter and number where there is an empty space (Ex: 8D), and ask your partner if he/she has a letter there. If the answer is yes, he/she will tell you what it is. Write the letter in your wordsearch and go again. If there is no letter, whichever partner is being asked should say **cero** and take his/her turn. Continue until you have all six words, which can be read horizontally, diagonally, or vertically. Your partner starts.

> **Modelo**
>
> **Estudiante 1:** 8D
> **Estudiante 2:** cero. 10E
> **Estudiante 1:** jota
> *You write down J in box 10E and play on.*

Clue: All six words are connected.

	1	2	3	4	5	6	7	8	9	10	11
A	C	O	N	D	U	C	T	O	R		
B	U										
C	A										
D	D										
E	E										
F	R										
G	N										
H	O										
I											
J											
K				E	S	C	U	E	L	A	

Once you have the six words, group them in these three categories. Compare with your partner.

Personas

_____

_____

Cosas

_____

_____

Lugares (*Places*)

_____

_____

estructura

1.1 Nouns and articles

1 **Correcto o incorrecto** Make a check mark if the indefinite article matches the image. If they do not match, write the correct indefinite article.

un turistas ○

1. _____

un profesor ○

2. _____

un conductora ○

3. _____

unas estudiantes ○

4. _____

unas computadoras ○

5. _____

una estudiante ○

6. _____

unas chicos ○

7. _____

una escuela ○

8. _____

unas pasajeros ○

9. _____

una fotografía ○

10. _____

unos maletas ○

11. _____

un mujer ○

12. _____

estructura

1.1 Nouns and articles

2 **Identificar** Write the definite article and noun. Careful! Some are plural.

1. _____

2. _____

3. _____

4. _____

5. _____

6. _____

7. _____

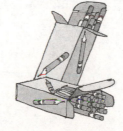

8. _____

9. _____

10. _____

11. _____

12. _____

estructura

1.1 Nouns and articles

3 **Encuesta** Walk around the room and ask classmates to help you classify these nouns. Provide both the indefinite and definite articles and note the name of the classmate who helped you. Go over the results as a class.

	masculine/ feminine	singular/ plural	indefinite/ definite	name
1. mujeres	feminine	plural	unas/las	Paula
2. videos				
3. persona				
4. mapas				
5. señora				
6. mujeres				
7. turista				
8. programas				
9. país				
10. comunidad				
11. problema				
12. hombres				
13. chicos				
14. nacionalidades				
15. conversación				
16. joven				
17. números				
18. día				
19. cosas				
20. palabra				

estructura

1.1 Nouns and articles

4 **Crucigrama (*Crossword puzzle*)** Do this crossword puzzle.

Horizontales

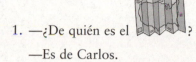

1. —¿De quién es el  ?

   —Es de Carlos.

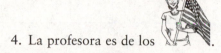

4. La profesora es de los 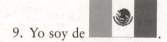 .

6. Son cuatro  y un cuaderno.

7. Son tres  .

9. Yo soy de 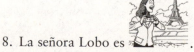 .

10. Los son de Juan y de María.

Verticales

2. Carmen es   .

3. El chico es   .

5. El señor y la señora González son   .

8. La señora Lobo es   .

4

estructura

1.2 Numbers 0–30

1 Hay y no hay

A. Complete the sentences.

1. Hay un _____ y un _____.
2. No hay _____.
3. Hay un _____ y tres _____.
4. Hay tres _____ y no hay _____.
5. No hay _____.

 B. Draw five additional items in the picture. Then, work with a partner and ask each other questions about the new things.

Modelo

> **Estudiante 1:** ¿Cuántas computadoras hay?
> **Estudiante 2:** Hay dos computadoras. / No hay computadoras.

estructura

1.3 Present tense of **ser**

1 **Presentaciones**

A. In pairs, complete the sentences.

—Hola, nosotras (1) _____ (son/somos) Diana y Marina. Marina

(2) _____ (es/soy) estudiante de español. Ella (3) _____

(eres/es) de Los Ángeles. Yo (4) _____ (soy/eres) de California y

(5) _____ (son/soy) profesora de biología.

—Buenas tardes. Les presento a Camilo y David. Ellos (6) _____ (eres/son)

conductores de autobús. David (7) _____ (somos/es) de Puerto Rico. Camilo

y yo (8) _____ (es/somos) de México.

—¿Qué tal? Yo (9) _____ (somos/soy) la señora Ríos. El señor Ríos y yo

(10) _____ (son/somos) pasajeros del autobús número 20. ¿Usted

(11) _____ (eres/es) turista, verdad? Nosotros (12) _____

(eres/somos) de Ecuador. Y ellos, ¿de dónde (13) _____ (son/es)?

B. Now, write a few sentences using the verb **ser** to introduce yourself to a partner. Share your introduction and write down your partner's as he/she shares his/hers with you.

_____

_____

_____

_____

_____

_____

_____

_____

_____

_____

_____

_____

_____

estructura

1.3 Present tense of ser

2 **Elegir**

A. Choose the subject pronoun that can substitute for the underlined word(s).

1. <u>Las chicas</u> son de España.
   a. Ellas   b. Ellos   c. Nosotros

2. La computadora es de <u>Andrea</u>.
   a. ellas   b. ella   c. él

3. <u>Pablo y Berta</u> son profesores.
   a. Él   b. Ellos   c. Ellas

4. <u>El conductor</u> es de los Estados Unidos.
   a. Yo   b. Tú   c. Él

5. <u>Mónica</u>, ¿de dónde eres?
   a. Tú   b. Ella   c. Él

6. ¿Quién es <u>el señor Arango</u>?
   a. nosotros   b. ellos   c. él

7. Los mapas son de <u>las chicas</u>.
   a. nosotras   b. ellas   c. ellos

8. <u>La turista</u> es estudiante.
   a. Yo   b. Él   c. Ella

9. <u>Diego y yo</u> somos hombres.
   a. Ellos   b. Nosotros   c. Nosotras

10. El autobús es de <u>Daniel</u>.
    a. ellas   b. él   c. ellos

11. <u>Las mujeres</u> son jóvenes.
    a. Yo   b. Ellos   c. Ellas

12. <u>Laura, Camila y yo</u> somos unas chicas de Ecuador.
    a. Nosotras   b. Tú   c. Ellas

13. <u>Carolina</u>, ¿eres la chica de la fotografía?
    a. Nosotras   b. Tú   c. Yo

14. ¿De dónde son <u>los pasajeros</u>?
    a. él   b. ella   c. ellos

15. Son las maletas de <u>la estudiante</u>.
    a. yo   b. ella   c. ellas

B. Using these sentences as a model, create three more of your own and exchange them with a partner.

1. _____
   a. _____   b. _____   c. _____

2. _____
   a. _____   b. _____   c. _____

3. _____
   a. _____   b. _____   c. _____

estructura

1.4 Telling time

1   **Emparejar** Match each clock with a written time.

1. _____

_____ a. Son las nueve y treinta de la mañana.

2. _____

_____ b. Son las dos y diez de la tarde.

3. _____

_____ c. Es la una y cuarenta y cinco de la tarde.

4. _____

_____ d. Es mediodía.

5. _____

_____ e. Son las cuatro en punto de la mañana.

6. _____

_____ f. Son las siete y cincuenta y cinco de la noche.

7. _____

_____ g. Son las ocho y veinte de la mañana.

8. _____

_____ h. Son las cuatro y cuarto de la tarde.

estructura

1.4 Telling time

Estudiante 1

2 | **Information Gap Activity** You and your partner each have half of the information you need for this chart. To complete your charts, ask and answer questions about what time it is in these cities. You provide your partner with the times he or she needs to fill in the empty spaces and he/she does the same for you. You begin.

> **Modelo**
>
> **Estudiante 1:** ¿Qué hora es ahora en Madrid?
> **Estudiante 2:** Ahora son las *cinco de la tarde* en Madrid.
> (*You write* 5:00 p.m. *next to* Madrid.)
> **Estudiante 2:** ¿Qué hora es ahora en Atenas?
> **Estudiante 1:** Son…

Ciudad	¿Qué hora es?
San Francisco	
México, D.F.	10:00 a.m.
Toronto	
Quito	11:00 a.m.
Buenos Aires	
Londres (*London*)	4:00 p.m.
Madrid	
Atenas (*Athens*)	6:00 p.m.
Moscú (*Moscow*)	
Nairobi	7:00 p.m.
Nueva Delhi	
Tokio	1:00 a.m.
Sydney	

Now, answer these questions and go over your answers with your partner. Make sure to answer in complete sentences and write out the numbers.

1. Son las 8:15 p.m. en Nairobi. ¿Qué hora es en Sydney?

   _____

2. Son las 6:45 a.m. en Toronto. ¿Qué hora es en Londres?

   _____

3. Son las 5:20 p.m. en Moscú. ¿Qué hora es en México, D.F.?

   _____

4. Son las 9:55 p.m. en Tokio. ¿Qué hora es en Atenas?

   _____

5. Son las 11:10 a.m. en Quito. ¿Qué hora es en San Francisco?

Nombre _____   Fecha _____

estructura

1.4 Telling time

Estudiante 2

2 **Information Gap Activity** You and your partner each have half of the information you need for this chart. To complete your charts, ask and answer questions about what time it is in these cities. You provide your partner with the times he or she needs to fill in the empty spaces and he/she does the same for you. Your partner begins.

> **Modelo**
> **Estudiante 1:** ¿Qué hora es ahora en Madrid?
> **Estudiante 2:** Ahora son las *cinco de la tarde* en Madrid.
> (*You write* 5:00 p.m. *next to* Madrid.)
> **Estudiante 2:** ¿Qué hora es ahora en Atenas?
> **Estudiante 1:** Son…

Ciudad	¿Qué hora es?
San Francisco	8:00 a.m.
México, D.F.	
Toronto	11:00 a.m.
Quito	
Buenos Aires	1:00 p.m.
Londres (*London*)	
Madrid	5:00 p.m.
Atenas (*Athens*)	
Moscú (*Moscow*)	7:00 p.m.
Nairobi	
Nueva Delhi	9:30 p.m.
Tokio	
Sydney	3:00 a.m.

Now, answer these questions and go over your answers with your partner. Make sure to answer in complete sentences and write out the numbers.

1. Son las 8:15 p.m. en Nairobi. ¿Qué hora es en Sydney?

_____

2. Son las 6:45 a.m. en Toronto. ¿Qué hora es en Londres?

_____

3. Son las 5:20 p.m. en Moscú. ¿Qué hora es en México, D.F.?

_____

4. Son las 9:55 p.m. en Tokio. ¿Qué hora es en Atenas?

_____

5. Son las 11:10 a.m. en Quito. ¿Qué hora es en San Francisco?

_____

comunicación

1

Construye la historia

A. Two students are getting acquainted on their first day of college. In pairs, continue their conversation by choosing the correct sentence.

CHICA Buenos días. ¿Cómo está?

CHICO
1. a. Muy bien gracias. Me llamo Javier. ¿Cómo se llama usted?
   b. Buenas noches señorita Méndez.
   c. Soy de los Estados Unidos.

CHICA
2. a. ¿Qué tal, Javier?
   b. Me llamo Lucía. Mucho gusto.
   c. Igualmente, ¿de dónde es usted, señor?

CHICO
3. a. Encantada, Lucía.
   b. Saludos a la señora Méndez.
   c. Encantado, Luisa.

CHICA
4. a. No. Lucía, L-U-C-Í-A.
   b. No. Luisa, L-U-I-S-A.
   c. No. Javier, J-A-V-I-E-R.

CHICO
5. a. ¡Oh! Lo siento, Luisa. ¿De dónde es usted, señora?
   b. ¡Oh! Lo siento, Lucía. ¿De dónde es usted, señorita?
   c. ¡Oh! Lo siento, Javier. ¿De dónde es usted, señor?

CHICA
6. a. Soy de Colombia. ¿Y usted?
   b. Soy de Colombia. ¿Y usted, Lucía?
   c. Soy de Colombia. ¿Y yo?

CHICO
7. a. Somos de Costa Rica.
   b. Es de Costa Rica.
   c. Soy de Costa Rica.

(*The girl checks her watch.*)

CHICA
8. a. ¿Qué pasa, Javier?
   b. ¡Hasta pronto, Javier!
   c. No hay de qué, Javier.

CHICO
9. a. Chao, Lucía. Nos vemos pronto.
   b. Muchas gracias, Lucía. Nos vemos pronto.
   c. De nada, Lucía. Nos vemos pronto.

B. Now, act out the dialogue for the class. You can change the names and countries to reflect your own personal information.

comunicación

2 **¡A conversar!** Look at each group of celebrities in the box. In groups of three, pick a box and role-play the celebrities meeting each other. One person should be the "introducer," who knows the other two. Use as much vocabulary from this lesson as possible. You can also invent your own list of celebrities. Be prepared to act out your skit for the class.

Shakira Beyoncé Lady Gaga	América Ferrera Madonna Don Omar
Andy García Cameron Díaz Roger Federer	Juanes Barack Obama Antonio Banderas
Antonio Villaraigosa Orlando Bloom Penélope Cruz	Benicio del Toro Daddy Yankee Naomi Campbell
Pedro Almodóvar Brad Pitt Rafael Nadal	¿? ¿? ¿?

Modelo

Estudiante 1: Beyoncé, ésta es la señorita Shakira.

Estudiante 2: Encantada. ¿De dónde es usted?

Estudiante 3: Yo soy de Colombia. ¿Y usted?

Estudiante 2: Yo soy de los Estados Unidos. Lady Gaga, ¿qué hora es?

Estudiante 1: Son las dos y veinte de la tarde.

comunicación

3 **Encuentra tu pareja (*Find your partner*)** Your instructor will give you a card that contains a description of the character you will role-play and a description of your role-play partner. Walk around the classroom and talk to your classmates until you find your partner. Together, prepare a two- to three-minute conversation where you meet and get to know each other. Include as much vocabulary and grammar from this lesson as possible. Act out the conversation in front of the class. Be creative!

Modelo

Estudiante 1: Buenos días. ¿Usted es la señora Díaz?
Estudiante 2: Sí, yo soy la señora Díaz.
Estudiante 1: ¿Usted es la conductora del autobús?
Estudiante 2: No, yo soy la profesora.
Estudiante 1: Muchas gracias. Hasta pronto.

Estudiante 1: Buenos días. ¿Usted es la señora Díaz?
Estudiante 3: Sí, yo soy la señora Díaz.
Estudiante 1: ¿Usted es la conductora del autobús?
Estudiante 3: Sí. Yo soy la conductora del autobús.
Estudiante 1: ¿Usted es de Cuba?
Estudiante 3: Sí. ¿Y usted es Óscar?
Estudiante 1: Sí, yo soy Óscar.

3 **Encuentra tu pareja (*Find your partner*)**

Time: 30 minutes

Resources: Role-play cards

Instructions: Photocopy the role-play cards and cut out as many as needed. Give each student a different card, making sure each one has a match, and tell them to walk around the classroom and talk to their classmates until they find their role-play partners. Partners should prepare a two- to three-minute conversation in which they meet and get to know each other using vocabulary and grammar from this lesson. Make sure all students participate. Tell them to be prepared to act out the conversation in front of the class.

You can vary the activity by asking students to film their conversations and bring them to class.

3 ## Role-play cards

Tú eres:
la señora Ríos
conductora
Cuba

Tu compañero/a es:
Andrés, el chico de
la capital
turista
número de teléfono:
655 78 34

Tú eres:
Andrés, el chico de
la capital
turista
número de teléfono:
655 78 34

Tu compañero/a es:
la señora Díaz
conductora
Cuba

Tú eres:
la señora Ríos
conductora
España

Tu compañero/a es:
Andrés, el chico de
la fotografía
turista
número de pasajero: 18

Tú eres:
Andrés, el chico de
la fotografía
turista
número de pasajero: 18

Tu compañero/a es:
la señora Ríos
conductora
España

Tú eres:
el profesor Méndez
número de teléfono:
589 23 47
Cuba

Tu compañero/a es:
María Torres
pasajera
número de maletas: 6

Tú eres:
María Torres
pasajera
número de maletas: 6

Tu compañero/a es:
el profesor Méndez
número de teléfono:
589 23 47
Cuba

Tú eres:
el profesor Méndez
número de teléfono:
589 23 47
España

Tu compañero/a es:
María Torres
pasajera
número de maletas: 4

Tú eres:
María Torres
pasajera
número de maletas: 4

Tu compañero/a es:
el profesor Méndez
número de teléfono:
589 23 47
España

Tú eres:
la señorita Restrepo
turista
México

Tu compañero/a es:
Héctor Correa
conductor
número de pasajeros: 10

Tú eres:
Héctor Correa
conductor
número de pasajeros: 10

Tu compañero/a es:
la señorita Restrepo
turista
México

Tú eres:
la señorita Restrepo
turista
Costa Rica

Tu compañero/a es:
Héctor Rivas
conductor
número de pasajeros: 14

Tú eres:
Héctor Rivas
conductor
número de pasajeros: 14

Tu compañero/a es:
la señorita Restrepo
turista
Costa Rica

---

recapitulación

¡A repasar! Review everything you have learned in **Lección 1**.

1 **Identificar** Select the word that does not fit in each group.

1. cuaderno • nacionalidad • diccionario • lápiz
2. profesoras • conductores • pasajeras • chicas
3. diario • mapa • país • nacionalidad
4. joven • chico • día • hombre

2 **Deletrear (Spell)** Spell out these names in Spanish.

1. Marta Sánchez _____
_____

2. Juan Carlos Rivas _____
_____

3. Rodrigo Cuevas _____
_____

4. Elvira Montes _____
_____

3 **Los artículos** Write the indefinite and definite articles.

1. _____ _____ números
2. _____ _____ lección
3. _____ _____ programa
4. _____ _____ escuelas

4 **Los números** In Spanish, write out the these numbers.

1. 18 _____
2. 30 _____
3. 24 _____
4. 15 _____

5 **Yo, tú, él...** Complete these sentences with the subject pronouns that match the form of the verb **ser**.

1. _____ es la profesora de español.
2. ¿_____ son los pasajeros del autobús?
3. _____ somos estudiantes.
4. _____ es el conductor.

6 **¿Cuántos hay?** Answer the questions.

1. ¿Cuántos lápices hay?

_____.

2. ¿Cuántas computadoras hay?

_____.

3. ¿Cuántos mapas hay?

_____.

4. ¿Cuántos diccionarios hay?

_____.

7 **Ser o no ser** Complete the sentences with the verb **ser**.

1. Yo _____ de Puerto Rico.

2. María _____ estudiante.

3. Nosotros _____ turistas.

4. ¿De dónde _____ tú?

8 **Son las...** Select the time that matches.

1. Son las ocho menos cuarto de la mañana.

    a. 7:45 a. m.   b. 8:45 a. m.   c. 8:15 a. m.

2. Es la una de la tarde.

    a. 1:00 a. m.   b. 1:00 p. m.   c. 1:10 p. m.

3. Son las cinco y quince de la tarde.

    a. 5:45 a. m.   b. 5:15 a. m.   c. 5:15 p. m.

4. Es el mediodía.

    a. 12:15 p. m.   b. 12:00 a. m.   c. 12:00 p. m.

9 **¡A practicar!** In pairs, make up a conversation using these cues:

- greetings and expressions of courtesy
- vocabulary (nouns, numbers, subject pronouns, etc.) you learned in this lesson
- as many forms of verb **ser** as you can
- **hay / no hay** forms whenever possible
- telling time

Be creative! If possible, use costumes and/or scenery when presenting your role-play to the class. If resources allow, you may film the skit instead.

        Lección 1 Recapitulación

contextos

1

R	B	U	E	P	N	S	A	S	N	O	E
E	A	C	H	E	E	A	E	B	I	E	N
G	S	D	M	R	E	L	L	Ñ	L	A	C
U	M	O	I	D	R	U	A	Ú	O	L	A
L	S	O	Y	Ó	E	D	S	T	U	R	N
A	D	I	A	N	S	O	N	T	E	D	T
R	E	E	S	P	A	S	A	Ñ	O	L	A
S	I	G	U	A	L	M	E	N	T	E	D
T	E	S	M	Ñ	Z	U	X	H	O	L	A
T	A	R	D	E	S	T	E	D	E	S	D
E	E	D	O	N	D	N	O	C	H	E	S
S	G	R	A	C	I	A	S	E	S	O	N

A. regular; adiós; perdón; saludos; señor; bien; encantada; igualmente; hola; tardes; noches; gracias **B.** Answers will vary.

2 **Personas:** pasajero; conductor **Cosas:** computadora; cuaderno **Lugares:** capital; escuela

estructura

1.1 Nouns and articles

1 1. incorrecto; unos 2. correcto 3. incorrecto; una 4. incorrecto; unos 5. correcto 6. correcto 7. incorrecto; unos 8. correcto 9. incorrecto; unos 10. correcto 11. incorrecto; unas 12. incorrecto; una

2 1. las maletas 2. el mapa 3. la computadora 4. los chicos 5. el diccionario 6. los profesores 7. la mano 8. los lápices 9. las chicas 10. el conductor 11. el cuaderno 12. el autobús

3 1. feminine, plural, unas/las 2. masculine, plural, unos/los 3. femenine, singular, una/la 4. masculine, plural, unos/los 5. feminine, singular, una/la 6. feminine, plural, unas/las 7. masculine/feminine, singular, un/una/el/ella 8. masculine, plural, unos/los 9. masculine, singular, un/el 10. feminine, singular, una/la 11. masculine, singular, un/el 12. masculine, plural, unos/los 13. masculine, plural, unos/los 14. feminine, plural, unas/las 15. feminine, singular, una/la 16. masculine/feminine singular, un/una/el/la 17. masculine, plural, unos/los 18. masculine, singular, un/el 19. feminine, plural, unas/las 20. feminine, singular, una/la

4 **Horizontales:** 1. mapa 4. Estados Unidos 6. fotografías 7. maletas 9. México 10. cuadernos **Verticales:** 2. profesora 3. estudiante 5. pasajeros 8. turista

1.2 Numbers 0–30

1 **A.** Answers may vary slightly. Sample answers: 1. lápiz, diccionario 2. cuadernos 3. profesor, estudiantes 4. chicos, chicas 5. mapas **B.** Answers will vary.

1.3 Present tense of *ser*

1 **A.** 1. somos 2. es 3. es 4. soy 5. soy 6. son 7. es 8. somos 9. soy 10. somos 11. es 12. somos 13. son **B.** Answers will vary.

2 **A.** 1. a 2. b 3. b 4. c 5. a 6. c 7. b 8. c 9. b 10. b 11. c 12. a 13. b 14. c 15. b **B.** Answers will vary.

1.4 Telling time

1 1. c 2. e 3. b 4. g 5. h 6. a 7. d 8. f

2 Answers will vary.

comunicación

1 **A.** 1. a 2. b 3. c 4. a 5. b 6. a 7. c 8. b 9. a **B.** Answers will vary.

2 Answers will vary.

3 Answers will vary.

recapitulación

1 1. nacionalidad 2. conductores 3. diario 4. día

2 1. eme, a, ere, te, a, ese, a, ene, ce, hache, e, zeta 2. jota, u, a, ene, ce, a, ere, ele, o, ese, ere, i, ve, a, ese 3. ere, o, de, ere, i, ge, o, ce, u, e, ve, a, ese 4. e, ele, ve, i, ere, a, eme, o, ene, te, e, ese

3 1. unos, los 2. una, la 3. un, el 4. unas, las

4 1. dieciocho 2. treinta 3. veinticuatro 4. quince

5 1. Ella 2. Ustedes/Ellos 3. Nosotros/Nosotras 4. Él

6 1. Hay tres lápices. 2. No hay computadoras. 3. No hay mapas. 4. Hay un diccionario.

7 1. soy 2. es 3. somos 4. eres

8 1. a. 2. b. 3. c. 4. c.

9 Answers will vary.

contextos

1 **Busca los objetos** Choose one of the boxes below, with names of classroom objects, and start collecting the items in your classroom. Make a check mark next to the items as you collect them. Move quickly, because the first person who collects all the objects on his/her list wins!

○ 2 mochilas	○ 1 tiza
○ 3 lápices	○ 2 plumas
○ 6 libros	○ 4 borradores
○ 1 reloj	○ 1 mapa
○ 1 horario	○ 2 sillas
○ 4 libros	○ 3 cuadernos
○ 3 mochilas	○ 1 papelera
○ 1 diccionario	○ 1 fotografía

contextos

2   **Sopa de letras**

A. Look for words having to do with places or things found at a university. These can be found horizontally, vertically and diagonally. Circle the words and write them in the blanks.

L	A	B	O	R	A	T	O	R	I	O	N	A
I	M	M	N	G	E	O	G	R	A	F	Í	A
B	S	S	E	E	C	D	O	N	Ñ	T	U	T
R	Í	Í	S	R	O	L	T	I	C	Q	A	A
E	M	X	E	M	N	U	M	I	D	A	V	R
R	Ú	A	M	G	O	M	F	Á	Z	S	I	E
Í	S	N	E	J	M	O	S	É	F	A	D	A
A	I	E	S	L	Í	X	P	D	E	R	E	Z
T	C	R	T	E	A	O	B	L	A	S	M	I
F	A	Í	R	C	A	E	M	P	U	R	E	Ó
I	T	S	E	X	A	M	E	N	E	M	S	N
P	A	P	E	L	E	R	A	A	R	I	A	O

1. _____   5. _____   9. _____

2. _____   6. _____   10. _____

3. _____   7. _____   11. _____

4. _____   8. _____   12. _____

B. Now, classify the words you found by writing them in the matching category.

Lugares	Cosas	Materias
_____	_____	_____
_____	_____	_____
_____	_____	_____
_____	_____	_____
_____	_____	_____

contextos

3 **Correcto o incorrecto** Look at each picture and make a check mark if the caption matches the image. If they do not match, write a new caption using a word from **Contextos**.

una bibilioteca ○

una puerta ○

una mochila ○

1. _____   2. _____   3. _____

una papelera ○

un escritorio ○

una ventana ○

4. _____   5. _____   6. _____

una casa ○

unas sillas ○

un laboratorio ○

7. _____   8. _____   9. _____

un estadio ○

unos relojes ○

una pizarra ○

10. _____   11. _____   12. _____

estructura

2.1 Present tense of -ar verbs

1 **Identificar** Complete each sentence with an **-ar** verb from the box.

bailar	comprar	estudiar	tomar
caminar	desayunar	hablar	trabajar
cantar	dibujar	llevar	viajar

1. El joven _____ cerca de la universidad.

2. Juan y Pedro _____ en clase.

3. Mariana y yo _____ café.

4. El estudiante _____ en un papel.

5. ¿Quién _____ a Cuba?

6. Los compañeros _____ en la biblioteca.

7. El hombre _____ la silla.

8. Ellos _____ en la residencia estudiantil.

9. La mujer _____ una maleta.

10. Yo _____ en la cafetería.

11. El señor Gómez _____ en casa.

12. La chica _____ delante de los profesores.

estructura

2.1 Present tense of **-ar** verbs

2 **Crucigrama** Complete each sentence in the crossword puzzle with the correct **-ar** verb from the box. One verb will be used twice.

desear	hablar	terminar
escuchar	necesitar	trabajar
estudiar	tomar	regresar

Horizontales

2. Me gusta _____ café en la cafetería de la universidad.

3. Nosotros _____ español en la clase de la señora Pérez.

6. Ellos _____ estudiar para el examen de inglés.

9. Eduardo _____ de Puerto Rico el jueves.

10. Yo _____ en la biblioteca los lunes.

Verticales

1. Fernando _____ matemáticas, contabilidad y biología.

4. Lina y yo _____ la radio en la casa.

5. Mónica _____ enseñar biología en la Universidad Autónoma de México.

7. Daniela y Óscar _____ en la librería los sábados y los domingos.

8. La clase de geografía _____ a las 4 de la tarde.

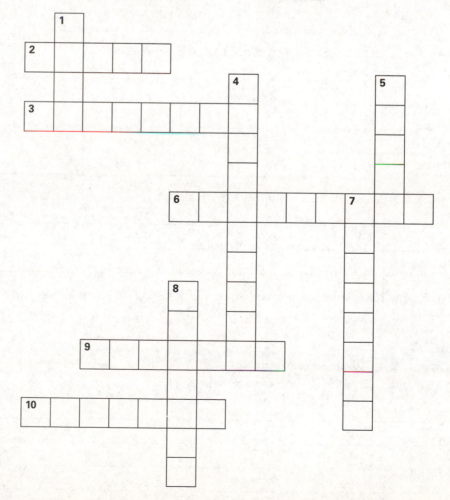

estructura

2.2 Forming questions in Spanish

1   **Preguntas**

A. Write an interrogative word in each sentence below to complete the questions. Then, answer the questions.

1. —¿_____ escritorios hay en la clase?

   —_____.

2. —¿_____ hora es?

   —_____.

3. —¿_____ está el mapa?

   —_____.

4. —¿_____ mujeres hay en la clase?

   —_____.

5. —¿_____ está la papelera?

   —_____.

 B. Now write four more questions based on the picture. Take turns asking and answering them with a partner.

> **Modelo**
>
> **Estudiante 1:** ¿Dónde está el profesor?
> **Estudiante 2:** El profesor está cerca de la pizarra.

1. ¿_____?

2. ¿_____?

3. ¿_____?

4. ¿_____?

estructura

2.2 Forming questions in Spanish

2 **Encuesta** (student text p. 58) Ask your classmates questions using the items in the first column. Find at least one person for each category. Be prepared to report the results of your survey to the class.

Categorías	Nombre de tu compañero/a	Nombre de tu compañero/a
1. estudiar computación		
2. tomar una clase de psicología		
3. dibujar bien		
4. cantar bien		
5. escuchar música clásica		
6. escuchar jazz		
7. hablar mucho en clase		
8. desear viajar a España		

Lección 2 Estructura **29**

estructura

2.3 Present tense of **estar**

1 **Estamos en la universidad**

A. Complete these descriptions using the verb **estar**.

—Hola, nosotros (1) _____ (están/estamos) en la universidad. Tomás

(2) _____ (está/estás) en la clase de matemáticas. Él (3) _____

(estoy/está) en la facultad de economía. Yo (4) _____ (estoy/están) en la clase del

profesor Martínez. Hoy, nosotros no (5) _____ (estamos/están) en la universidad

porque es sábado.

—Silvia, Marta y yo (6) _____ (están/estamos) en la biblioteca. Silvia

(7) _____ (está/estoy) al lado de la ventana. Marta y yo

(8) _____ (estamos/estás) delante de un escritorio.

—¿Cómo (9) _____ (estás/estoy)? Yo (10) _____

(estoy/están) regular. Hoy hay clases y (11) _____ (estoy/están) en casa porque

(12) _____ (estás/estoy) enferma. Y tú, ¿dónde (13) _____

(estamos/estás) ahora?

B. Now, write a few sentences about yourself using the verb **estar** and share them with a partner. After you say your sentences, write down your partner's as he/she shares them with you.

_____

_____

_____

_____

_____

_____

_____

_____

_____

_____

_____

_____

estructura

2.3 Present tense of **estar**

2 Elegir

A. Choose the best preposition for each sentence.

1. La biblioteca está _____ la cafetería.

   a. con   b. detrás de   c. sin

2. Carlos está _____ la librería.

   a. debajo de   b. encima de   c. en

3. Los profesores están _____ la universidad.

   a. a la derecha de   b. en   c. con

4. El mapa está _____ el escritorio.

   a. entre   b. sobre   c. sin

5. La clase de historia está _____ la clase de geografía.

   a. al lado de   b. entre   c. con

6. Las tizas están _____ la pizarra.

   a. entre   b. sin   c. a la izquierda de

7. Los cuadernos están _____ la mochila.

   a. entre   b. lejos de   c. sin

8. La casa está _____ la residencia estudiantil.

   a. sobre   b. con   c. lejos de

9. La papelera está _____ la mesa.

   a. sin   b. debajo de   c. entre

10. Los estudiantes están _____ la ventana.

   a. cerca de   b. entre   c. encima de

B. Now, create four items of your own and exchange them with a partner.

1. _____

   a. _____   b. _____   c. _____

2. _____

   a. _____   b. _____   c. _____

3. _____

   a. _____   b. _____   c. _____

4. _____

   a. _____   b. _____   c. _____

estructura

2.4 Numbers 31 and higher

1 **Presupuesto (*Budget*)** Using the chart, make a budget for yourself for the coming month and share it with the class.

PRESUPUESTO	
Libros	
Cafetería	
Transporte	
Fines de semana	
Total:	

estructura

2.4 Numbers 31 and higher

Estudiante 1

2 **Information Gap Activity** (student text p. 65) You and your partner each have an incomplete chart showing the distances between Madrid and various locations. Fill in the missing information on your chart by asking your partner questions.

> **Modelo**
>
> **Estudiante 1:** ¿A qué distancia está Arganda del Rey?
> **Estudiante 2:** Está a veintisiete kilómetros de Madrid.

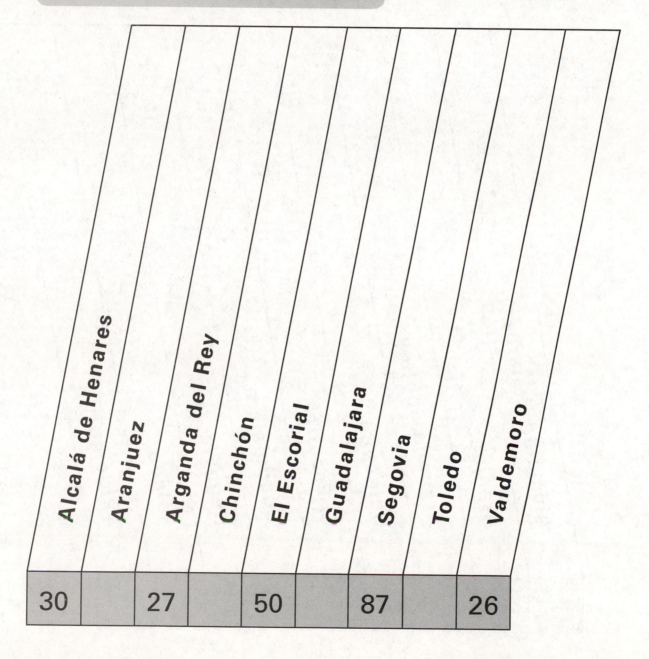

Alcalá de Henares	Aranjuez	Arganda del Rey	Chinchón	El Escorial	Guadalajara	Segovia	Toledo	Valdemoro
30		27		50		87		26

estructura

2.4 Numbers 31 and higher

Estudiante 2

2 **Information Gap Activity** (student text p. 65) You and your partner each have an incomplete chart showing the distances between Madrid and various locations. Fill in the missing information on your chart by asking your partner questions.

Modelo

Estudiante 1: ¿A qué distancia está Arganda del Rey?

Estudiante 2: Está a veintisiete kilómetros de Madrid.

Alcalá de Henares	Aranjuez	Arganda del Rey	Chinchón	El Escorial	Guadalajara	Segovia	Toledo	Valdemoro
	47	27	54		55		71	

comunicación

1 **Construye la historia** A chemistry professor runs into some very confused students from his class. Work in groups of three and choose the correct sentence for each item. Then, add a few lines to the dialogue and act it out for the class.

PROFESOR ¿Quiénes son los estudiantes de química?

ESTUDIANTES
1. a. Aquí, somos nosotros.
   b. Aquí, es usted.
   c. Aquí, son los profesores.

PROFESOR
2. a. ¡Ah! Y, ¿por qué no están en el estadio?
   b. ¡Ah! Y, ¿por qué no están en el laboratorio?
   c. ¡Ah! Y, ¿por qué no están en casa?

ESTUDIANTES
3. a. Porque la clase es el jueves, y hoy es miércoles.
   b. Porque la ventana está al lado de la puerta.
   c. Porque nos gusta la librería.

PROFESOR
4. a. No, la clase es en la cafetería.
   b. No, la clase es en la capital.
   c. No, la clase es hoy.

ESTUDIANTES
5. a. ¿Adónde?
   b. ¿Cuántos?
   c. ¿Por qué?

PROFESOR
6. a. ¡Porque hoy estoy enfermo!
   b. ¡Porque hoy es jueves!
   c. ¡Porque hoy estudio en la biblioteca!

ESTUDIANTES
7. a. Y, ¿a qué hora es la clase?
   b. Y, ¿qué día es la clase?
   c. Y, ¿cuántas clases son?

PROFESOR
8. a. La clase es a las diez en punto. Están en la librería ahora.
   b. La clase es a las diez en punto. Son estudiantes de matemáticas.
   c. La clase es a las diez en punto. Son las diez y cuarto ahora.

ESTUDIANTES
9. a. Bueno. Y usted, ¿qué desea?
   b. Bueno. Y usted, ¿quién es?
   c. Bueno. Y usted, ¿qué necesita?

PROFESOR
10. a. ¡Yo estoy a la izquierda de la ventana!
    b. ¡Yo soy el profesor de la clase de química!
    c. ¡Yo tomo la clase de periodismo!

comunicación

Estudiante 1

2 **Information Gap Activity** Your partner has the information you are missing about Pedro. Based on the cues, ask your partner the correct questions. Take notes in both the **Preguntas** and **Respuestas** columns, because you will need to reconstruct all the information at the end. You start.

Modelo

Estudiante 1 sees: ¿Quién (ser) Pedro?
Estudiante 2 sees: estudiante/ciencias/periodismo
Estudiante 1 says: ¿Quién es Pedro?
Estudiante 2 says: Pedro es un estudiante de ciencias y periodismo.

Preguntas	Respuestas
1. ¿Quién (ser) Pedro?	
2.	Pedro Raúl Vidal Ruiz
3. ¿De dónde (ser) Pedro?	
4.	Universidad/Sevilla/España
5. ¿Cuántas materias (tomar) en un semestre y cuáles (ser)?	
6.	física/química
7. ¿Qué clases (tomar) los martes y los jueves?	
8.	7:30
9. ¿Cuántos estudiantes (haber) en la clase de química?	
10.	68
11. ¿Dónde (desayunar)?	
12.	residencia estudiantil/6:30/tarde
13. ¿A qué hora (regresar) a la residencia estudiantil?	
14.	laboratorio/universidad
15. ¿Quién (ser) Miguel?	
16.	Julián Gutiérrez
17. ¿Dónde (practicar) el español?	
18.	librería/universidad
19. ¿Cuándo (escuchar) música?	
20.	no/domingos/descansar

Now, write a summary of everything you have learned about Pedro on a sheet of paper.

comunicación

Estudiante 2

2 **Information Gap Activity** Your partner has the information you are missing about Pedro. Based on the cues, ask him or her the correct questions. Take notes in both the **Preguntas** and **Respuestas** columns, because you will need to reconstruct all the information at the end. Your partner starts.

Modelo

Estudiante 1 sees: ¿Quién (ser) Pedro?
Estudiante 2 sees: estudiante/ciencias/periodismo
Estudiante 1 says: ¿Quién es Pedro?
Estudiante 2 says: Pedro es un estudiante de ciencias y periodismo.

Preguntas	Respuestas
1.	estudiante/ciencias/periodismo
2. ¿Cuál (ser) el nombre completo?	
3.	California/Estados Unidos
4. ¿Dónde (estudiar)?	
5.	cuatro/física/química/sociología/español
6. ¿Qué clases (tomar) los lunes y los miércoles?	
7.	sociología/español
8. ¿A qué hora (llegar) a la universidad por la mañana?	
9.	93
10. ¿Cuántos estudiantes (haber) en la clase de sociología?	
11.	cafetería/universidad
12. ¿Dónde (cenar) y a qué hora?	
13.	6/tarde
14. ¿Dónde (preparar) Pedro la tarea de química?	
15.	compañero de cuarto/Pedro
16. ¿Cómo (llamarse) el profesor de español?	
17.	laboratorio/lenguas extranjeras
18. ¿Dónde (comprar) los libros?	
19.	sábados/domingos
20. ¿(Estudiar) los domingos?	

Now, write a summary of everything you have learned about Pedro on a separate sheet of paper.

comunicación

3 **Una entrevista** Each semester the local college TV channel interviews a freshman. In groups of three, prepare an interview (**entrevista**) and act it out for the class. One person should be the freshman, and the other two should be the reporters (**reporteros**). Use as much vocabulary from the lesson as possible and be sure to include:

- introductions and greetings
- where he/she is from
- what he/she studies
- classes and schedules
- which classes he/she likes
- prepositions
- places in the university
- **-ar** verbs
- present tense of **estar**

Modelo

> **Estudiante 1:** Buenos días. Me llamo Alejandra y ella es Daniela. Nosotras somos reporteras del canal de la universidad. ¿Contestas unas preguntas?
>
> **Estudiante 2:** ¿Es una entrevista?
>
> **Estudiante 3:** Sí.
>
> **Estudiante 2:** ¡Oh! Hola. Mi nombre es Bernardo Vélez. ¿Cómo están?
>
> **Estudiante 3:** Muy bien gracias. Bueno y, ¿de dónde eres, Bernardo?
>
> **Estudiante 2:** Soy de Puerto Rico.

comunicación

4 **El horario de clases** Your instructor will give you a schedule with the classes you must take this semester, as well as all the electives. You will need to ask your classmates for the day and time of your scheduled classes and they will need to ask you for theirs. Remember to note when your classes are, so that you can share your schedule with the class and say whether you like or dislike the required classes.

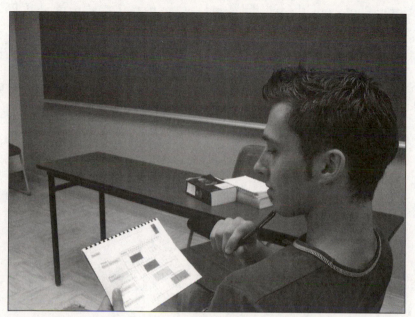

Modelo

Estudiante 1: Hola. ¿Tú tomas matemáticas?

Estudiante 2: No. Yo tomo computación, ciencias y biología.

Estudiante 1: ¿Biología?

Estudiante 2: Sí.

Estudiante 1: La clase de biología es los miércoles a las 10 de la mañana.

Estudiante 2: Muchas gracias. ¿Y tú qué clases tomas?

4 El horario de clases

Time: 30 minutes

Resources: Schedules

Instructions: Photocopy the schedules and cut out as many as are needed. Each schedule contains a list of classes the student must take, and information on when elective subjects are offered. Hand each student a schedule and have them circulate among their classmates and get the information they need to complete the schedules (the dates and times of the required classes).

Make sure all students participate. Tell them to be prepared to share with the class whether they like or dislike the classes they must take and their class schedule.

4 Horarios de clases

Clases que debes tomar: matemáticas, geografía, contabilidad, economía y lenguas extranjeras

Hora	Lunes	Martes	Miércoles	Jueves	Viernes	Sábado	Domingo
8–10	biología						
10–12							
12–2			literatura				
2–4		periodismo					
4–6							

Clases que debes tomar: periodismo, arte, psicología, español, música

Hora	Lunes	Martes	Miércoles	Jueves	Viernes	Sábado	Domingo
8–10							
10–12		contabilidad			física		
12–2						historia	
2–4	inglés						
4–6							

Clases que debes tomar: biología, historia, química, literatura y humanidades

Hora	Lunes	Martes	Miércoles	Jueves	Viernes	Sábado	Domingo
8–10		matemáticas					
10–12			geografía		lenguas extranjeras		música
12–2							
2–4							
4–6							

Clases que debes tomar: administración de empresas, inglés, física, sociología y arte

Hora	Lunes	Martes	Miércoles	Jueves	Viernes	Sábado	Domingo
8–10				español		ciencias	
10–12	psicología						
12–2				economía			
2–4							
4–6							

Clases que debes tomar: ciencias, literatura, geografía, computación y psicología

Hora	Lunes	Martes	Miércoles	Jueves	Viernes	Sábado	Domingo
8–10			sociología				
10–12				química			
12–2							
2–4					arte		
4–6							

Clases que debes tomar: inglés, historia, matemáticas, química y sociología

Hora	Lunes	Martes	Miércoles	Jueves	Viernes	Sábado	Domingo
8–10							
10–12		humanidades					
12–2	administración de empresas						
2–4							
4–6				computación			

recapitulación

¡A repasar! Review everything you have learned in **Lección 2**.

1 **Las materias** In Spanish, write the names of three science and three humanities courses.

las ciencias	las humanidades
1. _____	_____
2. _____	_____
3. _____	_____

2 **Definiciones** Fill in the blanks with the Spanish word and article.

1. _____ is someone who is in your class.

2. _____ is a task assigned to students to be completed outside of class.

3. _____ is a building where books and other materials for students are kept.

4. _____ is a piece of furniture used for writing or reading.

3 **Los verbos** Select the **-ar** verb that goes with each sentence.

1. Mario _____ (estudia/viaja) con su compañero Braulio en la biblioteca.

2. Bruno _____ (trabaja/habla) inglés muy bien.

3. Mis compañeros de cuarto _____ (escuchan/conversan) música los domingos.

4. Yo _____ (canto/termino) mi tarea en la cafetería.

4 **Me gusta...** Choose the form of verb **gustar** that goes with each sentence.

1. A María Eugenia _____ estudiar contabilidad.

   a. le gusta   b. te gusta   c. me gusta

2. _____ estudiar los lunes en la biblioteca. (yo)

   a. Me gusta   b. Te gusta   c. Le gusta

3. A Luis no _____ los profesores de matemáticas.

   a. me gustan   b. le gustan   c. le gusta

4. _____ escuchar la radio en español. (tú)

   a. Le gustan   b. Te gustan   c. Te gusta

5 **Preguntas y respuestas** Write the questions for these answers.

1. ¿_____?

   Los estudiantes de geografía están en la biblioteca.

2. ¿_____?

   El profesor Suárez desayuna en la cafetería porque le gusta.

3. ¿_____?

   Hay doce chicos en la clase de biología.

4. ¿_____?

   Amanda y yo tomamos humanidades y computación.

6 **Estar** Fill in the blanks with **estar**.

1. Yo _____ en casa de la profesora Rojas.

2. Natalia y Manuela _____ en la residencia estudiantil.

3. ¿Dónde _____ nosotros?

4. Tú _____ lejos de la librería.

7 **Elegir** Indicate whether the form of the verb **estar** refers to location, health or well-being.

1. El estadio está detrás del laboratorio de química. _____

2. Los profesores están en la cafetería. _____

3. Hoy estoy muy bien, gracias. _____

4. Marcela y Roberto están enfermos. _____

8 **Más números** Write these numbers.

1. doscientos cuarenta y cinco mil trescientos veinte _____

2. diez millones quinientos veintitrés mil noventa y nueve _____

3. trescientos ochenta y siete _____

4. cincuenta y cinco mil novecientos trece _____

9 **¡A practicar!** In groups of four, create a game or activity that can help you practice everything you learned in **Lección 2**:

- vocabulary (numbers, days of the week, classroom objects, etc.)

- the verb **estar**

- forming questions

- **-ar** verbs

Use any necessary materials. Bring your game to class and have fun!

contextos

1 Answers will vary.

2

L	A	B	O	R	A	T	O	R	I	O	N	A
I	M	M	N	G	E	O	G	R	A	F	Í	A
B	S	S	E	E	C	D	O	N	Ñ	T	U	T
R	Í	Í	S	R	O	L	T	I	C	Q	A	A
E	M	X	E	M	N	U	M	I	D	A	V	R
R	Ú	A	M	G	O	M	F	Á	Z	S	I	E
Í	S	N	E	J	M	O	S	É	F	A	D	A
A	I	E	S	L	Í	X	P	D	E	R	E	Z
T	C	R	T	E	A	O	B	L	A	S	M	I
F	A	Í	R	C	A	E	M	P	U	R	E	Ó
I	T	S	E	X	A	M	E	N	E	M	S	N
P	A	P	E	L	E	R	A	A	R	I	A	O

A. laboratorio; geografía; librería; economía; tarea; semestre; papelera; tiza; mesa; pluma; examen; música **B. Lugares:** laboratorio; librería **Cosas:** tarea; semestre; papelera; tiza; mesa; pluma; examen **Materias:** geografía; economía; música

3 1. incorrecto; un escritorio 2. incorrecto; una biblioteca 3. correcto 4. correcto 5. incorrecto; una pizarra 6. incorrecto; una puerta 7. incorrecto; unos relojes 8. correcto 9. incorrecto; una ventana 10. correcto 11. incorrecto; un laboratorio 12. incorrecto; una casa

estructura

2.1 Present tense of *-ar* verbs

1 1. camina 2. hablan 3. tomamos 4. dibuja 5. viaja 6. estudian 7. lleva 8. bailan 9. compra 10. desayuno 11. trabaja 12. canta

2 **Horizontales:** 2. tomar 3. hablamos 6. necesitan 9. regresa 10. estudio **Verticales:** 1. toma 4. escuchamos 5. desea 7. trabajan 8. termina

2.2 Forming questions in Spanish

1 **A.** Some answers will vary slightly. 1. Cuántos; Hay siete escritorios en la clase. 2. Qué; Son las once y veinte. 3. Dónde; El mapa está delante de la pizarra/al lado del profesor. 4. Cuántas; Hay dos mujeres en la clase. 5. Dónde; La papelera está al lado/detrás de la silla/al lado del escritorio. **B.** Answers will vary.

2 Answers will vary.

2.3 Present tense of *estar*

1 **A.** 1. estamos 2. está 3. está 4. estoy 5. estamos 6. estamos 7. está 8. estamos 9. estás 10. estoy 11. estoy 12. estoy 13. estás **B.** Answers will vary.

2 **A.** 1. b 2. c 3. b 4. b 5. a 6. c 7. c 8. c 9. b 10. a **B.** Answers will vary.

2.4 Numbers 31 and higher

1 Answers will vary.

2 Answers will vary.

comunicación

1 1. a 2. b 3. a 4. c 5. c 6. b 7. a 8. c 9. b 10. b

2 Answers will vary.

3 Answers will vary.

4 Answers will vary.

recapitulación

1 Answers will vary. Sample answers: **las ciencias:** la biología; la química; la física **las humanidades:** la literatura; la música; el periodismo

2 1. el compañero 2. la tarea 3. la biblioteca 4. el escritorio

3 1. estudia 2. habla 3. escuchan 4. termino

4 1. a 2. a 3. b 4. c

5 1. ¿Dónde están los estudiantes de geografía? 2. ¿Por qué el profesor Suárez desayuna en la cafetería?/¿Por qué desayuna el profesor Suárez en la cafetería? 3. ¿Cuántos chicos hay en la clase de biología? 4. ¿Quiénes toman humanidades y computación?/¿Qué clases toman Amanda y tú?

6 1. estoy 2. están 3. estamos 4. estás

7 1. location 2. location 3. well-being 4. health

8 1. 245.320 2. 10.523.099 3. 387 4. 55.913

9 Answers will vary.

contextos

1 **Sopa de letras**

A. Look for words that have to do with families or relationships. They can be found horizontally, vertically and diagonally. Circle the words you find and write them in the blanks.

B	I	S	A	B	U	E	L	A	H	M	T	H
B	A	S	M	A	N	H	G	T	R	A	E	E
C	U	Ñ	A	D	O	Y	R	P	P	D	O	R
L	O	S	D	I	A	R	Y	A	E	R	T	M
E	U	O	Í	E	H	O	N	D	M	E	H	A
S	M	B	O	T	I	H	P	R	I	M	A	N
P	F	R	A	N	J	T	H	A	E	R	Í	O
O	N	I	O	M	O	P	R	S	I	P	E	N
S	S	N	D	O	N	V	O	T	E	T	S	P
O	H	O	E	R	M	A	I	R	B	O	Í	N
S	T	E	U	B	A	D	Í	O	B	A	N	A
J	U	A	A	B	U	E	L	O	N	Y	S	O

1. _____   5. _____   9. _____

2. _____   6. _____   10. _____

3. _____   7. _____   11. _____

4. _____   8. _____   12. _____

B. In Spanish, define five of the words you found.

1. _____

2. _____

3. _____

4. _____

5. _____

contextos

2 **Identificar** Complete the sentences with words from **Contextos**.

1. Daniela y Rubiela son
   _____.

2. Las jóvenes son buenas
   _____.

3. La _____ es
   muy bonita.

4. El _____ come
   una manzana.

5. Los _____ hablan
   de amor (*love*) en el parque.

6. El _____ es de
   Puerto Rico.

7. Él es Hernán Álvarez,
   es el _____ de
   mi abuela.

8. A Gustavo le gustan
   las computadoras. Él
   es _____.

9. Los _____ de
   Natalia y Simón viven
   en México.

10. Hay mucha _____
    en el estadio hoy.

11. Los _____
    necesitan entrevistar
    a la gente.

12. Mi _____ no es
    grande pero (*but*) es muy
    interesante.

estructura

3.1 Descriptive adjectives

1 **Correcto o incorrecto** Make a check mark if the descriptive adjective matches the image. If they do not match, write a correct descriptive adjective.

inteligente ○

1. _____

delgado ○

2. _____

simpático ○

3. _____

delgada ○

4. _____

pequeño ○

5. _____

trabajadora ○

6. _____

fácil ○

7. _____

fea ○

8. _____

bajo ○

9. _____

rubio ○

10. _____

chino ○

11. _____

viejo ○

12. _____

estructura

3.1 Descriptive adjectives

Estudiante 1

2 **Information Gap Activity** (student text p. 92) You and your partner each have a drawing of a family. Describe your drawing to your partner in order to find at least five differences with your partner's.

> **Modelo**
>
> **Estudiante 1:** Susana, la madre, es rubia.
> **Estudiante 2:** No, la madre es morena.

estructura

3.1 Descriptive adjectives

Estudiante 2

2 **Information Gap Activity** (student text p. 92) You and your partner each have a drawing of a family. Describe your drawing to your partner in order to find at least five differences with your partner's.

Modelo

Estudiante 1: Susana, la madre, es rubia.
Estudiante 2: No, la madre es morena.

estructura

3.2 Possessive adjectives

1 **Reemplazar**

A. Choose the possessive adjective that best replaces the underlined prepositional phrase in each sentence.

1. Los tíos <u>de ellos</u> regresan de Puerto Rico el sábado.

   a. sus   b. nuestros   c. su

2. La profesora de matemáticas <u>de nosotros</u> es muy inteligente.

   a. sus   b. nuestra   c. tus

3. El tío <u>de ella</u>, el ingeniero, habla mucho.

   a. su   b. tus   c. tu

4. La casa <u>de nosotros</u> es grande y vieja.

   a. su   b. nuestra   c. mis

5. Los amigos <u>de nosotros</u> desayunan todos los días en la cafetería.

   a. nuestro   b. nuestros   c. mis

6. Los padres <u>de Daniela</u> son artistas.

   a. su   b. mi   c. sus

7. La clase de economía <u>de Luis y yo</u> es a las ocho en punto.

   a. tus   b. mi   c. nuestra

8. Los sobrinos <u>de Juan y Esteban</u> esperan estudiar periodismo.

   a. sus   b. mis   c. tus

9. ¿Dónde están los suegros <u>de ustedes</u>?

   a. nuestro   b. su   c. sus

10. ¿Cuál es el cuñado <u>de usted</u>?

   a. mis   b. su   c. nuestros

B. Now, create four similar examples and exchange them with a partner.

1. _____

   a. _____   b. _____   c. _____

2. _____

   a. _____   b. _____   c. _____

3. _____

   a. _____   b. _____   c. _____

4. _____

   a. _____   b. _____   c. _____

estructura

3.2 Possessive adjectives

2 **Mi, su, nuestro...**

A. Natalia loves talking about her family and friends, but she always forgets which possessive adjective to use. Help her choose the correct possessive adjectives.

—Me gusta mucho hablar de (1) _____ familia. (2) _____ abuelos son muy

viejos. (3) _____ padres son trabajadores y simpáticos. (4) _____ hermana

pequeña, Sara, es muy inteligente. Y bueno, (5) _____ hermano Raúl, es tonto. Y tú,

¿cómo es (6) _____ familia?

—(7) _____ universidad es muy grande. Yo vivo en la residencia estudiantil.

(8) _____ compañera de cuarto se llama Filomena. A Filomena le gusta mucho estudiar

química con (9) _____ compañeros. Los sábados, ella visita a (10) _____ familia

en la capital.

—(11) _____ amigas, Cecilia y Gloria, son muy bonitas. Gloria es pelirroja porque

(12) _____ padre es pelirrojo. Cecilia es alta porque (13) _____ madre es

alta. Y yo, bueno, yo soy delgada porque (14) _____ padres son delgados.

B. Now, write a few sentences about yourself and your family using possessive adjectives. Share your sentences with a partner and write down what your partner shares with you.

_____

_____

_____

_____

_____

_____

_____

estructura

3.3 Present tense of -er and -ir verbs

1 **Crucigrama** Solve this crossword puzzle by completing each sentence with an **-er** or **-ir** verb from the word bank. Two verbs will not be used.

abrir	beber	comprender	deber	escribir	tener
asistir	compartir	correr	describir	leer	vivir

Horizontales

2. Diana _____ su cuarto a sus compañeras de clase.

5. Tu _____ todos los problemas de matemáticas.

7. Nosotros _____ a la clase de ciencias los martes y jueves.

9. Yo _____ mi libro de español todos los días.

10. El abuelo _____ comer más, está muy delgado.

Verticales

1. Mis hermanos _____ en los Estados Unidos.

3. Marina _____ libros de inglés.

4. Yo _____ mi cuarto con un joven alemán.

6. Los niños _____ cerca de la casa.

8. El amigo de mi prima _____ mucho café.

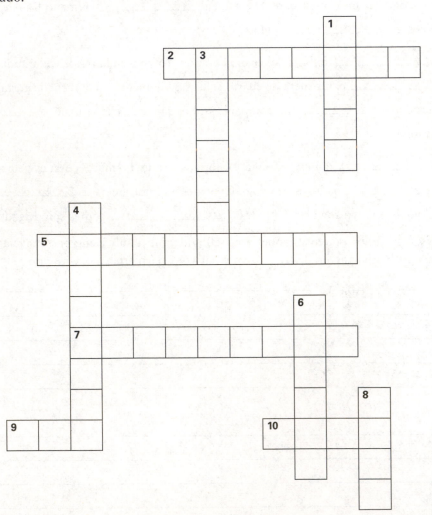

estructura

3.3 Present tense of -er and -ir verbs

2   **Encuesta** Walk around the room and ask your classmates questions about their family members using these topics. Be prepared to report the results of your survey to the class.

	Actividades	Miembros de la familia
○	1. vivir en una casa	
	2. beber café	
	3. correr todos los días (*every day*)	
	4. comer mucho en restaurantes	
○	5. recibir mucho correo electrónico (*e-mails*)	
	6. comprender tres lenguas	
	7. deber estudiar más (*more*)	
	8. leer muchos libros	
○		

    Lección 3 Estructura   **53**

estructura

3.3 Present tense of -er and -ir verbs

Estudiante 1

3 **Information Gap Activity** (student text p. 99) You and your partner each have an incomplete version of Alicia's schedule. Fill in the missing information by talking to your partner. Be prepared to reconstruct Alicia's complete schedule with the class.

Modelo

> **Estudiante 1:** A las *ocho*, Alicia *corre.*
> **Estudiante 2:** ¡Ah, sí! (*Writes down information*)
> **Estudiante 2:** A las *nueve*, ella…

Mi agenda
20 de octubre

8:00	correr
9:00	
9:30	deber ir (*go*) a la universidad
10:00	
11:00	
12:30	comer en la cafetería con Roberto y Luis
2:00	recibir y escribir correo electrónico (*e-mail*)
3:00	
4:00	leer en la biblioteca
5:00	
8:00	deber estar en casa y estudiar

Now compare your own daily agendas to Alicia's.

estructura

3.3 Present tense of -er and -ir verbs
Estudiante 2

3 **Information Gap Activity** (student text p. 99) You and your partner each have an incomplete version of Alicia's schedule. Fill in the missing information by talking to your partner. Be prepared to reconstruct Alicia's complete schedule with the class.

Modelo

Estudiante 1: A las *ocho*, Alicia *corre.*
Estudiante 2: ¡Ah, sí! (*Writes down information*)
Estudiante 2: A las *nueve*, ella…

Mi agenda
20 de octubre

Hora	
8:00	
9:00	desayunar
9:30	
10:00	asistir a la clase de historia
11:00	asistir a la clase de arte
12:30	
2:00	
3:00	compartir el libro de historia con Margarita en la biblioteca
4:00	
5:00	cenar en un restaurante con Marcos
8:00	

Now compare your own daily agendas to Alicia's.

Lección 3 Estructura **55**

estructura

3.4 Present tense of **tener** and **venir**

1 **Ordenar** Rearrange the words to form complete sentences.

1. quince / mi / tener / hermanastra / años

   _____

   _____

2. de / compañero / tener / cuarto / prisa / mi

   _____

   _____

3. hambre / amigos / sus / tener

   _____

   _____

4. sed / hermano / tener / tu

   _____

   _____

5. su / tener /madre / sueño

   _____

   _____

6. periodista / la / suerte / tener

   _____

   _____

7. gente / miedo / tener / la

   _____

   _____

8. hijos / nuestros / frío / tener

   _____

   _____

9. tener / abuelo / el / razón

   _____

   _____

10. nuestro / calor / tener / médico

   _____

   _____

Nombre _____ Fecha _____

estructura

3.4 Present tense of **tener** and **venir**

2 **Una niña preguntona (*nosey*)**

A. Mario's little sister is very curious and always wants to know why people do certain things. Complete Mario's answers with **tener** and **venir**.

1. ¿Por qué Julián y tú no comen?

   Porque no _____ hambre.

2. ¿Cuántos años tengo yo?

   Tú _____ nueve años.

3. Y tú, ¿por qué bebes agua?

   Porque _____ mucha sed.

4. ¿Por qué David no habla cuando hay mucha gente?

   Porque David _____ miedo de hablar en público.

5. ¿Por qué corren tus amigos?

   Porque _____ mucha prisa.

6. ¿Por qué Nelson no viene todavía (*yet*)?

   Porque hoy Nelson _____ tarde.

7. ¿Por qué venimos caminando?

   Porque no _____ en autobús.

8. ¿Quiénes vienen a la fiesta de cumpleaños de nuestra mamá?

   Todos nuestros tíos y primos _____ a la fiesta.

9. Y yo, ¿cuándo vengo de la casa de los abuelos?

   Tú _____ el próximo martes de la casa de los abuelos.

10. Y tú, ¿de dónde vienes?

    Yo _____ de la universidad.

 B. Now, write three questions and answers of your own on a sheet of paper. Then, challenge a partner to complete them using **tener** and **venir**.

© by Vista Higher Learning. All rights reserved. **Lección 3** Estructura **57**

comunicación

1 **¡Crea tu diálogo!**

A. In pairs, practice these dialogues.

Modelo

> **Estudiante 1:** ¿Te gusta tu familia?
>
> **Estudiante 2:** Sí, me gusta mucho mi familia.
>
> **Estudiante 1:** Y, ¿ellos son inteligentes?
>
> **Estudiante 2:** No mucho. Mi papá es muy tonto.
>
> **Estudiante 1:** ¿Tienen muchos compañeros de clase?
>
> **Estudiante 2:** Sí, tenemos muchos compañeros de clase.
>
> **Estudiante 1:** ¿Sus compañeros de clase son antipáticos?
>
> **Estudiante 2:** No. Nuestros compañeros de clase son muy simpáticos.
>
> **Estudiante 1:** ¿Usted viene de su clase de matemáticas?
>
> **Estudiante 2:** No, vengo de mi clase de contabilidad.
>
> **Estudiante 1:** ¿Usted cree que la contabilidad es fácil?
>
> **Estudiante 2:** No, yo creo que la contabilidad es difícil.

B. Now, combine words from the boxes below to create two conversations, similar to those in activity A. Present them to the class.

yo
ellas
Nicolás
Emilio y tú

hablar
trabajar
regresar
escribir

el profesor de artes
los periodistas
su casa
el cuaderno

alto/bajo
bueno/malo
bonito/feo
grande/pequeño

comunicación

2 **¡A conversar!** Read the description of each personality. Enact the role of any of the characters and walk around the room greeting your classmates in Spanish. They must guess which character you chose, and you must find out which one they chose. You can switch characters whenever you want.

> **Modelo**
>
> **Estudiante 1:** Hola. ¿Cómo estás?
> **Estudiante 2:** Mal.
> **Estudiante 1:** ¡Eres muy antipática!
> **Estudiante 2:** No me gusta hablar con las personas, ¿y qué?
> **Estudiante 1:** ¿Eres Liliana?
> **Estudiante 2:** Sí.

This is Pedro. He is very intelligent and loves to read. He doesn't have many friends and can be very silly.

Marcela is nice and easygoing. She loves going to the beach.

This is Mariano. He is fat and short. He loves to cook but he does everything wrong in the kitchen.

Luis is tall and strong and always wants girls to look at him. He thinks he is intelligent but is actually not very smart.

2

	This is Liliana. She hates reading books and doing homework. She is very unpleasant and doesn't like talking to people.
	Mr. Rodríguez is very old but important. He is always very kind to people.
	This is Diana. Diana yells at people all the time and always thinks she is sick. She complains constantly and is very ugly.
	This is Andrés. He is very easygoing and calm. He loves to share with others and give hugs. He is short and thin.
	This is Fernando. He is fat and handsome. He loves to sing and sings even when talking to people. He thinks he is always on stage.
	Sara is a dancer and practices all the time, even while she is talking to others. She is slender and very interesting.

comunicación

3 **¿Cuál es tu familia?** Your instructor will give you a role-play card with a description of you and your family. Walk around the room and talk to your classmates until you find all your family members. Once the whole family is together, prepare a presentation where your family presents itself to the rest of the class and each member describes his/her personality.

Modelo

Estudiante 1: Hola. ¿Cuántos años tienes?

Estudiante 2: Tengo 55 años.

Estudiante 1: ¿Tienes hijos?

Estudiante 2: Sí, tengo una hija alta y bonita.

Estudiante 1: ¿Cuántos años tiene tu hija?

Estudiante 2: Tiene 23 años.

Estudiante 1: ¡Mamá!

3 ¿Cuál es tu familia?

Time: 30 minutes

Resources: Role-play cards

Instructions: Photocopy the role-play cards and cut out as many as needed. Hand each student a card and have them walk around the classroom and talk with their classmates until they find their family members. Once the families are reunited, have them prepare a presentation in which each family member presents him/herself to the rest of the class and talks about his/her personality. Be sure all students participate.

You can vary the activity by asking students to bring costumes to class so they can wear clothing or makeup to look like their character. Have the class vote for the most creative, fun, or curious one.

3 Role-play cards

Tú eres: médico, francés, 53 años	**Tu familia:** esposa: alta y bonita, 45 años hijos e hijas: un hijo, artista, inteligente y simpático, 25 años; dos gemelos: uno es pelirrojo y simpático, el otro (*other*) es moreno y antipático, 12 años
Tú eres: alta y bonita, 45 años	**Tu familia:** esposo: médico, francés, 53 años hijos e hijas: un hijo, artista, inteligente y simpático, 25 años; dos gemelos: uno es pelirrojo y simpático, el otro (*other*) es moreno y antipático, 12 años
Tú eres: artista, inteligente y simpático, 25 años	**Tu familia:** papá: médico, francés, 53 años mamá: alta y bonita, 45 años hermanos y hermanas: dos hermanos gemelos, uno es pelirrojo y simpático y el otro (*other*) es moreno y antipático, 12 años
Tú eres: pelirrojo y simpático, 12 años	**Tu familia:** papá: médico, francés, 53 años mamá: alta y bonita, 45 años hermanos y hermanas: un hermano, artista, inteligente y simpático, 25 años; un hermano gemelo, moreno y antipático
Tú eres: moreno y antipático, 12 años	**Tu familia:** papá: médico, francés, 53 años mamá: alta y bonita, 45 años hermanos y hermanas: un hermano, artista, inteligente y simpático, 25 años; un hermano gemelo, pelirrojo y simpático
Tú eres: médico, gordo, interesante, 48 años	**Tu familia:** esposa: baja y delgada, 45 años hijos e hijas: una hija, artista, bonita y baja, 22 años yernos y nueras: un yerno, periodista, guapo y simpático, 28 años nietos y nietas: un nieto, rubio, 2 años
Tú eres: baja y delgada, 45 años	**Tu familia:** esposo: médico, gordo, interesante, 48 años hijos e hijas: una hija, artista, bonita y baja, 22 años yernos y nueras: un yerno, periodista, guapo y simpático, 28 años nietos y nietas: un nieto, rubio, 2 años

3 Role-play cards

Tú eres: rubio,
2 años

Tu familia:
mamá: artista, bonita y baja, 22 años
papá: periodista, guapo y simpático, 28 años
abuelo: médico, gordo, interesante, 48 años
abuela: baja y delgada, 45 años
tíos y tías: una tía, bonita y tonta, 25 años

Tú eres: periodista,
guapo y simpático,
28 años

Tu familia:
hermanos y hermanas: una hermana, bonita y tonta, 25 años
cuñados y cuñadas: un cuñado, alto y delgado, inglés, 27 años
esposa: artista, bonita y baja, 22 años
hijos e hijas: un hijo, rubio, 2 años
suegro: médico, gordo, interesante, 48 años
suegra: baja y delgada, 45 años

Tú eres: bonita y
tonta, 25 años

Tu familia:
hermanos y hermanas: un hermano, periodista, guapo y simpático, 28 años
cuñados y cuñadas: una cuñada, artista, bonita y baja, 22 años
sobrinos y sobrinas: un sobrino, rubio, 2 años
novio: alto y delgado, inglés, 27 años

Tú eres: alto y
delgado, inglés,
27 años

Tu familia:
novia: bonita y tonta, 25 años
cuñados y cuñadas: un cuñado, periodista, guapo y simpático, 28 años

Tú eres: alto y
gordo, 60 años

Tu familia:
hijos e hijas: un hijo, programador, gordo y feo, 40 años; una hija, ingeniera, guapa y trabajadora, 32 años
yernos y nueras: una nuera, antipática e inteligente, puertorriqueña, 37 años

Tú eres:
programador, gordo
y feo, 40 años

Tu familia:
papá: alto y gordo, 60 años
hermanos y hermanas: una hermana, ingeniera, guapa y trabajadora, 32 años
esposa: antipática e inteligente, puertorriqueña, 37 años

Tú eres:
antipática e inteligente,
puertorriqueña,
37 años

Tu familia:
esposo: programador, gordo y feo, 40 años
suegro y suegra: un suegro, alto y gordo, 60 años
cuñados y cuñadas: una cuñada, ingeniera, guapa y trabajadora, 32 años

Tú eres: ingeniera,
guapa y trabajadora,
32 años

Tu familia:
papá: alto y gordo, 60 años
hermanos y hermanas: un hermano, programador, gordo y feo, 40 años
cuñados y cuñadas: una cuñada, antipática e inteligente, puertorriqueña, 37 años

recapitulación

¡A repasar! Review everything you have learned in **Lección 3**.

1 **La familia** Fill in the blanks with the Spanish words for four family members.

1. _____ 3. _____

2. _____ 4. _____

2 **Definiciones** Write the Spanish noun and article that matches each definition.

1. _____ is someone who is talented and can create works of aesthetic value.

2. _____ is the male partner in a romantic relationship.

3. _____ is someone who writes for a newspaper or magazine.

4. _____ is a son's wife.

3 **Analogías** Complete the analogies using the words in the box. Two words will not be used.

alto	mismo
fácil	pequeño
malo	tonto

1. bonito : feo = bueno : _____.

2. flaco : gordo = bajo : _____.

3. simpático : antipático = inteligente : _____.

4. viejo : joven = grande : _____.

4 **Describir** Compare these two characters. In the spaces, write four adjectives that show the differences between **Ana** and **Eduardo**. Be creative!

Ana

Eduardo

1. _____   1. _____

2. _____   2. _____

3. _____   3. _____

4. _____   4. _____

5 | **Posesivos** Using the subject pronouns in parentheses as a cue, write a possessive adjective for each sentence.

1. _____ profesor de ciencias es muy inteligente. (nosotros)

2. La chica japonesa es _____ compañera de cuarto. (yo)

3. _____ hermanos son inteligentes y simpáticos. (ella)

4. ¿La esposa de Darío es _____ hermana? (tú)

6 | **Elegir** Select the **-er** or **-ir** verb that completes each sentence.

1. Mis hijos _____ (aprenden/deciden) italiano con sus primos.

2. Tu hermanastro _____ (asiste/come) en la cafetería todos los días.

3. Felipe, Pilar y yo _____ (vivimos/describimos) en la residencia estudiantil.

4. Tú _____ (bebes/lees) muchos libros de español.

7 | **Completar** Complete the e-mail message using the **-er** and **-ir** verbs in the box.

asistir   comer   compartir   correr   escribir   venir

| Para: Papá | De: Marcela | Asunto: Saludos de tu familia. |

Buenos días, papá.

En casa todos estamos muy bien. Diego ya (1)_____ bien y

(2)_____ todo con su gemelo, Bernardo. Mamá y Alejandra

(3)_____ todas las mañanas en el parque y yo (4)_____

a mis clases de computación todos los sábados. Y tú, ¿cómo estás?

¿Cuándo (5)_____? ¿Por qué no (6)_____?

Tu hija, Marcela.

8 | **Tener o venir** Complete these sentences with **tener** or **venir**.

1. Mi madrastra _____ de Alemania el próximo jueves.

2. Los gemelos _____ razón, no debemos correr en la casa.

3. Yo _____ al estadio todos los fines de semana.

4. Tú eres bonita y muy joven, ¡sólo _____ veinte años!

9 | **¡A practicar!** In small groups, create and prepare a funny skit:

- vocabulary (names of professions, family relationships etc.) you learned in this lesson
- descriptive adjectives
- possessive adjectives
- **-er** and **-ir** verbs

Use any necessary materials and be prepared to present the skit to the class.

contextos

1

B	I	S	A	B	U	E	L	A	H	M	T	H
B	A	S	M	A	N	H	G	T	R	A	E	E
C	U	Ñ	A	D	O	Y	R	P	P	D	O	R
L	O	S	D	I	A	R	Y	A	E	R	T	M
E	U	O	Í	E	H	O	N	D	M	E	H	A
S	M	B	O	T	I	H	P	R	I	M	A	N
P	F	R	A	N	J	T	H	A	E	R	Í	O
O	N	I	O	M	O	P	R	S	I	P	E	N
S	S	N	D	O	N	V	O	T	E	T	S	P
O	H	O	E	R	M	A	I	R	B	O	Í	N
S	T	E	U	B	A	D	Í	O	B	A	N	A
J	U	A	A	B	U	E	L	O	N	Y	S	O

A. bisabuela; madre; hermano; cuñado; esposo; sobrino; tía; prima; padrastro; novio; abuelo; hijo **B.** Answers will vary.

2 1. gemelas 2. amigas/hermanas/primas
3. muchacha/joven/chica 4. niño/muchacho/chico 5. novios 6. artista 7. médico/doctor
8. programador 9. abuelos 10. gente
11. periodistas 12. familia

estructura

3.1 Descriptive adjectives

1 1. correcto 2. incorrecto; gordo 3. incorrecto; antipático 4. correcto 5. incorrecto; grande
6. correcto 7. incorrecto; difícil 8. correcto
9. incorrecto; alto 10. correcto 11. incorrecto; francés 12. incorrecto; joven

2 Answers will vary.

3.2 Possessive adjectives

1 **A.** 1. a 2. b 3. a 4. b 5. b 6. c 7. c 8. a
9. c 10. b **B.** Answers will vary.

2 **A.** 1. mi 2. Mis/Nuestros 3. Mis/Nuestros
4. Mi/Nuestra 5. mi/nuestro 6. tu 7. Mi/Nuestra 8. Mi 9. sus 10. su 11. Mis 12. su
13. su 14. mis **B.** Answers will vary.

3.3 Present tense of -er and -ir verbs

1 **Horizontales:** 2. describe 5. comprendes
7. asistimos 9. leo 10. debe **Verticales:**
1. viven 3. escribe 4. comparto 6. corren
8. bebe

2 Answers will vary.

3 Answers will vary.

3.4 Present tense of tener and venir

1 1. Mi hermanastra tiene quince años. 2. Mi compañero de cuarto tiene prisa. 3. Sus amigos tienen hambre. 4. Tu hermano tiene sed. 5. Su madre tiene sueño. 6. La periodista tiene suerte.
7. La gente tiene miedo. 8. Nuestros hijos tienen frío. 9. El abuelo tiene razón. 10. Nuestro médico tiene calor.

2 **A.** 1. tenemos 2. tienes 3. tengo 4. tiene
5. tienen 6. viene 7. venimos 8. vienen
9. vienes 10. vengo **B.** Answers will vary.

comunicación

1 Answers will vary.
2 Answers will vary.
3 Answers will vary.

recapitulación

1 Answers will vary.
2 1. el/la artista 2. el novio 3. el/la periodista
4. la nuera
3 1. malo 2. alto 3. tonto 4. pequeño
4 Answers will vary. Sample answers: **Ana:** rubia; joven; bonita; interesante **Eduardo:** moreno; viejo; inteligente; feo
5 1. Nuestro 2. mi 3. Sus 4. tu
6 1. aprenden 2. come 3. vivimos 4. lees
7 1. come 2. comparte 3. corren 4. asisto
5. vienes 6. escribes
8 1. viene 2. tienen 3. vengo 4. tienes
9 Answers will vary.

contextos

1 **Correcto o incorrecto** Make a check mark if the word or phrase matches the image. If they do not match, write the correct word or phrase.

esquiar ○

1. _____

bucear ○

2. _____

escribir un correo electrónico ○

3. _____

el fútbol ○

4. _____

tomar el sol ○

5. _____

el tenis ○

6. _____

el baloncesto ○

7. _____

pasear en bicicleta ○

8. _____

patinar en línea ○

9. _____

el golf ○

10. _____

visitar un monumento ○

11. _____

leer una revista ○

12. _____

contextos

Estudiante 1

2 **Crucigrama** (student text p. 119) You and your partner each have incomplete crossword puzzles. Yours has the words your partner needs and vice versa. In order to complete the puzzle, take turns giving each other clues, using definitions, examples, and phrases.

Modelo

5 horizontal: Es un *deporte que practicamos en la piscina.*
8 vertical: Es un *mensaje que escribimos con lápiz o con bolígrafo.*

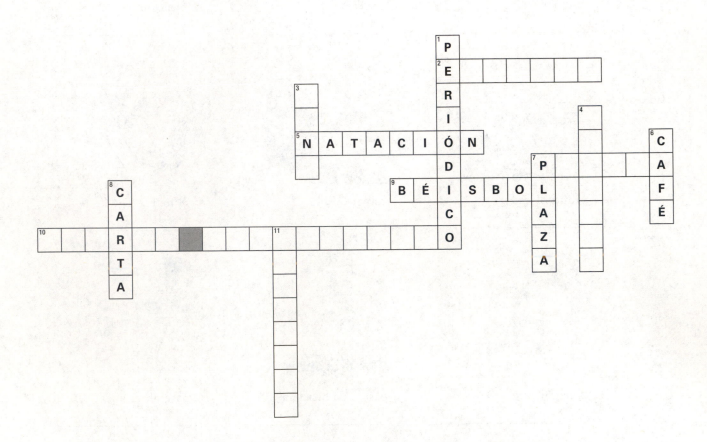

contextos

Estudiante 2

2 **Crucigrama** (student text p. 119) You and your partner each have incomplete crossword puzzles. Yours has the words your partner needs and vice versa. In order to complete the puzzle, take turns giving each other clues, using definitions, examples, and phrases.

> **Modelo**
>
> **5 horizontal:** Es un *deporte que practicamos* en la piscina.
> **8 vertical:** Es un mensaje que escribimos con lápiz o con bolígrafo.

estructura

4.1 Present tense of **ir**

1 **Elegir**

A. Choose the form of the verb **ir** that completes each sentence.

1. Nosotros _____ a pasear en bicicleta.

   a. voy   b. vamos   c. van

2. ¿Tú y tu primo _____ al cine los sábados?

   a. van   b. va   c. vas

3. Mis amigos _____ de excursión a las montañas.

   a. vamos   b. vas   c. van

4. El domingo _____ al parque a caminar. (yo)

   a. voy   b. va   c. vas

5. El señor Rodríguez _____ al museo con su esposa.

   a. vas   b. vamos   c. va

6. Antonio y yo _____ a almorzar el sábado.

   a. van   b. vamos   c. va

7. ¿Cuándo _____ a estudiar para el examen de español? (tú)

   a. voy   b. vas   c. va

8. Francisco _____ a escribir una carta a su madre.

   a. va   b. vamos   c. van

9. Los tíos de Ángela _____ a practicar deportes todos los días.

   a. vamos   b. vas   c. van

10. Eva _____ al gimnasio los lunes.

    a. vas   b. va   c. van

B. Now, using the sentences above as a model, write four examples of your own and exchange them with a partner.

1. _____

   a. _____   b. _____   c. _____

2. _____

   a. _____   b. _____   c. _____

3. _____

   a. _____   b. _____   c. _____

4. _____

   a. _____   b. _____   c. _____

estructura

4.1 Present tense of **ir**

2 **Encuesta** (student text p. 128) Walk around the room and ask your classmates if they are going to do any of the activities on the worksheet for today. Find one person who answers **Sí** and one who answers **No** for each item and enter their names on the worksheet. Be prepared to report your findings to the class.

Modelo

Tú: ¿Vas a leer el periódico hoy?
Ana: Sí, voy a leer el periódico hoy. (*You write* **Ana** *under* **Sí**)
Luis: No, no voy a leer el periódico hoy. (*You write* **Luis** *under* **No**)

Actividades	Sí	No
1. comer en un restaurante chino		
2. leer el periódico		
3. escribir un mensaje electrónico		
4. correr 20 kilómetros		
5. ver una película de terror		
6. pasear en bicicleta		

estructura

4.2 Stem-changing verbs: e→ie; o→ue

1 **Identificar** Complete each sentence with the correct form of the stem-changing verb from the box.

almorzar	dormir	entender	poder
cerrar	empezar	pensar	recordar
comer	encontrar	perder	volver

1. Olga no _____ caminar.

2. Omar _____ hasta el mediodía los fines de semana.

3. Los compañeros de Danilo _____ en la cafetería.

4. Mirta _____ la puerta.

5. Yo _____ viajar a Costa Rica.

6. Rita no _____ la tarea de historia.

7. ¿Por qué no _____ comer?

8. Julio y Rosa _____ la fiesta del viernes.

9. David _____ el autobús.

10. Sofía _____ a su casa de la escuela.

11. Nosotros _____ el monumento.

12. Tú _____ a ir al gimnasio mañana.

estructura

4.2 Stem-changing verbs: e→ie; o→ue

2 **Pasatiempos**

A. Choose the form of the verb that completes each sentence.

—Los domingos mis hermanas y yo (1) _____ (comenzamos/comienzo) el día en el parque. Nos gusta mucho jugar al baloncesto. Cuando (2) _____ (pierden/perdemos) un partido nos vamos a casa y (3) _____ (dormimos/duermes). Cuando ganamos, (4) _____ (almorzamos/almuerza) en un restaurante del centro y (5) _____ (recuerdan/recordamos) el partido.

—El partido de vóleibol (6) _____ (empieza/empiezo) a las doce en punto. Mi amigo Iván (7) _____ (pensamos/piensa) ganar. Él (8) _____ (prefiere/preferimos) jugar con su primo Roberto porque es un buen jugador. Él no (9) _____ (quieres/quiere) jugar con Felipe porque es muy malo. La verdad, yo no (10) _____ (entendemos/entiendo) el vóleibol, por eso no voy a ver el partido.

—Hoy, Isabel y Diana (11) _____ (queremos/quieren) ir al cine. La película (12) _____ (comienzo/comienza) a las tres de la tarde. Ellas (13) _____ (piensas/piensan) salir a la una porque el cine está lejos de su casa. Mi hermana Sandra (14) _____ (contamos/cuenta) con ellas para ir al cine, pero creo que ellas (15) _____ (prefieren/preferimos) ir con sus novios.

B. Now, write a few sentences, using stem-changing verbs, talking about a walk you took in the park. Share these with your partner and write down what he/she shares with you.

_____

_____

_____

_____

_____

_____

_____

_____

_____

_____

_____

_____

_____

estructura

4.2 Stem-changing verbs: e→ie; o→ue

Estudiante 1

3 **Information Gap Activity** (student text p. 132) You and your partner each have a partially illustrated itinerary of a city tour. Complete them by asking each other questions using the verbs in the captions and vocabulary you have learned.

> **Modelo**
>
> **Estudiante 1:** *Por la mañana, empiezan en el café.*
> **Estudiante 2:** *Y luego…*

Vocabulario útil

después *afterwards*	por la mañana *in the morning*
luego *later*	por la noche *at night*
más tarde *later*	por la tarde *in the afternoon*

empezar		querer
	almorzar	
mostrar		volver

estructura

4.2 Stem-changing verbs: e→ie; o→ue

Estudiante 2

3 **Information Gap Activity** (student text p. 132) You and your partner each have a partially illustrated itinerary of a city tour. Complete the itineraries by asking each other questions using the verbs in the captions and vocabulary you have learned.

Modelo

Estudiante 1: *Por la mañana, empiezan en el café.*
Estudiante 2: *Y luego…*

Vocabulario útil

después *afterwards*	por la mañana *in the morning*
luego *later*	por la noche *at night*
más tarde *later*	por la tarde *in the afternoon*

poder

preferir

perder

contar historias

Lección 4 Estructura **77**

estructura

4.3 Stem-changing verbs: e→i

1 **Ordenar** It's late and Alberto still hasn't finished his homework. He was supposed to write ten sentences using stem-changing verbs but is very disorganized and wrote them in the wrong order. Help Alberto redo his homework by rearranging the elements to form complete sentences.

1. conseguir / mi / hermano / videojuegos / sus / centro / en / el

_____.

2. Luis / decir / almorzar / que / restaurante / ser / en / el / malo

_____.

3. papás / ir / cine / pedir / permiso / nosotros / a / para / nuestros / al

_____.

4. yo / esperando / seguir / iglesia / Juan / ir / a / para / la / a

_____.

5. una / tú / pedir / los / días / todos / bicicleta

_____.

6. béisbol / partido / pelota / conseguir / yo / la / para / el / de

_____.

7. Ramón y Teresa / simpático / yo / decir / que / ser / muy

_____.

8. seguir / tu / no / por / qué / con / novio / ¿?

_____.

9. favores / todo / Beatriz / pedir / el / tiempo

_____.

10. repetir / profesor / el / la / lección / México / historia / de / sobre / la

_____.

estructura

4.3 Stem-changing verbs: e→i

2 | Completar

A. Andrés ran into his friend Eduardo while leaving his biology class. Complete their conversation using the verbs in parentheses.

ANDRÉS Hola, Eduardo. ¿(1) _____ (Seguir) viviendo (*living*) en la casa cerca del estadio?

EDUARDO Hola, Andrés. Sí, (2) _____ (seguir) viviendo en esa (*that*) casa. Es muy grande y, además, cuando hay partido de fútbol, (3) _____ (conseguir) los boletos muy fácil.

ANDRÉS Ah, ¡qué bueno! Mi hermano (4) _____ (decir) que ver el fútbol es perder el tiempo.

EDUARDO No, al contrario (*on the contrary*), es muy bueno. Yo siempre (5) _____ (repetir) la misma frase: "El fútbol es muy divertido". La verdad, es mi deporte favorito.

ANDRÉS Bueno, entonces mañana vamos al partido. Yo le (6) _____ (pedir) dinero (*money*) a mi compañero de casa.

EDUARDO Oye Andrés, ¿por qué tienes que pedir dinero? ¡Mañana es gratis (*free*)!

B. With a partner, write four additional lines to expand the dialogue. Then, act out the complete dialogue for the class.

_____

_____

_____

_____

_____

estructura

4.4 Verbs with irregular **yo** forms

1 **Emparejar**

A. Match the phrases in column A with the endings in column B to form complete sentences.

A

1. Yo hago…
2. Lina siempre trae…
3. Yo veo…
4. Mis sobrinos dicen…
5. Yo pongo…
6. Nosotros salimos…
7. Mi tía Matilde pone…
8. Yo salgo…
9. El artista hace…
10. Los suegros de Mateo traen…

B

_____ a. de mi casa a las 7 en punto.

_____ b. la tarea de matemáticas.

_____ c. las fotografías de la fiesta.

_____ d. un diccionario de alemán a la clase de economía.

_____ e. la pelota detrás de la puerta.

_____ f. a bailar juntos los viernes.

_____ g. un monumento en la plaza.

_____ h. la radio.

_____ i. la televisión.

_____ j. muchas mentiras.

B. Now, write three new examples, using verbs with irregular **yo** forms. Challenge a classmate to form complete sentences!

A

1. _____
   _____

2. _____
   _____

3. _____
   _____

B

_____ a. _____
        _____

_____ b. _____
        _____

_____ c. _____
        _____

estructura

4.4 Verbs with irregular **yo** forms

2 **Oraciones** Create eight sentences using the cues provided.

Modelo

yo / salir
Yo salgo de la universidad a las seis de la tarde.

A	B
yo	decir
	hacer
	oír
	poner
	salir
	suponer
	traer
	ver

1. _____

   _____

2. _____

   _____

3. _____

   _____

4. _____

   _____

5. _____

   _____

6. _____

   _____

7. _____

   _____

8. _____

   _____

comunicación

Estudiante 1

1 **Information Gap Activity** Plan your weekend activities from the options below. Pick one activity for each time frame, and write **yo** on the line. Then, interview your partner about his/her plans for the weekend. Find out which activities he/she chose for each time slot and then answer his/her questions about your own plans. Make sure to write your partner's name below the images for the activities he/she selected.

> **Modelo**
>
> **Estudiante 1:** ¿Qué vas a hacer el viernes por la noche?
> ¿Vas a ir a un partido de baloncesto de la NBA?
> **Estudiante 2:** No, no voy a ir a un partido de baloncesto de la NBA./
> Sí, voy a ir a un partido de baloncesto de la NBA.

El viernes por la tarde				
El sábado por la mañana				
El sábado por la tarde				
El domingo por la mañana				
El domingo por la tarde				

Now, answer these questions:

1. What are your partner's plans for the weekend?

_____

2. Did you choose any of the same activities? If so, which ones?

_____

comunicación

Estudiante 2

1 **Information Gap Activity** Plan your weekend activities from the options below. Pick one activity for each time frame, and write **yo** on the line. Then, interview your partner about his/her plans for the weekend. Find out which activities he/she chose for each time slot and then answer his/her questions about your own plans. Make sure to write your partner's name below the images for the activities he/she selected.

Modelo

Estudiante 1: ¿Qué vas a hacer el viernes por la noche?
¿Vas a ir a un partido de baloncesto de la NBA?
Estudiante 2: No, no voy a ir a un partido de baloncesto de la NBA./
Sí, voy a ir a un partido de baloncesto de la NBA.

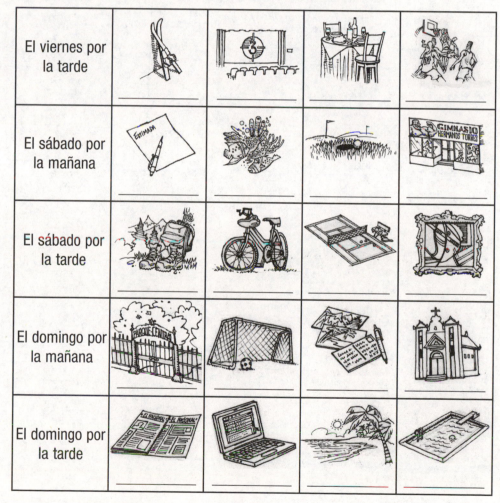

Now, answer these questions:

1. What are your partner's plans for the weekend?

_____

2. Did you choose any of the same activities? If so, which ones?

_____

comunicación

2 **¿Quién?** Walk around the room and talk to your classmates until you find someone who does each of these activities. Use **e→ie**, **o→ue**, and **e→i** stem-changing verbs.

Modelo

pedir consejos con frecuencia
Estudiante 1: ¿Pides consejos con frecuencia?
Estudiante 2: No, no pido consejos con frecuencia.
Estudiante 3: Sí, pido consejos con frecuencia. (*Write students' names.*)

Actividades	¿Quién?
1. conseguir entradas gratis (*free*) para conciertos	
2. pedir consejos (*advice*) con frecuencia	
3. volver tarde a casa	
4. preferir leer en el gimnasio	
5. seguir las instrucciones de un manual	
6. perder el teléfono celular (*cell phone*) con frecuencia	

comunicación

3 **Construye la historia** In pairs, expand the dialogue by choosing a sentence for each item. Then, act out the dialogue in front of the class with your partner, changing the sports and hobbies to match your own interests if you'd like.

MANUELA *La verdad, no me gustan los partidos de fútbol americano.*

RAFAEL

1. a. ¿En serio? Yo pienso que soy muy interesante.

   b. ¿En serio? Yo pienso que son muy interesantes.

   c. ¿En serio? Yo pienso que son muy delgados.

MANUELA

2. a. Sí, es en serio. Además, no comprendo por qué los jugadores tienen sed.

   b. Sí, es en serio. Además, no comprendo por qué los jugadores tienen que ver películas.

   c. Sí, es en serio. Además, no comprendo por qué los jugadores tienen que ser gordos.

RAFAEL

3. a. No son gordos, son muy fuertes.

   b. No son jugadores, son personas.

   c. No son gordos, son monumentos.

MANUELA

4. a. ¿Crees que son fuertes? Pues el partido comienza a las seis.

   b. ¿Crees que son fuertes? Pues yo cierro los ojos cuando los veo, ¡son muy feos!

   c. ¿Crees que son fuertes? Pues puedes ir a ver una película.

RAFAEL

5. a. ¿Cierras los ojos? Entonces, ¿cómo ves los partidos?

   b. ¿Cierras los ojos? Entonces, ¿cómo duermes?

   c. ¿Cierras los ojos? Entonces, ¿cómo juegas?

MANUELA

6. a. No juego los partidos. Prefiero dormir.

   b. No veo las películas. Prefiero escuchar la radio.

   c. No veo los partidos. Prefiero escuchar la radio.

RAFAEL

7. a. Escuchar la radio está mal, pero ver los partidos de fútbol también.

   b. Escuchar la radio está bien, pero ver los partidos de fútbol americano es mi pasatiempo favorito.

   c. Escuchar la radio está bien, pero los sábados son mis días favoritos.

MANUELA

8. a. ¿De verdad? Pues mi pasatiempo favorito son las tareas. Ahora voy al centro a conseguir una nueva.

   b. ¿De verdad? Pues mi pasatiempo favorito son los videojuegos. Ahora voy al centro a conseguir uno nuevo.

   c. ¿De verdad? Pues mi pasatiempo favorito es el estadio. Ahora voy al centro a conseguir un nuevo.

RAFAEL

9. a. ¿Las películas? ¡Qué bien! ¿Y de qué es la nueva película que vas a conseguir en el centro?

   b. ¿Los diccionarios? ¡Qué bien! ¿Y de qué es el nuevo diccionario que vas a conseguir en el centro?

   c. ¿Los videojuegos? ¡Qué bien! ¿Y de qué es el nuevo videojuego que vas a conseguir en el centro?

MANUELA

Ehhm, de fútbol americano.

Lección 4 Comunicación **85**

comunicación

4 **Pasatiempos** Your instructor will give you a role-play card showing the place where you are headed and hobbies. Walk around the room and talk to your classmates until you find someone who shares a hobby. Then, prepare a conversation using the hobbies on your role-play cards. Be prepared to role-play your conversation for the class.

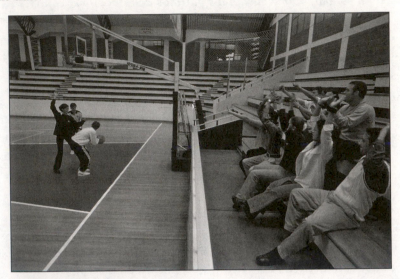

Modelo

Estudiante 1: Hola Luisa. ¿Cómo estás?

Estudiante 2: Hola Alberto. Muy bien, gracias.

Estudiante 1: ¿Adónde vas?

Estudiante 2: Voy a la biblioteca. Necesito escribir unos correos electrónicos. Y tú, ¿adónde vas?

Estudiante 1: Voy al parque a pasear en bicicleta. ¿Quieres ir conmigo?

Estudiante 2: No, no me gusta pasear en bicicleta, prefiero leer una revista.

Estudiante 1: Hmm. Bueno, ¿por qué no vemos un partido de baloncesto?

Estudiante 2: Sí. Me gusta el baloncesto.

Estudiante 1: Bueno, vamos.

4 **Pasatiempos**

Time: 30 minutes

Resources: Role-play cards

Instructions: Photocopy the role-play cards and cut out as many as needed. Have each student take a card and walk around the room talking to classmates until he/she finds someone who shares a hobby. Then, they should prepare a conversation based on the hobbies on their role-play cards and present it to the rest of the class. Make sure all students participate.

You can vary the activity by giving the students the opportunity to write down their own hobbies instead.

4 **Role-play cards**

lugar: la biblioteca

pasatiempos: escribir correos electrónicos / jugar vóleibol / ver películas

---

lugar: el parque

pasatiempos: pasear en bicicleta / patinar / leer una revista

---

lugar: la piscina

pasatiempos: nadar / esquiar / leer un libro

---

lugar: las montañas

pasatiempos: ir de excursión / bucear / tomar el sol

---

lugar: el estadio

pasatiempos: el béisbol / ver partidos de fútbol / esquiar

---

lugar: el parque

pasatiempos: leer un periódico / pasear / escalar montañas

---

lugar: la plaza

pasatiempos: leer correo electrónico / el tenis / pasear en bicicleta

---

lugar: el centro

pasatiempos: visitar monumentos / andar en patineta / escalar montañas

---

lugar: el café

pasatiempos: los videojuegos / bucear / escribir cartas

---

lugar: el cine

pasatiempos: ver películas / jugar golf / escuchar música

recapitulación

¡A repasar! Review everything you have learned in **Lección 4**.

1 **Los deportes** Unscramble the letters to name a sport.

1. AACTÓNNI _____
2. LLOÓVBEI _____
3. OLICSCMI _____
4. USEQÍ _____

2 **No pertenece** Identify the word that doesn't belong in each group.

1. iglesia • gimnasio • museo • golf
2. baloncesto • tenis • parque • hockey
3. bicicleta • patines • pelota • equipo
4. lugar • periódico • revista • correo electrónico

3 **Definiciones** Write the Spanish word and article that matches each definition.

1. _____ is a round object that is hit, thrown or kicked in games.
2. _____ is a type of game that can be played on a computer.
3. _____ is a place where historic, artistic, or scientific objects are collected and displayed.
4. _____ is an open area found in the center of a town, where the community can gather.

4 **¿Adónde van?** Fill in the blanks with **ir**.

1. Benjamín _____ a su clase de contabilidad todos los jueves.
2. Mis parientes _____ a comprar un restaurante en el centro.
3. Miriam y yo _____ de excursión a las montañas.
4. ¿Cuándo _____ a pasear en tu bicicleta nueva?

5 **¿Cuál es el verbo?** Choose the stem-changing verb that matches each sentence.

1. Yo _____ con mis abuelos todos los domingos.
   a. almuerzo   b. encuentro   c. muestro
2. Tú _____ escribir cartas que leer revistas.
   a. comienzas   b. piensas   c. prefieres
3. David y Óscar _____ estudiar ciencias en la universidad.
   a. entienden   b. quieren   c. pierden
4. Liliana no _____ ir a escalar montañas mañana.
   a. duerme   b. vuelve   c. puede

Lección 4 Recapitulación   **89**

6 **Escoger** Select the verb that completes each sentence.

1. Sara _____ (consigue/sigue) sus libros en una librería cerca del cine.

2. Yo _____ (repito/pido) una revista para leer en la biblioteca.

3. ¿Tú _____ (pides/dices) que puedes dormir sin cerrar los ojos?

4. Manuela y Nelson _____ (repiten/consiguen) siempre la misma frase: "somos novios".

7 **Completar** Complete the paragraph with the verbs in the box.

hacer	salir
oír	traer
poner	ver

Hola me llamo Ramón. Soy estudiante de arte y soy muy inteligente. Soy trabajador y siempre

(1) _____ mi tarea. (2) _____ para la universidad a las ocho de la mañana y

cuando vuelvo (3) _____ mis libros para poder estudiar en mi casa. En la noche

(4) _____ la radio o (5) _____ la televisión. Y tú, ¿(6) _____ la radio

o ves la televisión?

8 **Reemplazar** Choose the options that can replace the underlined words.

1. Cristina va a la iglesia.

   a. la piscina   b. la pelota   c. el videojuego

2. Isabel y yo ponemos la radio.

   a. el restaurante   b. el jugador   c. la televisión

3. Yo juego baloncesto en el parque.

   a. favorito   b. béisbol   c. bicicleta

4. Ellas leen su correo electrónico en el café.

   a. su periódico   b. su deporte   c. su gimnasio

9 **¡A practicar!** In groups of three, write and prepare a TV interview of a famous athlete. Make sure you use the grammar concepts and vocabulary that you have learned in this chapter:

- vocabulary (names of hobbies, sports, places, etc.)
- present tense of verb **ir**
- stem-changing verbs **e→ie; o→ue; e→i**
- verbs with irregular **yo** forms

Use any necessary materials, and if resources allow, film the TV show and present it to the class.

contextos

1 1. correcto 2. incorrecto; visitar un monumento 3. incorrecto; el golf 4. incorrecto; escribir un correo electrónico 5. correcto 6. incorrecto; leer una revista 7. correcto 8. incorrecto; el fútbol 9. correcto 10. incorrecto; pasear en bicicleta 11. incorrecto; el tenis 12. incorrecto; bucear

2 **Horizontales:** 2. esquiar 5. natación 7. pelota 9. béisbol 10. correo electrónico **Verticales:** 1. periódico 3. cine 4. iglesia 6. café 7. plaza 8. carta 11. ciclismo

estructura

4.1 Present tense of *ir*

1 **A.** 1. b 2. a 3. c 4. a 5. c 6. b 7. b 8. a 9. c 10. b **B.** Answers will vary.

2 Answers will vary.

4.2 Stem-changing verbs: e→ie; o→ue

1 1. puede 2. duerme 3. almuerzan 4. cierra 5. pienso 6. entiende 7. quieres 8. recuerdan 9. pierde 10. vuelve 11. encontramos 12. empiezas

2 **A.** 1. comenzamos 2. perdemos 3. dormimos 4. almorzamos 5. recordamos 6. empieza 7. piensa 8. prefiere 9. quiere 10. entiendo 11. quieren 12. comienza 13. piensan 14. cuenta 15. prefieren **B.** Answers will vary.

3 Answers will vary.

4.3 Stem-changing verbs: e→i

1 Some answers may vary. Suggested answers: 1. Mi hermano consigue sus videojuegos en el centro. 2. Luis dice que almorzar en el restaurante es malo. 3. Nosotros pedimos permiso a nuestros papás para ir al cine. 4. Yo sigo esperando a Juan para ir a la iglesia. 5. Tú pides todos los días una bicicleta. 6. Yo consigo la pelota para el partido de béisbol. 7. Ramón y Teresa dicen que yo soy muy simpático. 8. ¿Por qué no sigues con tu novio? 9. Beatriz pide favores todo el tiempo. 10. El profesor repite la lección sobre la historia de México.

2 **A.** 1. Sigues 2. sigo 3. consigo 4. dice 5. repito 6. pido **B.** Answers will vary.

4.4 Verbs with irregular *yo* forms

1 Some answers may vary. Suggested answers: **A.** 1. b 2. d 3. i 4. j 5. h 6. f 7. e 8. a 9. g 10. c **B.** Answers will vary.

2 Answers will vary.

comunicación

1 Answers will vary.

2 Answers will vary.

3 1. b 2. c 3. a 4. b 5. a 6. c 7. b 8. b 9. c

4 Answers will vary.

recapitulación

1 1. natación 2. vóleibol 3. ciclismo 4. esquí

2 1. golf 2. parque 3. equipo 4. lugar

3 1. la pelota 2. el videojuego 3. el museo 4. la plaza

4 1. va 2. van 3. vamos 4. vas

5 1. a 2. c 3. b 4. c

6 1. consigue 2. pido 3. dices 4. repiten

7 1. hago 2. Salgo 3. traigo 4. oigo/pongo 5. veo 6. oyes/pones

8 1. a 2. c 3. b 4. a

9 Answers will vary.

Nombre _____ Fecha _____

contextos

1 **Correcto o incorrecto** Make a check mark if the caption matches the image. If they do not match, write a new caption.

el equipaje ○

1. _____

el mar ○

2. _____

la motocicleta ○

3. _____

el hotel ○

4. _____

el ascensor ○

5. _____

el aeropuerto ○

6. _____

el avión ○

7. _____

la playa ○

8. _____

la habitación ○

9. _____

la llave ○

10. _____

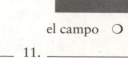

el campo ○

11. _____

la cama ○

12. _____

contextos

2 **Crucigrama** Solve this crossword puzzle.

Horizontales

3. ¿Vamos a ver un bonito _____ en las montañas?

5. Diana y Gloria van de _____ al centro.

8. En la agencia de viajes trabajan tres _____.

10. Los _____ toman muchas fotos desde el tren.

Verticales

1. Nos vemos en la _____ de autobuses a las 5:00 p.m.

2. Mi hermano y yo estamos de _____ en la playa.

4. Tus padres van a hacer un _____ el próximo mes.

6. Nosotros somos los _____ de la habitación 302.

7. El _____ puede llevar sus maletas a la habitación.

9. Disculpe señor, tengo que irme. ¿Dónde está la _____?

contextos

3 **Encuesta** (student text p. 157) How does the weather affect what you do? Walk around the classroom and ask your classmates which weather they prefer or what they like to do during the weather conditions on your worksheet. Note their responses. Personalize your survey by adding a few original questions. Be prepared to report your findings to the class.

Tiempo	Actividades	Actividades
1. Hace mucho calor.		
2. Nieva.		
3. Hace buen tiempo.		
4. Hace fresco.		
5. Llueve.		
6. Está nublado.		
7. Hace mucho frío.		
8.		
9.		
10.		

estructura

5.1 Estar with conditions and emotions

1   **Identificar** Complete the sentences using **estar** and an adjective from the box.

abierto/a	cómodo/a	desordenado/a	feliz
aburrido/a	confundido/a	enamorado/a	ocupado/a
cansado/a	contento/a	enojado/a	triste

1. ¿La puerta _____ _____?

2. Rubén y Maritza _____ _____.

3. Felipe _____ muy _____ en el sofá.

4. La habitación de mi hermano siempre _____ _____.

5. Mis amigos, Juanita y Eduardo, _____ _____.

6. El señor Vélez _____ _____.

7. Las chicas _____ _____.

8. ¿Por qué (tú) _____ _____?

9. El ingeniero Ríos _____ _____.

10. Hoy yo _____ muy _____ porque no hace sol.

11. Germán _____ _____; debe limpiar su cuarto.

12. Nosotros _____ _____.

estructura

5.1 Estar with conditions and emotions

2 **Oraciones** Write eight sentences using the present tense of **estar** and the cues provided.

 Modelo

los huéspedes / listo/a
Los huéspedes están listos para salir para el aeropuerto.

A	B
Efraín	alegre
el huésped	avergonzado/a
Juan y Diego	cerrado/a
la universidad	equivocado/a
las estaciones del metro	listo/a
los agentes de viajes	nervioso/a
Mariana	ocupado/a
nosotros	preocupado/a (por)
nuestros amigos	seguro/a
tú	sucio/a
yo	

1. _____

_____

2. _____

_____

3. _____

_____

4. _____

_____

5. _____

_____

6. _____

_____

7. _____

_____

8. _____

_____

estructura

5.2 The present progressive

1 La mamá de Juan

A. Juan's mother is always asking what he and his friends are doing. Help Juan answer her by choosing a verb to complete each sentence.

1. Sí mamá, mis compañeros y yo estamos _____ para el examen de biología.

   a. cantando   b. estudiando   c. decidiendo

2. Sí mamá, yo estoy _____ la radio.

   a. escuchando   b. leyendo   c. viniendo

3. Sí mamá, ellos están _____ con la profesora de español.

   a. recibiendo   b. abriendo   c. hablando

4. Sí mamá, Diana está _____ muy mal.

   a. compartiendo   b. durmiendo   c. volviendo

5. Sí mamá, María está _____ una película de Almodóvar.

   a. viendo   b. saliendo   c. cerrando

6. Sí mamá, Pedro está _____ las fotos de su viaje a la playa.

   a. bailando   b. jugando   c. mostrando

7. Sí mamá, yo estoy _____ en una casa cerca de la universidad.

   a. recordando   b. buscando   c. viviendo

8. Sí mamá, nosotros estamos _____ monumentos en el centro.

   a. perdiendo   b. visitando   c. deseando

9. Sí mamá, mis amigos están _____ en ir a Cancún en mayo.

   a. regresando   b. llevando   c. pensando

10. Sí mamá, ¡los niños están _____ en el museo!

   a. corriendo   b. volviendo   c. recibiendo

 B. Now, in pairs, choose four sentences and act out a conversation between Juan and his mother.

estructura

5.2 The present progressive

2 **De vacaciones** Doña María's family is on vacation at the beach. Describe what each person is doing.

Diana _____

_____.

Doña María _____

_____.

Jairo y Natalia _____

_____.

Rosita _____

_____.

Pablo _____

_____.

Andrés _____

_____.

estructura

5.2 The present progressive

Estudiante 1

3 **Information Gap Activity** (student text p. 169) A group of classmates is traveling to San Juan, Puerto Rico, for a week-long Spanish immersion program. For them to make their flight, you and your partner must locate them. You each have a different handout that will help you.

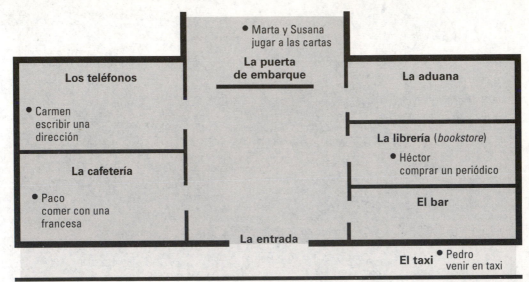

	¿Dónde está(n)?	¿Qué está(n) haciendo?
1.	Alicia	
2.	Azucena	
3.	Carmen	
4.	Felipe	
5.	Héctor	
6.	Mario y José	
7.	Marta y Susana	
8.	Paco	
9.	Pedro	
10.	Roberto	

estructura

5.2 The present progressive

Estudiante 2

3 **Information Gap Activity** (student text p. 169) A group of classmates is traveling to San Juan, Puerto Rico, for a week-long Spanish immersion program. For them to make their flight, you and your partner must locate them. You each have a different handout that will help you.

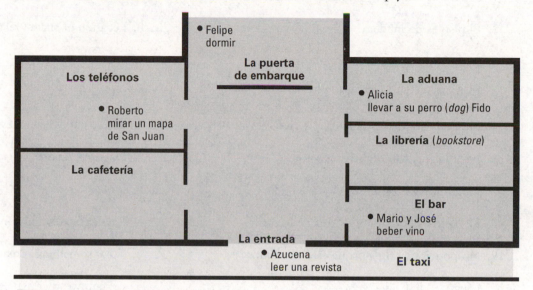

	¿Dónde está(n)?	¿Qué está(n) haciendo?
1.	Alicia	
2.	Azucena	
3.	Carmen	
4.	Felipe	
5.	Héctor	
6.	Mario y José	
7.	Marta y Susana	
8.	Paco	
9.	Pedro	
10.	Roberto	

estructura

5.3 Ser and estar

1 **Emparejar**

A. Match each sentence with the explanation of when to use **ser** or **estar**.

A	B
1. Paula y yo estamos montando a caballo en el campo.	___ a. Nationality and place of origin
2. El piso es de madera.	___ b. Location or spatial relationships
3. Juan Carlos y Rosa están muy tristes.	___ c. Possession
4. Elena es programadora.	___ d. Emotional states
5. El hotel está detrás del aeropuerto.	___ e. Where and when an event takes place
6. Las maletas son de Jimena.	___ f. Ongoing actions
7. La habitación está muy desordenada.	___ g. Profession
8. El vuelo es el lunes a las tres de la tarde.	___ h. Physical states and conditions
9. No podemos salir porque está nevando.	___ i. What something is made of
10. Diego es de Chile.	___ j. Certain weather expressions

B. Now, write four examples (two with **ser** and two with **estar**). Challenge a classmate to match them.

A	B
1. _____ _____	___ a. _____ _____
2. _____ _____	___ b. _____ _____
3. _____ _____	___ c. _____ _____
4. _____ _____	___ d. _____ _____

estructura

5.3 Ser and estar

2 **Está nevando...**

A. Write the correct forms of the verbs **ser** and **estar**.

JULIANA Hola, ¿Bruno?

BRUNO Sí. Ah, ¡hola Juliana! ¿Cómo (1) _____?

JULIANA Mal. (2) _____ nevando y no puedo salir de mi casa para ir a la universidad.

BRUNO ¿En serio? (3) _____ terrible tener que salir de casa con este clima.

JULIANA Sí, y no tengo coche.

BRUNO ¿Y no puedes venir caminando?

JULIANA Imposible. Mi casa (4) _____ un poco lejos.

BRUNO ¡Oh no! Y ya (5) _____ empezando la clase.

JULIANA Además, (6) _____ enferma.

BRUNO ¿Y tus ventanas (7) _____ cerradas? Hace mucho viento y te puedes enfermar más.

JULIANA Sí, gracias por preocuparte. Hoy (8) _____ jueves, ¿verdad?... ¡El examen de ciencias!

BRUNO No te preocupes por el examen. Yo puedo hablar con el profesor, él (9) _____ muy simpático.

JULIANA Gracias amigo. Por cierto, ¿de dónde (10) _____ el profesor de ciencias?

BRUNO Ay, ¿no recuerdas? Él (11) _____ de España.

JULIANA Ah sí, verdad. Oye, en mi casa (12) _____ tu libro de matemáticas.

BRUNO No (13) _____ mío (*mine*), (14) _____ de Octavio.

JULIANA ¿Octavio? ¿El agente de viajes?

BRUNO No, Octavio (15) _____ inspector de aduanas.

JULIANA Aaah, Octavio, el chico guapo.

BRUNO Bueno, ehhm. Creo que (16) _____ confundida. Octavio (17) _____ muy feo.

JULIANA ¿Seguro?

BRUNO Bueno amiga, tengo que entrar a clase. No te preocupes, yo hablo con el profesor.

JULIANA Gracias Bruno. Ah, oye ¿dónde (18) _____ el partido de baloncesto mañana?

BRUNO El partido (19) _____ en el parque del centro. ¿Vas a ir?

JULIANA Claro que sí.

BRUNO Bueno, hablamos luego, chau.

JULIANA Chau.

  B. Act out the dialogue with a partner.

estructura

5.4 Direct object nouns and pronouns

1   **¿Lo hacen?** Answer these questions using direct object pronouns.

> **Modelo**
>
> **¿Vas a conseguir una cámara?**
> **Sí, (yo)** *voy a conseguirla.*/**Sí, (yo)** *la voy a conseguir.*

1. ¿Vas a mirar la televisión?

   Sí, (yo) _____.

2. ¿Necesitan comprar los pasajes?

   No, nosotras _____.

3. ¿Están buscando la motocicleta?

   Sí, ellos _____.

4. ¿Deseas ver la película?

   No, (yo) _____.

5. ¿Va a escalar la montaña?

   No, ella _____.

6. ¿Conoces la capital de España?

   Sí, (yo) _____.

7. ¿Ustedes entienden la lección?

   No, nosotros _____.

8. ¿Ellas leen las cartas?

   Sí, ellas _____.

9. ¿Tus papás están visitando a tus abuelos?

   Sí, ellos _____.

10. ¿Pablo conoce al ingeniero Rodríguez?

    No, él _____.

estructura

5.4 Direct object nouns and pronouns

2 **Preocupados por el viaje**

A. Choose a verb to complete the conversations.

—Por favor, mamá, yo quiero llevar la cámara.

—No, yo voy a (1) _____ (llevarla/llevarlo), tú eres muy desordenada.

—Pero, mamá… Entonces, yo llevo los pasaportes.

—No y no. Yo (2) _____ (los llevo/ las llevo).

—¡Qué mala eres!

—David, ¿ya estamos listos para salir de viaje?

—No, primero tengo que llamar a mi novia.

—Mmm... No tenemos tiempo. ¡Ya sé! Puedes (3) _____ (llamarlos/llamarla) desde la

estación del tren.

—Tienes razón. Un momento, ¡también tenemos que comprar un mapa!

—Ay no... ¡Rápido! Vamos a (4) _____ (comprarlo/comprarlos).

—Señorita Linares, por favor, confirme la reservación en el hotel.

—Sí, señor. Voy a (5) _____ (confirmarla/confirmarlo) ya mismo.

—Y recuerde enviar las maletas al aeropuerto.

—Sí, (6) _____ (las envío/los envío) por la tarde, señor Márquez.

—Ay no, ¿dónde están los pasajes? No (7) _____ (las encuentro/los encuentro).

—Voy a (8) _____ (buscarlo/buscarlos).

—¡Ah! No se preocupe, aquí están.

—¡Qué descuidado es usted, señor Márquez!

B. Now, write a few sentences using direct object pronouns to talk about a recent trip. Share your sentences with a partner and write down what he/she shares with you.

_____

_____

_____

_____

_____

_____

_____

_____

comunicación

Estudiante 1

1 **Information Gap Activity** (student text p. 157) You are planning a trip to Mexico and have many questions for your partner, a travel agent, about your itinerary. You and your partner each have a handout with your instructions.

Cliente/a

You have an appointment with your travel agent to discuss your upcoming vacation to Mexico. You want to arrive there on Monday, March 6th, and return on Saturday, March 11th. Your ideal destination would offer a wide range of daytime and nighttime activities, a warm and sunny climate, and nice beaches. Look at the map and ask your travel agent questions to find out about places that interest you.

> **Vocabulario útil**
>
> ¿Qué tiempo hace en…?
> Mis preferencias son…
> Mis actividades favoritas son…
> Las fechas del viaje son…

comunicación

Estudiante 2

1 **Information Gap Activity** (student text p. 157) Your partner is planning a trip to Mexico and has many questions about the itinerary for you, a travel agent. You and your partner each have a handout with instructions.

Agente

You are a travel agent meeting with a client about his/her upcoming vacation to Mexico. Look at the map to answer your client's questions about the weather and activities at places he/she might want to visit. After your client has made his/her decisions, record his/her vacation plans and other pertinent information on the form below.

VIAJES PARAÍSO

Nombre y apellidos _____

Teléfono _____

Viaja a _____

Fechas del _____ al _____

Viajan _____ personas

Actividades _____

comunicación

2 **Vacaciones de aventura** In groups of three, research and plan a five-day vacation. Write down a few notes that describe each day and then, as a group, explain your plans to the class and try to convince them to join you. At the end, the class will vote on the most exciting, interesting, and creative plan.

Modelo

Vacaciones de aventura en _Costa Rica_.

Día 1: *escalar de noche el volcán Arenal*

Día 2: *hacer un safari en el río Peñas Blancas*

Día 3: *sobrevivir en la caverna (cave) de Venado*

Día 4: *atravesar (cross) nadando el lago Arenal*

Día 5: *rescatar (rescue) a una familia de monos (monkeys), perdida en el Refugio Caño Negro*

Vacaciones de aventura en _____

Día 1: _____

_____

Día 2: _____

_____

Día 3: _____

_____

Día 4: _____

_____

Día 5: _____

_____

comunicación

3 **Discusiones** Your instructor will give you and a partner two role-play cards describing a scenario in a hotel. Prepare a three- to four-minute conversation, following the instructions. Include as much of the vocabulary and grammar from this lesson as possible. Act out the conversation in front of the class. Be creative!

Modelo

Huésped confundido: Señorita, ¿éste es el hotel El Dorado?

Empleada enojada: No señor. Es una librería.

Huésped confundido: ¿Está segura?

Empleada enojada: Señor, usted está confundido y yo tengo muchas cosas que hacer.

Huésped confundido: Pero señorita, ¿por qué está enojada?

Empleada enojada: ¡Grrrr!

3 Discusiones

Time: 30 minutes

Resources: Role-play cards

Instructions: Photocopy the role-play cards and cut out as many as needed. Have students form pairs. Then, hand out the paired cards; they should each choose a role and together prepare a three- to four-minute conversation using the vocabulary and grammar from this lesson. Make sure all students participate. Tell them to be prepared to act out the conversation in front of the class. At the end, have students vote on which conversation was the most creative, fun etc.

You can vary the activity by asking students to film their conversations and share them with the class.

comunicación

3 Role-play cards

Tú eres un(a) agente de viajes muy desordenado/a. No recuerdas dónde pusiste los pasajes del/de la cliente/a, estás muy avergonzado/a y no sabes qué hacer. Tú empiezas: —Perdone señor(ita), pero no recuerdo dónde puse sus pasajes. ¡Tiene que venir más tarde!	Tú eres un(a) cliente/a en una agencia de viajes. Estás muy enojado/a porque el/la agente no recuerda dónde puso tus pasajes y ¡tu avión sale en dos horas! Tu compañero/a empieza.
Tú eres un(a) agente de viajes antipático/a. No quieres buscar los folletos del lugar adonde el/la cliente/a quiere ir de vacaciones. Tu compañero/a empieza.	Tú eres un(a) cliente/a en una agencia de viajes. Estás muy enojado/a porque el/la agente de viajes es muy antipático/a y no quiere buscar los folletos que tú necesitas. Ahora sólo quieres hablar con su jefe/a. Tú empiezas: —¡Pero qué antipático/a es usted! Por favor, llame a su jefe/a, necesito hablar con él/ella.
Tú eres un(a) empleado/a de hotel. Estás cansado/a y viene un(a) cliente/a muy maleducado/a y te dice que tienes que ir a limpiar su habitación porque está sucia, pero ¡tú no eres el/la empleado/a de la limpieza (*cleaning*)! Tú empiezas: —No señor(ita), no puedo ir a limpiar su habitación. ¡Yo no soy el/la empleado/a de la limpieza!	Tú eres un(a) huésped enojado/a y además muy maleducado/a. Tu habitación está sucia y el/la empleado/a no quiere ir a limpiarla. Tu compañero/a empieza.
Tú eres un(a) botones. Estás preocupado/a porque un(a) huésped dice que llevaste sus maletas a la habitación equivocada, pero tú estás seguro/a que las dejaste en la habitación correcta. Tu compañero/a empieza.	Tú eres un(a) huésped de un hotel. Estás muy nervioso/a porque el/la botones llevó tus maletas a la habitación equivocada. Tú empiezas: —¿Es usted el/la tonto/a que llevó mis maletas a la habitación 302? ¡Esa no es mi habitación!
Tú eres un(a) guía (*guide*) turístico/a. Estás muy confundido/a porque quieres llevar a un(a) turista a un lugar muy interesante, ¡pero él/ella sólo quiere dormir! Tú empiezas: —Pero señor(ita), ¿cómo va a dormir ahora? ¡Vamos a ver un lugar muy interesante!	Tú eres un(a) turista. Estás muy aburrido/a porque no conoces bien el lugar que estás visitando. El/La guía quiere que vayas con él/ella a conocer un lugar interesante pero tú sólo quieres dormir. Tu compañero/a empieza.
Tú eres un(a) guía (*guide*) turístico/a y ¡estás perdido/a (*lost*) con un(a) turista! Además, estás nervioso/a porque eres nuevo/a (*new*) y todavía no conoces bien los lugares. Tu compañero/a empieza.	Tú eres un(a) turista. Estás haciendo un recorrido (*tour*) con un(a) guía (*guide*) turístico/a, pero él/ella no conoce bien los lugares y ahora ¡tú y él/ella están perdidos/as (*lost*)! Estás preocupado/a y quieres regresar al hotel. Tú empiezas: —¿Cómo que no sabe dónde estamos? ¡Pero usted es el/la guía!

recapitulación

¡A repasar! Review everything you have learned in **Lección 5**.

1 **Los viajes** Unscramble these words from **Contextos**.

1. AACCVNSIEO _____

2. PSAAIEJ _____

3. JQPUEEAI _____

4. ANIHÓTIBAC _____

2 **No pertenece** Identify the word that does not belong.

1. autobús • taxi • avión • maleta

2. playa • pasaje • paisaje • mar

3. caballo • habitación • cama • hotel

4. equipaje • pasaporte • botones • aeropuerto

3 **Definiciones** Write the Spanish word and article for each definition.

1. _____ is the floor of a building that is closer to the ground or street level.

2. _____ is land or scenery that can be seen in a single view.

3. _____ is the act of catching fish as diversion.

4. _____ is a journey made for pleasure or business.

4 **Completar** Complete these sentences using **estar** with conditions or emotions.

1. Eugenia _____ _____ porque su hermana no quiere jugar con ella.

2. La iglesia siempre _____ _____ los viernes por la noche.

3. Daniel y Cecilia son novios y _____ muy _____.

4. Yo _____ porque mis padres vienen a visitarme el próximo sábado.

5 **Escoger** Select the verb that completes each sentence.

1. Elena está _____ (haciendo/llegando) las maletas para su viaje a Panamá.

2. Nosotros estamos _____ (jugando/comiendo) a las cartas en mi casa.

3. Patricia y Ana están _____ (trayendo/nadando) en el mar.

4. Yo estoy _____ (desayunando/leyendo) un libro en la cafetería.

6 El uso correcto Write the reason that explains why **ser** or **estar** is used in these sentences.

1. Pilar es de Barcelona. _____

2. La puerta de la habitación está cerrada. _____

3. La exposición de arte es en el museo central. _____

4. Vamos a almorzar en casa porque está nevando mucho. _____

7 Reemplazar Choose a direct object pronoun.

1. Mario y yo compramos los pasajes para el viaje en tren.
   a. los   b. la   c. lo

2. Fernando y Luisa llaman a la agente de viajes para confirmar el hotel en Monterrey.
   a. los   b. la   c. las

3. ¿Necesitas conseguir las habitaciones para el viaje de tus nietos?
   a. lo   b. las   c. la

4. Nayeli comparte su automóvil con sus compañeros de clase.
   a. la   b. los   c. lo

8 Un aviso (ad) Complete this ad using the words from the box.

> aburrido   comprarlo
> buscando   primer

¿Estás (1) _____? ¿Estás (2) _____ un libro interesante para leer en este invierno?

"*El amor en los tiempos del cólera*" es el (3) _____ libro que debes leer. Tienes que ir a

(4) _____ ya. Lo puedes encontrar en los almacenes Gigante.

9 ¡A practicar! In groups of three, use the grammar and vocabulary in this lesson to prepare a radio ad for a hotel, that advertises their services to potential tourists.

- vocabulary (vacations, trips, hotel, adjectives, ordinal numbers, etc.)
- **estar** with conditions and emotions
- the present progressive
- uses of **ser** and **estar**
- direct object nouns and pronouns

If resources allow, record your ad and present it to the class. Be creative!

answers to activities

contextos

1. 1. incorrecto; la cama 2. incorrecto; el equipaje 3. correcto 4. incorrecto; la playa 5. correcto 6. incorrecto; el mar 7. correcto 8. incorrecto; el hotel 9. incorrecto; la llave 10. incorrecto; la habitación 11. correcto 12. incorrecto; el aeropuerto

2. **Horizontales:** 3. paisaje 5. compras 8. empleados 10. viajeros **Verticales:** 1. estación 2. vacaciones 4. viaje 6. huéspedes 7. botones 9. salida

3. Answers will vary.

estructura

5.1 *Estar* with conditions and emotions

1. 1. está abierta 2. están enojados 3. está; cómodo 4. está desordenada 5. están enamorados 6. está cansado/ocupado 7. están aburridas/cansadas 8. estás contenta/feliz 9. está confundido 10. estoy; triste/aburrido 11. está ocupado 12. estamos felices/contentos

2. Answers will vary.

5.2 The present progressive

1. **A.** 1. b 2. a 3. c 4. b 5. a 6. c 7. c 8. b 9. c 10. a **B.** Answers will vary.

2. Answers will vary.

3. Answers will vary.

5.3 *Ser* and *estar*

1. **A.** 1. f 2. i 3. d 4. g 5. b 6. c 7. h 8. e 9. j 10. a **B.** Answers will vary

2. **A.** 1. estás 2. Está 3. Es 4. está 5. estamos/está 6. estoy 7. están 8. es 9. es 10. es 11. es 12. está 13. es 14. es 15. es 16. estás 17. es 18. es 19. es **B.** Answers will vary.

5.4 Direct object nouns and pronouns

1. 1. voy a mirarla/la voy a mirar 2. no necesitamos comprarlos/no los necesitamos comprar 3. la están buscando/están buscándola 4. no deseo verla/no la deseo ver 5. no va a escalarla/no la va a escalar 6. la conozco 7. no la entendemos 8. las leen 9. los están visitando/están visitándolos 10. no lo conoce

2. **A.** 1. llevarla 2. los llevo 3. llamarla 4. comprarlo 5. confirmarla 6. las envío 7. los encuentro 8. buscarlos **B.** Answers will vary.

comunicación

1. Answers will vary.

2. Answers will vary.

3. Answers will vary.

recapitulación

1. 1. vacaciones 2. paisaje 3. equipaje 4. habitación

2. 1. maleta 2. pasaje 3. caballo 4. botones

3. 1. la planta baja 2. el paisaje 3. la pesca 4. el viaje

4. 1. está triste/aburrida/enojada 2. está abierta/cerrada 3. están; enamorados 4. estoy feliz/contenta/alegre

5. 1. haciendo 2. jugando 3. nadando 4. leyendo

6. 1. nationality and place of origin 2. physical states and conditions 3. where and when an event takes place 4. certain weather expressions

7. 1. a 2. b 3. b 4. c

8. 1. aburrido 2. buscando 3. primer 4. comprarlo

9. Answers will vary.

contextos

Lección 6

1 **Crucigrama** Complete this crossword puzzle with words from **Contextos**.

Horizontales

1. una persona con buen gusto (*good taste*)

4. una mujer empleada para vender en una tienda

6. el color de la nieve

9. este color es la mezcla (*mix*) del rojo y el blanco

10. una máquina (*machine*) que hay en los almacenes, a la que vas para pagar

Verticales

2. un lugar donde una persona puede comprar

3. algo que compras para otra persona, para hacerla feliz

5. una oportunidad para comprar a precios bajos

7. una persona que va a una tienda

8. la cantidad de dinero por la que un producto se vende (*is sold*) o se ofrece (*is offered*)

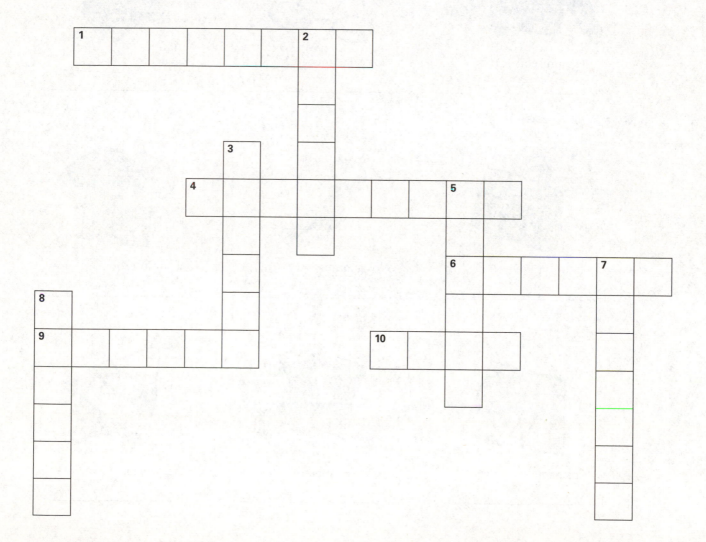

contextos

2 **Correcto o incorrecto** Make a check mark if the caption matches the image. If they do not match, write a new caption.

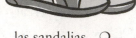

las sandalias ○

1. _____

las gafas ○

2. _____

la chaqueta ○

3. _____

la camiseta ○

4. _____

los calcetines ○

5. _____

el suéter ○

6. _____

la bolsa ○

7. _____

los guantes ○

8. _____

el sombrero ○

9. _____

los pantalones cortos ○

10. _____

el traje de baño ○

11. _____

la corbata ○

12. _____

estructura

6.1 Saber and conocer

1 **Elegir**

A. Choose the correct word for each sentence.

1. ¿Tú _____ hablar español?

   a. sabes   b. conoces

2. Mis padres no _____ París.

   a. conocen   b. saben

3. Yo _____ a todos los vendedores del almacén La Rebaja.

   a. sé   b. conozco

4. Mi hermano y yo no _____ conducir.

   a. conocemos   b. sabemos

5. ¿Tu amigo _____ dónde está el mercado al aire libre?

   a. conoce   b. sabe

6. Yo _____ bailar salsa muy bien.

   a. sé   b. conozco

7. Tú _____ al profesor de química.

   a. sabes   b. conoces

8. Los hijos de Diana son muy inteligentes; _____ montar a caballo y jugar a las cartas.

   a. conocen   b. saben

9. Nicolás y yo _____ un restaurante colombiano muy bueno.

   a. sabemos   b. conocemos

10. El agente de viajes _____ muchas ciudades interesantes.

    a. conoce   b. sabe

B. Now, write four similar examples and exchange them with a partner.

1. _____

   a. _____   b. _____

2. _____

   a. _____   b. _____

3. _____

   a. _____   b. _____

4. _____

   a. _____   b. _____

estructura

6.1 Saber and conocer

2 **Encuesta** Walk around the class and ask questions using the information from the survey and either **saber** or **conocer.** Personalize it by adding two original questions to the list. Be prepared to report the results of your survey to the class.

Modelo

> **tú / el profesor de música**
> **Estudiante 1:** ¿Tú conoces al profesor de música?
> **Estudiante 2:** No, no lo conozco.
> **Estudiante 3:** Sí, lo conozco. (*Write the student's name for this item.*)

Preguntas	¿Quién?
1. tú / la hora	
2. tus amigos / jugar al fútbol	
3. los estudiantes de español / profesor de arte	
4. tú y tu familia / la playa	
5. el/la novio/a de tu compañero/a de cuarto / bailar merengue	
6. tu mamá / la edad de tu abuela	
7. ¿?	
8. ¿?	

estructura

6.2 Indirect object pronouns

1 **Escoger**

A. Choose a word for each sentence.

1. Juan Carlos _____ (le/te) da la tarjeta de crédito a la vendedora.

2. Miriam _____ (les/nos) compra zapatos a sus hijos en el centro comercial.

3. A mí, mis tíos _____ (nos/me) regalan un par de zapatos cada mes.

4. Anoche, yo _____ (te/les) compré un hermoso abrigo azul a ti.

5. El año pasado, nosotros _____ (les/le) escribimos una carta a nuestros abuelos.

6. Diego _____ (nos/les) lleva a los niños y a mí a la playa todos los fines de semana.

7. ¿A quién _____ (le/me) compraste esa corbata morada? ¡Qué fea!

8. Andrea, mi vecina, _____ (me/te) lleva a la universidad todas las mañanas en su coche.

9. Yo _____ (les/nos) pido dinero a mis papás a veces.

10. Ay, Andrea, esta blusa _____ (les/te) costó mucho dinero y no es de buena calidad.

B. Now, in pairs, create a short dialogue with three or four of these sentences. Present it to the class.

_____

_____

_____

_____

_____

_____

_____

_____

_____

_____

_____

_____

_____

_____

_____

estructura

6.2 Indirect object pronouns

2 **Completar**

A. Write each sentence using an indirect object pronoun for the person in parentheses. Follow the model.

> **Modelo**
> **Yo enseño español. (a mi mamá)**
> _Yo le enseño español a mi mamá._

1. Mis primos dan un regalo. (a sus papás)

   _____

2. Edgar compra un hermoso vestido. (a Manuela)

   _____

3. Nosotros hablamos en inglés. (a nuestros hijos)

   _____

4. Yo preparo un delicioso almuerzo. (a mi novio/a)

   _____

5. Tú prestas tu ropa. (a tu hermano/a)

   _____

6. Diana traduce las canciones. (a sus compañeros de clase)

   _____

7. Maribel y yo entregamos las maletas. (al botones del hotel)

   _____

8. Yo tomo fotos. (a ti)

   _____

9. Tus amigos consiguen un traje. (a mí)

   _____

10. Pedro dice mentiras. (a nosotros)

   _____

 B. Now, write four similar examples, and challenge a classmate to rework them.

1. _____

   _____

2. _____

   _____

3. _____

   _____

4. _____

   _____

estructura

6.3 Preterite tense of regular verbs

1 **Identificar** Complete each sentence with the preterite form of a verb from the box.

bailar	comprar	enseñar	leer	oír	regalar
comer	encontrar	escribir	llegar	pagar	ver

1. Doña Marina les _____ en efectivo a las vendedoras.

2. Esta mañana, Liliana _____ ruidos en el segundo piso.

3. Sergio le _____ unas gafas de sol a su novia.

4. Eduardo y Marieta _____ mucho en la fiesta.

5. Julio _____ tarde a su clase de geografía.

6. Danilo les _____ a bailar tango a sus sobrinos.

7. Yo le _____ una carta a mi mamá la semana pasada.

8. Maritza y su esposo _____ una hermosa casa en el centro.

9. Ayer, mis amigos y yo _____ en un restaurante muy elegante.

10. Mariana _____ un buen libro en la biblioteca de la universidad.

11. Anoche, mi hermano _____ la televisión hasta muy tarde.

12. Los abuelos _____ los mensajes de sus nietos.

estructura

6.3 Preterite tense of regular verbs

Estudiante 1

2 **Information Gap Activity** (student text p. 209) You and your partner each have incomplete charts that show what four employees at **Almacén Gigante** did last weekend. You'll each need to ask your partner questions to fill in the missing information. After that, ask your partner what he/she did last weekend. Remember to use the preterite!

Vocabulario útil

abrir	comprar	leer	trabajar
acampar	correr	llegar	vender
bailar	escribir	mirar	ver
beber	hablar	oír	viajar
comer	jugar	tomar	volver

	Margarita	Pablo y Ramón	Señora Zapata	Mi compañero/a
El viernes por la noche				
El sábado por la mañana				
El sábado por la noche				
El domingo				

estructura

6.3 Preterite tense of regular verbs

Estudiante 2

2 **Information Gap Activity** (student text p. 209) You and your partner each have incomplete charts that show what four employees at **Almacén Gigante** did last weekend. You'll each need to ask your partner for the missing information. After this, ask your partner what he/she did last weekend. Remember to use the preterite!

Vocabulario útil

abrir	comprar	leer	trabajar
acampar	correr	llegar	vender
bailar	escribir	mirar	ver
beber	hablar	oír	viajar
comer	jugar	tomar	volver

	Margarita	Pablo y Ramón	Señora Zapata	Mi compañero/a
El viernes por la noche				
El sábado por la mañana				
El sábado por la noche				
El domingo				

Lección 6 Estructura   **123**

estructura

6.4 Demonstrative adjectives and pronouns

1 **La envidiosa** Gabriela is a very envious person. Fill in her replies to a friend, Sonia.

Modelo

Yo compré esa blusa roja. (yo / aquella / falda verde)
Pues esa blusa roja es fea. Yo compré aquella falda verde.

1. Yo compré este vestido rojo. (mi tía / ese abrigo amarillo)

   _____

2. Mi sobrina vendió aquel caballo negro. (Darío / esa bicicleta blanca)

   _____

3. Nosotros le regalamos estos zapatos a María. (Ana y Tulio / esas sandalias)

   _____

4. Valeria conoce a ese chico. (yo / aquel / joven)

   _____

5. Yo le entregué el dinero a ese vendedor. (ellas / aquella clienta)

   _____

6. Mario encontró aquellas llaves en la cafetería. (tú / estos libros)

   _____

7. Nicolás y Manuel me buscaron estos pantalones. (nosotros / aquellos calcetines a ti)

   _____

8. Ellos vieron esta revista en la librería. (Valentina / aquel libro)

   _____

9. Mi novio me invitó a aquel cine. (mi primo / ese parque)

   _____

10. Todos mis amigos usan aquellas camisetas azules en el partido. (todos mis hermanos / aquellos pantalones cortos)

    _____

estructura

6.4 Demonstrative adjectives and pronouns

Estudiante 1

2 **Information Gap Activity** (student text p. 213) You and your partner have almost identical drawings of a store. Use demonstrative adjectives and pronouns to show seven differences.

Modelo

> **Estudiante 1:** Aquellas gafas de sol son feas, ¿verdad?
> **Estudiante 2:** No. Aquellas gafas de sol son hermosas.

estructura

6.4 Demonstrative adjectives and pronouns

Estudiante 2

2 **Information Gap Activity** (student text p. 213) You and your partner have almost identical drawings of a store. Use demonstrative adjectives and pronouns to show seven differences.

Modelo

Estudiante 1: Aquellas gafas de sol son feas, ¿verdad?
Estudiante 2: No. Aquellas gafas de sol son hermosas.

comunicación

1 **Construye la historia** In pairs, choose the matching sentences in each item to expand the dialogue. Then, act it out in front of the class, changing the clothing to match what you are wearing.

DANIELA *Ayer, Esteban me invitó a ir de compras al centro comercial.*

LEONOR

1. a. ¿Al centro comercial? Y, ¿qué compraste?
   b. ¿A la tienda? Y, ¿qué compraste?
   c. ¿Al mercado al aire libre? Y, ¿qué compraste?

DANIELA

2. a. No vendí nada. No encontré mi tarjeta de crédito.
   b. No compré nada. No encontré mi tarjeta de crédito.
   c. No escuché nada. No encontré mi tarjeta de crédito.

LEONOR

3. a. ¿Y Esteban no llevó su chaqueta?
   b. ¿Y Esteban no llevó su camisa?
   c. ¿Y Esteban no llevó su tarjeta?

DANIELA

4. a. No. Por eso quiero ir hoy al centro comercial, ¿vienes?
   b. No. Por eso quiero ir hoy al centro comercial, ¿vendes?
   c. No. Por eso quiero ir hoy al centro comercial, ¿compras?

LEONOR

5. a. Claro que sí. Hoy hay rebajas en el almacén Brillante.
   b. Claro que sí. Hoy la ropa está muy cara en el almacén Brillante.
   c. Claro que sí. Hoy no hay rebajas en el almacén Brillante.

DANIELA

6. a. ¿Precios? ¡Qué bueno! Voy a usar aquella falda roja que vimos la semana pasada.
   b. ¿Rebajas? ¡Qué bueno! Voy a buscar aquella falda roja que vimos la semana pasada.
   c. ¿Rebajas? ¡Qué bueno! Voy a vender aquella falda roja que vimos la semana pasada.

LEONOR

7. a. ¿La blusa roja? ¿No dices que quieres ese pantalón marrón del almacén Aries?
   b. ¿La camisa roja? ¿No dices que quieres esa blusa marrón del almacén Aries?
   c. ¿La falda roja? ¿No dices que quieres ese pantalón marrón del almacén Aries?

DANIELA

8. a. Sí, es verdad, ésa, ésa es la que quiero.
   b. Sí, es verdad, ése, ése es el que quiero.
   c. Sí, es verdad, esto, esto es lo que quiero.

LEONOR

9. a. Bueno, vamos. Quiero comprarle unos guantes a Esteban.
   b. Bueno, vamos. Quiero escribirle una carta a Esteban.
   c. Bueno, vamos. Quiero encontrarle un vestido a Esteban.

DANIELA

10. a. ¿Unos zapatos a Esteban? Ja.
    b. ¿Unos calcetines a Esteban? Ja.
    c. ¿Unos guantes a Esteban? Ja.

comunicación

2 **La subasta** Your class will be holding an auction (**subasta**). Your instructor will give you a chart that lists the items. He/She will be the auctioneer and you and your classmates will be the bidders, with a budget of $500 each. Look at the items on display so you can plan to bid for the items you want. If you are the highest bidder, write down the item you bought (under *item*) and the cost (under *bid*). Watch out! Once you run out of money, you can no longer bid in the auction.

Modelo

Subastador: *Esta elegante camisa roja empieza en 5 dólares. ¿Quién da más?*
Compradora 1: *Yo doy diez dólares por esa camisa roja.*
Subastador: *Diez dólares ofrece la hermosa dama. ¿Quién da más?*
Comprador 2: *Yo doy cincuenta dólares.*
Subastador: *Vaya. Cincuenta dólares. ¿Quién da más? A la una… a las dos…*
                y a las tres. Vendida al joven del suéter negro.

2 **La subasta**

Time: 30 minutes

Resources: Auction charts, vocabulary-related items

Instructions: Photocopy and distribute the auction charts page. Tell students they each have a $500 budget for a classroom auction. Bring in enough vocabulary-related items for everyone to buy something, and tag everything with a starting bid. You are the auctioneer and the students the bidders. During the auction, the student who acquires an item with the highest bid must write down what he/she bought and how much it cost. When students have spent their $500 budgets, they will not be able to bid anymore. Afterwards, they should all share with the class what they bought and how much they spent.

You can vary the activity by letting the students take turns being the auctioneer.

2 Auction charts

Item	Bid
Total	

Item	Bid
Total	

Item	Bid
Total	

comunicación

3 **De compras** Your classroom is now an open-air market. Your instructor will give you a card showing your role, as either a customer or vendor, and a list of items and their prices. Walk around the classroom to find the right vendor or customer to make a purchase or sale; just one person will sell what you need and just one person will need what you sell. Customers are allowed to bargain, so make sure you write down the final price. The first student to buy or sell all his/her items wins.

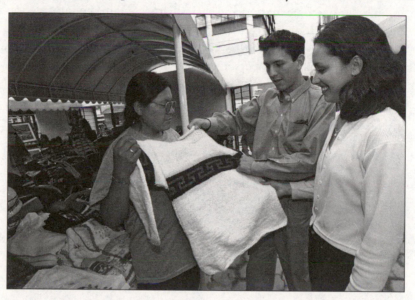

Modelo

Cliente 1: Hola. Estoy buscando un suéter negro.

Vendedor: Ay, lo siento. Tengo un suéter, pero es amarillo.

Clienta 2: Bueno, pero ¿cuánto cuesta?

Vendedor: Cuesta 10 dólares.

Clienta 2: No. Mi suéter no puede costar más de 5 dólares, muchas gracias.

3 De compras

Time: 30 minutes

Resources: Shopping assignments

Instructions: Photocopy and distribute the shopping assignment pages to the students. Tell them they are going to an open-air market and their charts contain the information they will need. One group will be customers looking for the vendor that has the items on their list; the other group will be vendors with items to sell. Tell them they can bargain and they should write down the final prices they paid. When students find the right person to make a deal, they should write down his/her name next to the item. The student who successfully buys or sells all his/her items first, wins.

You can vary the activity by giving students a blank chart and letting them write down what they want to buy or sell, and then go bargaining.

3 **Shopping assignments**

Rol	Artículo	Precio	Vendedor(a)
¡Tú eres un(a) cliente/a!	una camisa morada	$10	
	una corbata azul	$15	
	un par de zapatos de tenis	$30	
	dos abrigos	$50	
	tres blusas	$40	
	unas gafas de sol	$7	
	unas medias amarillas	$3	
	un sombrero	$17	
	un traje de baño	$20	

Rol	Artículo	Precio	Vendedor(a)
¡Tú eres un(a) cliente/a!	un cinturón negro	$8	
	un par de sandalias	$17	
	dos trajes	$15	
	tres faldas	$28	
	unas botas	$20	
	una cartera roja	$12	
	un sombrero	$15	
	unos jeans	$14	
	dos pantalones azules	$30	

Rol	Artículo	Precio	Vendedor(a)
¡Tú eres un(a) cliente/a!	una camisa anaranjada	$10	
	una corbata azul	$12	
	un par de guantes	$14	
	un suéter	$18	
	tres blusas	$35	
	unas sandalias	$22	
	unas medias rosadas	$3	
	un traje	$45	
	dos pantalones cafés	$38	

Rol	Artículo	Precio	Vendedor(a)
¡Tú eres un(a) cliente/a!	una camiseta roja	$10	
	un cinturón negro	$12	
	dos faldas	$38	
	tres carteras blancas	$36	
	unas gafas de sol	$9	
	un vestido amarillo	$15	
	un suéter	$18	
	un par de zapatos de tenis	$33	
	dos pantalones cortos	$30	

3 Shopping assignments

Rol	Artículo	Precio	Cliente/a
¡Tú eres un(a) vendedor(a)!	una camisa morada	$10	
	tres blusas	$40	
	un cinturón negro	$8	
	una cartera roja	$12	
	un par de guantes	$14	
	unas sandalias	$22	
	un traje	$45	
	dos faldas	$38	
	un suéter	$18	

Rol	Artículo	Precio	Cliente/a
¡Tú eres un(a) vendedor(a)!	un par de zapatos de tenis	$30	
	un sombrero	$17	
	tres faldas	$28	
	unos jeans	$14	
	una corbata azul	$12	
	unas medias rosadas	$3	
	tres carteras blancas	$36	
	un vestido amarillo	$15	
	dos pantalones cortos	$30	

Rol	Artículo	Precio	Cliente/a
¡Tú eres un(a) vendedor(a)!	una corbata azul	$15	
	unas gafas de sol	$7	
	un traje de baño	$20	
	dos trajes	$15	
	unas botas	$20	
	una camisa anaranjada	$10	
	tres blusas	$35	
	un cinturón negro	$12	
	unas gafas de sol	$9	

Rol	Artículo	Precio	Cliente/a
¡Tú eres un(a) vendedor(a)!	dos abrigos	$50	
	unas medias amarillas	$3	
	un par de sandalias	$17	
	un sombrero	$15	
	un suéter	$18	
	dos pantalones cafés	$38	
	una camiseta roja	$10	
	un par de zapatos de tenis	$33	
	dos pantalones azules	$30	

3 Shopping assignments

Rol	Artículo	Precio	Vendedor(a)

Rol	Artículo	Precio	Vendedor(a)

Rol	Artículo	Precio	Cliente/a

Rol	Artículo	Precio	Cliente/a

recapitulación

¡A repasar! Review everything you have learned in **Lección 6**.

1 **Las compras** Write three Spanish words from **Contextos** in each category.

la ropa	los lugares	las personas
1. _____	_____	_____
2. _____	_____	_____
3. _____	_____	_____

2 **La ropa** Write three things each person is wearing.

1. _____
2. _____
3. _____

Don Tomás

1. _____
2. _____
3. _____

Doña Eugenia

3 **Analogías** Complete the analogies using the words in the box. Two words will not be used.

| barato | bonito | cada | corto | nuevo | pobre |

1. malo : bueno = feo : _____

2. mucho : poco = rico : _____

3. grande : pequeño = largo : _____

4. limpio : sucio = caro : _____

4 **Completar** Complete each sentence with the verb **saber** or **conocer**.

1. ¿Ustedes _____ quién es el director de la película *Babel*?

2. Débora _____ un buen restaurante chileno.

3. Mi hermano _____ cantar muy bien.

4. Nosotros _____ al presidente de México.

5 **Qué mala hija** Complete this e-mail with indirect object pronouns.

| Para: Natalia | De: Fernanda | Asunto: Preguntas. |

Hola hija:

No hablamos desde la semana pasada y tengo muchas preguntas.

¿(1)_____ regalaste los guantes a tu novio? ¿(2)_____

escribiste a tus tíos? ¿Tú (3)_____ compraste la falda rosada? Y

a mí, ¿por qué no (4)_____ contestas los mensajes electrónicos?

¡Qué mala hija eres! Por favor, escribe.

Tu mamá, Fernanda

6 **Los pretéritos** Write sentences using the preterite with the elements below.

1. nosotros / ver / un vestido hermoso / el almacén Colores

   _____

2. ayer / yo / cerrar / la tienda / 10 p. m.

   _____

3. el año pasado / Luz / terminar / una especialización / la Universidad de Salamanca

   _____

4. la semana pasada / los amigos de mi primo / llegar / de Costa Rica

   _____

7 **Preguntas** Answer these questions using demonstrative pronouns.

> **Modelo**
>
> **¿Quieres comprar este vestido?** No, no quiero éste. Quiero aquél.

1. ¿Vas a comprar ese cinturón? _____

2. ¿Te gusta aquella chaqueta? _____

3. ¿Quieres usar este suéter? _____

4. A tus amigos les gustan esos libros, ¿verdad? _____

8 **¡A practicar!** In groups of three, prepare a funny skit about a scene in a clothing store. One student should be the store owner and the other two should be customers wanting to bargain. Be sure to include:

- vocabulary (clothing, shopping, adjectives, colors, etc.)
- **saber** and **conocer**
- indirect object pronouns
- preterite tense of regular verbs
- demonstrative adjectives and pronouns

If possible, film your skit and present it to the class. Be creative!

contextos

1 **Horizontales:** 1. elegante 4. vendedora 6. blanco 9. rosado 10. caja **Verticales:** 2. tienda 3. regalo 5. rebaja 7. cliente 8. precio

2 1. correcto 2. incorrecto; el sombrero 3. incorrecto; los guantes 4. incorrecto; la chaqueta 5. incorrecto; las gafas 6. correcto 7. correcto 8. incorrecto; la corbata 9. incorrecto; la camiseta 10. correcto 11. incorrecto; los calcetines 12. incorrecto; el traje de baño

estructura

6.1 *Saber* and *conocer*

1 **A.** 1. a 2. a 3. b 4. b 5. b 6. a 7. b 8. b 9. b 10. a **B.** Answers will vary.

2 Answers will vary.

6.2 Indirect object pronouns

1 **A.** 1. le 2. les 3. me 4. te 5. les 6. nos 7. le 8. me 9. les 10. te **B.** Answers will vary.

2 **A.** 1. Mis primos les dan un regalo a sus papás. 2. Edgar le compra un hermoso vestido a Manuela. 3. Nosotros les hablamos en inglés a nuestros hijos. 4. Yo le preparo un delicioso almuerzo a mi novio/a. 5. Tú le prestas tu ropa a tu hermano/a. 6. Diana les traduce las canciones a sus compañeros de clase. 7. Maribel y yo le entregamos las maletas al botones del hotel. 8. Yo te tomo fotos a ti. 9. Tus amigos me consiguen un traje a mí. 10. Pedro nos dice mentiras a nosotros. **B.** Answers will vary.

6.3 Preterite tense of regular verbs

1 1. pagó 2. oyó 3. regaló 4. bailaron 5. llegó 6. enseñó 7. escribí 8. compraron 9. comimos 10. encontró 11. vió 12. leyeron

2 Answers will vary.

6.4 Demonstrative adjectives and pronouns

1 First sentence in each answer will vary.
1. Mi tía compró ese abrigo amarillo.
2. Darío vendió esa bicicleta blanca.

3. Ana y Tulio le regalaron esas sandalias a María. 4. Yo conozco a aquel joven. 5. Ellas le entregaron el dinero a aquella clienta. 6. Tú encontraste estos libros en la cafetería. 7. Nosotros te buscamos aquellos calcetines a ti. 8. Valentina vio aquel libro en la librería. 9. Mi primo me invitó a ese parque. 10. Todos mis hermanos usan aquellos pantalones cortos en el partido.

2 Answers will vary.

comunicación

1 1. a 2. b 3. c 4. a 5. a 6. b 7. c 8. b 9. a 10. c

2 Answers will vary.

3 Answers will vary.

recapitulación

1 Answers will vary. Sample answers: **la ropa:** 1. la camisa 2. la falda 3. el pantalón **los lugares:** el almacén 2. la tienda 3. el centro comercial **las personas:** 1. el cliente 2. la vendedora 3. el dependiente

2 Answers will vary. Sample answers: **Don Tomás:** 1. una corbata 2. una camisa 3. un traje **Doña Eugenia:** 1. una blusa 2. un pantalón 3. unas sandalias

3 1. bonito 2. pobre 3. corto 4. barato

4 1. saben 2. conoce 3. sabe 4. conocemos

5 1. Le 2. Les 3. te 4. me

6 Nosotros vimos un vestido hermoso en el almacén Colores. 2. Ayer, cerré la tienda a las 10 p. m. 3. El año pasado, Luz terminó una especialización en la Universidad de Salamanca. 4. La semana pasada, los amigos de mi primo llegaron de Costa Rica.

7 Answers may vary. Sample answers: 1. No, no voy a comprar ése. Voy a comprar aquél. 2. No, no me gusta aquélla. Me gusta ésa. 3. No, no quiero usar éste. Quiero usar ése. 4. No, a mis amigos no les gustan ésos. A mis amigos les gustan aquéllos.

8 Answers will vary.

contextos

1 **Crucigrama** Completa el crucigrama.

Horizontales

3. producto cosmético que se pone en la cara

5. un tipo de zapato suave y cómodo para usar en el hogar (*home*)

6. un producto que se usa para ducharse o lavarse la cara

9. el reloj que nos despierta

10. te secas el cuerpo con ella

Verticales

1. un producto cosmético que alguien usa para afeitarse

2. el objeto del baño donde te lavas las manos y la cara

4. el producto con el que nos lavamos el pelo

7. la habitación donde nos duchamos

8. cuando lo miras, ves tu imagen

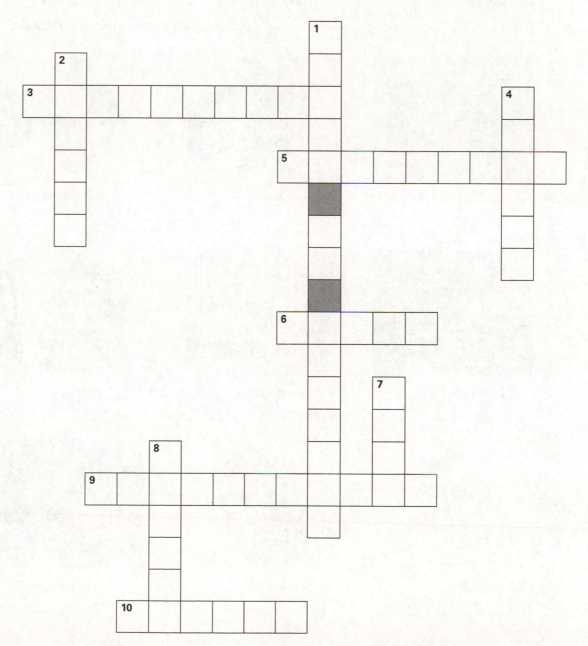

contextos

2 **Correcto o incorrecto** Mira cada ilustración y decide si la palabra corresponde a la imagen. Si es incorrecta, escribe la palabra apropiada.

secarse ○

1. _____

despertarse ○

2. _____

vestirse ○

3. _____

cepillarse los dientes ○

4. _____

ducharse ○

5. _____

maquillarse ○

6. _____

levantarse ○

7. _____

dormirse ○

8. _____

peinarse ○

9. _____

despedirse ○

10. _____

enojarse ○

11. _____

afeitarse ○

12. _____

estructura

7.1 Reflexive verbs

1   **Nuevos amigos** Carlos está buscando nuevos/as amigos/as en Internet. Completa los mensajes electrónicos donde sus nuevos/as amigos/as le escriben sobre sus rutinas diarias. Usa los verbos de la lista.

afeitarse	despertarse	enojarse	levantarse	peinarse	quedarse
bañarse	dormirse	irse	llamarse	ponerse	sentarse
cepillarse	ducharse	lavarse	maquillarse	preocuparse	vestirse

Para: Carlos | **De:** Mónica | **Asunto:** ¡Me gusta mucho mi rutina diaria!

Hola, Carlos:

Mi nombre es Mónica y mi vida es muy tranquila. (1)_____ a las

6 de la mañana. (2)_____ y (3)_____ los dientes. Después,

(4)_____ y (5)_____ el pelo. Salgo para la universidad

a las 8 de la mañana. Durante las clases, siempre (6)_____ en

la silla cerca de la ventana para poder ver los árboles del parque.

Moni

Para: Carlos | **De:** Diana y Natalia | **Asunto:** ¡Somos unas gemelas muy bonitas!

Buenos días, Carlos:

(7)_____ Diana y Natalia. Somos unas gemelas muy hermosas. Aunque

(*Although*) algunas veces nosotras tenemos problemas y (8)_____,

hacemos todo juntas, por eso nuestras rutinas son iguales. Todas las

mañanas, (9)_____ ropa muy bonita para ir al trabajo. Regresamos

a nuestra casa a las 8 de la noche. (10)_____ la cara, comemos

y (11)_____ a las 10.

Las gemelas fantásticas

Para: Carlos | **De:** Carlota | **Asunto:** La rutina de mi hermano

¿Qué tal?, Carlos:

Te voy a hablar de la rutina de mi hermano. Se llama Patricio. Es muy

tímido pero muy guapo. Su rutina diaria es muy loca. Él trabaja toda la

noche, por eso, se duerme a las 7 de la mañana. (12)_____ a las

3 de la tarde, (13)_____, (14)_____ y sale al parque,

allá (15)_____ hasta las 6 con sus amigos. Cuando regresa,

(16)_____ y (17)_____ para su trabajo. Él siempre

(18)_____ por mí. Es muy buen hermano.

Tu nueva amiga, Carlota

---

estructura

7.1 Reflexive verbs

Estudiante 1

2 **Information Gap Activity** (student text p. 239) Tú y tu compañero/a asisten a un programa de verano en Lima, Perú. Viven con la familia Ramos. Tienes la rutina incompleta que la familia sigue en las mañanas. Trabaja con tu compañero/a para completarla.

Modelo

Estudiante 1: ¿Qué hace el señor Ramos a las seis y cuarto?
Estudiante 2: El señor Ramos se levanta.

	El Sr. Ramos	La Sra. Ramos	Pepito y Pablo	Sara y nosotros/as
6:15		levantarse	dormir	
6:30	ducharse	peinarse		dormir
6:45			dormir	
7:00	despertar a Sara	maquillarse		
7:15			levantarse	peinarse
7:30	desayunar		bañarse	
7:45	lavar los platos			desayunar
8:00		irse con Pepito y Pablo		ir al campamento de verano (summer camp)
8:15	ir al trabajo		jugar con su primo	

estructura

7.1 Reflexive verbs

Estudiante 2

2 **Information Gap Activity** (student text p. 239) Tú y tu compañero/a asisten a un programa de verano en Lima, Perú. Viven con la familia Ramos. Tienes la rutina incompleta que la familia sigue en las mañanas. Trabaja con tu compañero/a para completarla.

Modelo

Estudiante 1: ¿Qué hace el señor Ramos a las seis y cuarto?
Estudiante 2: El señor Ramos se levanta.

	El Sr. Ramos	La Sra. Ramos	Pepito y Pablo	Sara y nosotros/as
6:15	levantarse			dormir
6:30			dormir	
6:45	afeitarse	ducharse		dormir
7:00			dormir	levantarse
7:15	preparar el café	despertar a Pepito y a Pablo		
7:30		bañar a Pepito y a Pablo		ducharse
7:45	desayunar	desayunar		
8:00	llevar a Sara y a nosotros/as al campamento de verano (summer camp)		irse con su mamá	
8:15		visitar a su hermana		nadar

estructura

7.2 Indefinite and negative words

1 **Negativas e indefinidas**

A. Elige la palabra indefinida o negativa que mejor completa cada oración.

1. Todo es muy bonito, pero no tengo ganas de comprar _____.

   a. nadie   b. nada   c. algún

2. ¿Por qué _____ vas al cine con tus amigos?

   a. algo   b. nadie   c. nunca

3. ¡Hay _____ extraño dentro de mi casa!

   a. alguna   b. siempre   c. algo

4. ¿Por qué no hablaste con _____ en la fiesta?

   a. nadie   b. jamás   c. nunca

5. Quiero comprar _____ toallas en el centro comercial.

   a. algunas   b. tampoco   c. alguien

6. ¿Hay _____ tienda cerca de este parque?

   a. alguien   b. algunos   c. alguna

7. Raúl no quiere _____ ducharse _____ vestirse para ir a la escuela.

   a. o... o   b. ni... ni   c. no... nada

8. Nosotras _____ vamos a la residencia estudiantil de los chicos.

   a. jamás   b. nadie   c. nada

9. Viviana come muchas frutas y Andrea _____.

   a. nadie   b. también   c. algunos

10. Mis padres no saben conducir y los de Maribel _____.

   a. siempre   b. alguien   c. tampoco

B. Ahora, escribe tres oraciones y reta a (*challenge*) un(a) compañero/a a escoger la palabra indefinida o negativa apropiada para cada una.

1. _____

   a. _____   b. _____   c. _____

2. _____

   a. _____   b. _____   c. _____

3. _____

   a. _____   b. _____   c. _____

estructura

7.2 Indefinite and negative words

2 **Flor y el vendedor**

A. Flor está en su centro comercial favorito. De repente (*suddenly*), un vendedor de artículos de limpieza para el cuerpo y la cara, que tiene muchas ganas de hablar, insiste en mostrarle todos sus productos. Ella no quiere comprar nada. Ayuda a Flor a contestar las preguntas del vendedor.

> **Modelo**
>
> **¿Tiene alguno de nuestros productos en su baño?**
> <u>No, no tengo ninguno de sus productos en mi baño.</u>

1. ¿Quiere conocer alguno de nuestros productos?

   _____

2. ¿Usted siempre se maquilla?

   _____

3. ¿A usted le gusta algún champú?

   _____

4. ¿Desea comprar algunos de estos hermosos espejos?

   _____

5. ¿Quiere comprar jabones o quiere comprar toallas?

   _____

6. ¿Usted piensa volver al centro comercial algún día?

   _____

7. ¿Alguien en su familia necesita un champú especial?

   _____

8. ¿Usted desea probar (*try*) alguna de nuestras cremas de afeitar?

   _____

9. Y, ¿no quiere lavarse los dientes con nuestra nueva pasta de dientes?

   _____

10. A mí no me gusta contestar preguntas. Y, ¿a usted?

   _____

 B. Ahora, en parejas, creen un diálogo con las preguntas de la actividad A y las respuestas que escribieron. Presenten el diálogo a la clase. ¡Sean creativos/as!

estructura

7.3 Preterite of **ser** and **ir**

1   **Ser o ir** Forma oraciones con estos elementos. Usa el pretérito de **ser** o **ir**. Después, escribe el infinitivo de la forma verbal correcta en el espacio indicado.

1. ayer / día frío   (_____)

_____

2. lunes / centro comercial / Luis   (_____)

_____

3. Manuela y yo / cine / semana pasada   (_____)

_____

4. mis primos / piscina / anoche   (_____)

_____

5. yo / Salamanca / año pasado   (_____)

_____

6. Juan / presidente / equipo de fútbol / dos años   (_____)

_____

7. ¿tú / novia / mi hermano?   (_____)

_____

8. ellos / baile / universidad   (_____)

_____

9. nuestros padres / muy felices   (_____)

_____

10. tu bisabuela / mujer / muy elegante   (_____)

_____

estructura

7.3 Preterite of **ser** and **ir**

2 **Viaje a Machu Picchu**

A. Completa, con los pretéritos de los verbos **ser** o **ir**, la descripción de Paola de su viaje a Machu Picchu.

Mi viaje a Machu Picchu (1) _____ fantástico. (2) _____ con mis papás y mi hermano

Juan Pablo. Antes de llegar a la ciudad perdida (*lost*), (3) _____ a Cuzco.

Todos los días (4) _____ muy bonitos, siempre salió el sol. ¡Qué interesante! Esa ciudad

(5) _____ la capital del imperio (*empire*) inca.

Cuando llegamos a Machu Picchu (6) _____ a ver el paisaje. Después, (7) _____ al

Templo del Sol. Esa noche comimos y dormimos en el hotel cerca de la ciudad perdida. La comida

(8) _____ excelente.

Al día siguiente, nos levantamos temprano, mi hermanito y yo (9) _____ a caminar a la

montaña y mis papás (10) _____ a comprar regalos para mis tíos y mis primos. Por la tarde, yo

(11) _____ a hablar con el guía porque mis papás decidieron quedarse un día más.

Por último, regresamos a Cuzco. Este viaje (12) _____ muy importante para mí porque viví

momentos muy especiales con mi familia.

B. Ahora, escribe una descripción de alguno de tus viajes. Recuerda usar los pretéritos de **ser** o **ir**.
Comparte tu descripción con la clase.

_____

_____

_____

_____

_____

estructura

7.4 Verbs like **gustar**

1 **¿Qué les fascina?** Usa cada imagen y la lista de verbos para escribir una oración lógica.

aburrir	fascinar	interesar
encantar	gustar	molestar
faltar	importar	quedar

1. _____

_____

2. _____

_____

3. _____

_____

4. _____

_____

5. _____

_____

6. _____

_____

7. _____

_____

8. _____

_____

9. _____

_____

estructura

7.4 Verbs like **gustar**

2 **¡Qué aburrida!** Tatiana es una chica muy aburrida. Escribe sus respuestas cuando sus amigos le hablan de sus gustos. Usa un verbo diferente en cada oración.

> **Modelo**
> **A Luis le encanta nadar en el mar.**
> _Ay no, a mí me aburre mucho nadar en el mar._

1. A mí me encanta correr en el parque los domingos.

   Ay no, a mí _____

2. A Mario y Camila les aburren las clases de matemáticas.

   Ay no, a mí _____

3. A nosotros nos fascina levantarnos tarde los fines de semana.

   Ay no, a mí _____

4. ¿A ti te molesta ir de compras?

   Ay no, a mí _____

5. A Verónica la blusa rosada le queda bien.

   Ay no, a mí _____

6. A mí me interesan algunas revistas de moda (*fashion*).

   Ay no, a mí _____

7. A Marta nunca le falta dinero para comprar ropa nueva.

   Ay no, a mí _____

8. A Teresa y Tulio no les aburre la televisión.

   Ay no, a mí _____

9. A Luisa y a mí nos fascina visitar a nuestros primos en Perú.

   Ay no, a mí _____

10. A ti no te interesa nada, ¡eres muy aburrida!

    Ay no, a mí _____

comunicación

1 **Encuesta** (student text p. 243) Circula por la clase y pídeles a tus compañeros/as que comparen las actividades que hacen durante la semana con las que hacen durante los fines de semana. Escribe las respuestas.

Modelo

Tú: ¿Te acuestas tarde los fines de semana?

Susana: Me acuesto tarde algunas veces los fines de semana, pero nunca durante la semana.

Actividades	Nombres de tus compañeros/as	Siempre	Nunca	Algunas veces
1. acostarse tarde				
2. comer en un restaurante				
3. irse a casa				
4. ir al mercado o al centro comercial				
5. ir de compras con algunos amigos				
6. levantarse temprano				
7. limpiar (to clean) su cuarto				
8. mirar la televisión				
9. pasear en bicicleta				
10. quedarse en su cuarto por la noche				
11. salir con alguien				
12. sentarse a leer periódicos o revistas				

comunicación

Estudiante 1

2 **Information Gap Activity** (student text p. 249) Tú y tu compañero/a de clase son los directores de una residencia estudiantil en Perú. Cada uno de ustedes tiene las descripciones de cinco estudiantes. Con la información tienen que escoger (*choose*) quiénes van a ser compañeros/as de cuarto. Después, completen la lista.

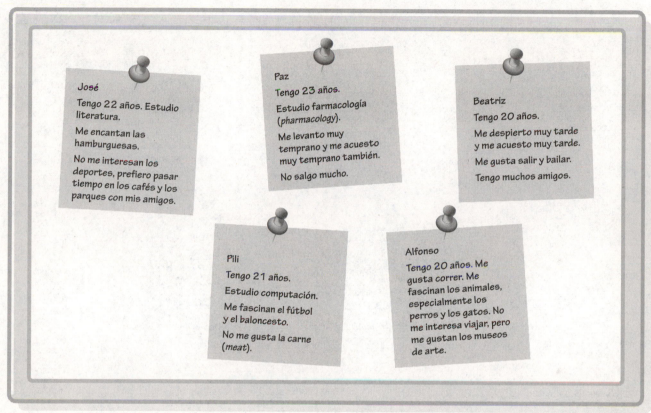

1. Habitación 201: _____ y _____

   ¿Por qué? _____

2. Habitación 202: _____ y _____

   ¿Por qué? _____

3. Habitación 203: _____ y _____

   ¿Por qué? _____

4. Habitación 204: _____ y _____

   ¿Por qué? _____

5. Habitación 205: _____ y _____

   ¿Por qué? _____

comunicación

Estudiante 2

2 **Information Gap Activity** (student text p. 249) Tú y tu compañero/a de clase son los directores de una residencia estudiantil en Perú. Cada uno de ustedes tiene las descripciones de cinco estudiantes. Con la información tienen que escoger (*choose*) quiénes van a ser compañeros/as de cuarto. Después, completen la lista.

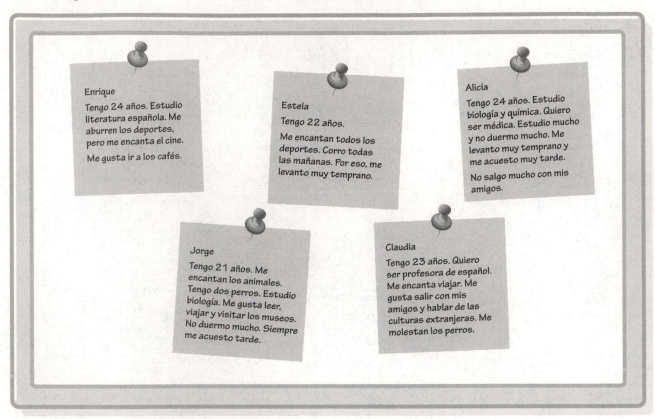

Enrique

Tengo 24 años. Estudio literatura española. Me aburren los deportes, pero me encanta el cine.

Me gusta ir a los cafés.

Estela

Tengo 22 años.

Me encantan todos los deportes. Corro todas las mañanas. Por eso, me levanto muy temprano.

Alicia

Tengo 24 años. Estudio biología y química. Quiero ser médica. Estudio mucho y no duermo mucho. Me levanto muy temprano y me acuesto muy tarde.

No salgo mucho con mis amigos.

Jorge

Tengo 21 años. Me encantan los animales. Tengo dos perros. Estudio biología. Me gusta leer, viajar y visitar los museos. No duermo mucho. Siempre me acuesto tarde.

Claudia

Tengo 23 años. Quiero ser profesora de español. Me encanta viajar. Me gusta salir con mis amigos y hablar de las culturas extranjeras. Me molestan los perros.

1. Habitación 201: _____ y _____

   ¿Por qué? _____

2. Habitación 202: _____ y _____

   ¿Por qué? _____

3. Habitación 203: _____ y _____

   ¿Por qué? _____

4. Habitación 204: _____ y _____

   ¿Por qué? _____

5. Habitación 205: _____ y _____

   ¿Por qué? _____

comunicación

3 **El programa de entrevistas** En grupos, su profesor(a) les entrega unas tarjetas (*cards*) con un escenario en cada una. Escojan sus roles y preparen un programa de entrevistas (*talk show*) de diez minutos; sigan (*follow*) las instrucciones de las tarjetas. Recuerden incluir el vocabulario y la gramática de esta lección. Presenten el programa a la clase. ¡Sean creativos/as!

Modelo

Señor Ramírez: ¿Cuál es su problema, doña Rafaela?

Doña Rafaela: Estoy muy preocupada porque hace tres años que mi esposo, Bernardo, no se afeita.

Señor Ramírez: ¿Y usted sabe por qué su esposo no se afeita?

Doña Rafaela: Sí, claro. Él no se afeita porque espera ganar algún concurso (*contest*).

Señor Ramírez: ¿Usted qué piensa don Bernardo?

Don Bernardo: Yo no me quiero afeitar. Y pienso que mi esposa debe participar en el concurso también.

Señor Ramírez: ¿Y usted qué dice doña Rafaela?

Doña Rafaela: ¡Yo no quiero participar en ningún concurso!

3 El programa de entrevistas

Time: 30 minutes

Resources: Role-play cards

Instructions: Photocopy the role-play cards and have students form groups of five. Give the groups a set of cards and ask students to each choose a different role. Groups should prepare a five- to eight-minute talk show using the vocabulary and grammar from this lesson. Give students 15 minutes to prepare their segments and make sure all students have a speaking part. Once all the groups have presented, poll the class to vote on which show was the most creative/fun/interesting, etc.

If you cannot divide the class into groups of 5, or if you want the interviews to be shorter, you can create smaller groups by cutting one or two of the secondary characters from each set of cards.

To expand this activity, ask students to come dressed as their character and prepare their own TV sets. Students can also film their segments and share them with the class.

3 Role-play cards

Señor(a) Ramírez, 35 años, periodista, Cuba.

Tú eres el/la entrevistador(a) (*interviewer*). Tú debes dar la bienvenida al programa y presentar a los invitados (*guests*). Debes hacerles estas preguntas:

1. ¿Cómo se llama usted?
2. ¿Cuántos años tiene?
3. ¿Cuál es su profesión?
4. ¿Cuál es su nacionalidad?

5. ¿Cómo es su rutina diaria?
6. ¿Qué (no) le gusta/aburre/encanta/interesa?
7. ¿Cuál es su problema?
8. ¿Qué piensa sobre este problema?

Doña Marina, 48 años, abogada, Costa Rica.

Tú eres una madre enojada porque tu hija nunca se baña y su novio tampoco. Te gusta bañarte tres veces al día. Piensas que tu hija necesita un baño y un novio nuevo y limpio.

Maribel, 15 años, estudiante, Costa Rica.

Tú eres una hija aburrida, no te gusta bañarte y no te interesa estar limpia. Piensas que tu mamá necesita un viaje a la playa y que tú necesitas un novio más guapo.

Don Daniel, 70 años, médico, Perú.

Tu hija se llama Marina. Estás muy triste porque tu hija y tu nieta no comparten sus rutinas. Piensas que ellas necesitan hacer un viaje juntas, sin el novio de Maribel.

Lucho, 17 años, estudiante, México.

Tú eres el novio de Maribel, tampoco te gusta bañarte y nunca te cepillas los dientes. Piensas que necesitas una suegra menos (*less*) antipática y una novia nueva.

Señor(a) Ramírez, 35 años, periodista, Cuba.

Tú eres el/la entrevistador(a) (*interviewer*). Debes dar la bienvenida al programa y presentar a los invitados (*guests*). Debes hacerles éstas preguntas:

1. ¿Cómo se llama usted?
2. ¿Cuántos años tiene?
3. ¿Cuál es su profesión?
4. ¿Cuál es su nacionalidad?

5. ¿Cómo es su rutina diaria?
6. ¿Qué (no) le gusta/aburre/encanta/interesa?
7. ¿Cuál es su problema?
8. ¿Qué piensa sobre este problema?

Gabriel, 30 años, ingeniero, Colombia.

Tú eres un novio celoso (*jealous*) y estás muy enojado porque tu novia se maquilla mucho para ir a la universidad; te molestas mucho cuando ella se pone bonita y habla con sus compañeros. Piensas que ella debe quedarse en su casa y no estudiar ni hablar con nadie.

Marcela, 23 años, estudiante de arte, Argentina.

Tú eres una novia confundida. A ti te fascina maquillarte, peinarte y ponerte bonita pero tu novio se pone muy celoso porque hablas con tus compañeros en la universidad. Piensas que necesitas un novio más inteligente.

Ángela, 25 años, estudiante de economía, Chile.

Tú eres una buena amiga de Marcela. Te molesta mucho cuando tu amiga y tú están estudiando en tu casa y su novio llega a hacer un escándalo (*scandal*) porque ella se maquilla. Piensas que Marcela es muy bonita y que debe tener un novio diferente.

Javier, 29 años, profesor de arte, Puerto Rico.

Tú eres amigo de Marcela. A ti te aburre cuando Gabriel molesta a Marcela porque se maquilla. Piensas que tú puedes ser un buen compañero para Marcela.

---

3 Role-play cards

Señor(a) Ramírez, 35 años, periodista, Cuba.
Tú eres el/la entrevistador(a) (*interviewer*). Debes dar la bienvenida al programa y presentar a los invitados (*guests*). Debes hacerles éstas preguntas:

1. ¿Cómo se llama usted?
2. ¿Cuántos años tiene?
3. ¿Cuál es su profesión?
4. ¿Cuál es su nacionalidad?

5. ¿Cómo es su rutina diaria?
6. ¿Qué (no) le gusta/aburre/encanta/interesa?
7. ¿Cuál es su problema?
8. ¿Qué piensa sobre este problema?

Luz, 60 años, profesora, Bolivia.
Tú eres una artista famosa. Te preocupas mucho por tus nietos porque a ellos les fascina levantarse tarde y no les gusta ir a la escuela. Piensas que ellos necesitan estudiar, ser ordenados y levantarse más temprano.

Manuel, 12 años, estudiante, Ecuador.
Tú eres un estudiante perezoso (*idle*). No te gusta levantarte para ir a la escuela y prefieres quedarte en tu cama mirando la televisión. Piensas que tu abuela debe dormir más, ¡porque ella se levanta a las 4 a. m.!

Beatriz, 14 años, estudiante, Ecuador.
Tú eres una estudiante desordenada. Te acuestas muy tarde y te levantas muy tarde. No te interesa hacer tus tareas y te fascina escuchar la radio todo el día. Piensas que tú y tu hermano Manuel, tienen razón y que tu abuela debe dormir más y molestar menos (*less*).

Ramón, 40 años, artista, Bolivia.
Tú eres un papá avergonzado de tu mamá. No te gusta cuando ella se enoja con tus hijos porque no van a la escuela. Piensas que tu mamá está loca y que tus hijos aprenden más cuando ven la televisión o cuando escuchan la radio que cuando van a la escuela.

---

comunicación

4 **Unos amigos presumidos (*conceited*)** En parejas, su profesor(a) les entrega dos tarjetas con un escenario en cada una. Preparen una conversación de tres o cuatro minutos; sigan las instrucciones de las tarjetas. Recuerden incluir el vocabulario y la gramática de esta lección. Presenten la conversación a la clase. ¡Sean creativos/as!

Modelo

Amiga 1: Hola amiga, ¿cómo estás?

Amiga 2: Pues, muy cansada. Tú sabes, tengo un trabajo muy interesante. Viajar y viajar a muchos lugares…

Amiga 1: ¿Ah, sí? Pues yo también estoy muy cansada. Es que comprar todo el tiempo en almacenes importantes, tú sabes….

Amiga 2: Y bueno, tengo una rutina diaria muy ocupada. Por ejemplo, mañana, viajo temprano a Alaska, más tarde voy a Vancouver y en la noche a Florida. Ya conozco más de cien países.

Amiga 1: Pues mi rutina también es muy difícil. Mañana en la mañana tengo que ir a comprar chaquetas en H&M, al mediodía voy de compras a Macy's y en la tarde compro zapatos en Ann Taylor. Y bueno, puedo quedarme con todas las compras. Por cierto, ¿te interesa comprarme este vestido de Zara?

Amiga 2: ¿Y a ti te interesa viajar a Japón?, tengo unos pasajes baratos para vender.

Amiga 1: Uy, no, muchas gracias. Tengo que trabajar.

Amiga 2: A mí tampoco me interesa el vestido, tengo que viajar a Aruba y allá no necesito un vestido, bueno… sí necesito uno, pero un vestido de playa.

4 | Unos amigos presumidos (*conceited*)

Time: 30 minutes

Resources: Role-play cards

Instructions: Photocopy the role-play cards and have students form pairs. Give each pair a situation and ask students to each choose a different role. Together they should prepare a three- to four-minute conversation using the vocabulary and grammar from this lesson. Give students ten minutes to prepare and make sure all students participate and have a speaking part. Tell them to be prepared to role-play their conversations in front of the class. Once all the pairs have presented, poll the class to vote on which conversation was the most creative, fun, interesting, etc.

You can vary this activity by asking students to film their conversations and share them with the class.

4 Role-play cards

Tú eres un(a) empleado/a de una agencia de viajes. Tu trabajo es visitar todas las islas del Caribe (*Caribbean islands*) antes de que los/las visitantes lleguen, para asegurarte (*make sure*) de que todo está funcionando (*working*) bien. Te gusta mucho tu trabajo porque te puedes quedar en las islas todo el tiempo que quieras y llevar a tu familia.

Estás caminando por el parque y te encuentras con un(a) amigo/a y comienzas a alardear (*flaunt*) sobre tu trabajo. Tú estás muy orgulloso/a de tu trabajo y no crees que otra persona pueda tener uno mejor (*better*).

Tú eres un(a) supervisor(a) de atención al cliente de una gran empresa. Tu trabajo es visitar los almacenes más importantes del mundo y hacer muchas compras para evaluar la atención al cliente. Te gusta mucho tu trabajo porque puedes quedarte con todo lo que compras o venderlo a buenos precios.

Estás caminando por el parque y te encuentras con un(a) amigo/a y comienzas a alardear (*flaunt*) sobre tu trabajo. Tú estás muy orgulloso/a de tu trabajo y no crees que otra persona pueda tener uno mejor (*better*).

Tú eres un(a) empleado/a de una agencia de viajes. Tu trabajo es visitar los hoteles de Europa y Asia antes de que los/las turistas lleguen para asegurarte (*make sure*) de que todo está funcionando (*working*) bien. Te gusta mucho tu trabajo porque puedes quedarte en las mejores habitaciones de los hoteles y disfrutar de todos los servicios sin límites; también porque puedes llevar a tu familia o amigos/as.

Estás caminando por el parque y te encuentras con un(a) amigo/a y comienzas a alardear (*flaunt*) sobre tu trabajo. Tú estás muy orgulloso/a de tu trabajo y no crees que otra persona pueda tener uno mejor (*better*).

Tú trabajas como comprador(a) personal para celebridades. Tu trabajo es ayudar a la celebridad en todas sus compras, viajar a lugares exóticos y conseguir los mejores (*best*) productos para tus clientes/as. Te gusta mucho tu trabajo porque viajas a muchos lugares, conoces mucha gente importante y ganas (*earn*) mucho dinero.

Estás caminando por el parque y te encuentras con un(a) amigo/a y comienzas a alardear (*flaunt*) sobre tu trabajo. Tú estás muy orgulloso/a de tu trabajo y no crees que otra persona pueda tener uno mejor (*better*).

Tú eres un(a) escritor(a) de guías de viajes (*travel guides*). Tu trabajo es viajar a todas las ciudades del mundo y escribir sobre ellas. Te gusta mucho tu trabajo porque puedes conocer todos los lugares que quieras (*that you want*) y siempre tienes mucho dinero para gastar.

Estás caminando por el parque y te encuentras con un(a) amigo/a y comienzas a alardear (*flaunt*) sobre tu trabajo. Tú estás muy orgulloso/a de tu trabajo y no crees que otra persona pueda tener uno mejor (*better*).

Tú eres un(a) comprador(a) de arte. Tu trabajo es viajar por todo el mundo y comprar diferentes obras de arte. Te gusta mucho tu trabajo porque conoces a artistas muy importantes, museos reconocidos (*renowned*) y ganas mucho dinero.

Estás caminando por el parque y te encuentras con un(a) amigo/a y comienzas a alardear (*flaunt*) sobre tu trabajo. Tú estás muy orgulloso/a de tu trabajo y no crees que otra persona pueda tener uno mejor (*better*).

recapitulación

¡A repasar! Sigue las instrucciones para hacer las actividades. Todas son diferentes y resumen todo lo que aprendiste en la **Lección 7**.

1 **Ordenar** Ordena las palabras de la lista en las categorías correctas.

acostarse	el inodoro	siempre
alguien	ponerse	tampoco
el champú	secarse	la toalla

los verbos reflexivos   **las palabras indefinidas o negativas**   **el baño**

1. _____   _____   _____

2. _____   _____   _____

3. _____   _____   _____

2 **Seleccionar** Selecciona la palabra que no está relacionada con cada grupo.

1. afeitarse • bañarse • peinarse • enojarse

2. champú • jabón • zapatillas • pasta de dientes

3. aburrir • encantar • fascinar • interesar

4. algo • alguien • alguno • siempre

3 **Completar** Completa las oraciones con el verbo reflexivo correcto.

1. Mi hermano Daniel siempre _____ los dientes después de las comidas.

2. Nosotros _____ los zapatos de tenis para jugar baloncesto.

3. Tu amigo Raúl _____ tarde todos los fines de semana.

4. Las niñas _____ los vestidos para la fiesta en el almacén.

4 **Una clienta enojada** Completa, con las palabras del cuadro (*box*), el mensaje electrónico que Mariluz le envía a un almacén donde le vendieron un champú muy malo. No vas a usar dos palabras de la lista.

algo   nada   nadie   ningún   nunca   siempre

Para: Almacén La Gran Rebaja	De: Mariluz Ortiz	Asunto: Su champú es muy malo

Buenos días:

Hace una semana compré un champú en su almacén. ¡Y ahora no tengo pelo!

(1)_____ voy a volver a comprar (2)_____ en su almacén,

porque es muy caro y los productos son muy malos. Ayer fui a decirles a sus

vendedores lo que pasó (*what happened*) y (3)_____ vendedor se

preocupó. Me molesta que (4)_____ me ayude o me de una respuesta.

Mariluz Ortiz

5 **Ser o ir** Completa las oraciones con la forma correcta del pretérito del verbo **ser** o **ir**.

1. Yo _____ a Panamá el año pasado.

2. El invierno pasado _____ muy frío.

3. Cecilia y yo _____ al supermercado ayer por la mañana.

4. Las vacaciones con mi familia este año _____ muy interesantes.

6 **Escoger** Escoge la respuesta que mejor completa cada oración.

1. A mí no _____ bien este vestido.

   a. me queda   b. me falta   c. te importa

2. A ti _____ levantarte temprano.

   a. nos queda   b. te molesta   c. le importa

3. A Luis y a mí _____ cien dólares para comprar los pasajes de avión.

   a. les importan   b. nos faltan   c. nos encantan

4. A los clientes _____ las rebajas.

   a. le molestan   b. les aburren   c. les encantan

7 **Una novia cansada** Camila salió hoy con su novio Adolfo pero está muy cansada. Contesta las preguntas de Adolfo; usa las palabras indefinidas o negativas correctas en tus respuestas. Sigue el modelo.

Modelo

Amor, ¿quieres comer algo?
No, _no quiero comer nada._

1. Amor, ese es tu almacén favorito, ¿vas a comprar algún vestido?

   No, _____

2. Amor, ya sé, vamos al cine, ¿te gusta alguna de estas películas?

   No, _____

3. Amor, yo sé que estás cansada, ¿quieres seguir caminando o quieres sentarte?

   No, _____

4. Amor, mira, un teléfono, ¿deseas hablar con alguien?

   No, _____

8 **¡A practicar!** En grupos de cuatro personas, preparen un diálogo divertido en el que unos padres preocupados hablan con sus hijos sobre sus rutinas diarias y las razones (*reasons*) por las que no tienen buenas notas en la escuela. Incluyan:

- el vocabulario (el baño, palabras adicionales, etc.)
- los verbos reflexivos
- las palabras indefinidas y negativas
- el pretérito de **ser** e **ir**
- los verbos similares a **gustar**

Presenten su diálogo a la clase. ¡Sean creativos/as!

contextos

1 **Horizontales:** 3. maquillaje 5. pantuflas
6. jabón 9. despertador 10. toalla
Verticales: 1. crema de afeitar 2. lavabo
4. champú 7. baño 8. espejo

2 1. incorrecto; despedirse 2. incorrecto;
maquillarse 3. correcto 4. incorrecto;
enojarse 5. incorrecto; levantarse
6. incorrecto; acostar/acostarse 7. incorrecto;
despertarse 8. incorrecto; cepillarse los
dientes 9. correcto 10. incorrecto; secarse
11. incorrecto; ducharse 12. correcto

estructura

7.1 Reflexive verbs

1 Some answers will vary slightly. 1. Me
levanto 2. Me ducho 3. me cepillo 4. me
maquillo 5. me peino 6. me siento 7. Nos
llamamos 8. nos enojamos 9. nos ponemos
10. Nos lavamos 11. nos dormimos 12. Se
despierta/Se levanta 13. se baña/se ducha
14. se viste 15. se queda 16. se afeita
17. se va 18. se preocupa

2 Answers will vary.

7.2 Indefinite and negative words

1 **A.** 1. b 2. c 3. c 4. a 5. a 6. c 7. b 8. a 9. b
10. c **B.** Answers will vary.

2 **A.** Some answers may vary slightly. 1. No, no
quiero conocer ninguno de sus productos.
2. No, nunca me maquillo. 3. No, no me
gusta ningún champú. 4. No, no deseo
comprar ninguno de esos espejos. 5. No, no
quiero comprar ni jabones ni toallas. 6. No,
no pienso volver al centro comercial jamás/
nunca. 7. Nadie en mi familia necesita un
champú especial. 8. No, no deseo probar
ninguna de sus cremas de afeitar. 9. No,
tampoco quiero lavarme los dientes con su
pasta de dientes. 10. A mí tampoco me gusta
contestar preguntas. **B.** Answers will vary.

7.3 Preterite tense of *ser* and *ir*

1 Some answers will vary. Sample answers:
1. Ayer fue un día muy frío. (ser) 2. El lunes
fui al centro comercial con Luis. (ir) 3. Manuela
y yo fuimos al cine la semana pasada. (ir)

4. Mis primos fueron a la piscina anoche. (ir)
5. Yo fui a Salamanca el año pasado. (ir)
6. Juan fue presidente del equipo de fútbol
durante/por dos años. (ser) 7. ¿Tú fuiste novia
de mi hermano? (ser) 8. Ellos fueron al baile
de la universidad. (ir) 9. Nuestros padres
fueron muy felices. (ser) 10. Tu bisabuela fue
una mujer muy elegante. (ser)

2 **A.** 1. fue 2. Fui 3. fuimos 4. fueron 5. fue
6. fuimos 7. fuimos 8. fue 9. fuimos 10. fueron
11. fui 12. fue **B.** Answers will vary.

7.4 Verbs like *gustar*

1 Answers will vary.

2 Answers will vary. Sample answers: 1. a mí
me aburre correr en el parque los domingos.
2. a mí me encantan las clases de matemáticas.
3. a mí me molesta levantarme tarde los fines
de semana. 4. a mí me fascina ir de compras.
5. a mí la blusa rosada no me queda bien.
6. a mí no me importa ninguna revista de moda.
7. a mí siempre me falta dinero para comprar
ropa nueva. 8. a mí no me interesa la televisión.
9. a mí me molesta visitar a mis primos en
Costa Rica. 10. a mí me fascina todo, no soy
para nada aburrida.

comunicación

1 - 4 Answers will vary.

recapitulación

1 **los verbos reflexivos:** 1. acostarse 2. ponerse
3. secarse **las palabras indefinidas o negativas:**
1. alguien 2. siempre 3. tampoco **el baño:** 1. el
champú 2. el inodoro 3. la toalla

2 1. enojarse 2. zapatillas 3. aburrir 4. siempre

3 1. se cepilla 2. nos ponemos 3. se levanta/se
acuesta/se duerme 4. se prueban/se ponen

4 1. Nunca 2. nada 3. ningún 4. nadie

5 1. fui 2. fue 3. fuimos 4. fueron

6 1. a 2. b 3. b 4. c

7 Answers may vary. Sample answers: 1. no
quiero comprar ningún vestido. 2. no me gusta
ninguna de estas películas. 3. no quiero ni
seguir caminando ni quiero sentarme. 4. no
quiero hablar con nadie.

8 Answers will vary.

contextos

Estudiante 1

1 **Information Gap Activity** (student text p. 267) Tú y tu compañero/a tienen un crucigrama (*crossword puzzle*) incompleto. Tú tienes las palabras que necesita tu compañero/a y él/ella tiene las palabras que tú necesitas. Tienen que darse pistas (*clues*) para completarlo. No pueden decir la palabra; deben utilizar definiciones, ejemplos y frases.

Modelo

6 vertical: Es un *condimento que normalmente viene con la sal.*

12 horizontal: Es una fruta amarilla.

contextos

Estudiante 2

1 **Information Gap Activity** (student text p. 267) Tú y tu compañero/a tienen un crucigrama (*crossword puzzle*) incompleto. Tú tienes las palabras que necesita tu compañero/a y él/ella tiene las palabras que tú necesitas. Tienen que darse pistas (*clues*) para completarlo. No pueden decir la palabra; deben utilizar definiciones, ejemplos y frases.

> **Modelo**
>
> **6 vertical:** Es un *condimento que normalmente viene con la sal.*
> **12 horizontal:** Es una fruta amarilla.

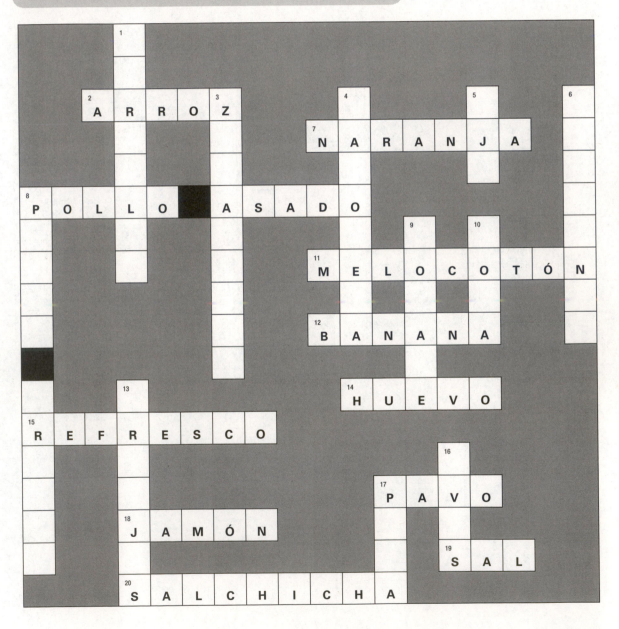

contextos

2 **Correcto o incorrecto** Mira cada ilustración y decide si cada palabra corresponde a cada imagen. Si es incorrecta, escribe la palabra apropiada.

el camarero ○

1. _____

el vino tinto ○

2. _____

las uvas ○

3. _____

la leche ○

4. _____

el tomate ○

5. _____

la hamburguesa ○

6. _____

el cereal ○

7. _____

las zanahorias ○

8. _____

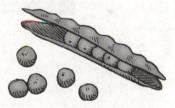

la langosta ○

9. _____

los sándwiches ○

10. _____

los champiñones ○

11. _____

las arvejas ○

12. _____

contextos

3 **El intercambio** Imaginen que viven en una ciudad donde no existe el dinero (*money*). Cuando alguien necesita comida o cualquier producto, solamente puede conseguirlo a través (*through*) de un intercambio (*exchange*). Su profesor(a) les entrega un cuadro con un menú y una lista de productos para intercambiar. Necesitas conseguir los productos para preparar tu menú; también tienes algunos productos para intercambiar por los que necesitas. Camina por el salón y habla con tus compañeros/as. Escribe el nombre de la persona con quien intercambias los productos. Recuerda usar el vocabulario de esta lección.

Modelo

Estudiante 1: Hola. Estoy buscando unos espárragos.

Estudiante 2: Ay, lo siento, no tengo espárragos.

Estudiante 3: Yo tengo unos espárragos. ¿Qué me puedes dar a cambio?

Estudiante 1: Tengo carne, jugo de uva, leche…

Estudiante 3: Leche, necesito leche.

Estudiante 1: Excelente. Entonces yo te doy la leche y tú me das los espárragos.

3 **El intercambio**

Time: 30 minutes

Resources: Barter charts

Instructions: Photocopy the barter charts and cut out as many as needed. Give each student a chart and tell them to imagine they live in a city where money doesn't exist and that the only way to get food is by bartering. Explain that the menus list the items that they need and the items they can exchange to get what they need. Students should walk around the room and talk to their classmates in order to find people they can exchange their product(s) with. Students should write the name of the person they barter with next to each item. Tell students to be prepared to share their menus with the class.

You can create your own exchange charts if you need to. You can also vary the activity by asking students to write their own menu and/or bring real ingredients to class.

3 Barter charts

Tu menú	Nombre	Productos para intercambiar	Nombre
sopa de cebolla		sándwich de jamón y queso	
ensalada de verduras		espárragos	
bistec		arroz	
jugo de naranja		jugo de banana	

Tu menú	Nombre	Productos para intercambiar	Nombre
queso		sopa de tomate	
pan		papas fritas	
huevos		tomate	
café con leche		chuleta de cerdo	

Tu menú	Nombre	Productos para intercambiar	Nombre
pollo asado con champiñones		cerveza	
ensalada de zanahoria y arvejas		salchicha	
té helado		maíz	
pimienta		lechuga	

Tu menú	Nombre	Productos para intercambiar	Nombre
sopa de verduras		salmón	
carne de res		agua mineral	
lechuga		yogur	
jugo de uva		pimienta	

Tu menú	Nombre	Productos para intercambiar	Nombre
hamburguesa		langosta	
refresco		pan	
papas fritas		mayonesa	
manzana		leche	

3 Barter charts

Tu menú	Nombre	Productos para intercambiar	Nombre
sándwich de jamón y queso		té helado	
cerveza		pollo asado con champiñones	
maíz		sopa de cebolla	
mayonesa		manzana	

Tu menú	Nombre	Productos para intercambiar	Nombre
langosta		bistec	
vino blanco		refresco	
espárragos		pan tostado	
tomate		huevos	

Tu menú	Nombre	Productos para intercambiar	Nombre
salmón		queso	
pan tostado		sopa de verduras	
sopa de tomate		ensalada de verduras	
jugo de banana		vino blanco	

Tu menú	Nombre	Productos para intercambiar	Nombre
chuleta de cerdo		jugo de naranja	
frijoles		cereal	
arroz		carne de res	
agua mineral		café con leche	

Tu menú	Nombre	Productos para intercambiar	Nombre
cereal		frijoles	
yogur		ensalada de zanahoria y arvejas	
salchicha		jugo de uva	
leche		hamburguesa	

3 Barter charts

Tu menú	Nombre	Productos para intercambiar	Nombre

Tu menú	Nombre	Productos para intercambiar	Nombre

Tu menú	Nombre	Productos para intercambiar	Nombre

Tu menú	Nombre	Productos para intercambiar	Nombre

Tu menú	Nombre	Productos para intercambiar	Nombre

estructura

8.1 Preterite of stem-changing verbs

1   **Identificar** Completa las oraciones con la forma correcta del pretérito de los verbos de la lista.

dar	mostrar	sentirse
despedirse	pedir	servir
dormirse	seguir	vestirse

1. Nosotros les _____ jugo de frutas y sopa a los camareros.

2. Diana _____ de Yolanda en la cafetería.

3. Viviana y Emilio _____ con su mejor ropa para ir a la fiesta.

4. Ayer, Liliana _____ muy mal por la mañana.

5. Mi mamá nos _____ un pollo delicioso en el almuerzo.

6. Susana _____ a las once de la noche.

7. Gloria _____ las instrucciones de Marina para patinar sobre el hielo (*ice*).

8. Los vendedores le _____ muchos zapatos a la clienta.

9. Emilio le _____ la mano a Gonzalo.

    Lección 8 Estructura   **171**

estructura

8.1 Preterite of stem-changing verbs

Estudiante 1

2

Information Gap Activity (student text p. 280) Tú y tu compañero/a tienen una parte de la lista de los regalos de Navidad (*Christmas gifts*) que Berta pidió y los regalos que sus parientes le compraron. Conversen para completar sus listas.

> **Modelo**
>
> **Estudiante 1:** ¿Qué le pidió Berta a su mamá?
> **Estudiante 2:** Le pidió una computadora. ¿Se la compró?
> **Estudiante 1:** Sí, se la compró.

	Lo que Berta pidió	Lo que sus parientes le compraron
1.	a su mamá:	su mamá: una computadora
2.	a su papá: un estéreo	su papá:
3.	a su abuelita: una bicicleta	su abuelita:
4.	a su tío Samuel:	su tío Samuel: una mochila
5.	a su hermano Raúl:	su hermano Raúl: zapatos de tenis
6.	a su hermanastra: zapatos de tenis	su hermanastra:
7.	a sus tíos Juan y Rebeca: sandalias	sus tíos Juan y Rebeca:
8.	a su prima Nilda:	su prima Nilda: un sombrero

estructura

8.1 Preterite of stem-changing verbs

Estudiante 2

2 **Information Gap Activity** (student text p. 280) Tú y tu compañero/a tienen una parte de la lista de los regalos de Navidad (*Christmas gifts*) que Berta pidió y los regalos que sus parientes le compraron. Conversen para completar sus listas.

> **Modelo**
>
> **Estudiante 1:** ¿Qué le pidió Berta a su mamá?
> **Estudiante 2:** Le pidió una computadora. ¿Se la compró?
> **Estudiante 1:** Sí, se la compró.

	Lo que Berta pidió	Lo que sus parientes le compraron
1.	a su mamá: una computadora	su mamá:
2.	a su papá:	su papá: un radio
3.	a su abuelita:	su abuelita: un suéter
4.	a su tío Samuel: una mochila	su tío Samuel:
5.	a su hermano Raúl: una blusa	su hermano Raúl:
6.	a su hermanastra:	su hermanastra: sandalias
7.	a sus tíos Juan y Rebeca:	sus tíos Juan y Rebeca: un libro
8.	a su prima Nilda: una camisa	su prima Nilda:

estructura

8.2 Double object pronouns

1 **Un camarero responsable** Ernesto y su hermano son camareros y trabajan en el mismo restaurante. Ernesto es ordenado y responsable, pero su hermano es muy fastidioso (*annoying*) y le hace preguntas sobre su trabajo todo el tiempo. Escribe las respuestas de Ernesto. Sigue el modelo.

> **Modelo**
>
> **Ernesto, ¿por qué no me trajiste las hamburguesas? (tú)**
> **Yo sí <u>te las traje.</u>**

1. Ernesto, ¿por qué no me llevé un pollo asado a mi casa anoche? (tú)

   Tú sí _____

2. Ernesto, ¿por qué no le preparaste el bistec a la señora Soto?

   Yo sí _____

3. Ernesto, ¿por qué no te pusiste el uniforme?

   Yo sí _____

4. Ernesto, ¿por qué no me trajiste las verduras? (tú)

   Yo sí _____

5. Ernesto, ¿por qué Octavio y Mónica no me compraron las bebidas en el supermercado? (tú)

   Ellos sí _____

6. Ernesto, ¿por qué no estás mostrándole la carta a los clientes?

   Yo sí _____

7. Ernesto, ¿por qué no le estás ofreciendo la sopa de tomate a los jóvenes?

   Yo sí _____

8. Ernesto, ¿por qué Camilo y tú no se tomaron los cafés esta mañana?

   Nosotros sí _____

9. Ernesto, ¿por qué no le serviste una ensalada a Claudia?

   Yo sí _____

10. Ernesto, ¿por qué no te comiste el sándwich de atún?

    Yo sí _____

estructura

8.2 Double object pronouns

2 Una amiga fastidiosa

A. Teresa y Berta son amigas y se encuentran (*meet each other*) en el parque. Completa el diálogo con los pronombres de objeto directo e indirecto correctos.

BERTA Hola Teresa, ¿cómo estás?

TERESA Muy bien. Voy al restaurante a llevarle su uniforme a Ernesto.

BERTA ¿(1) _____ vas a llevar?

TERESA Sí, (2) _____ voy a llevar. Además, quiero hablar con su jefe; voy a venderle mi casa.

BERTA Ay no amiga, ¿por qué no (3) _____ vendes a mí?

TERESA Voy a pensarlo. Pero creo que tú no tienes dinero.

BERTA No, no tengo dinero. ¿Por qué tú no (4) _____ prestas?

TERESA ¿Estás loca? ¡No voy a prestarte dinero para comprar mi casa!

BERTA Entonces, ¿por qué no (5) _____ regalas?

TERESA Ay Berta. Bueno, me voy. También tengo que ir a llevarle una carta a José.

BERTA ¿Por qué no me das la carta? Yo (6) _____ llevo.

TERESA No amiga, muchas gracias. Tengo que dársela yo.

BERTA No, no (7) _____ lleves todavía. ¿Por qué no vemos qué dice la carta?

TERESA ¡Berta!

BERTA Qué antipática eres. Bueno, y tu casa, ¿sí (8) _____ vas vender?

TERESA ¡Nunca (9) _____ voy a vender!

B. En parejas, representen el diálogo completo ante la clase.

estructura

8.3 Comparisons

1 **Comparaciones**

A. Elige la opción correcta para completar cada comparación.

1. Hoy no está haciendo _____ calor como ayer.

   a. menos   b. tanto

2. Nuestra familia es _____ grande que la familia de nuestro amigo Tulio.

   a. tanta   b. menos

3. El gato de David es _____ bonito que el gato de Mariana.

   a. más   b. tan

4. Tú papá es _____ delgado que el papá de Nubia.

   a. más   b. tantas

5. Yo no puedo comer _____ frutas como tú.

   a. menos   b. tantas

6. El pavo no es _____ delicioso como el salmón.

   a. más   b. tan

7. El examen de biología fue _____ difícil que el examen de matemáticas.

   a. menos   b. tan

8. Mi profesor de música es _____ interesante que mi profesor de química.

   a. tanto   b. más

9. Lina es _____ trabajadora que su hermana Clara.

   a. menos   b. tantas

10. Los restaurantes de El Salvador no son _____ buenos como los restaurantes de México.

    a. tan   b. más

B. Ahora completa las comparaciones con la información que prefieras. Compártela con la clase.

1. _____ es más interesante que _____.

2. _____ es tan guapo/a como _____.

3. _____ es menos importante que _____.

4. _____ comen tanto como _____.

5. _____ sirve tantos platos como _____.

6. _____ es más grande que _____.

7. _____ es menos inteligente _____.

8. _____ es tan alegre como _____.

9. _____ habla tanto como _____.

10. _____ es más simpático/a que _____.

estructura

8.3 Comparisons

2 **¿Cuál es mejor?** Mira las ilustraciones de la cafetería de una universidad y de un restaurante del centro. Escribe comparaciones de las dos ilustraciones.

Cafetería *El Pan Caliente*   **Restaurante *El Salmón***

1. _____

_____

2. _____

_____

3. _____

_____

4. _____

_____

5. _____

_____

6. _____

_____

7. _____

_____

8. _____

_____

9. _____

_____

10. _____

_____

estructura

8.4 Superlatives

1 **Lorenzo, un chico vanidoso**

A. Lorenzo es un chico muy vanidoso (*vain*) y siempre quiere ser el mejor en todo. Usa estos elementos para escribir las respuestas de Lorenzo a los comentarios de su hermana menor, Ángela. Sigue el modelo.

> **Modelo**
> **Rosa está muy enamorada de ti. (chico / + / guapo / ciudad)**
> *Eso es porque yo soy el chico más guapo de la ciudad.*

> **Modelo**
> **Raúl y su equipo perdieron su partido hoy. (peores / jugadores de vóleibol / mundo)**
> *Eso es porque ellos son los peores jugadores de vóleibol del mundo.*

1. Nuestro papá es muy guapo. (hombre / + / atlético / Colombia)

   _____

2. Tu amiga Rita canta muy mal. (cantante / - / talentosa (*talented*) / este país)

   _____

3. Con ese traje te ves muy elegante. (chico / + / alto y guapo / familia)

   _____

4. A nuestra mamá la conocen todos en la universidad. (mujer / + / importante / ciudad)

   _____

5. Nuestro primo Ramiro compró una casa hermosa. (hombre / + / rico / Ecuador)

   _____

6. Tu examen de matemáticas fue excelente. (mejor / estudiante / facultad)

   _____

7. Nuestros papás te dejan salir a bailar todos los fines de semana y a mí no. (hermano / mayor)

   _____

8. En tu trabajo todos te prefieren. (empleado / + / trabajador / museo)

   _____

9. Cuando caminas por el parque, todos te saludan. (persona / + / amable / parque)

   _____

10. A tus amigos les gusta mucho hablar conmigo (*with me*). (hermana menor / + / simpática / mundo)

    _____

 B. Ahora, en parejas, imaginen que la novia de Lorenzo, Emilia, es su compañera de cuarto. Ella también es muy vanidosa. Escriban una conversación similar a la que tiene Lorenzo con su hermana.

estructura

8.4 Superlatives

2 **Completar** (student text p. 287) Con la información en esta hoja, completa las oraciones en tu libro de texto acerca de (*about*) Ana, José y sus familias con las palabras de la lista.

NOMBRE: José Valenzuela Carranza

NACIONALIDAD: venezolano

CARACTERÍSTICAS: 5'7", 34 años, moreno y muy, muy guapo

PROFESIÓN: periodismo; premio (*award*) Mejor Periodista de la Ciudad

FAMILIA: abuelo (98 años), abuela (89 años), mamá, papá, 7 hermanas
y hermanos mayores y más altos

GUSTOS: trabajar muchísimo en su profesión y leer literatura
ir a muchas fiestas, bailar y cantar
viajar por todo el mundo
jugar al baloncesto con sus hermanos (pero juega demasiado mal)
estar con Fifí, una perra (*dog f.*) refinadísima, pero muy antipática

---

NOMBRE: Ana Orozco Hoffman

NACIONALIDAD: mexicana

CARACTERÍSTICAS: 6'4", 38 años, morena de ojos azules

PROFESIÓN: economía

FAMILIA: mamá, papá, madrastra, dos medios hermanos,
Jorge de 11 años y Mauricio de 9

GUSTOS: viajar
jugar al baloncesto (#1 del estado), nadar, bucear y esquiar
hablar alemán
jugar videojuegos con sus hermanitos
(No juega mal. Jorge es excelente.)

---

comunicación

1

Para ti, ¿cuál es...? Convierte las oraciones de la primera columna en preguntas, agrega dos preguntas al final de esa misma columna. Camina por el salón de clase, encuesta a tus compañeros/as y escribe sus nombres y sus respuestas en la columna correcta. Sigue el modelo. Al final, comparte los resultados con la clase.

Modelo

un queso sabroso
Estudiante 1: Para ti, ¿cuál es el queso más sabroso?
Estudiante 2: Para mí, el queso más sabroso es el queso *Cheez Whiz*.
Estudiante 1: ¿En serio? Puaf (*Yuck*), *Cheez Whiz* es el queso más asqueroso del mundo.

Categorías	Nombre	Respuesta
un queso sabroso	Elena	el queso Cheez Whiz
1. una comida deliciosa		
2. la peor verdura		
3. la mejor bebida		
4. una carne sabrosa		
5. un pescado rico		
6. un buen restaurante		
7. un camarero malo		
8. un menú completo		
9. un almuerzo grande		
10. una comida importante		
11. ¿?		
12. ¿?		

comunicación

2 **Un nuevo restaurante** En parejas, imaginen que van a abrir un nuevo restaurante. Primero, lean las listas de ingredientes y escojan una de ellas o escriban una propia. Luego, creen un Menú del Día, en éste debe haber al menos dos platos y una bebida; deben decidir cuál va a ser la especialidad de su restaurante. Recuerden escoger un buen nombre para el restaurante y para los platos. En su presentación, deben incluir el vocabulario y la gramática de esta lección. Escojan una pareja al azar (*at random*) para que actúen como los clientes y presenten su restaurante y su especialidad a sus compañeros/as de clase. ¡Sean creativos/as!

Modelo

Camarero 1: Bienvenidos al nuevo restaurante El Entremés.

Cliente 1: Muchas gracias, ¿qué nos recomiendan?

Camarero 2: Les recomendamos la especialidad de la casa, el yogur de melocotón con arvejas.

Cliente 2: ¿Yogur con arvejas? ¿A qué sabe esa comida?

Camarero 1: Sabe a sopa con azúcar. ¡Es muy deliciosa!

la banana	la naranja	la cebolla	los frijoles
el limón	la pera	el champiñón	las papas
la manzana	la uva	la ensalada	la zanahoria
el melocotón		los espárragos	
el atún	los mariscos	el ajo	el queso
los camarones	la salchicha	el azúcar	la sopa
la chuleta (de cerdo)	el salmón	el huevo	el vinagre
el jamón		la pimienta	
el café	el refresco	(*crea tu propia lista*)	
la cerveza	el té (helado)		
el jugo	el vino (blanco/tinto)		
la leche			

Lección 8 Comunicación   **181**

comunicación

3 **Un camarero grosero** En grupos, su profesor(a) les entrega una tarjeta con un escenario. Escojan sus roles y preparen una escena de cinco minutos; sigan las instrucciones de la tarjeta. Recuerden incluir el vocabulario y la gramática de esta lección. Presenten la conversación a la clase. ¡Sean creativos/as!

Modelo

Cliente 1: Buenos días.

Camarero: ¿Qué tal? ¿Qué quieren?

Cliente 2: Buenos días. Hicimos una reservación ayer. Mi nombre es Darío Fernández.

Camarero: ¿Fernández? Lo siento, señor. No lo encuentro.

Cliente 1: ¿Y no puede darnos alguna mesa? Hay muchas mesas.

Camarero: No, no puedo.

Cliente 2: Pero señor. Tenemos reservación.

Camarero: No me importa. ¿Por qué no van al restaurante de enfrente? Aquí no hay mesas.

Cliente 1: ¡Pero, hay muchísimas mesas! ¿Cuál es su problema?

Cliente 2: ¡Usted es el peor camarero de la ciudad!

3 **Un camarero grosero**

Time: 30 minutes

Resources: Role-play cards

Instructions: Photocopy the role-play cards and cut out as many as needed. Have students form groups of three. Then, hand each group one of the situations; students should each choose a role and then together prepare a five-minute skit using the vocabulary and grammar from the lesson. Make sure all students participate. At the end, poll the class to vote on which skit was the most creative, fun, interesting, etc.

Give groups of three 15 minutes to prepare and five to seven minutes to present. If you cannot divide the class into groups of 3, or if you want the skits to be shorter, you can create smaller groups by cutting one of the "secondary" characters from each set of cards.

You can vary the activity by asking students to come dressed as their characters and prepare their own TV set. Students can also film their conversations and share them with the class.

3 Role-play cards

Tú eres un(a) camarero/a del restaurante *Delicias*. Eres muy antipático/a y las personas que acaban de llegar al restaurante no te gustan. Les dices que no encuentras su reservación y tampoco les quieres dar ninguna de las mesas disponibles (*available*).

Esta noche vas al restaurante *Delicias* a cenar con un(a) amigo/a. Ustedes hicieron una reservación pero el/la camarero/a les dice que no la encuentra. Tú estas muy enojado/a y comienzas a gritarle (*shout*) al/a la camarero/a.	Esta noche vas al restaurante *Delicias* a cenar con un(a) amigo/a. Ustedes hicieron una reservación pero el/la camarero/a les dice que no la encuentra. Tú eres una persona amable y quieres hablar con el/la camarero/a, pero tu amigo/a no te lo permite (*won't allow you*).

Tú eres un(a) camarero/a del restaurante *Delicias*. Eres muy simpático/a y alegre, y te enamoras con mucha facilidad (*easily*). Unas personas acaban de llegar al restaurante y uno/a de los/las chicos/as es tan hermoso/a que no puedes dejar de mirarlo/la. Sus amigos/as se dan cuenta, pero no se preocupan, sólo quieren pedir su almuerzo. Tú solamente quieres decirle al/a la chico/a que es el hombre/la mujer más hermoso/a del mundo.

Esta noche vas al restaurante *Delicias* a almorzar con unos/as amigos/as. Cuando ustedes llegan al restaurante te das cuenta de que el/la camarero/a es muy guapo/a. Tú sólo quieres hablar con el/la camarero/a y saber cómo se llama, pero tus amigos/as insisten en preguntarte qué quieres pedir.	Esta noche vas al restaurante *Delicias* a almorzar con unos/as amigos/as. El/La camarero/a está mirando mucho a uno/a de tus amigos/as pero no te importa porque tienes mucha hambre e insistes en pedir tu almuerzo y en preguntarle a tu amigo/a qué quiere pedir.

Tú eres un(a) camarero/a del restaurante *Delicias*. Eres muy ordenado/a y trabajador(a) y te gusta que los/las clientes/as coman mucho. Acaban de llegar dos clientes/as que quieren solamente un jugo de frutas, pero tú insistes en ofrecerles diferentes platos.

Hace mucho calor y tu amigo/a y tú entran al restaurante *Delicias* para tomar un jugo. El/La camarero/a insiste en ofrecerles diferentes platos pero tú solamente quieres pedir un jugo de naranja y no quieres permitirle a tu amigo/a pedir algún plato, porque no tienen mucho dinero.	Hace mucho calor y tu amigo/a y tú entran al restaurante *Delicias* para tomar un jugo. El/La camarero/a insiste en ofrecerles diferentes platos y tú estás empezando a pensar que quieres algo más que un jugo, pero debes convencer (*convince*) a tu amigo/a.

---

3 Role-play cards

Tú eres un(a) camarero/a del restaurante *Delicias*. Hoy estás muy aburrido/a y te sientes cansado/a. Acaban de llegar dos clientes/as y te piden unos platos. Cuando los traes, de repente, cambian de opinión (*change their mind*) y te piden otros diferentes y, luego, otra vez. Tú pierdes la paciencia y los/las echas (*take them out*) del restaurante.

Tú y tu papá/mamá llegan a cenar al restaurante *Delicias*. Piden un plato, pero cuando llega, no se ve delicioso y tú decides pedir algo diferente. El próximo plato tampoco se ve delicioso y decides pedir otro. Comienzas a decirle al/a la camarero/a que él/ella es el/la peor camarero/a del mundo y que la comida de su restaurante es horrible.	Tú y tu hijo/a llegan a cenar al restaurante *Delicias*. Piden un plato, pero cuando llega, tu hijo/a piensa que no se ve delicioso y decide pedir algo diferente. El próximo plato tampoco le gusta y pide otro. Tú pierdes la paciencia con tu hijo/a porque tienes mucha hambre y te das cuenta (*realize*) de que el/la camarero/a está muy enojado/a.

recapitulación

¡A repasar!

1 **Ordenar** Ordena las palabras de la lista en las categorías correctas.

| el café | la cerveza | los frijoles | el melocotón | la uva |
| la cebolla | los espárragos | la manzana | el refresco | |

las verduras	las frutas	las bebidas
1. _____	_____	_____
2. _____	_____	_____
3. _____	_____	_____

2 **Definiciones** Escribe la palabra que corresponde a cada definición. Recuerda incluir **el**, **la**, **los** o **las**.

1. _____ es la persona que les recomienda y les sirve los platos a los clientes en un restaurante.

2. _____ son unos alimentos pequeños que se comen antes del plato principal.

3. _____ es un plato que consiste en dos panes redondos, con queso y carne en su interior.

4. _____ es un líquido que no tiene ni sabor ni olor y lo tomas cuando tienes sed.

3 **¿Cuál comida?** Elige la opción que completa correctamente cada oración.

1. El camarero nos recomendó la sopa de _____.

   a. sándwich   b. mayonesa   c. arvejas

2. Nosotros comimos _____ en el almuerzo.

   a. margarina y leche   b. un sándwich y un refresco   c. pimienta y agua

3. El _____ sabe a pescado.

   a. pollo   b. bistec   c. salmón

4. Ellas pidieron _____ en el desayuno.

   a. cebolla con mantequilla   b. cereales con leche   c. lechuga con aceite

4 **Mi hermano es buenísimo** Completa el párrafo con las palabras de la lista.

| guapísimo | mayor | mejor | menor | muchísimo | peor |

Yo tengo el (1) _____ hermano del mundo, Pablo. Yo tengo 22 años, soy la (2) _____ de la familia; él tiene 25, es el hermano (3) _____. Él es (4) _____ y muy inteligente, pero es el (5) _____ cocinero del mundo. Ayer comí algo que él cocinó y me sentí mal. Él se preocupó y llamó al doctor. Después de dos horas, me sentí (6) _____ mejor. Ay, ¡amo a mi hermano!

5 **Completar** Completa las oraciones con el pretérito de los verbos en paréntesis.

1. En el restaurante, Lina _____ (pedir) un delicioso pollo asado.
2. Luis y Gabriela _____ (salir) a bailar el sábado pasado.
3. El camarero nos _____ (servir) el plato equivocado.
4. Diana y Cristina _____ (sentirse) mal después del almuerzo.

6 **Reescribir** Reescribe cada oración. Usa los pronombres de objeto directo e indirecto correctos. Sigue el modelo.

Modelo

El camarero les sirvió los jugos.
El *camarero se los sirvió.*

1. Mauricio va a llevarle el diccionario a su hija a la escuela.

_____

2. Los señores Londoño les sirven un desayuno muy sabroso a sus invitados.

_____

3. Octavio y yo te trajimos los zapatos.

_____

4. Tú me escribiste un correo electrónico la semana pasada.

_____

7 **Comparaciones** Escribe las comparaciones correctas para cada caso. Sigue el modelo.

Modelo

Los entremeses son pequeños. (+ / plato principal)
Los entremeses son más pequeños que el plato principal.

1. El pavo es muy delicioso. (+ / pollo)

_____

2. Tú hermana es elegante. (- / Sandra)

_____

3. Esa falda rosada es barata. (+ / blusa verde)

_____

4. Anoche, nosotros nos dormimos temprano. (+ / nuestros primos)

_____

8 **¡A practicar!** En grupos de cuatro personas, preparen un programa de televisión dedicado a la comida, donde presentan una receta. Incluyan:

- el vocabulario (las comidas, las frutas, las verduras, la carne y el pescado, otras comidas, las bebidas, etc.)
- el pretérito de los verbos irregulares
- los pronombres de objeto directo e indirecto
- los comparativos
- los superlativos

Presenten su programa a la clase. Pueden traer comida de verdad a la clase, preparar la receta y compartirla con sus compañeros/as. ¡Sean creativos/as!

answers to activities

contextos

1 **Horizontales:** 2. arroz 7. naranja 8. pollo asado 11. melocotón 12. banana 14. huevo 15. refresco 17. pavo 18. jamón 19. sal 20. salchicha **Verticales:** 1. cereales 3. zanahoria 4. mayonesa 5. ajo 6. pimienta 8. papas fritas 9. tomate 10. sopa 13. arvejas 16. uvas 17. pera

2 1. correcto 2. incorrecto; la leche 3. incorrecto; los sándwiches 4. incorrecto; los champiñones 5. correcto 6. incorrecto; el vino tinto 7. incorrecto; las uvas 8. incorrecto; la langosta 9. incorrecto; las arvejas 10. incorrecto; el cereal 11. incorrecto; la hamburguesa 12. incorrecto; las zanahorias

3 Answers will vary.

estructura

8.1 Preterite of stem-changing verbs

1 1. pedimos 2. se despidió 3. se vistieron 4. se sintió 5. sirvió 6. se durmió 7. siguió 8. mostraron 9. dio

2 Answers will vary.

8.2 Double object pronouns

1 1. Tú sí te lo llevaste. 2. Yo sí se lo preparé. 3. Yo sí me lo puse. 4. Yo sí te las traje. 5. Ellos sí te las compraron. 6. Yo sí se la estoy mostrando. 7. Yo sí se la estoy ofreciendo. 8. Nosotros sí nos los tomamos. 9. Yo sí se la serví. 10. Yo sí me lo comí.

2 **A.** 1. Se lo 2. se lo 3. me la 4. me lo 5. me lo/la 6. se la 7. se la 8. me la 9. te la **B.** Answers will vary.

8.3 Comparisons

1 **A.** 1. b 2. b 3. a 4. a 5. b 6. b 7. a 8. b 9. a 10. a **B.** Answers will vary

2 Answers will vary.

8.4 Superlatives

1 1. Eso es porque nuestro papá es el hombre más atlético de Colombia. 2. Eso es porque ella es la cantante menos talentosa de este país. 3. Eso es porque yo soy el chico más alto y guapo de la familia. 4. Eso es porque nuestra mamá es la mujer más importante de la ciudad. 5. Eso es porque Ramiro es el hombre más rico de Ecuador. 6. Eso es porque yo soy el mejor estudiante de la facultad. 7. Eso es porque yo soy el hermano mayor. 8. Eso es porque yo soy el empleado más trabajador del museo. 9. Eso es porque yo soy la persona más amable del parque. 10. Eso es porque tú eres la hermana menor más simpática del mundo. **B.** Answers will vary.

2 Answers will vary.

comunicación

1 Answers will vary.

2 Answers will vary.

3 Answers will vary.

recapitulación

1 **las verduras:** 1. la cebolla 2. los espárragos 3. los frijoles **las frutas:** 1. la manzana 2. el melocotón 3. la uva **las bebidas:** 1. el café 2. la cerveza 3. el refresco

2 1. el camarero 2. los entremeses 3. la hamburguesa 4. el agua (mineral)

3 1. c 2. b 3. c 4. b

4 1. mejor 2. menor 3. mayor 4. guapísimo 5. peor 6. muchísimo

5 1. pidió 2. salieron 3. sirvió 4. se sintieron

6 1. Mauricio se lo va a llevar. 2. Los señores Londoño se lo sirven. 3. Octavio y yo te los trajimos. 4. Tú me lo escribiste la semana pasada.

7 1. El pavo es más delicioso que el pollo. 2. Tu hermana es menos elegante que Sandra. 3. Esa falda rosada es más barata que la blusa verde. 4. Anoche, nosotros nos dormimos más temprano que nuestros primos.

8 Answers will vary.

contextos

1 **Crucigrama** Resuelve el crucigrama.

Horizontales

2. una preparación muy fría y compacta a base de leche y azúcar

6. etapa de la vida donde una persona ya no es un niño pero tampoco es un joven

7. sensación de estar contento/a

9. el nombre de la relación que tienen dos o más personas que son amigas

10. conjunto de sentimientos bonitos que unen a una persona con su pareja

Verticales

1. un hombre que no está casado

3. postre suave (*soft*) hecho (*made*) con huevos, leche y azúcar

4. dos personas que tienen una relación sentimental

5. reunión (*gathering*) de personas para celebrar algo, como un cumpleaños, por ejemplo

8. ceremonia en la que una pareja se casa

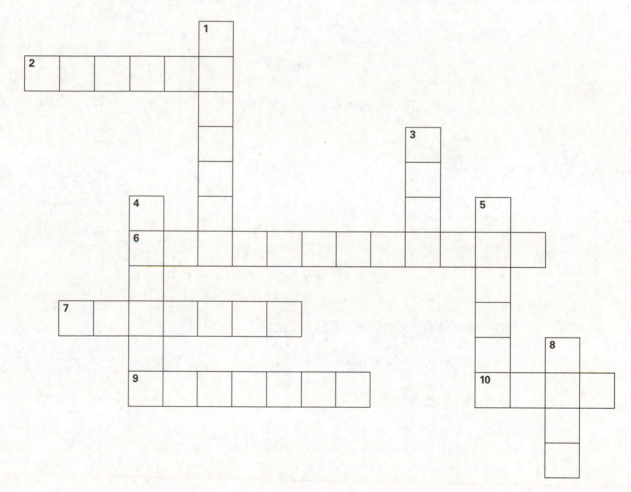

contextos

2 **Encuesta** (student text p. 303) Haz las preguntas de la hoja a dos o tres compañeros/as de clase para saber qué actitudes tienen en sus relaciones personales. Luego, comparte los resultados de la encuesta (*survey*) con la clase y comenta tus conclusiones.

Preguntas	Nombres	Actitudes
1. ¿Te importa la amistad? ¿Por qué?		
2. ¿Es mejor tener un(a) buen(a) amigo/a o muchos/as amigos/as?		
3. ¿Cuáles son las características que buscas en tus amigos/as?		
4. ¿Tienes novio/a? ¿A qué edad es posible enamorarse?		
5. ¿Deben las parejas hacer todo juntos? ¿Deben tener las mismas opiniones? ¿Por qué?		

contextos

3 **Una fiesta** En parejas, escojan una lista de palabras. Preparen una conversación divertida de dos o tres minutos donde usen las palabras de esa lista.

Modelo

Estudiante 1: Hola amiga, ¿cómo estuvo (*was*) tu cumpleaños?

Estudiante 2: Pues, muy mal. Mi hermana olvidó comprar el pastel de chocolate.

Estudiante 1: Y entonces, ¿qué hicieron?

Estudiante 2: Nada. Celebramos mi cumpleaños tomando sopa de tomate.

Estudiante 1: ¿Sopa de tomate?

Estudiante 2: Sí. La pasamos realmente mal. Lo peor fue cuando Natalia se fue a comprar un pastel y llegó dos horas más tarde, ¡con una galleta!

Estudiante 1: ¿Qué? Y, ¿por qué?

Estudiante 2: Porque el centro comercial cierra a las 10 de la noche y ella llegó a las 12. No nos quedó más que compartir la galleta, ¡entre 20 personas!

Estudiante 1: ¡Ja, qué divertido!

el aniversario de bodas	el cumpleaños
el flan de caramelo	la galleta
el matrimonio	la pareja
la madurez	la adolescencia
pasarlo bien	pasarlo mal
romper con	separarse
la Navidad	la boda
el helado	el pastel de chocolate
la amistad	el amor
la vejez	la juventud
celebrar	divertirse
comprometerse con	tener una cita

estructura

9.1 Irregular preterites

1   **Identificar** Mira cada imagen y completa las oraciones con la forma correcta del pretérito de los verbos del cuadro.

conducir	decir	haber	poder	querer	traer
dar	estar	hacer	poner	tener	venir

1. Ayer, Daniel no _____ tiempo para limpiar su casa.

2. Todos los parientes de Marcos _____ a su fiesta de cumpleaños.

3. El agente les _____ el precio de los pasajes a Natalia y a Andrés.

4. Raúl no _____ compartir su pastel de cumpleaños con nosotros.

5. Yo _____ la mochila sobre la mesa.

6. Lina _____ muy enferma la semana pasada.

7. Mauricio no _____ salir a caminar ayer porque nevó (*it snowed*) mucho.

8. Mis papás _____ las maletas para el viaje esta mañana.

9. Manuel y yo le _____ un regalo a nuestro sobrino David.

10. María _____ muchas horas para llegar temprano a la casa de sus padres.

11. Luis le _____ una rosa a Reina.

12. El sábado pasado _____ una gran boda en la casa de Manuela.

estructura

9.1 Irregular preterites

2 **Encuesta** (student text p. 313) Para cada una de las actividades de la lista, encuentra a alguien que hizo esa actividad en el tiempo indicado.

Modelo

traer dulces a clase
Estudiante 1: ¿Trajiste dulces a clase?
Estudiante 2: Sí, traje galletas y helado a la fiesta del fin del semestre.

Actividades	Nombres	Nombres
1. ponerse un disfraz (costume) de Halloween		
2. traer dulces a clase		
3. conducir su auto a clase		
4. estar en la biblioteca ayer		
5. dar un regalo a alguien ayer		
6. poder levantarse temprano esta mañana		
7. hacer un viaje a un país hispano en el verano		
8. tener una cita anoche		
9. ir a una fiesta el fin de semana pasado		
10. tener que trabajar el sábado pasado		

estructura

9.2 Verbs that change meaning in the preterite

1 **Julián, un chico sin suerte**

A. Julián es un chico sin suerte (*luck*) y casi todo lo que hace le sale mal. Une las frases de la columna A con las frases de la columna B, para formar oraciones lógicas.

A

1. Julián le compró un regalo a su amigo Carlos para su cumpleaños...

2. Lilia invitó a Julián a correr al parque...

3. Julián y su mejor amigo, David, fueron al cine...

4. Sus sobrinos vinieron de visita y le pidieron arroz con pollo...

5. Julián les pidió ayuda a sus papás para hacer su tarea de español...

6. Julián quiso nadar ayer...

7. En su viaje a Puerto Rico, Julián conoció a una chica muy bonita...

8. Julián invitó a Eugenia a caminar en el parque...

9. Julián pidió trabajo en el restaurante...

10. Julián les dijo a sus padres que aprobó el examen de matemáticas...

B

_____ a. pero anoche sus padres supieron la verdad.

_____ b. pero ella no quiso salir con él.

_____ c. pero llegó tarde a la fiesta y no pudo entregárselo.

_____ d. pero el dueño no quiso dárselo.

_____ e. pero él no pudo correr ni un kilómetro.

_____ f. pero Julián no supo cómo prepararlo.

_____ g. pero no pudieron entrar a ver la película porque olvidaron llevar dinero para las entradas (*tickets*).

_____ h. pero no pudo porque la piscina estaba (*was*) fuera de servicio (*out of order*).

_____ i. pero ella no pudo ir porque se rompió una pierna.

_____ j. pero ellos no quisieron ayudarle porque solamente saben francés.

B. Ahora, escribe tres oraciones similares a las de la actividad A y divide cada una en dos frases. Reta a (*Challenge*) un(a) compañero/a a completar las oraciones.

A

1. _____

2. _____

3. _____

B

a. _____

b. _____

c. _____

estructura

9.2 Verbs that change meaning in the preterite

2 La disculpa

A. Marieta no pudo ir a la fiesta de cumpleaños de su amiga Bárbara. Completa el mensaje electrónico que le envía para pedirle disculpas y la respuesta de su amiga. Usa el pretérito de los verbos del cuadro.

conocer   poder   querer   saber

Para: Bárbara	De: Marieta	Asunto: Lo siento

Hola, amiga:

Ay amiga, no (1)_____ ir a tu fiesta ayer porque salí con mi

novio. ¡Sí, ya tengo novio! Lo (2)_____ en Internet. La semana

pasada nos vimos por primera vez. ¡Ay no te imaginas! Cuando lo vi,

(3)_____ que es el hombre de mi vida (*life*). Es alto, guapo e

inteligente. (4)_____ llamarte anoche, pero no (5)_____

porque me quedé dormida… ¿me perdonas?

Marieta

Para: Marieta	De: Bárbara	Asunto: Re: Lo siento

Hola, Mari:

No te preocupes, no estoy enojada contigo (*with you*) por no venir a

mi fiesta. Yo tampoco (6)_____ llamarte porque mis padres

llegaron desde Puerto Rico y no tuve tiempo. Además, mis hermanos y yo

(7)_____ que saliste con ese chico, porque él es amigo de mis

primos Ángel y León. Ellos lo (8)_____ en su clase de economía

el semestre pasado. Por cierto (*By the way*), Ángel (9)_____

hablarte ayer cuando te vio en la universidad, para decirte que tu novio

también es novio de otra chica, pero tú no le (10)_____ contestar

el saludo.

Bárbara

B. Ahora, es tu turno de escribirle a Bárbara un mensaje electrónico donde te excusas por no ir a su fiesta. ¡Sé (*Be*) creativo/a! Comparte tu mensaje con la clase.

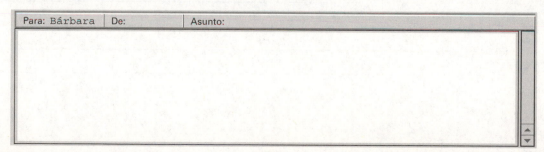

Para: Bárbara	De:	Asunto:

estructura

9.3 ¿Qué? and ¿cuál?

1 **Fabio, un chico tímido**

A. Lina conoció a Fabio en una fiesta. Él es muy tímido (*shy*), pero interesante, y Lina tuvo que hacerle muchas preguntas para poder saber más de él. Lee las respuestas de Fabio y escribe las preguntas que le hizo Lina. Recuerda usar las palabras interrogativas **qué** y **cuál**.

1. —¿_____?
   —Prefiero el jugo de naranja.

2. —¿_____?
   —El flan es un postre.

3. —¿_____?
   —El anaranjado es mi color favorito.

4. —¿_____?
   —Hoy es viernes.

5. —¿_____?
   —La capital de Perú es Lima.

6. —¿_____?
   —Quiero tomar café con leche.

7. —¿_____?
   —Mi cumpleaños es el 2 de septiembre.

8. —¿_____?
   —Los fines de semana me gusta caminar y ver películas.

9. —¿_____?
   —Mi número de teléfono es 665-3588.

10. —¿_____?
    —Este semestre tomo biología, química y física.

B. Ahora, escribe tres respuestas similares a las de la actividad A. Reta a (*Challenge*) un(a) compañero/a a escribir las preguntas.

1. —¿_____?
   —_____

2. —¿_____?
   —_____

3. —¿_____?
   —_____

estructura

9.3 ¿Qué? and ¿cuál?

2 **Muchas preguntas**

A. Completa los diálogos con las palabras de la lista. Puedes usarlas más de una vez. Haz los cambios que sean necesarios.

cómo	cuándo	de dónde
cuál	cuántas	dónde
cuáles	cuánto	qué

—Hola, ¿(1) _____ estás?

—Bien. ¿(2) _____ hay para beber?

—Té helado o jugo de uva, ¿(3) _____ prefieres?

—Jugo de uva. ¿(4) _____ está mi hermana?

—Está en la universidad. Tiene un examen de historia hoy. Y tú, ¿(5) _____ vienes?

—Vengo de la casa de mi novia.

—¿¡Ah!? ¿Desde (6) _____ tienes novia?

—Desde ayer. La conocí en una fiesta. Se llama Adriana.

—¿Adriana? Tiene nombre de tonta.

—¡Ella no es tonta! ¿(7) _____ es tu problema?

—No tengo ningún problema, es sólo que no entiendo para (8) _____ quieres tener una novia.

—¿(9) _____ cuestan estas camisetas?

—Cuestan doce dólares cada una.

—¡Doce dólares! ¿(10) _____ las traen? ¿De la luna?

—Son de muy buena calidad.

—Si, yo entiendo, pero doce dólares es mucho dinero.

—¿(11) _____ va a llevar?

—Diez.

—¿(12) _____ quiere? ¿Las verdes o las amarillas?

—Las verdes.

 B. Ahora, en parejas, escojan uno de los diálogos y represéntenlo ante la clase.

estructura

9.4 Pronouns after prepositions

1 **Completar**

A. Completa cada oración con la preposición o el pronombre preposicional que corresponda a la persona en paréntesis. Sigue el modelo.

Modelo
> **Mariela vive en mi casa. (nosotros)**
> *Mariela vive en mi casa con nosotros.*

1. Blanca siempre lleva un dulce. (ella)

   _____

2. Estas galletas las trajeron ellos. (yo)

   _____

3. ¿Bernardo estudia en la Universidad de Buenos Aires? (tú)

   _____

4. ¿Vas a ir a la fiesta sorpresa que Mariela organizó? (Horacio)

   _____

5. Ulises trabaja en la oficina del centro. (nosotros)

   _____

6. Ese flan de caramelo es un regalo delicioso. (mi tía Lucía)

   _____

7. Úrsula siempre lleva las llaves de su casa. (ella)

   _____

8. Ésta es una carta de mi madre. (Dora)

   _____

9. María está aquí. (yo)

   _____

10. Este pastel lo hizo Clara. (tú)

    _____

 B. Ahora, escribe tres oraciones similares a las de la actividad A. Reta a (*Challenge*) un(a) compañero/a a completar las oraciones.

1. _____   _____

   _____

2. _____   _____

   _____

3. _____   _____

   _____

estructura

9.4 Pronouns after prepositions

Estudiante 1

2 **Information Gap Activity** (student text p. 319) En parejas, hagan preguntas para saber dónde está cada una de las personas en el dibujo. Ustedes tienen dos versiones diferentes de la ilustración. Al final deben saber dónde está cada persona.

> **Modelo**
>
> **Estudiante 1:** ¿Quién está al lado de Óscar?
> **Estudiante 2:** Alfredo está al lado de él.

Alfredo	Dolores	Graciela	Raúl
Sra. Blanco	Enrique	Leonor	Rubén
Carlos	Sra. Gómez	Óscar	Yolanda

Vocabulario útil

a la derecha de	delante de
a la izquierda de	detrás de
al lado de	en medio de

estructura

9.4 Pronouns after prepositions

Estudiante 2

2 **Information Gap Activity** (student text p. 319) En parejas, hagan preguntas para saber dónde está cada una de las personas en el dibujo. Ustedes tienen dos versiones diferentes de la ilustración. Al final deben saber dónde está cada persona.

> **Modelo**
>
> **Estudiante 1:** ¿Quién está al lado de Óscar?
> **Estudiante 2:** Alfredo está al lado de él.

Alfredo	Dolores	Graciela	Raúl
Sra. Blanco	Enrique	Leonor	Rubén
Carlos	Sra. Gómez	Óscar	Yolanda

Vocabulario útil

a la derecha de	delante de
a la izquierda de	detrás de
al lado de	en medio de

comunicación

Estudiante 1

1 **Information Gap Activity** (student text p. 317) Trabaja con un(a) compañero/a. Tu compañero/a es el/la director(a) del salón de fiestas "Renacimiento". Tú eres el padre/la madre de Sandra, y quieres hacer la fiesta de quince años de tu hija gastando menos de $25 por invitado/a. Aquí tienes la mitad (*half*) de la información necesaria para confirmar la reservación; tu compañero/a tiene la otra mitad.

> **Modelo**
>
> **Estudiante 1:** ¿Cuánto cuestan los entremeses?
> **Estudiante 2:** Depende. Puede escoger champiñones por 50 centavos o camarones por dos dólares.
> **Estudiante 1:** ¡Uf! A mi hija le gustan los camarones, pero son muy caros.
> **Estudiante 2:** Bueno, también puede escoger quesos por un dólar por invitado.

Número de invitados: 200

Comidas: queremos una variedad de comida para los vegetarianos y los no vegetarianos

Presupuesto (*budget*): máximo $25 por invitado

Otras preferencias: ¿es posible traer mariachis?

	Opción 1	Opción 2
Entremeses		
Primer plato (*opcional*)		
Segundo plato (*opcional*)		
Carnes y pescados		
Verduras		
Postres		
Bebidas		
Total $		

comunicación

Estudiante 2

1 **Information Gap Activity** (student text p. 317) Trabaja con un(a) compañero/a. Tú eres el/la director(a) del salón de fiestas "Renacimiento". Tu compañero/a es el padre/la madre de Sandra, quien quiere hacer la fiesta de quince años de su hija gastando menos de $25 por invitado/a. Aquí tienes la mitad (*half*) de la información necesaria para confirmar la reservación; tu compañero/a tiene la otra mitad.

> **Modelo**
>
> **Estudiante 1:** ¿Cuánto cuestan los entremeses?
> **Estudiante 2:** Depende. Puede escoger champiñones por 50 centavos o camarones por dos dólares.
> **Estudiante 1:** ¡Uf! A mi hija le gustan los camarones, pero son muy caros.
> **Estudiante 2:** Bueno, también puede escoger quesos por un dólar por invitado.

Salón de fiestas "Renacimiento"

Número de invitados: _____

Otras preferencias: _____

Presupuesto: $_____ por invitado

Menú

Entremeses	Champiñones: $0,50 por invitado	Camarones: $2 por invitado	Quesos: $1 por invitado	Verduras frescas: $0,50 por invitado
Primer plato	Sopa de cebolla: $1 por invitado	Sopa del día: $1 por invitado	Sopa de verduras: $1 por invitado	
Segundo plato	Ensalada mixta: $2 por invitado	Ensalada César: $3 por invitado		
Carnes y pescados	Bistec: $10 por invitado	Langosta: $15 por invitado	Pollo asado: $7 por invitado	Salmón: $12 por invitado
Verduras	Maíz, arvejas: $1 por invitado	Papa asada, papas fritas: $1 por invitado	Arroz: $0,50 por invitado	Zanahorias, espárragos: $1,50 por invitado
Postres	Pastel: $2 por invitado	Flan: $1 por invitado	Helado: $0,50 por invitado	Frutas frescas, pasteles y galletas: $2 por invitado
Bebidas	Champán: $3 por invitado	Vinos, cerveza: $4 por invitado	Café, té: $0,50 por invitado	Refrescos: $1 por invitado

Precio total $ _____

comunicación

2 **Solteros y solteras** En grupos, su profesor(a) les entrega unas tarjetas con un perfil (*profile*) en cada una. Escojan sus roles y preparen un programa de televisión que ayuda a personas solteras a encontrar pareja. Recuerden incluir el vocabulario y la gramática de esta lección. Presenten su programa a la clase. ¡Sean creativos/as!

Modelo

Señora Gómez: Ramón, ¿por qué está soltero?

Ramón: Estoy soltero porque todas las chicas que conozco son feas.

Señora Gómez: Y, ¿qué piensa de Olga?

Ramón: Pienso que es guapa pero es muy joven para mí. Sólo tiene 22 años.

Señora Gómez: ¿Usted cuántos años tiene?

Ramón: ¡Tengo 35 años!

Señora Gómez: ¿Usted piensa que va a encontrar a la mujer de su vida hoy en este programa?

Ramón: Sí, creo que ya la encontré.

Señora Gómez: ¿Sí? ¡Qué bueno! Y, ¿quién es?

Ramón: Usted señora Gómez. ¿Quiere salir conmigo esta noche?

2 Solteros y solteras

Time: 30 minutes

Resources: Role-play cards

Instructions: Photocopy the role-play cards and cut out as many as needed. Have students form groups of five, and give each group a set of cards. Students should each choose a different role and then together prepare a five- to eight-minute talk show segment using the vocabulary and grammar from this lesson. Make sure all students have a speaking role. At the end, poll the class on which show was the most creative, fun etc.

Give groups 15 minutes to prepare and 5-8 minutes to present. If you cannot divide the class into groups of 5, or if you want the interviews to be shorter, you can also create groups of 3-4 by cutting one or two of the characters from each set.

You can also vary the activity by asking students to come dressed as their characters and prepare their own TV sets. Students can also film their conversations and share them with the class.

2 Role-play cards

Señor(ita) Gómez, 25 años, periodista, Colombia

Eres el/la presentador(a) (*host*). Debes dar la bienvenida al programa y presentar a los participantes entre ellos. Luego, cada uno/a debe presentarse y hablar de sí mismo/a (*him/herself*). Después de esto, debes hacerles estas preguntas:

1. ¿Por qué estás soltero/a?
2. ¿Cómo eres?
3. ¿Quieres casarte y tener hijos?
4. ¿Qué piensas de (nombre de uno/a de los/las participantes)?
5. ¿Quién crees que puede ser una buena pareja para ti? ¿Por qué?
6. ¿Quién crees que no puede ser una buena pareja para ti? ¿Por qué?
7. ¿Con quién quieres tener una cita?

Antonio, 30 años, doctor, El Salvador

Eres un joven doctor que trabaja muchas horas en un hospital. Eres guapo, tranquilo y te gusta leer libros y revistas. Eres muy tímido, especialmente con las mujeres; algunas veces es difícil para ti comunicarte con las personas. Estás seguro que una mujer joven y alegre puede ayudarte a relacionarte mejor con los demás (*others*). Esperas casarte y tener dos pares de gemelos.

Paula, 27 años, vendedora, Paraguay

Eres una joven con un trabajo estable en un almacén de ropa. Te encanta hacer deporte y juegas con un equipo profesional de vóleibol. Nunca has tenido (*have had*) novio porque te interesa más salir con tus amigas del equipo que con un chico aburrido. Quieres casarte algún día y enseñarles a tus tres hijos a jugar al vóleibol.

Berenice, 34 años, artista, Bolivia

Eres una pintora famosa en tu país. Tienes tu propio museo y viajas a muchos lugares exóticos. Te gusta mucho hablar con las personas y bailar. Siempre quieres ayudar a los demás y te sientes triste porque no tienes hijos. Quieres casarte y tener dos hijos.

Santiago, 35 años, ingeniero, Panamá

Eres un hombre simpático, inteligente y feo. En tu tiempo libre pintas y te fascina leer poesía. Esperas poder vender una de tus pinturas algún día. No tienes mucho dinero pero eres muy romántico. También te encanta viajar. No quieres casarte pero quieres tener hijos algún día para no sentirte tan solo (*alone*).

Señor(ita) Gómez, 25 años, periodista, Colombia

Eres el/la presentador(a) (*host*). Debes dar la bienvenida al programa y presentar a los participantes entre ellos. Luego, cada uno/a debe presentarse y hablar de sí mismo/a (*him/herself*). Después de esto, debes hacerles estas preguntas:

1. ¿Por qué estás soltero/a?
2. ¿Cómo eres?
3. ¿Quieres casarte y tener hijos?
4. ¿Qué piensas de (nombre de uno/a de los/las participantes)?
5. ¿Quién crees que puede ser una buena pareja para ti? ¿Por qué?
6. ¿Quién crees que no puede ser una buena pareja para ti? ¿Por qué?
7. ¿Con quién quieres tener una cita?

Elena, 22 años, estudiante de administración de empresas, México

Eres una joven alegre y bonita, te encanta conversar con tus amigos/as, cocinar y ver películas. Has tenido (*You have had*) muchos novios pero siempre terminaron mal; ahora quieres comprometerte y casarte, pero no quieres tener gemelos.

Humberto, 27 años, profesor, Uruguay

Eres un joven profesor de economía, alto, delgado y feo. Una vez tuviste una novia, pero ella se fue con un chico más guapo. Piensas que ninguna chica te mira porque eres feo, pero sabes que eres un hombre muy interesante. Te sientes deprimido (*depressed*) porque llevas muchos años buscando a una chica simpática e inteligente que te quiera por lo que eres, no por cómo te ves. Quieres casarte y tener una hija.

Rafael, 29 años, hijo de mamá (*mamma's boy*), Venezuela

Tú eres un joven muy guapo pero no muy inteligente. No te gusta estudiar ni trabajar y vives con tus padres. Tú mamá hace todo por ti; no te gusta levantarte temprano ni ayudar a limpiar la casa. Estás seguro que una novia trabajadora y simpática también va a hacer todo por ti. Quieres casarte y tener tres hijos.

Susana, 23 años, camarera, Argentina

Eres una joven trabajadora y tienes muchas ganas de estudiar en la universidad pero no tienes mucho dinero; necesitas trabajar para ayudar a tu mamá que está enferma y no puede salir de casa. No tienes novio, pero esperas conocer algún día a un joven inteligente y trabajador. Te llevas muy bien con tu mamá y quieres vivir siempre con ella. Quieres tener cuatro hijos, dos niños y dos niñas.

---

2 Role-play cards

Señor(ita) Gómez, 25 años, periodista, Colombia

Eres el/la presentador(a) (*host*). Debes dar la bienvenida al programa y presentar a los participantes entre ellos. Luego, cada uno/a debe presentarse y hablar de sí mismo/a (*him/herself*). Después de esto, debes hacerles estas preguntas:

1. ¿Por qué estás soltero/a?
2. ¿Cómo eres?
3. ¿Quieres casarte y tener hijos?
4. ¿Qué piensas de (nombre de uno/a de los/las participantes)?

5. ¿Quién crees que puede ser una buena pareja para ti? ¿Por qué?
6. ¿Quién crees que no puede ser una buena pareja para ti? ¿Por qué?
7. ¿Con quién quieres tener una cita?

Juliana, 33 años, cantante (*singer*), Guatemala

Eres una joven talentosa (*talented*) e importante. Viajas mucho y nunca estás en casa; tienes muchos amigos y todos son guapos. Estás soltera porque ninguno de los chicos que conoces quiere ser tu novio, todos dicen que eres muy mandona (*bossy*) y, a veces, antipática. Quieres encontrar un hombre tonto, pero guapo; pero no esperas casarte.

Fernando, 30 años, músico, Nicaragua

Eres un joven pianista y practicas mucho durante el día para ser el mejor. Eres guapo pero a veces egoísta (*selfish*). Vives con tus padres, pero esperas casarte y tener tu propia familia. Deseas encontrar pronto a una mujer buena y talentosa y tener con ella unos tres hijos.

Horacio, 26 años, jugador de fútbol, Chile

Eres un deportista alto y fuerte. Cuando no estás jugando, estás viendo partidos de fútbol por la tele. Muchos chicos son tus amigos, pero las chicas no quieren ni verte porque eres muy tonto; siempre que tratas de hablar con una chica, cometes muchos errores (*you make mistakes*). Te gusta la idea de casarte y tener un hijo.

Amanda, 30 años, dueña de un almacén, Perú

Eres una mujer muy inteligente. Trabajas mucho en tu almacén de ropa en el día y estudias medicina en las noches. Quieres tener un novio porque te sientes sola (*alone*), deseas tener a alguien con quien compartir tu tiempo libre y salir al cine o a caminar. Eres una mujer muy romántica y esperas conocer a tu príncipe azul (*Prince Charming*) pronto, casarte y tener dos hijos.

Señor(ita) Gómez, 25 años, periodista, Colombia

Eres el/la presentador(a) (*host*). Debes dar la bienvenida al programa y presentar a los participantes entre ellos. Luego, cada uno/a debe presentarse y hablar de sí mismo/a (*him/herself*). Después de esto, debes hacerles estas preguntas:

1. ¿Por qué estás soltero/a?
2. ¿Cómo eres?
3. ¿Quieres casarte y tener hijos?
4. ¿Qué piensas de (nombre de uno/a de los/las participantes)?

5. ¿Quién crees que puede ser una buena pareja para ti? ¿Por qué?
6. ¿Quién crees que no puede ser una buena pareja para ti? ¿Por qué?
7. ¿Con quién quieres tener una cita?

Gabriela, 20 años, estudiante de biología, Costa Rica

Eres una chica delgada y baja. Esperas ser una gran bióloga (*biologist*) cuando termines tu carrera. No eres muy bonita, pero tienes muchos amigos y eres muy segura de ti misma (*self-confident*). Cuando tienes tiempo, vas al cine, a conciertos o a ver películas. Quieres tener un novio para salir con él los fines de semana y pasar buenos momentos juntos. Algún día esperas casarte pero no quieres tener hijos.

Orlando, 24 años, empleado de una fábrica (*factory*), Cuba

Eres un chico tímido y trabajador. Eres amable y generoso, pero te enojas a menudo y a veces te deprimes (*feel depressed*). En tu tiempo libre te gusta tomar fotografías y te encanta ir de paseo al campo. Eres muy romántico; tuviste una novia hace mucho tiempo, pero ahora sientes que necesitas una persona para amarla y regalarle flores y chocolates, casarte con ella y tener muchos hijos.

Erica, 29 años, agente de viajes, Puerto Rico

Eres una chica gorda y alta. Es muy difícil para ti encontrar un novio, porque todos los chicos que conoces son muy bajos y delgados. Conoces a muchas personas y lugares en tu trabajo pero piensas que ya es hora (*it's time*) de tener a alguien a tu lado para casarte y tener 5 hijos.

Samuel, 31 años, periodista, Ecuador

Eres un hombre elegante y muy antipático. Piensas que todas las chicas son tontas y no quieres, por ningún motivo (*reason*), tener una novia fea. Esperas encontrar a la mujer perfecta: inteligente, bonita y con mucho dinero. No quieres casarte ni tener hijos, solamente quieres tener una novia para llevarla a las fiestas y hacerles sentir envidia (*envy*) a tus amigos.

---

comunicación

3 **Una fiesta sorpresa** En grupos de tres personas, su profesor(a) les entrega una tarjeta con un escenario. Preparen una escena de cinco minutos; sigan las instrucciones de la tarjeta. En su presentación escojan un(a) compañero/a de su grupo para que actúe como la persona a quien se le organizó la fiesta sorpresa. Recuerden incluir el vocabulario y la gramática de esta lección. Presenten la conversación a la clase.

Modelo

Amigos: ¡Sorpresaaaaaa!

Diana: ¿Sorpresa? ¿¡Qué pasa!?

Amigos: Feliz cumpleaños, Matilde.

Diana: ¿Matilde? ¿Cuál cumpleaños?

Amigo 1: Sí, tu cumpleaños. Amiga, estás cumpliendo 20 años.

Diana: No, no. Ni es mi cumpleaños ni me llamo Matilde.

Amigo 2: ¿Ah, no? Y, entonces…

Diana: Entonces nada… yo no los conozco. Fuera todos de mi casa…. ¡y no vuelvan nunca!

Lección 9 Comunicación   **207**

3   Una fiesta sorpresa

Time: 30 minutes

Resources: Role-play cards

Instructions: Photocopy the role-play cards and cut out as many as needed. Have students form groups of three and give each group a role-play card. Groups should prepare a five-minute skit based on the scene described on the card. Encourage students to use the vocabulary and grammar from the lesson. Once all the groups have presented, you can poll the class on which party was the most creative, fun etc.

You can also vary the activity by asking students to film their conversations and bring them to class.

3 | Role-play cards

Eduardo, tu mejor amigo cumple hoy 25 años. Tus compañeros/as y tú quieren prepararle una fiesta sorpresa. A Eduardo le gusta la música salsa, el pastel de chocolate y el té helado.

Tu abuelita Mariela va a cumplir 85 años. Tus primos/as y tú quieren prepararle una fiesta sorpresa. A tu abuelita le gusta la comida mexicana y la música suave; no le gusta el pastel ni bailar, pero le gusta cuando sus nietos/as le cantan canciones bonitas.

Tu hermano menor, Alejandro, va a cumplir 7 años. Tu familia y tú quieren prepararle una fiesta sorpresa. A Alejandro le gustan mucho los dulces y bailar reggaetón.

Tus padres están de aniversario, van a cumplir 30 años de casados. Tus hermanos/as y tú quieren prepararles una fiesta sorpresa. A tus padres les encanta la paella y el vino y les gusta bailar flamenco.

Tus vecinos/as de la casa de al lado se van a vivir a Argentina. Tú y tus compañeros/as de casa quieren prepararles una fiesta sorpresa de despedida. A ellos les gustan los postres y el champán, además, les fascina cantar con karaoke.

Tu tía obtuvo un ascenso en su trabajo. Tú y tu familia quieren prepararle una fiesta sorpresa. A tu tía le gusta la langosta, la cerveza y la música andina.

Tu compañero/a de cuarto obtuvo una beca para estudiar la cultura hispana en Perú. Tú y tus compañeros/as de la universidad quieren prepararle una fiesta sorpresa. A tu compañero/a le gusta mucho reírse, así que lo mejor es contarle chistes (*jokes*) en la fiesta; también le gusta mucho la música peruana.

Tu profesor(a) de español se va a trabajar a una universidad en España. Tus compañeros/as de clase y tú quieren prepararle una fiesta sorpresa para despedirlo/a. A tu profesor(a) le encanta bailar merengue y le gusta mucho la comida de la República Dominicana.

recapitulación

1 **Clasificar** Escribe las palabras de la lista en las categorías correctas.

| la amistad | la fiesta | el matrimonio | la Navidad | viudo |
| el cumpleaños | la madurez | la muerte | la vejez | |

las celebraciones	las relaciones personales	las etapas de la vida
1. _____	_____	_____
2. _____	_____	_____
3. _____	_____	_____

2 **Seleccionar** Selecciona la palabra que no está relacionada con cada grupo.

1. niñez • madurez • soltero • vejez
2. Navidad • boda • cumpleaños • galleta
3. casado • flan • postre • helado
4. separado • viudo • juventud • divorciado

3 **Escoger** Escoge la palabra que completa correctamente cada oración.

1. Mis amigos celebraron su _____ en una hermosa iglesia de Honduras.
   a. boda   b. postre   c. sorpresa
2. Leonardo y Rosita se casaron ayer, es decir, están _____.
   a. divorciados   b. viudos   c. recién casados
3. Ayer, mi hermana Dora tuvo su primera _____.
   a. galleta   b. amistad   c. cita
4. Yo me _____ de medicina el año pasado.
   a. casé   b. gradué   c. relajé

4 **La novia de mi hermano** Completa el párrafo con el tiempo correcto de los verbos del cuadro.

| casarse | llevarse bien | pasarlo bien | reírse | romper | sorprender |

Este sábado (1) _____ mi hermano mayor, Alberto. Su novia es bonita e inteligente, pero antipática. La verdad, no nos (2) _____. Una vez, mi hermano (3) _____ con ella y yo me puse muy feliz; me (4) _____ mucho cuando supe que volvieron. Qué lástima, mi hermano casado con esa bruja (*witch*)...

5 **Completar** Completa las oraciones con el pretérito de los verbos **conocer**, **poder**, **querer** y **saber**.

1. En la fiesta, Mariana _____ bailar salsa pero no pudo.
2. Miriam y Alina _____ muchos solteros guapos e interesantes en su viaje al Caribe.
3. Adalberto _____ que su novia se casó hace dos días en Las Vegas.
4. Isabel y yo no _____ comprar los pasajes a tiempo.

6 Reescribir Reescribe cada oración. Usa los pretéritos irregulares de los verbos.

1. Mis hermanos y yo estamos en el aniversario de bodas de nuestros padres.

_____.

2. Yo traigo el postre a la fiesta.

_____.

3. El novio tiene que ir a conocer a los padres de la novia.

_____.

4. Nosotros venimos a celebrar la Navidad con nuestra familia.

_____.

7 ¿Qué? y ¿cuál? Escribe dos preguntas sobre las palabras que se presentan a continuación. Sigue el modelo.

Modelo

flan de caramelo y pastel de chocolate _¿Qué es el flan de caramelo?_
¿Cuál de los dos postres te gusta más, el flan de caramelo o el pastel de chocolate?

la física y la química _____

_____

el anaranjado y el rojo _____

_____

la Navidad y el matrimonio _____

_____

el amor y la amistad _____

_____

8 Escribir Escribe oraciones completas con los elementos dados (*given*). Agrega la preposición y el pronombre correcto para cada una. Sigue el modelo.

Modelo

tú / tener / carta / yo _Tú tienes una carta para mí._

1. yo / ir / parque / tú _____

2. Ramiro / trae / pastel / tú _____

3. nosotras / tomar / clase de artes / ella _____

4. ellos / tener / dos regalos / yo _____

9 ¡A practicar! En grupos de cuatro personas, preparen una escena donde dos personas tienen una cita a ciegas (*blind date*) en un restaurante y los otros dos son los camareros. Incluyan:

- el vocabulario (las celebraciones, los postres y otras comidas, las relaciones personales, las etapas de la vida, etc.)
- los pretéritos irregulares
- los verbos que cambian de significado en el pretérito
- **qué** y **cuál**
- los pronombres después de las preposiciones

Presenten su escena frente a la clase. ¡Sean creativos/as!

contextos

1 Horizontales: 2. helado 6. adolescencia 7. alegría 9. amistad 10. amor **Verticales:** 1. soltero 3. flan 4. pareja 5. fiesta 8. boda

2 Answers will vary.

3 Answers will vary.

estructura

9.1 Irregular preterites

1 1. tuvo 2. vinieron/condujeron 3. dijo/dio 4. quiso 5. puse 6. estuvo 7. pudo/quiso 8. hicieron 9. dimos/trajimos 10. condujo 11. dio/trajo 12. hubo

2 Answers will vary.

9.2 Verbs that change meaning in the preterite

1 A. 1. c 2. e 3. g 4. f 5. j 6. h 7. b 8. i 9. d 10. a **B.** Answers will vary

2 A. 1. pude 2. conocí 3. supe 4. Quise 5. pude 6. pude 7. supimos 8. conocieron 9. quiso 10. quisiste **B.** Answers will vary.

9.3 ¿Qué? and ¿cuál?

1 A. Some answers may vary. Sample answers: 1. ¿Cuál es tu jugo favorito? 2. ¿Qué es el flan? 3. ¿Cuál es tu color favorito? 4. ¿Qué día es hoy? 5. ¿Cuál es la capital de Perú? 6. ¿Qué quieres tomar? 7. ¿Qué día es tu cumpleaños? 8. ¿Qué te gusta hacer los fines de semana? 9. ¿Cuál es tu número de teléfono? 10. ¿Qué clases tomas este semestre? **B.** Answers will vary.

2 A. 1. cómo 2. Qué 3. cuál 4. Dónde 5. de dónde 6. cuándo 7. Cuál 8. qué 9. Cuánto 10. De dónde 11. Cuántas 12. Cuáles **B.** Answers will vary.

9.4 Pronouns after prepositions

1 A. Some answers may vary. 1. Blanca siempre lleva un dulce para/con ella. 2. Estas galletas las trajeron ellos para mí. 3. ¿Bernardo estudia en la Universidad de Buenos Aires contigo? 4. ¿Vas a ir a la fiesta sorpresa que Mariela organizó para/con Horacio? 5. Ulises trabaja en la oficina del centro para/con nosotros. 6. Ese flan de caramelo es un delicioso regalo para mi tía Lucía. 7. Úrsula siempre lleva las llaves de su casa con ella. 8. Ésta es una carta de mi madre para Dora. 9. María está aquí conmigo. 10. Este pastel lo hizo Clara para ti/contigo. **B.** Answers will vary.

2 Answers will vary.

comunicación

1 Answers will vary.

2 Answers will vary.

3 Answers will vary.

recapitulación

1 las celebraciones: 1. el cumpleaños 2. la fiesta 3. la Navidad **las relaciones personales:** 1. la amistad 2. el matrimonio 3. viudo **las etapas de la vida:** 1. la madurez 2. la muerte 3. la vejez

2 1. soltero 2. galleta 3. casado 4. juventud

3 1. a 2. c 3. c 4. b

4 1. se casa 2. llevamos bien 3. rompió 4. sorprendí.

5 1. quiso 2. conocieron 3. supo 4. pudimos

6 1. Mis hermanos y yo estuvimos en el aniversario de bodas de nuestros padres. 2. Yo traje el postre a la fiesta. 3. El novio tuvo que ir a conocer a los padres de la novia. 4. Nosotros vinimos a celebrar la Navidad con nuestra familia.

7 Answers will vary.

8 Yo voy al parque contigo. 2. Ramiro trae el pastel para ti. 3. Nosotras tomamos la/nuestra clase de artes con ella. 4. Ellos tienen dos regalos para mí.

9 Answers will vary.

contextos

Lección 10

Estudiante 1

1 **Information Gap Activity** (student text p. 335) Tú y tu compañero/a tienen un crucigrama incompleto. Tú tienes las palabras que necesita tu compañero/a y él/ella tiene las palabras que tú necesitas. Tienen que darse pistas (*clues*) para completarlo. No pueden decir la palabra; deben utilizar definiciones, ejemplos y frases incompletas.

Modelo

10 horizontal: La usamos para hablar.

14 vertical: Es el médico que examina los dientes.

contextos

Estudiante 2

1 **Information Gap Activity** (student text p. 335) Tú y tu compañero/a tienen un crucigrama incompleto. Tú tienes las palabras que necesita tu compañero/a y él/ella tiene las palabras que tú necesitas. Tienen que darse pistas (*clues*) para completarlo. No pueden decir la palabra; deben utilizar definiciones, ejemplos y frases incompletas.

Modelo
10 horizontal: La usamos para hablar.
14 vertical: Es el médico que examina los dientes.

Crossword answers:
- 4 horizontal: ENFERMERA
- 6 horizontal: OREJA
- 2 vertical: CORAZÓN
- 10 horizontal: BOCA
- 10 vertical: BRAZ
- 11 horizontal: N
- 8 vertical: PACIENT
- 14 horizontal: DOCTOR
- 16 horizontal: ESTÓMAGO
- 12 vertical: PASTILLA
- 18 horizontal: RODILLA
- 20 horizontal: TOS

contextos

2 **Correcto o incorrecto** Si las palabras corresponden a la imagen, marca el círculo. Si no corresponden, escribe las palabras apropiadas.

la radiografía ○

1. _____

el resfriado ○

2. _____

la sala de emergencias ○

3. _____

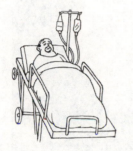

el hombre saludable ○

4. _____

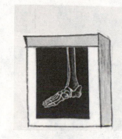

la fiebre ○

5. _____

el consultorio ○

6. _____

la tos ○

7. _____

la inyección ○

8. _____

el dolor ○

9. _____

el doctor ○

10. _____

el paciente ○

11. _____

el enfermero ○

12. _____

contextos

3 **La mejor clínica** En grupos de tres, preparen un comercial donde invitan a todas las personas de su comunidad a visitar su clínica. Deben ponerle un nombre creativo a la clínica. El comercial debe durar sólo un minuto e incluir el vocabulario de **Contextos**.

Para preparar el comercial, háganse estas preguntas:

- ¿La clínica tiene alguna especialidad?
- ¿Qué clase de doctores/as tienen?
- ¿Atienden a personas de todas las edades?
- ¿Cuánto tienen las personas que esperar para ver a un(a) doctor(a)?
- ¿Dónde está ubicada (*located*) la clínica?

Modelo

Clínica Sierra Blanca

¿Está usted enfermo? ¿Se siente mal? ¿Tiene fiebre? ¿Le duele todo? Venga a la clínica Sierra Blanca. Aquí lo examinan los mejores doctores de la ciudad. Somos la clínica más grande y agradable (*nice*) de todo el país. Atendemos las 24 horas. Estamos conectados a la estación central del metro. Y por su carro... no se preocupe, nuestros empleados lo estacionan por usted. Todos nuestros enfermos están felices de estar aquí. ¡Venga (*Come*), ésta es su casa!

estructura

10.1 The imperfect tense

1 Una historia

A. Bárbara es una joven estudiante de artes. Completa la historia de la niñez de Bárbara con el tiempo imperfecto del verbo entre paréntesis. Después, escribe en el espacio indicado la letra del uso del imperfecto que corresponde a cada oración.

> ### Uses of the Imperfect
> a. Habitual or repeated actions
> b. Events or actions that were in progress
> c. Physical characteristics
> d. Mental or emotional states
> e. Telling time
> f. Age

1. En mi niñez yo _____ (ser) muy feliz. ____ ____

2. Todos los sábados, mis papás nos _____ (llevar) a la playa. ____

3. Ellos _____ (tomar) el sol mientras yo _____ (nadar). ____

4. En ese tiempo, mi mamá _____ (ser) joven, alegre y bonita. ____

5. Mi papá nos _____ (querer) mucho a mi mamá, a mis hermanitos y a mí. ____

6. Cuando yo _____ (tener) diez años mi mamá empezó a estudiar medicina. ____

7. Como mi mamá _____ (estudiar) llegaba a las once de la noche y casi nunca la _____ (ver). ____

8. Un día, nos preocupamos mucho porque _____ (ser) las doce y media de la noche y mi mamá no llegaba. ____

9. Después de ese día, mi papá _____ (enojarse) cuando ella _____ (llegar) tarde. ____ ____

10. Después de un tiempo, mi mamá ya no _____ (ir) con nosotros a la playa. ____

B. Ahora, escribe tres oraciones similares a las de la actividad A. Reta a (*Challenge*) un(a) compañero/a a completar las oraciones.

1. _____

2. _____

3. _____

estructura

10.1 The imperfect tense

Estudiante 1

2 **Information Gap Activity** (student text p. 345) Tú y tu compañero/a tienen una lista incompleta con los/las pacientes que fueron al consultorio del doctor Donoso ayer. En parejas, conversen para completar sus listas y saber a qué hora llegaron las personas al consultorio y cuáles eran sus problemas de salud.

Hora	Persona	Problema
9:15	La Sra. Talavera	dolor de cabeza
	Eduardo Ortiz	
	Mayela Guzmán	
10:30	El Sr. Gonsalves	dolor de oído
	La profesora Hurtado	
3:00	Ramona Reséndez	nerviosa
	La Srta. Solís	
4:30	Los Sres. Jaramillo	tos

estructura

10.1 The imperfect tense

Estudiante 2

 2   **Information Gap Activity** (student text p. 345) Tú y tu compañero/a tienen una lista incompleta con los/las pacientes que fueron al consultorio del doctor Donoso ayer. En parejas, conversen para completar sus listas y saber a qué hora llegaron las personas al consultorio y cuáles eran sus problemas de salud.

Hora	Persona	Problema
	La Sra. Talavera	
9:45	Eduardo Ortiz	dolor de estómago
10:00	Mayela Guzmán	congestionada
	El Sr. Gonsalves	
11:00	La profesora Hurtado	gripe
	Ramona Reséndez	
4:00	La Srta. Solís	resfriado
	Los Sres. Jaramillo	

estructura

10.2 The preterite and the imperfect

1 **El accidente de Nelson**

A. De niño, Nelson era muy inquieto (*restless*). Lee la historia sobre un accidente que tuvo y complétala con el pretérito o el imperfecto de los verbos entre paréntesis, según corresponda.

Un día, cuando yo (1) _____ (tener) siete años, mi mamá me

(2) _____ (llevar) al cumpleaños de mi prima Isabela. Cuando

(3) _____ (llegar) los payasos (*clowns*) a animar la fiesta, yo comencé a

lanzarles (*throw*) helado. Mi mamá me regañó (*scolded me*) y yo (4) _____

(enojarse) con ella. Estaba muy aburrido y (5) _____ (empezar) a correr por

toda la casa, pero no vi que (6) _____ (haber) una puerta de vidrio delante de

mí y (7) _____ (darse) con ella. (8) _____ (Romperse) la

nariz y (9) _____ (cortarse) la boca con un vidrio (*glass*). Mi mamá me llevó

al hospital y un doctor me (10) _____ (poner) una inyección para el dolor. Una

enfermera me dijo que (11) _____ (deber) tener más cuidado al correr para evitar

esos accidentes. Mi mamá (12) _____ (estar) muy preocupada y, de pronto,

(13) _____ (sentirse) mareada. El doctor la (14) _____

(examinar) y al final le dijo que (15) _____ (estar) embarazada. Hoy tengo un

hermanito menor y cada vez que lo veo me acuerdo de ese accidente.

B. Ahora, escribe una historia corta de tu niñez, similar a la de la actividad A. Compártela con la clase.

_____

_____

_____

estructura

10.2 The preterite and the imperfect

2 **La noticia del día**

A. Completa la noticia del periódico *El Día* sobre la muerte de don Ignacio Cuéllar. Usa el pretérito o el imperfecto de los verbos del recuadro, según corresponda. Algunos verbos se usan más de una vez.

abandonar	necesitar
descubrir	poder
encontrar	salir
estar	ser
hacer	tener
llevar	traer
morir	vivir

23F

Por David González

La muerte de don Ignacio

Hoy (1) _____ Ignacio Cuéllar, el paciente más viejo del hospital

Metropolitano. Él (2) _____ en la habitación 702 durante 80 años.

Solamente (3) _____ del hospital una vez durante dos días para conocer

el mar. Lo (4) _____ el doctor Peña, un amable doctor que enfermó y

(5) _____ hace ya sesenta años.

Don Ignacio no (6) _____ familia. Sus papás lo (7) _____

cuando (8) _____ tres años y desde entonces, como (9) _____

un niño con muchas enfermedades, (10) _____ que vivir en el hospital.

(11) _____ un hombre amable, y aunque no (12) _____ hablar,

tampoco (13) _____ hacerlo, sus ojos expresaban lo necesario para entenderlo.

Don Ignacio (14) _____ muy enfermo desde (15) _____ seis

meses. Al principio sólo (16) _____ una infección en la garganta, poco después,

los médicos (17) _____ que (18) _____ problemas en el

corazón. Esta mañana las enfermeras que le (19) _____ su desayuno a diario lo

(20) _____ sin vida en su cama, en la habitación 702.

 B. Ahora, con un(a) compañero/a escribe un diálogo donde dos enfermeros/as comentan sobre la muerte de don Ignacio y represéntenlo ante la clase. ¡Sean creativos/as!

estructura

10.3 Constructions with se

1 **¿Qué se puede hacer?** Usa cada imagen y las palabras para escribir una oración lógica. Usa construcciones con **se**. Algunos verbos pueden usarse más de una vez.

bailar	hacer	poder
deber	jugar	servir
hablar	necesitar	vender

1. En el almacén Bogotá _____ ropa deportiva.

2. No _____ nadar en esta playa. Hay tiburones.

3. En la discoteca Ritmo _____ mucha salsa.

4. En el restaurante Asados _____ una deliciosa comida.

5. Niños, recuerden que no _____ jugar al fútbol dentro de la casa.

6. _____ apagar la luz antes de salir.

7. En todas las ciudades de Estados Unidos _____ inglés.

8. _____ jugador de béisbol con experiencia.

9. En la panadería Galletitas _____ deliciosos pasteles de cumpleaños por encargo (*upon request*).

estructura

10.3 Constructions with **se**

2 **Gloria pregunta** Gloria vive con su familia en una casa grande. Ellos son muy desordenados. Escribe las respuestas de su mamá a sus preguntas. Usa construcciones con **se**. Sigue el modelo.

> **Modelo**
>
> —**¿Qué le pasó a mi falda favorita?**
> —**(romper)** *Se me rompió.*

1. —¿Qué pasó con los libros que te pedí?
   —(olvidar) _____

2. —¿Qué pasó con las pastillas de mi sobrina?
   —(perder) _____

3. —¿Qué hizo Juan con todo mi dinero?
   —(gastar) _____

4. —¿Qué hizo Diana con mi abrigo favorito?
   —(poner) _____

5. —¿Qué les pasó con mi pastel de cumpleaños?
   —(caer) _____

6. —¿Qué hiciste con las llaves de mi carro?
   —(quedar) _____

7. —¿Qué hizo Pedro con las galletas de chocolate?
   —(comer) _____

8. —¿Qué le pasó a Nadia en el tobillo?
   —(torcerse) _____

9. —¿Qué hizo Daniela con mi ensalada?
   —(comer) _____

10. —¿Qué hizo mi hermanita con mi bolso nuevo?
    —(llevar) _____

estructura

10.4 Adverbs

1 **Conversaciones saludables**

A. Completa los diálogos con los adverbios del recuadro.

a menudo	frecuentemente
además de	mal
bastante	muchas veces
bien	por lo menos
casi nunca	rápido

—Mamá, estoy preocupada, pienso que Paco come muy (1) _____.

—Estás equivocada, él come muy (2) _____. Come frutas, verduras y mucha carne.

—Y, ¿dónde está?

—Está durmiendo. Anoche llegó (3) _____ cansado de su trabajo.

—Pues, (4) _____ dormir, él debe hacer algo de ejercicio.

—Pero, él no camina, él corre muy (5) _____, eso es un buen ejercicio.

—No es suficiente. Él necesita correr (6) _____ dos veces por semana.

—¿Y tú vas al doctor (7) _____?

—Sí, voy (8) _____ al mes. ¿Y tú?

—Afortunadamente, no. (9) _____ visito a mi doctor.

—¡Qué bien por ti!

—¿Puedo preguntarte algo?

—Claro.

—¿Realmente estás tan enferma como para visitar a tu médico tan (10) _____?

—La verdad no estoy enferma. ¡Estoy embarazada!

B. En parejas, inventen un dialogo similar al de la actividad A y represéntenlo ante la clase.

_____

_____

_____

_____

_____

_____

_____

_____

_____

estructura

10.4 Adverbs

2 **¿Cada cuánto?**

A. Elige el adverbio que completa mejor cada oración de acuerdo con tu propia experiencia.

1. Voy a la playa _____.

   a. regularmente   b. casi nunca

2. Me enfermo _____.

   a. constantemente   b. apenas dos o tres veces al año

3. Generalmente, hablo _____.

   a. poco   b. mucho

4. Hago deporte _____.

   a. de vez en cuando   b. todos los días

5. Visito al médico _____.

   a. una vez al año   b. con frecuencia

6. Voy a la iglesia _____.

   a. una vez por semana   b. pocas veces en el año

7. Todos los días, me levanto _____.

   a. tarde   b. temprano

8. Visito a mis amigos _____.

   a. muchas veces a la semana   b. por lo menos una vez al mes

9. Cuando duermo bien estudio _____.

   a. más   b. menos

10. Me gusta conducir _____.

    a. despacio   b. rápido

B. Ahora, circula por el salón y entrevista a dos o tres compañeros/as. Escribe sus respuestas y compáralas con las tuyas. Comparte los resultados con la clase.

_____

_____

_____

_____

_____

_____

_____

comunicación

1

1 La salud de tus compañeros Convierte las oraciones de la primera columna en preguntas. Circula por el salón de clases, encuesta a tus compañeros/as y escribe sus nombres y sus respuestas en la columna correcta. Usa el pretérito y el imperfecto. Sigue el modelo. Al final, comparte los resultados con la clase.

Modelo

> **romperse una pierna**
> **Estudiante 1:** ¿Alguna vez te rompiste una pierna?
> **Estudiante 2:** Sí, me rompí una pierna cuando tenía siete años.
> **Estudiante 1:** ¿Y cómo fue?
> **Estudiante 2:** Me caí en el parque cuando estaba patinando; iba muy rápido.

Categorías	Nombre	Respuesta
romperse una pierna	Mariela	Sí. Cuando tenía siete años; patinando
1. ser alérgico a algún medicamento		
2. tomar la temperatura		
3. sufrir una enfermedad		
4. torcerse un tobillo		
5. sacar(se) un diente		
6. visitar al dentista		
7. hacer una radiografía		
8. tener un resfriado		
9. estar en la sala de emergencias		
10. poner una inyección		
11. ¿?		
12. ¿?		

comunicación

2

¿Quién está más enfermo? En grupos de cuatro personas, preparen una escena donde tres de ustedes son pacientes y uno/a es un(a) enfermero/a. Imaginen que están en la sala de emergencias de un hospital y cada paciente intenta convencer al/a la enfermero/a de que él/ella es el/la más enfermo/a y que el/la doctor(a) debe examinarlo/la primero. Al final, el/la enfermero/a debe escoger a quien él/ella piensa que es el/la más enfermo/a.

Modelo

Enfermera Anita: A ver, señores y señora: orden, orden, por favor. Señor, ¿usted qué tiene?

Don Octavio: Estoy muy, muy enfermo. Me duele la cabeza y me siento mareado. Creo que me voy a morir (*die*).

Doña Eulalia: Lo siento mucho, señor, pero yo estoy más enferma que usted. Me caí en el baño esta mañana y creo que me rompí el brazo. Me duele mucho.

Señor Flores: No, no, no. Primero voy yo. Mire, yo creo que tengo algo muy grave. Tengo fiebre y me duele el cuerpo.

Enfermera Anita: A ver, señora. Venga usted conmigo. Lo suyo es urgente.

Doña Eulalia: ¡Ja! Adiós, perdedores (*losers*).

Don Octavio: Un momento, señora. Usted no puede dejarme aquí. Yo estoy muy enfermo. Me puedo morir en cualquier momento.

Señor Flores: A ver. ¿Cómo es que la señora va primero? ¿Y mi fiebre qué?

Enfermera Anita: Lo siento mucho, señores. El doctor va a ver primero a la señora: ella se rompió un brazo. Por favor, tienen que esperar.

comunicación

3 **Doctores y pacientes** En parejas, su profesor(a) les entrega unas tarjetas con un perfil (*profile*) en cada una, escojan sus roles y preparen una escena siguiendo las instrucciones. Recuerden incluir el vocabulario y la gramática de esta lección. Presenten su escena a la clase. ¡Sean creativos/as!

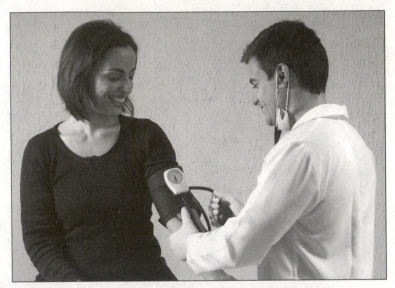

Modelo

Doctor Rosales: Señora, ¿qué le pasa?

Señora Fernández: No me siento bien. Me duele mucho la cabeza y tengo fiebre.

Doctor Rosales: ¿Está segura?

Señora Fernández: Sí, claro, doctor.

Doctor Rosales: Pues, señora Fernández, yo pienso que usted no tiene nada.

Señora Fernández: Pero doctor, me siento muy mal.

Doctor Rosales: No puedo hacer nada por usted, señora. Además, yo no soy el doctor, yo soy otro paciente.

3 **Doctores y pacientes**

Time: 30 minutes

Resources: Role-play cards

Instructions: Photocopy the role-play cards and ask students to form pairs. Give one set to pairs of students. Pairs should prepare a three- to four-minute conversation using the vocabulary and grammar from the lesson. Give students 15 minutes to prepare their role-plays. Make sure all students have a speaking part. After groups have presented, poll the class and vote on which conversation was the most funny, interesting, outlandish, etc.

You can vary the activity by asking students to film their conversations and share them with the class.

comunicación

3 Role-play cards

Tú eres un(a) doctor(a) muy ocupado/a. Tu secretario/a es muy desordenado/a y a veces olvida escribir los nombres de los/las pacientes en tu agenda. Debes explicarle a un(a) paciente que está muy enfermo/a que no puedes examinarlo/la porque no encuentras su nombre en tu lista de consultas. Tú empiezas: —Perdone señor(a), pero no encuentro su nombre en la lista. ¡Tiene que regresar mañana!	Tú eres un(a) paciente/a, te sientes muy enfermo/a, tienes fiebre y te duele la garganta. Estás muy enojado/a porque el/la doctor(a) te dice que no puede atenderte pues no estás en su lista de consultas y ¡llevas esperando dos horas! Tu compañero/a empieza.
Tú eres un(a) doctor(a) antipático/a. No quieres atender más pacientes porque te sientes muy cansado/a y no crees que es necesario recetarle medicamentos al/a la paciente que estás examinando. Tu compañero/a empieza.	Tú eres un(a) paciente en un consultorio. Estás muy enojado/a porque el/la doctor(a) es muy antipático/a y no quiere recetarte los medicamentos que tú necesitas. Ahora sólo quieres hablar con su jefe/a. Tú empiezas: —¡Pero qué antipático/a es usted, doctor(a)! Por favor, llame a su jefe/a, necesito hablar con él/ella.
Tú eres un(a) dentista. Estás cansado/a y acaba de entrar un(a) paciente muy maleducado/a y te dice que tiene un fuerte dolor de cabeza y que necesita atención urgente, pero ¡tú no eres doctor(a), eres dentista! Tú empiezas: —No señor(a), no puedo atenderlo/la ahora. ¡Yo no soy doctor(a), soy dentista!	Tú eres un(a) paciente enojado/a y además muy maleducado/a. Tienes un fuerte dolor de cabeza y el/la doctor(a) no quiere atenderte, y aunque (*although*) sabes que es dentista piensas que él/ella puede examinarte; para ti todos los/las doctores/as son iguales. Tu compañero/a empieza.
Tú eres un(a) enfermero/a. Estás preocupado/a porque un(a) paciente dice que le pusiste la inyección equivocada, pero tú estás seguro/a que le pusiste la inyección correcta. Tu compañero/a empieza.	Tú eres un(a) paciente en un hospital. Estás muy nervioso/a porque crees que el/la enfermero/a te puso la inyección equivocada. Tú empiezas: —¿Usted no se da cuenta de que me puso la inyección que no era? Yo no tengo un resfriado, ¡me acabo de romper un brazo!
Tú eres un(a) doctor(a). Estás muy confundido/a porque quieres examinar a un(a) paciente, ¡pero él/ella sólo quiere dormir! Tú empiezas: —Pero señor(a), ¿cómo va a dormir ahora? ¡Tengo que examinarlo/la!	Tú eres un(a) paciente. Estás muy nervioso/a porque no conoces bien al/a la doctor(a) que te va a examinar, por eso finges (*pretend*) tener mucho sueño y dices que sólo quieres dormir. Tu compañero/a empieza.
Tú eres un(a) estudiante de medicina y ¡estás confundido/a con un(a) paciente! Además, estás nervioso/a porque eres nuevo/a y todavía no conoces bien ni a los/las pacientes ni el hospital. Tu compañero/a empieza.	Tú eres un(a) paciente. Un(a) joven doctor(a) te está examinando pero tú piensas que él/ella no sabe mucho, por eso le dices que crees saber qué debe recetarte. Estás preocupado/a y sólo deseas salir rápido de su consultorio. Tú empiezas: —¿Cómo que no está seguro/a de qué tengo? ¡Pero usted es el/la doctor(a)!

comunicación

4   **En el consultorio** En parejas, imaginen que uno de ustedes es un(a) joven doctor(a) y el otro/a es un(a) enfermero/a. Primero, lean las listas de palabras. Después, escojan una de las listas; esas son las palabras que más deben usar en su presentación, además de la gramática de la lección. Escojan una persona al azar para que actúe como el/la paciente e improvisen una escena donde él/ella llega a la consulta. ¡Sean creativos/as!

Modelo

Doctora Marcela: Buenos días, ¿en qué puedo ayudarle?

Valentín: Buenos días, doctora. Bueno, esta mañana me sentí muy mal en el trabajo, tenía mucho frío y me dolía la cabeza. Entonces me fui a mi casa y me acosté a dormir. Cuando desperté tenía fiebre.

Enfermero José: ¿Tiene otros síntomas?

Valentín: Sí. Estoy muy congestionado.

Doctora Marcela: ¿Está tomando algún medicamento?

Valentín: No. Esta mañana me tomé una aspirina porque me dolía la cabeza.

Enfermero José: Bien. ¿Es alérgico a algún medicamento?

Valentín: No, creo que no.

Doctora Marcela: Vamos a examinarlo. Respire profundamente, por favor.

Valentín: Sí. (Valentín respira profundamente.)

Enfermero José: Ahora, diga "aaaaa".

Valentín: "Aaaaaaaa".

Doctora Marcela: Perfecto. Le voy a recetar unas medicinas. Es sólo un resfriado. Mañana se va a sentir mejor. Gracias por venir.

Valentín: Gracias a ustedes. Hasta luego.

el resfriado	la infección	el hueso	romperse
la garganta	la nariz	el brazo	torcerse
la gripe	toser	la pierna	la radiografía
la cabeza	el cuello	mareado/a	prohibir
el oído	tener dolor	embarazada	el cuerpo
el ojo	una inyección	el estómago	el examen médico
el dentista	lastimarse	el accidente	ser alérgico
sacarse un diente	la boca	grave	darse con
tener dolor	la aspirina	tomar la temperatura	la operación

recapitulación

1 **Ordenar** Ordena las palabras en las categorías correctas.

la clínica   congestionado/a   el corazón   grave   la oreja   la pierna   la receta   sano/a   el síntoma

el cuerpo	la salud	adjetivos
1. _____	_____	_____
2. _____	_____	_____
3. _____	_____	_____

2 **Seleccionar** Selecciona la palabra que no está relacionada con cada grupo.

1. boca • nariz • ojo • fiebre
2. medicamento • antibiótico • enfermero • pastilla
3. la sala de emergencias • el hospital • la temperatura • el consultorio
4. la receta • la farmacia • la aspirina • el accidente

3 **Escoger** Escoge la opción que completa correctamente cada oración.

1. Sonia se cayó por las escaleras y se torció el _____.
   a. estómago   b. tobillo   c. resfriado
2. Pedro es _____ a la penicilina.
   a. alérgico   b. congestionado   c. enfermo
3. A menudo, mi mamá siente _____ de cuello.
   a. dolor   b. aspirina   c. resfriado
4. Voy al _____ dos veces al año.
   a. dedo   b. oído   c. dentista

4 **Completar** Completa las oraciones con el imperfecto de los verbos entre paréntesis.

1. Fernanda _____ (querer) comprar un vestido azul para su graduación.
2. Cuando los vi, _____ (ir) en su coche.
3. Cuando nos conocimos, Manuel y yo _____ (hablar) sin parar.
4. Tú _____ (escribir) cartas a tus papás cada semana.

5 **El accidente de Lucía** Completa el párrafo con el pretérito de los verbos del recuadro. Dos verbos no son necesarios.

caerse   darse con   lastimarse   prohibir   recetar   toser

Ayer, mi amiga Lucía (1) _____ cuando jugaba al béisbol y (2) _____
el pie. Fue al hospital y le pusieron una inyección y un médico muy amable le (3) _____
unos medicamentos para el dolor. También, le (4) _____ jugar al béisbol durante
dos semanas. Espero que mi amiga se sienta mejor pronto.

6 **Mi papá, un doctor** Completa el párrafo con el imperfecto o el pretérito de los verbos entre paréntesis.

Cuando yo (1) _____ (ser) un niño, mi papá me (2) _____
(llevar) a su consultorio. Un día (3) _____ (llegar) un joven muy enfermo. Él
(4) _____ (tener) mucha fiebre y dolor en el cuerpo; mi papá le
(5) _____ (recetar) un antibiótico y le (6) _____ (poner) una
inyección. Dos horas más tarde, el joven ya (7) _____ (estar) mejor.

7 **Reescribir** Reescribe cada oración. Usa construcciones con **se**. Sigue el modelo.

> **Modelo**
>
> **Con frecuencia, Diana pierde sus llaves.**
> _Con frecuencia a Diana se le pierden sus llaves._

1. Ayer, Daniel perdió sus documentos.
   _____

2. A menudo, Natalia daña su coche.
   _____

3. Mi novio siempre olvida su abrigo en mi casa.
   _____

4. Yo rompo un vaso cada mañana.
   _____

8 **Preguntas** Contesta las preguntas usando adverbios en tus respuestas. Sigue el modelo.

> **Modelo**
>
> **¿Cómo caminas a la escuela?**
> _Camino rápidamente porque necesito llegar temprano._

1. ¿Vas mucho a la casa de tus papás?
   _____

2. ¿Cómo te sientes hoy?
   _____

3. ¿Alguna vez fuiste a la playa?
   _____

4. ¿Cuántas veces estuviste enfermo/a este año?
   _____

9 **¡A practicar!** En parejas, preparen una escena donde uno/a de ustedes es un(a) empleado/a de una farmacia y está explicándole a una persona que está muy enferma cómo tomarse los medicamentos. El/La enfermo/a no entiende lo que el/la empleado/a le dice y empieza a perder la paciencia. Incluyan:

- el vocabulario (el cuerpo, la salud, verbos, adjetivos, etc.)
- el imperfecto
- el pretérito y el imperfecto
- construcciones con **se**
- adverbios

Presenten su escena en clase. ¡Sean creativos/as!

contextos

1 Answers are on the other puzzle.

2 1. incorrecto; el doctor 2. incorrecto; la inyección 3. correcto 4. incorrecto; el paciente 5. incorrecto; la radiografía 6. correcto 7. correcto 8. incorrecto; el resfriado 9. incorrecto; el hombre saludable 10. incorrecto; la fiebre 11. incorrecto; el dolor 12. correcto

3 Answers will vary.

estructura

10.1 The imperfect tense

1 **A.** 1. era; a, d 2. llevaban; a 3. tomaban; nadaba; b 4. era; c 5. quería; d 6. tenía; f 7. estudiaba; veía/veíamos; a 8. eran; e 9. se enojaba; llegaba; b, d 10. iba; a **B.** Answers will vary.

2 Answers will vary.

10.2 The preterite and the imperfect

1 **A.** 1. tenía 2. llevó 3. llegaron 4. me enojé 5. empecé 6. había 7. me di 8. Me rompí 9. me corté 10. puso 11. debía 12. estaba 13. se sintió 14. examinó 15. estaba **B.** Answers will vary

2 **A.** 1. murió 2. vivió 3. salió 4. llevó 5. murió 6. tenía 7. abandonaron 8. tenía 9. era 10. tuvo 11. Era 12. podía 13. necesitaba 14. estaba 15. hacía 16. era/tenía 17. descubrieron 18. tenía 19. traían 20. encontraron **B.** Answers will vary.

10.3 Constructions with *se*

1 1. se vende 2. se puede/se debe 3. se baila 4. se sirve 5. se puede/se debe 6. Se debe 7. se habla 8. Se necesita 9. se hacen/se venden

2 Answers may vary. Suggested answers: 1. Se me olvidaron. 2. Se le perdieron. 3. Se lo gastó. 4. Se lo puso. 5. Se nos/les cayó. 6. Se me quedaron. 7. Se las comió. 8. Se lo torció. 9. Se la comió. 10. Se lo llevó.

10.4 Adverbs

1 **A.** 1. mal 2. bien 3. bastante 4. además de 5. rápido 6. por lo menos 7. frecuentemente/a menudo 8. muchas veces 9. Casi nunca 10. a menudo/frecuentemente **B.** Answers will vary.

2 **A.** Answers will vary. **B.** Answers will vary.

comunicación

1 Answers will vary.
2 Answers will vary.
3 Answers will vary.
4 Answers will vary.

recapitulación

1 **el cuerpo:** 1. el corazón 2. la oreja 3. la pierna **la salud:** 1. la clínica 2. la receta 3. el síntoma **adjetivos:** 1. congestionado/a 2. grave 3. sano/a

2 1. fiebre 2. enfermero 3. la temperatura 4. el accidente

3 1. b 2. a 3. a 4. c

4 1. quería 2. iban 3. hablábamos 4. les escribías

5 1. se cayó 2. se lastimó 3. recetó 4. prohibió

6 1. era 2. llevaba 3. llegó 4. tenía 5. recetó 6. puso 7. estaba

7 1. Ayer, a Daniel se le perdieron sus documentos. 2. A menudo, a Natalia se le daña su coche. 3. A mi novio siempre se le olvida su abrigo en mi casa. 4. Se me rompe un vaso cada mañana.

8 Answers will vary.

9 Answers will vary.

contextos

1 **Crucigrama** Resuelve el crucigrama.

Horizontales

2. lugar para estacionar un carro dentro de una casa

6. aparato electrónico que se usa para hacer funcionar un aparato (*device*) a distancia

7. servicio mundial de información electrónica

9. aparato electrónico que sirve para reproducir canales de televisión

10. vehículo con cuatro llantas que sirve para ir de un lugar a otro

Verticales

1. lugar al que se va para llenar el tanque de un carro con gasolina

3. símbolo que separa las dos partes de una dirección electrónica

4. vía (*route, way*) rápida por donde transitan los carros

5. aparato electrónico que sirve para producir copias de textos o fotos en papel desde una computadora

8. lugar donde se ofrece a los clientes acceso a Internet y servicio de cafetería

contextos

2 **Correcto o incorrecto** Si las palabras corresponden a la imagen, marca el círculo. Si no corresponden, escribe las palabras apropiadas.

el disco compacto ○

1. _____

el policía ○

2. _____

el radio ○

3. _____

el teclado ○

4. _____

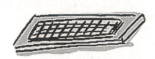

la llanta ○

5. _____

el mecánico ○

6. _____

el teléfono celular ○

7. _____

el ratón ○

8. _____

la computadora portátil ○

9. _____

la cámara de video ○

10. _____

el volante ○

11. _____

el capó ○

12. _____

contextos

3

Problemas en el cibercafé En parejas, escojan una lista de palabras. Preparen una conversación en la que un(a) cliente/a de un cibercafé tiene problemas con su computadora. El/La dependiente/a del cibercafé debe ayudarle. La conversación debe ser de dos minutos; recuerden usar todas las palabras de la lista que escogieron.

Modelo

Cliente: Joven, por favor, necesito ayuda.

Dependiente: Claro, ¿qué pasa?

Cliente: Estoy escribiendo un correo electrónico pero la pantalla se apaga cada dos minutos.

Dependiente: A ver. Parece que la pantalla está descompuesta.

Cliente: Ay no. Necesito terminar de escribir mi correo electrónico. ¿Qué puedo hacer?

Dependiente: Bueno, allá hay otra computadora, puede usarla.

Cliente: Mil gracias.

Dependiente: No hay de qué.

el monitor	el blog
funcionar	guardar
el video	navegar
apagar	la página principal
lento	el ratón
la computadora	la pantalla
Internet	descompuesto/a
descargar	escanear
el teclado	el cederrón
borrar	grabar
la pantalla	lleno/a
prender	la impresora

estructura

11.1 Familiar commands

1 **La computadora de Fernandito**

A. Los papás de Laura le regalaron una computadora nueva a Fernandito, su hermano menor. Laura es muy paciente y le gusta enseñarle a su hermanito cómo usar la tecnología. Completa la conversación con los mandatos familiares de los verbos entre paréntesis.

LAURA Fernandito, usar la computadora es muy fácil. (1) _____ (Poner) mucha atención. Primero, (2) _____ (prender) la pantalla.

FERNANDITO Ya prendí la pantalla, ¿y ahora?

LAURA Ahora, (3) _____ (mover) el ratón. ¿Ves cómo se mueve el cursor?

FERNANDITO Sí, ¡qué divertido! Pero, ¿cómo puedo navegar en Internet?

LAURA A ver… (4) _____ (Abrir) ese programa que tiene un dibujo con una e grande.

FERNANDITO ¿Éste? ¿Así?

LAURA Sí. (5) _____ (Entrar) a la página principal. ¿Qué vas a hacer en Internet?

FERNANDITO Quiero enviarle un correo electrónico a mamá.

LAURA ¡Qué buena idea! Umm, (6) _____ (escribir) el mensaje; ¡ah!, y no (7) _____ (olvidar) poner la arroba.

FERNANDITO No funciona.

LAURA Déjame ver. Sí funciona, lo que pasa es que la computadora está lenta.

FERNANDITO (8) _____ (Llamar) a papá, puede estar descompuesta.

LAURA No está descompuesta. (9) _____ (Mirar), ya está, acabas de enviar tu primer correo electrónico.

FERNANDITO Genial, gracias hermanita. ¿Me enseñas a imprimir?

LAURA Claro que sí. No (10) _____ (apagar) la computadora.

 B. Ahora, actúen la conversación ante la clase. Pueden cambiar los nombres.

estructura

11.1 Familiar commands

Estudiante 1

2 **Information Gap Activity** (student text p. 381) Aquí tienes una lista de cosas por hacer. Algunas las hiciste tú y algunas las hizo tu compañero/a. Las cosas que ya hicieron tienen esta marca ✔. Pero quedan cuatro por hacer. Dale mandatos a tu compañero/a, y él/ella responde para confirmar si hay que hacerla o ya la hizo.

> **Modelo**
>
> **Estudiante 1:** Llena el tanque.
> **Estudiante 2:** Ya llené el tanque. / ¡Ay no! Tenemos que llenar el tanque.

1. llamar al mecánico
✔ 2. ir al centro
✔ 3. revisar el aceite del carro
4. salir para el aeropuerto
5. hacer ejercicio (*to exercise*) en el gimnasio
6. apagar la videocasetera
7. no grabar el programa de televisión hasta las 8:00
✔ 8. estacionar cerca de la casa
9. almorzar en el cibercafé con Paquita
10. no imprimir las páginas hasta el sábado
✔ 11. encontrar el disco compacto de mi supervisor
12. arreglar el reproductor de DVD
✔ 13. poner la contestadora
14. quemar un cederrón de fotos de la fiesta de Alicia

Escribe las cuatro cosas por hacer. Elige las dos que quieras hacer tú y dile a tu compañero/a que no tiene que hacerlas, usando mandatos negativos.

> **Modelo**
>
> No llenes el tanque. Lo lleno yo.

1. _____
2. _____
3. _____
4. _____

Lección 11 Estructura **239**

estructura

11.1 Familiar commands

Estudiante 2

2 **Information Gap Activity** (student text p. 381) Aquí tienes una lista de cosas por hacer. Algunas las hiciste tú y algunas las hizo tu compañero/a. Las cosas que ya hicieron tienen esta marca ✔. Pero quedan cuatro por hacer. Dale mandatos a tu compañero/a, y él/ella responde para confirmar si hay que hacerla o ya la hizo.

Modelo

Estudiante 1: Llena el tanque.
Estudiante 2: Ya llené el tanque. / ¡Ay no! Tenemos que llenar el tanque.

✔ 1. llamar al mecánico
2. ir al centro
3. revisar el aceite del carro
4. salir para el aeropuerto
✔ 5. hacer ejercicio (*to exercise*) en el gimnasio
6. apagar la videocasetera
✔ 7. no grabar el programa de televisión hasta las 8:00
8. estacionar cerca de la casa
✔ 9. almorzar en el cibercafé con Paquita
10. no imprimir las páginas hasta el sábado
11. encontrar el disco compacto de mi supervisor
12. arreglar el reproductor de DVD
13. poner la contestadora
✔ 14. quemar un cederrón de fotos de la fiesta de Alicia

Escribe las cuatro cosas por hacer. Elige las dos que quieras hacer tú y dile a tu compañero/a que no tiene que hacerlas, usando mandatos negativos.

Modelo

No llenes el tanque. Lo lleno yo.

1. _____
2. _____
3. _____
4. _____

estructura

11.2 Por and para

1 **Emparejar**

A. Empareja las oraciones de la columna A con el uso correcto de **por** y **para** de la columna B.

A

1. El carro de Juan alcanza (*reaches*) solamente 100 kilómetros por hora.

2. Marisela va a arreglar el radio para el domingo.

3. Caminamos por el museo durante dos horas.

4. ¿Vas para México el jueves?

5. Es un ratón para la computadora.

6. Mis amigos estuvieron en Costa Rica por dos semanas.

7. Hablé con mis papás por Internet.

8. Voy a comprar un hermoso vestido para mi hermana en su cumpleaños.

9. Liliana y yo fuimos por la computadora portátil a la casa de Pablo.

10. Marcos trabaja para Cibercafé Corrientes.

B

_____ a. Movement: Motion or a general location

_____ b. Means by which something is done

_____ c. Object of a search

_____ d. Time: Deadline or a specific time in the future

_____ e. Unit of measure

_____ f. Purpose + [noun]

_____ g. Movement: Destination

_____ h. Time: Duration of an action

_____ i. The recipient of something

_____ j. In the employment of

B. Ahora, escribe cuatro oraciones (dos con **para** y dos con **por**). Reta a un(a) compañero/a a emparejarlas con su uso correspondiente.

A

1. _____ ____ a. _____

   _____   _____

2. _____ ____ b. _____

   _____   _____

3. _____ ____ c. _____

   _____   _____

4. _____ ____ d. _____

   _____   _____

Fecha

estructura

11.2 Por and para

2 **Problemas con la cámara digital**

A. Hernán compró una cámara digital en la tienda Tecno-e pero no sabe cómo usarla. Completa con **por** y **para** el correo electrónico que le envía al departamento de servicio al cliente de la tienda.

| Para: Servicio al cliente | De: Hernán Pérez | Asunto: ¿Cómo manejo mi cámara digital? |

Buenos días:

Hace dos días compré una cámara digital (1) _____ mí en su almacén, pero no sé cómo usarla. Ese día, estuve caminando (2) _____ su tienda (3) _____ dos horas, hasta que encontré la cámara que quería. Cuando llegué a mi casa quise usarla pero me di cuenta de que no sabía cómo hacerlo. Llamé a la tienda y hablé (4) _____ teléfono con un dependiente. Él me dio este correo electrónico y me dijo que ustedes podían ayudarme. (5) _____ mí, es muy difícil entender la tecnología. Necesito aprender rápidamente porque yo trabajo (6) _____ una empresa multinacional y el viernes salgo (7) _____ Puerto Rico de viaje; tengo que llevar mi cámara nueva a una conferencia allá (8) _____ sacar fotos (9) _____ nuestro boletín mensual (*newsletter*). Quiero recordarles que yo pagué mucho dinero (10) _____ esta cámara. Espero una pronta (*prompt*) respuesta.

Muchas gracias,
Hernán Pérez

B. Ahora, escribe la respuesta que le da servicio al cliente a Hernán donde le dicen que no pueden ayudarlo. Debes usar **por** y **para** al menos cuatro veces. ¡Sé creativo/a! Comparte tu mensaje con la clase.

| Para: Héctor Pérez | De: Servicio al cliente | Asunto: Re: ¿Cómo manejo mi cámara digital? |

estructura

11.3 Reciprocal reflexives

1   Completar Usa las palabras para completar las oraciones.

abrazarse	contarse	llevarse
ayudarse	decirse	ponerse
conocerse	hablarse	verse

1. ¿Es verdad que Manuel y tú _____ ayer en la universidad?

2. Todos sabemos que Elena y Martín _____ en todas sus tareas.

3. Mauricio y Marcela _____ por teléfono durante horas.

4. Cada vez que Lucía y yo _____, discutimos.

5. Antes de despedirse en el aeropuerto, las chicas _____.

6. Lina y yo _____ lo que hicimos en nuestras vacaciones.

7. Germán y yo estábamos muy enojados y _____ cosas muy feas.

8. Mi hermano y su esposa nunca _____ de acuerdo (*agree*) sobre dónde pasar sus vacaciones.

9. Luis y Tatiana _____ muy bien, ¡siempre hacen todos los quehaceres juntos!

estructura

11.3 Reciprocal reflexives

2 **Oraciones** Escribe seis oraciones lógicas. Usa las palabras de las columnas A y B.

> **Modelo**
>
> **nosotras / cuidarse**
> Nosotras nos cuidamos cuando salimos de excursión a las montañas.

A	B
tú y yo	besarse
Rodrigo y Luisa	cuidarse
las niñas	darse
nosotros	mirarse
ellos	saludarse
Andrea y tú	verse

1. _____

   _____

2. _____

   _____

3. _____

   _____

4. _____

   _____

5. _____

   _____

6. _____

   _____

estructura

11.4 Stressed possessive adjectives and pronouns

1 **Rita, la chica sin memoria**

A. Rita perdió la memoria (*memory*). Como no recuerda nada, siempre tiene que preguntar de quién es cada cosa que ve. Lee las respuestas de Sandra, su prima, y escribe las preguntas que le hace Rita. Usa los adjetivos posesivos correctos. Sigue el modelo.

> **Modelo**
>
> **(yo)** *¿Ese reproductor de mp3 es mío?*
> —**¡No! Ese reproductor de mp3 es de Carlos.**

1. —(nosotros) _____

   —¡No! Esos discos compactos son de Laura y Daniel.

2. —(tú) _____

   —¡No! Aquella impresora es de mi profesor de español.

3. —(tú) _____

   —¡No! Este sitio web es de mi novio.

4. —(yo) _____

   —¡No! Esa cámara digital es de Yolanda.

5. —(él) _____

   —¡No! Ese televisor es de mi hermana.

6. —(ellas) _____

   —¡No! Estas llaves son de Mauricio y Óscar.

7. —(tú) _____

   —¡No! Esa computadora portátil es de Carolina.

8. —(yo) _____

   —¡No! Aquellos reproductores de DVD son de mis papás.

9. —(ellos) _____

   —¡No! Aquellas llantas son de los mecánicos del taller.

10. —(nosotros) _____

   —¡No! Este carro es de Jesús.

B. Ahora, escribe tres respuestas similares a las de la actividad A. Reta a un(a) compañero/a a escribir las preguntas.

1. —(_____) _____

   — _____

2. —(_____) _____

   — _____

3. —(_____) _____

   — _____

estructura

11.4 Stressed possessive adjectives and pronouns

Estudiante 1

2 **Information Gap Activity** Tu amiga Cecilia va a mudarse a otra ciudad. Ella tiene varias cosas en el apartamento que compartes con tu compañero/a. Intercambien la información que tienen para saber de quién son las cosas.

> **Modelo**
> **Estudiante 1:** ¿Esta cámara de video es de Cecilia?
> **Estudiante 2:** No, no es suya, es...

yo

_____

_____

Cecilia

_____

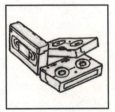
Cecilia

mi compañero/a y yo

_____

yo

_____

Con frases completas, escribe de quién es cada cosa.

_____

_____

_____

_____

_____

_____

_____

_____

estructura

11.4 Stressed possessive adjectives and pronouns

Estudiante 2

2   **Information Gap Activity** Tu amiga Cecilia va a mudarse a otra ciudad. Ella tiene varias cosas en el apartamento que compartes con tu compañero/a. Intercambien la información que tienen para saber de quién son las cosas.

> **Modelo**
>
> **Estudiante 1:** ¿Esta cámara de video es de Cecilia?
> **Estudiante 2:** No, no es suya, es...

  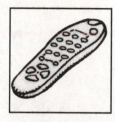  

_____   yo   mi compañero/a   _____   mi compañero/a
                        y yo   y yo

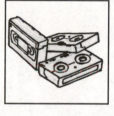    

_____   _____   Cecilia   _____   yo

Con frases completas, escribe de quién es cada cosa.

_____

_____

_____

_____

_____

_____

_____

_____

comunicación

1 **¿Cómo te va con la tecnología?** Convierte las oraciones de la primera columna en preguntas. Circula por la clase, encuesta a tus compañeros/as y escribe sus nombres y sus respuestas en la columna correcta. Sigue el modelo. Al final, comparte los resultados con la clase.

> **Modelo**
>
> **cámara de video**
> **Estudiante 1:** ¿Tienes cámara de video?
> **Estudiante 2:** Sí, mis papás me regalaron una en Navidad.
> **Estudiante 1:** ¿Y sabes usarla?
> **Estudiante 2:** La verdad, no.

Categorías	Nombre	Respuesta
cámara de video	Juliana	No sabe usarla.
1. computadora portátil		
2. teléfono celular		
3. reproductor de mp3		
4. cámara digital		
5. televisor		
6. reproductor de DVD		
7. sitio web		
8. impresora		
9. estéreo		
10. reproductor de CD		
11. ¿?		
12. ¿?		

comunicación

2 En el taller mecánico En parejas, su profesor(a) les entrega unas tarjetas con un escenario en cada una. Escojan sus roles y preparen una escena siguiendo las instrucciones. Recuerden incluir el vocabulario y la gramática de esta lección. Presenten su escena a la clase. ¡Sean creativos/as!

Modelo

Mecánico: ¿Qué le pasa a su carro, señor López?

Señor López: Llevo una semana diciéndole que NO PRENDE.

Mecánico: Pero señor López…

Señor López: Pero nada. Usted es el peor mecánico de esta ciudad. Cada vez que vengo por su taller, usted siempre me contesta lo mismo.

Mecánico: No se enoje, señor López. Mire, venga el próximo miércoles, para ese día su carro está listo.

Señor López: No le creo. La semana pasada me dijo que el carro estaba listo para hoy y mire, usted ni siquiera (*not even*) sabe por qué está descompuesto.

Mecánico: Tranquilo, señor López, mire que se puede enfermar. Vaya y coma algo y en dos horas le voy a tener su carro arreglado.

Señor López: Ni puedo estar tranquilo ni me voy enfermar. ¿Cómo que dos horas? ¡Quiero que arregle mi carro ahora mismo!

2 En el taller mecánico

Time: 30 minutes

Resources: Role-play cards

Instructions: Photocopy the role-play cards and have students work in pairs. Give each pair a set of cards. Students should prepare a three- to four-minute conversation using the vocabulary and grammar from the lesson. Give students 15 minutes to prepare their role-plays. Make sure all students have a speaking part. After groups have presented, poll the class to vote on which role-play was the most funny, serious, realistic, etc.

You can vary the activity by asking students to film their conversations and share them with the class.

2 Role-play cards

Tú eres un(a) mecánico/a. No quieres arreglar el carro de tu cliente/a porque te sientes muy cansado/a y, además, porque ese/a cliente/a te cae muy mal.

Tu compañero/a empieza.

Tú eres un(a) cliente/a de un taller mecánico. Estás muy enojado/a porque el/la mecánico/a es muy antipático/a y no quiere arreglar tu carro. Ahora sólo quieres hablar con su jefe/a.

Tú empiezas: —¡Pero qué antipático/a es usted señor(a)! Por favor, llame a su jefe/a, necesito hablar con él/ella.

Tú eres el/la mejor amigo/a del/de la dueño/a del taller mecánico de tu barrio. Él/Ella te pidió que le ayudaras a limpiar el taller y a hacer unas llamadas. Estás cansado/a y acaba de llegar un(a) cliente/a muy maleducado/a y te dice que tienes que arreglar su carro ahora mismo, pero tú no eres el/la mecánico/a ¡eres el/la mejor amigo/a del mecánico!

Tú empiezas: —No señor(a), yo no puedo arreglar su carro. ¡Yo no soy mecánico/a! Yo solamente vine a ayudar a mi amigo/a a limpiar el taller.

Tú eres un(a) cliente/a enojado/a y además muy maleducado/a. Necesitas llegar rápido a tu trabajo y la persona del taller no quiere arreglar tu carro. Sabes que él/ella no es el/la mecánico/a pero piensas que él/ella puede arreglar tu carro; para ti todos llevamos un(a) mecánico/a dentro.

Tu compañero/a empieza.

Tú eres un(a) mecánico/a. Estás preocupado/a porque un(a) cliente/a dice que el carro que le entregaste no es el suyo, pero tú estás seguro/a de que le entregaste el carro correcto.

Tu compañero/a empieza.

Tú eres un(a) cliente/a en un taller mecánico. Estás muy nervioso/a porque estás seguro/a de que el/la mecánico/a te entregó el carro equivocado, aunque es igual al tuyo.

Tú empiezas: —¿Usted no se da cuenta de que me entregó el carro equivocado? Yo conozco muy bien mi carro, ¡y éste no es el mío!

Tú eres un(a) mecánico/a. Estás muy confundido/a porque quieres arreglar el carro de un(a) cliente/a, pero él/ella no quiere bajarse del carro porque quiere dormir adentro, ¡mientras tú lo arreglas!

Tú empiezas: —Pero señor(a), ¿cómo va a dormir dentro del carro ahora? ¡Tengo que arreglarlo!

Tú eres un(a) cliente/a en un taller mecánico. Tienes mucho sueño y quieres dormir. Piensas que puedes hacerlo dentro de tu carro mientras el/la mecánico/a lo arregla. El/La mecánico/a dice que es peligroso dormir dentro del carro mientras lo arregla.

Tu compañero/a empieza.

Tú eres un(a) mecánico/a y ¡estás confundido/a con un(a) cliente/a! Además, estás nervioso/a porque eres nuevo/a y todavía no conoces bien ni a los/las clientes/as ni el taller.

Tu compañero/a empieza.

Tú eres un(a) cliente/a. Un(a) joven mecánico/a está arreglando tu carro pero tú piensas que él/ella no sabe mucho, por eso le dices que crees saber qué debe hacer. Estás preocupado/a y sólo deseas salir rápido del taller.

Tú empiezas: —¿Cómo que no está seguro/a de qué tiene mi carro? ¡Pero usted es el/la mecánico/a!

---

comunicación

3

Compra y venta Vas a vender algunos objetos que ya no necesitas en tu casa o vas a comprar otros que necesitas. Tu instructor(a) te entrega una tarjeta con una lista de artículos que debes vender o comprar y los precios. El objetivo es vender/comprar todos los artículos de la lista. Puedes regatear; recuerda escribir el nuevo precio en tu hoja. La primera persona en vender/comprar todos los artículos de su lista, gana.

Modelo

Vendedor 1: ¿Este maravilloso reproductor de CD? ¡Puedes llevártelo por diez dólares!

Comprador: Ay no, está muy caro.

Vendedor 1: Pero es de muy buena calidad. Además, sólo tiene dos años de uso.

Comprador: No sé. Déjamelo en cinco dólares y te lo compro.

Vendedor 1: ¡Pero en diez dólares es toda una ganga!

Comprador: Muy bien. Me lo llevo.

3 Compra y venta

Resources: Shopping assignments

Instructions: Photocopy and cut out the shopping assignments on the following pages. Ensure there is a balanced number of buyers and sellers. Tell students they will be buying or selling items at a yard sale. The first person to buy or sell all the items on their list wins. Give each student one list.

Students can bargain if they want and should write the agreed-upon price on their charts. When students find the person who can help them, they should write the name of that person next to the item.

You can vary the activity by giving the students a blank chart. They should write down what they want to buy or sell and then try to bargain.

3 Shopping assignments

Rol	Artículo	Precio	Vendedor(a)
Tú eres un(a) cliente/a	una cámara digital negra	$15	
	un estéreo grande	$30	
	un televisor de 21 pulgadas (*inches*)	$50	
	un radio azul	$7	
	una computadora portátil blanca	$40	
	un reproductor de DVD azul	$18	
	un teclado rosado	$10	
	un ratón amarillo	$8	
	una llanta	$22	

Rol	Artículo	Precio	Vendedor(a)
Tú eres un(a) cliente/a	un reproductor de mp3 azul	$10	
	una cámara digital roja	$8	
	un estéreo pequeño	$17	
	un televisor de 29 pulgadas (*inches*)	$65	
	un radio azul	$10	
	una computadora portátil blanca	$20	
	un reproductor de DVD negro	$12	
	un teclado rosado	$15	
	una llanta	$30	

Rol	Artículo	Precio	Vendedor(a)
Tú eres un(a) cliente/a	un teléfono celular con mp3	$20	
	una cámara de video grande	$18	
	un disco compacto de Christina Aguilera	$18	
	una máquina de faxear vieja	$25	
	una impresora negra	$30	
	una computadora nueva	$23	
	un navegador GPS	$32	
	un programa de computación	$45	
	un reproductor de CD anaranjado	$24	

Rol	Artículo	Precio	Vendedor(a)
Tú eres un(a) cliente/a	un teléfono celular con radio	$19	
	una cámara de video pequeña	$12	
	un disco compacto de Enrique Iglesias	$25	
	una máquina de faxear nueva	$38	
	una impresora blanca	$30	
	una pantalla azul	$22	
	un navegador GPS	$15	
	un programa de computación	$18	
	un reproductor de CD café	$33	

3 **Shopping assignments**

Rol	Artículo	Precio	Cliente/a
Tú eres un(a) vendedor(a)	un televisor de 21 pulgadas (*inches*)	$50	
	un ratón amarillo	$8	
	un reproductor de mp3 azul	$10	
	una computadora portátil blanca	$20	
	un teclado rosado	$15	
	una cámara de video grande	$18	
	un programa de computación	$45	
	un disco compacto de Enrique Iglesias	$25	
	un navegador GPS	$15	

Rol	Artículo	Precio	Cliente/a
Tú eres un(a) vendedor(a)	una cámara digital negra	$15	
	una computadora portátil blanca	$40	
	un estéreo pequeño	$17	
	un reproductor de DVD negro	$12	
	una llanta	$30	
	una impresora negra	$30	
	un fax nuevo	$38	
	un programa de computación	$18	
	un teléfono celular con radio	$19	

Rol	Artículo	Precio	Cliente/a
Tú eres un(a) vendedor(a)	un estéreo grande	$30	
	un teclado rosado	$10	
	una llanta	$22	
	un televisor de 29 pulgadas (inches)	$65	
	un radio azul	$10	
	un disco compacto de Christina Aguilera	$18	
	un navegador GPS	$32	
	una cámara de video pequeña	$12	
	un reproductor de CD café	$33	

Rol	Artículo	Precio	Cliente/a
Tú eres un(a) vendedor(a)	un radio azul	$7	
	un reproductor de DVD azul	$18	
	una cámara digital roja	$8	
	un teléfono celular con mp3	$20	
	un fax viejo	$25	
	una computadora nueva	$23	
	un reproductor de CD anaranjado	$24	
	una impresora blanca	$30	
	una pantalla azul	$22	

3 Shopping assignments

recapitulación

1 Ordenar Ordena las palabras en las categorías correctas.

el archivo   el baúl   la calle   el canal   el correo de voz   el *fax*   el monitor   el parabrisas   el ratón

el carro	la computadora	la tecnología
1. _____	_____	_____
2. _____	_____	_____
3. _____	_____	_____

2 No pertenece Identifica la palabra que no pertenece (*belong*) al grupo.

1. el televisor • el canal • el control remoto • el capó
2. el estéreo • la red • la dirección electrónica • la arroba
3. el cofre • la impresora • la llanta • el volante
4. el sitio web • Internet • la gasolina • la página principal

3 Escoger Escoge la opción que completa correctamente cada oración.

1. Mariela y Manuel fueron a la _____ en su carro.

   a. gasolinera   b. arroba   c. página principal

2. Nicolás le envió un _____ desde su celular a su novia.

   a. monitor   b. cibercafé   c. mensaje de texto

3. Aquí tienes mi _____. Prometo contestarte apenas reciba tu correo.

   a. red   b. dirección electrónica   c. arroba

4. Mi papá descargó un nuevo _____ ayer.

   a. programa de computación   b. reproductor de mp3   c. baúl

4 El carro nuevo de Javier Completa el párrafo con los tiempos correctos de los verbos. Dos verbos no son necesarios.

arrancar   bajarse   estacionar   funcionar   parar   revisar

Mi amigo Javier compró un carro nuevo la semana pasada. Ayer, cuando me llevaba a la universidad, el carro se (1) _____. Él lo intentó (2) _____ pero no pudo. (3) _____ del carro y (4) _____ el aceite. Cuando miró el tanque se dio cuenta de que olvidó llenarlo. Javier, ¡qué distraído (*distracted*) eres!

5 El mecánico Completa el párrafo con **por** y **para**.

(1) _____ ser un buen mecánico se necesita saber mucho de carros. (2) _____ mí es muy fácil arreglar los carros de la gente. Mi trabajo es muy agradable. Mis clientes me llaman (3) _____ teléfono y yo paso (4) _____ sus casas y allí mismo les arreglo el carro.

6 Completar Completa las oraciones con los mandatos familiares de los verbos entre paréntesis.

1. Ximena, _____ (apagar) la computadora.

2. Hija, _____ (ir) al cibercafé por la tarde.

3. Hernán, no _____ (prender) el televisor hoy.

4. Amiga, no _____ (imprimir) esa página, está muy fea.

7 Reescribir Reescribe cada oración. Usa los adjetivos posesivos correctos. Sigue el modelo.

> **Modelo**
>
> **Diana y Luisa son mis amigas. (yo)**
> Diana y Luisa también son amigas mías.

1. Ese video es de mis primos. (nosotros)

   _____.

2. Los dos carros que están afuera son de Carlos. (tú)

   _____.

3. La computadora portátil y el estéreo son de Fernando. (ellos)

   _____.

4. ¡Iván es mi novio! (yo)

   _____.

8 Preguntas Contesta las preguntas usando verbos reflexivos recíprocos y expresiones adverbiales en tus respuestas. Sigue el modelo.

> **Modelo**
>
> **¿Qué hicieron Leonardo y Antonia cuando se vieron? (besarse con amor)**
> Cuando se vieron, Leonardo y Antonia se besaron con amor.

1. ¿Qué hicieron los amigos cuando se encontraron? (saludarse alegremente)

   _____.

2. ¿Qué hicieron tus primas cuando se saludaron? (abrazarse muy fuerte)

   _____.

3. ¿Qué hicieron mi novio y tu prima la semana pasada? (ayudarse mucho en todos los quehaceres)

   _____.

4. ¿Qué hicieron Ana y Guillermo durante las vacaciones? (escribirse mensajes de texto a menudo)

   _____.

9 ¡A practicar! En grupos de cuatro personas, escojan cualquier producto tecnológico, pónganle un nuevo nombre y preparen un comercial para televisión donde lo ofrecen como el mejor del mercado. Incluyan:

- el vocabulario (la tecnología, la computadora, etc.)
- los mandatos familiares
- **por** y **para**
- verbos reflexivos recíprocos
- pronombres y adjetivos posesivos

Presenten su comercial en clase. ¡Sean creativos/as!

contextos

1 **Horizontales:** 2. garaje 6. control remoto
7. Internet 9. televisor 10. carro **Verticales:**
1. gasolinera 3. arroba 4. autopista
5. impresora 8. cibercafé

2 1. correcto 2. incorrecto; el volante
3. correcto 4. incorrecto; el policía
5. incorrecto; el teclado 6. correcto
7. correcto 8. correcto 9. incorrecto;
la llanta 10. correcto 11. incorrecto;
la computadora portátil 12. correcto

3 Answers will vary.

estructura

11.1 Familiar commands

1 **A.** 1. Pon 2. prende 3. mueve 4. Abre
5. Entra 6. escribe 7. olvides 8. Llama
9. Mira 10. apagues **B.** Answers will vary.

2 Answers will vary.

11.2 *Por* and *para*

1 **A.** 1. e 2. d 3. a 4. g 5. f 6. h 7. b 8. i
9. c 10. j **B.** Answers will vary

2 **A.** 1. para 2. por 3. por 4. por 5. Para
6. para 7. para 8. para 9. para 10. por
B. Answers will vary.

11.3 Reciprocal reflexives

1 1. se conocieron 2. se ayudan 3. se hablan
4. nos vemos 5. se abrazan/se abrazaron
6. nos contamos 7. nos dijimos 8. se ponen
9. se llevan

2 Answers will vary.

11.4 Stressed possessive adjectives
and pronouns

1 **A.** 1. ¿Esos discos compactos son nuestros?
2. ¿Aquella impresora es tuya? 3. ¿Este
sitio web es tuyo? 4. ¿Esa cámara digital es
mía? 5. ¿Ese televisor es suyo? 6. ¿Estas llaves
son suyas? 7. ¿Esa computadora portátil es
tuya? 8. ¿Aquellos reproductores de DVD
son míos? 9. ¿Aquellas llantas son suyas?
10. ¿Este carro es nuestro? **B.** Answers will vary.

2 Answers will vary.

comunicación

1 Answers will vary.
2 Answers will vary.
3 Answers will vary.

recapitulación

1 **el carro:** 1. el baúl 2. la calle 3. el parabrisas
la computadora: 1. el archivo 2. el monitor
3. el ratón **la tecnología:** 1. el canal 2. el correo
de voz 3. el *fax*

2 1. el capó 2. el estéreo 3. la impresora
4. la gasolina

3 1. a 2. c 3. b 4. a

4 1. paró 2. arrancar 3. Se bajó 4. revisó

5 1. Para 2. Para 3. por 4. por

6 1. apaga 2. ve 3. prendas 4. imprimas

7 1. Ese video también es nuestro. 2. Los dos
carros que están afuera también son tuyos.
3. La computadora portátil y el estéreo también
son suyos. 4. Iván también es novio mío.

8 1. Cuando se encontraron, los amigos se
saludaron alegremente. 2. Cuando se saludaron,
mis primas se abrazaron muy fuerte. 3. La
semana pasada, tu novio y mi prima se ayudaron
mucho en todos los quehaceres. 4. Durante
las vacaciones, Ana y Guillermo se escribieron
mensajes de texto a menudo.

9 Answers will vary.

contextos

1 **Crucigrama** Resuelve el crucigrama.

Horizontales

1. un chico que vive en la casa de al lado
4. habitación donde se come
5. aparato eléctrico que sirve para lavar la ropa
7. aparato eléctrico que sirve para hacer café
9. obra de arte que se cuelga en las paredes
10. objeto que se usa para tomar agua, jugo, leche, etc.

Verticales

2. lugar de una casa donde se prepara la comida
3. habitación donde se duerme
6. tejido (*fabric*) que se usa para cubrir (*cover*) los suelos
8. utensilio que se usa para tomar sopa

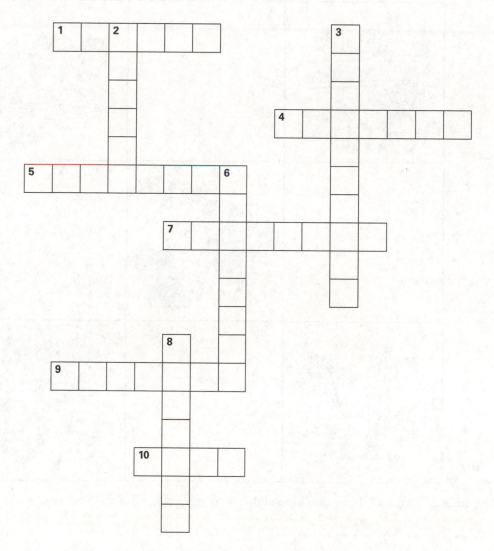

contextos

Estudiante 1

2 **Information Gap Activity** (student text p. 407) Aquí tienes una serie incompleta de dibujos que forman una historia. Tú y tu compañero/a tienen dos series diferentes. Descríbanse los dibujos para completar la historia.

> **Modelo**
>
> **Estudiante 1:** Marta quita la mesa.
> **Estudiante 2:** Francisco...

¿Por qué están Marta y Francisco limpiando con tanta prisa? ¿Qué pasó?

_____

_____

_____

_____

contextos

Estudiante 2

2 **Information Gap Activity** (student text p. 407) Aquí tienes una serie incompleta de dibujos que forman una historia. Tú y tu compañero/a tienen dos series diferentes. Descríbanse los dibujos para completar la historia.

Modelo

Estudiante 1: Marta quita la mesa.
Estudiante 2: Francisco...

¿Por qué están Marta y Francisco limpiando con tanta prisa? ¿Qué pasó?

_____

_____

_____

_____

contextos

3

Mi casa es mejor En parejas, escojan una lista de palabras. Preparen una conversación donde dos amigos/as tienen una discusión divertida sobre quién tiene la mejor casa. La conversación debe ser de dos minutos; recuerden usar todas las palabras de la lista que escogieron, y los comparativos y superlativos que aprendieron en la lección 8.

Modelo

Amiga 1: Mi casa es hermosa, tiene un jardín grande y una cocina muy cómoda.

Amiga 2: Mi casa es mejor. Mi dormitorio es muy grande y la sala… ni te la imaginas.

Amiga 1: En mi casa podemos hacer fiestas y nunca tenemos que limpiar.

Amiga 2: Me alegro por ti, pero mi casa es la más bonita del barrio.

Amiga 1: Nada de eso. Además, en mi casa tenemos los electrodomésticos más modernos.

Amiga 2: Pues, te felicito. Pero sigo pensando que mi casa es mucho mejor, sobre todo porque mi vecino es muy guapo.

Amiga 1: Ja, ¡por fin estamos de acuerdo!

el barrio	las cortinas
el balcón	la sala
el sótano	ensuciar
alquilar	el edificio de apartamentos
la luz	el dormitorio
los muebles	el barrio
el vecino	mudarse
las afueras	el estante
la oficina	la cocina
el patio	el ama de casa
arreglar	el electrodoméstico
el cuadro	cocinar

estructura

12.1 Relative pronouns

1 **La excursión** Tito invitó a Marcela a una excursión a las montañas. Completa el mensaje electrónico que le envió recordándole la invitación y la respuesta que Marcela le dio. Usa los pronombres relativos **que**, **quien(es)** y **lo que**.

| Para: Marcela | De: Tito | Asunto: Recuerda nuestra excursión |

Hola Marcela:

¿Recuerdas (1)_____ te dije esta mañana? Bueno, es en serio.

Quiero ir contigo mañana a la excursión (2)_____ vamos a hacer

a las montañas. Mis amigos, a (3)_____ me dijiste que querías

conocer, van a ir con nosotros; además, el lugar al (4)_____

vamos es muy bonito y tranquilo.

Te invité porque me gusta mucho salir con personas agradables como tú.

¡Ah! Hablando de personas agradables, mi hermana, (5)_____ ama

los deportes al aire libre, también va a ir con nosotros, estoy seguro

de que ustedes se van a llevar muy bien.

¡Estoy tan emocionado! (6)_____ más me gusta de esta excursión,

es que tú vas a ir.

Nos vemos mañana,

Tito ☺

| Para: Tito | De: Marcela | Asunto: Re: Recuerda nuestra excursión |

Hola Tito:

Gracias por la invitación, pero no voy a la excursión. Mi mamá,

(7)_____ es muy antipática, me dijo que no puedo ir.

(8)_____ más me molesta es que a mi hermanita siempre la deja

ir a todas las excursiones que ella y sus amigos, de (9)_____

no quiero ni hablar, planean. En fin, la mamá (10)_____ tengo

es muy aburrida…

Por favor, salúdame a los amigos de (11)_____ me hablaste y a

tu hermana. Diles que la chica, a (12)_____ su mamá no dejó ir

a la excursión, les manda un abrazo.

Mucha suerte,

Marcela ☹

---

estructura

12.1 Relative pronouns

2 **Dalia y Eduardo**

A. Dalia siempre le cuenta todo lo que hace o lo que ve a su hermanito menor, Eduardo. Reescribe lo que ella le dice; usa pronombres relativos. Sigue el modelo.

> **Modelo**
> **Escribimos un libro. (muy interesante)**
> <u>El libro que escribimos es muy interesante.</u>

1. Compramos una casa. (nueva)

   _____.

2. Leíste una carta. (mía)

   _____.

3. Estoy pensando en un chico. (guapo)

   _____.

4. Estás viendo un hombre. (nuestro abuelo)

   _____.

5. Esta mañana te hablé de mi amiga. (rubia)

   _____.

6. Vendimos la lavadora. (muy vieja)

   _____.

7. Nuestro tío viene a visitarnos mañana. (profesor)

   _____.

8. Anoche conocí a un chico inteligente. (hermano de Raquel)

   _____.

9. Gabriela es mexicana. (ama de casa)

   _____.

10. La señora Vives limpia su casa todos los días. (muy antipática)

   _____.

 B. Escribe cinco definiciones de palabras del vocabulario de esta lección en las que uses pronombres relativos. Reta a un(a) compañero/a a que adivine cuáles son las palabras correctas. Sigue el modelo.

> **Modelo**
> **Estudiante 1:** Es lo que haces después de comer.
> **Estudiante 2:** Quitar la mesa.
> **Estudiante 1:** Correcto.

1. _____

2. _____

3. _____

4. _____

5. _____

estructura

12.2 Formal commands

1 **Complétalo** Usa las palabras para completar las oraciones.

bajar	dar	ir	subirse
barrer	entrar	mirar	terminar
comprar	hablar	quitar	traer

1. _____ a nadar un rato, yo voy a tomar el sol.

2. No _____ en clase, por favor.

3. Señor Díaz, _____ la mesa, yo me tengo que ir.

4. _____ los pies de la mesa, joven.

5. _____ toda la casa primero.

6. _____ bien, las fotos de mi viaje a Costa Rica.

7. _____ al carro rápido; vamos a llegar tarde.

8. Papá, mamá, _____ esta casa, ¡está súper!

9. Bienvenidos a mi casa, _____.

10. Señora, _____ su pasaje, por favor.

11. _____ de limpiar la casa. Yo saco la basura.

12. Camarero, _____ un café, por favor.

estructura

12.2 Formal commands

2 **La nota de doña Diana** Doña Diana se fue de viaje. Les dejó una nota a los empleados de su casa donde les dice qué tienen que hacer para mantener la casa ordenada. Completa la nota con los mandatos formales de los verbos entre paréntesis.

Buenos días para todos:

Como ya saben, salgo de viaje hoy en la mañana y vuelvo en una semana. Todos, durante mi ausencia, (1) _____ (cumplir) con sus responsabilidades, no (2) _____ (perder) el tiempo, ¡ah! y (3) _____ (cuidar) mucho a Rex, mi mascota (pet).

Liliana, (4) _____ (recordar) limpiar el balcón y el garaje todos los días. Juanita, (5) _____ (sacar) la basura a tiempo y no (6) _____ (poner) las cortinas nuevas todavía. Esteban, (7) _____ (lavar) el carro el sábado, (8) _____ (revisar) el aceite y (9) _____ (llenar) el tanque. Gonzalo, no (10) _____ (llegar) tarde como la última vez.

Mientras yo no estoy, (11) _____ (cerrar, ustedes) las ventanas y (12) _____ (quitar, ustedes) el polvo de todos los muebles. A mi regreso quiero que todo (13) _____ (estar) en orden.

Por último, ¡no (14) _____ (hacer, ustedes) fiestas en mi casa! La última vez, sus amigos dañaron mis cuadros y ensuciaron los sillones.

PD: Les dejo mi foto para que me recuerden:

Nombre _____ Fecha _____

estructura

12.3 The present subjunctive

1 **Los empleados de doña Diana**

A. Liliana, Esteban y Juanita discuten sobre sus responsabilidades como empleados de la casa de doña Diana. Completa el diálogo con el presente de subjuntivo de los verbos entre paréntesis.

LILIANA Compañeros, creo que lo mejor es que (1) _____ (hacer) lo que dice doña Diana: ¡nada de fiestas!

ESTEBAN Ay, qué aburrida eres, Liliana. ¿Por qué no podemos hacer una fiesta?

JUANITA Yo pienso que Liliana tiene razón. Es necesario que nosotros (2) _____ (seguir) las órdenes de doña Diana.

ESTEBAN Pero chicas, ¿qué tiene de malo que nosotros (3) _____ (invitar) a nuestros amigos a bailar un poco?

LILIANA Tiene todo de malo, Esteban. No seas tan irresponsable.

JUANITA Es cierto. Además, es importante que doña Diana (4) _____ (saber) que puede confiar en nosotros.

ESTEBAN A ver, Juanita. Yo sé que doña Diana es nuestra jefa pero es mejor que tú no (5) _____ (hacer) todo lo que ella dice.

LILIANA ¿Cómo que no, Esteban? Claro que sí.

JUANITA Mira, Esteban. Es urgente que (6) _____ (cambiar) esa manera de pensar. Si no, te vas a quedar sin trabajo.

ESTEBAN Pues, no me importa. Ahora mismo voy a llamar a todos mis amigos.

LILIANA Perfecto. Ve y llámalos.

JUANITA Pero es bueno que tú (7) _____ (tener) en cuenta que nosotras también vamos a llamar a doña Diana y le vamos a contar lo que piensas hacer.

ESTEBAN ¡Qué chismosas (*gossips*)! Lo mejor es que me (8) _____ (ir) a lavar el carro.

 B. Ahora, actúen la conversación ante la clase. Pueden cambiar los nombres y añadir más detalles.

estructura

12.3 The present subjunctive

2 **Oraciones** Escribe seis oraciones lógicas. Usa las palabras de las columnas A, B y C. Sigue el modelo.

Modelo

es importante que / nuestras hijas / traer
Es importante que nuestras hijas traigan a sus amigos a la casa.

A	B	C
es bueno que	tú	conocer
es importante que	mis primos	dormir
es malo que	Darío y Lucía	jugar
es mejor que	los vecinos	pedir
es necesario que	ustedes	traer
es urgente que	yo	venir

1. _____
_____
_____

2. _____
_____
_____

3. _____
_____
_____

4. _____
_____
_____

5. _____
_____
_____

6. _____
_____
_____

estructura

12.4 Subjunctive with verbs of will and influence

1 **Discusiones**

A. Completa las conversaciones con la forma correcta de los verbos entre paréntesis.

—Fabio, quiero que (1) _____ (escuchar) esta canción. ¡A mí me encanta!

—Uy no, qué horrible. Te sugiero que (2) _____ (estudiar) más y que no (3) _____

(perder) el tiempo con esta música.

—Qué aburrido eres. Nunca te gusta nada. Eso debe ser porque estás cansado; te recomiendo que

(4) _____ (irse) de viaje unos días y (5) _____ (descansar).

—Pues no, no quiero. Creo que tú eres quien necesita unas vacaciones.

—¿¡Sí!? Pues tú…

—Bueno, bueno. Ya tengo que irme.

—Tú no vas a ninguna parte todavía. ¡Necesito que me (6) _____ (ayudar) a limpiar la casa!

—Juliana, necesito que tú y tu hermana (7) _____ (limpiar) hoy su cuarto. Está

muy desordenado.

—Pero mamá, hoy no tenemos tiempo.

—No me importa. Además, les ruego que antes de irse, (8) _____ (sacar) la basura.

—Ay, no. Qué pereza. Preferimos que nos (9) _____ (pedir) que (10) _____

(quitar) la mesa.

—Está bien. Entonces quiten la mesa… y limpien su cuarto.

—Sí, ahora mismo lo hacemos mamá.

  B. Ahora, en parejas, escojan una de las conversaciones y actúenla ante la clase.

estructura

12.4 Subjunctive with verbs of will and influence

2 **Consejos** Completa las oraciones de una manera lógica con el presente de subjuntivo. Usa los dos verbos entre paréntesis. Sigue el modelo.

> **Modelo**
>
>
>
> Les aconsejo que... (llevar, comprar)
> Les aconsejo que lleven poca ropa y que compren ropa nueva durante el viaje.

1. Le sugiero que... (buscar, conducir) _____ _____

2. Te recomiendo que... (leer, escribir) _____ _____

3. Quiero que... (ver, escuchar) _____ _____

4. La profesora de matemáticas nos prohíbe que... (hablar, comer) _____

5. Te ruego que... (detener, esperar) _____ _____

6. Georgina desea que... (cantar, enseñar) _____ _____

7. Susana le insiste a su hermana que... (irse, llegar) _____ _____

8. El ladrón (*thief*) manda a don Ramón que... (levantar, dar) _____ _____

9. Teresa, es importante que... (no mirar, correr) _____ _____

comunicación

1   **¿Ayudas con los quehaceres?** Convierte las oraciones de la primera columna en preguntas. Circula por la clase, encuesta a tus compañeros/as y escribe sus nombres y sus respuestas en la columna correcta. Sigue el modelo. Al final, comparte los resultados con la clase.

> **Modelo**
>
> **barrer el suelo**
> **Estudiante 1:** En tu apartamento, ¿barres el suelo?
> **Estudiante 2:** Sí. Mi compañero de apartamento siempre me pide que lo haga.
> **Estudiante 1:** ¿Cuántas veces a la semana lo haces?
> **Estudiante 2:** Los fines de semana.

Categorías	Nombre	Respuesta
barrer el suelo	Andrés	Sí. Los fines de semana.
1. limpiar el cuarto		
2. hacer la cama		
3. cocinar		
4. lavar los platos		
5. limpiar la casa		
6. pasar la aspiradora		
7. planchar la ropa		
8. sacar la basura		
9. quitar la mesa		
10. sacudir los muebles		
11. ¿?		
12. ¿?		

comunicación

Estudiante 1

2 **Information Gap Activity** Tu compañero/a y tú son detectives de la policía (*police*). Túrnense (*take turns*) para pedirle al señor Medina, su asistente, que reúna (*collect*) la evidencia para el caso que quieren resolver. Tú empiezas.

> **Modelo**
>
> No olvidar la cámara de la oficina
> *No olvide la cámara de la oficina.*

1. en el jardín, sacar la llave de la mesita / abrir la puerta de la cocina
3. ir al balcón / traer la almohada
5. bajar a la sala / no limpiar la cafetera / ponerla en una bolsa
7. apagar la luz / salir al jardín / cerrar la puerta

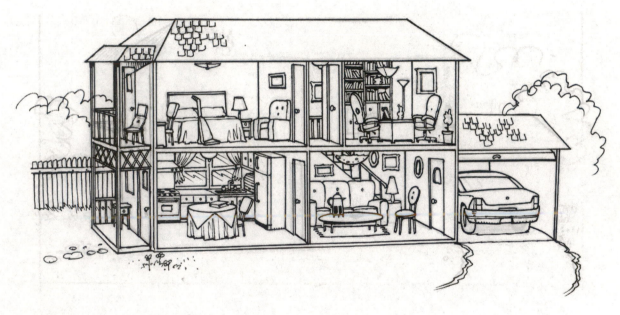

Escribe los lugares que visitó el señor Medina en el orden correcto.

_____

_____

_____

_____

_____

_____

_____

_____

comunicación

Estudiante 2

2 **Information Gap Activity** Tu compañero/a y tú son detectives de la policía (*police*). Túrnense (*take turns*) para pedirle al señor Medina, su asistente, que reúna (*collect*) la evidencia para el caso que quieren resolver. Tu compañero/a empieza.

Modelo

No olvidar la cámara de la oficina
No *olvide la cámara de la oficina.*

2. subir al dormitorio / sentarse en el sillón / tomar una foto / pasar la aspiradora
4. entrar a la oficina / buscar una taza en el estante
6. ir a la cocina / tomar el libro
8. poner la llave en la mesita / llevar todas las cosas al carro

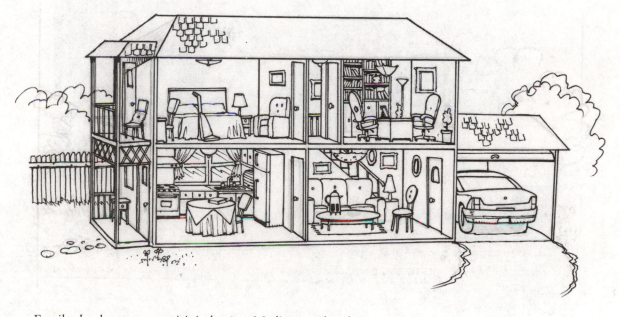

Escribe los lugares que visitó el señor Medina en el orden correcto.

_____

_____

_____

_____

_____

_____

_____

_____

_____

comunicación

3 **El programa de realidad** Un famoso canal de televisión te escogió a ti y a otros/as compañeros/as para participar en un programa de realidad (*reality show*) llamado *Compañeros*. El programa es sobre un grupo de jóvenes, con personalidades muy diferentes, que tienen que vivir juntos/as. Su profesor(a) les va a dar unas tarjetas con las descripciones de cada participante. Escojan sus roles y preparen una escena donde tratan de ponerse de acuerdo sobre los quehaceres que debe hacer cada uno/a. Recuerden incluir el vocabulario y la gramática de esta lección. Presenten su escena a la clase. ¡Sean creativos/as!

Modelo

Fernando: Bueno, llegó la hora. Necesito que me ayuden a limpiar el apartamento.

Miguel: Yo no puedo. Voy a ver televisión. Te sugiero que lo hagas tú.

Mario: Yo tampoco puedo. Voy a navegar en Internet un rato. Te ruego que no me pidas que te ayude.

Fernando: Pues lo siento mucho, pero es importante que limpiemos y sobre todo que todos ayudemos.

Miguel: No cuentes conmigo.

Mario: Ni conmigo.

Fernando: Nada de excusas. Miguel, sacude los muebles y, Mario, barre el suelo.

Miguel: Yo no sé sacudir.

Mario: Yo no sé barrer.

3 | El programa de realidad

Time: 30 minutes

Resources: Role-play cards

Instructions: Photocopy the role-play cards and give one set to each group of four. Students should choose a role and then prepare a three- to four-minute sketch using vocabulary and grammar from the lesson. Make sure all students have a speaking part. Give students 15 minutes to prepare their role-plays. After groups have presented, poll the class to vote on which one was the most fun, interesting, etc.

You can create your own role-play cards if you like. Have students work in groups of three and give them 15 minutes to prepare a 3- to 4-minute sketch. If you cannot divide into groups of three, or if you want the skits to be shorter, you can eliminate one of the secondary characters from each set.

You can also vary the activity by asking students to film their role-plays and share them with the class.

3 Role-play cards

Tú eres un(a) estudiante de artes. Te gusta: escuchar música, cocinar No te gusta: estudiar, sacudir los muebles Piensas que tus compañeros/as son muy antipáticos/as.	Tú eres un(a) estudiante de medicina. Te gusta: estudiar, ver televisión, hacer la cama No te gusta: hablar por teléfono, poner la mesa Piensas que tus compañeros/as son muy trabajadores/as.
Tú eres un(a) estudiante de biología. Te gusta: hablar por teléfono, planchar la ropa No te gusta: ver televisión, barrer el suelo, cocinar Piensas que tus compañeros/as son muy interesantes.	Tú eres un(a) estudiante de matemáticas. Te gusta: pasar la aspiradora, hacer la cama No te gusta: planchar la ropa, cocinar, escuchar música Piensas que tus compañeros/as son muy tontos/as.

Tú eres un(a) estudiante de economía. Te gusta: bailar reggaeton, pasar la aspiradora No te gusta: quitar la mesa, lavar los platos Piensas que tus compañeros/as son muy inteligentes.	Tú eres un(a) estudiante de arqueología. Te gusta: cantar, barrer el suelo No te gusta: hacer la cama, planchar la ropa Piensas que tus compañeros/as son muy simpáticos/as.
Tú eres un(a) estudiante de química. Te gusta: hablar con tus amigos por Internet, lavar el suelo No te gusta: sacudir los muebles, barrer el suelo Piensas que tus compañeros/as son muy feos/as.	Tú eres un(a) estudiante de música. Te gusta: escribir mensajes electrónicos, cocinar No te gusta: quitar la mesa, lavar el suelo Piensas que tus compañeros/as son muy aburridos/as.

Tú eres un(a) estudiante de historia. Te gusta: tomar fotos con tu cámara digital, pasar la aspiradora No te gusta: bailar, sacudir los muebles Piensas que tus compañeros/as son muy divertidos/as.	Tú eres un(a) estudiante de computación. Te gusta: escuchar radio, sacar la basura No te gusta: hacer la cama, lavar los platos Piensas que tus compañeros/as son muy desordenados/as.
Tú eres un(a) estudiante de música. Te gusta: poner la mesa, planchar la ropa No te gusta: escuchar radio, pasar la aspiradora Piensas que tus compañeros/as son muy perezosos/as (lazy).	Tú eres un(a) estudiante de administración de empresas. Te gusta: bailar salsa, quitar la mesa No te gusta: cocinar, planchar la ropa Piensas que tus compañeros/as son muy guapos/as.

Tú eres un(a) estudiante de ingeniería. Te gusta: ver televisión, barrer el suelo No te gusta: escuchar música, hacer la cama Piensas que tus compañeros/as son muy desordenados/as.	Tú eres un(a) estudiante de periodismo. Te gusta: hablar por teléfono, lavar el suelo No te gusta: lavar los platos, estudiar Piensas que tus compañeros/as son muy interesantes.
Tú eres un(a) estudiante de lenguas extranjeras. Te gusta: escuchar música, lavar los platos No te gusta: planchar la ropa, poner la mesa Piensas que tus compañeros/as son muy aburridos/as.	Tú eres un(a) estudiante de física. Te gusta: bailar merengue, quitar la mesa No te gusta: lavar el suelo, escuchar música Piensas que tus compañeros/as son muy tontos/as.

3 Role-play cards

Tú eres _____	Tú eres _____
Te gusta: _____	Te gusta: _____
No te gusta: _____	No te gusta: _____
Piensas que tus compañeros/as son muy	Piensas que tus compañeros/as son muy
_____	_____
Tú eres _____	Tú eres _____
Te gusta: _____	Te gusta: _____
No te gusta: _____	No te gusta: _____
Piensas que tus compañeros/as son muy	Piensas que tus compañeros/as son muy
_____	_____

Tú eres _____	Tú eres _____
Te gusta: _____	Te gusta: _____
No te gusta: _____	No te gusta: _____
Piensas que tus compañeros/as son muy	Piensas que tus compañeros/as son muy
_____	_____
Tú eres _____	Tú eres _____
Te gusta: _____	Te gusta: _____
No te gusta: _____	No te gusta: _____
Piensas que tus compañeros/as son muy	Piensas que tus compañeros/as son muy
_____	_____

Tú eres _____	Tú eres _____
Te gusta: _____	Te gusta: _____
No te gusta: _____	No te gusta: _____
Piensas que tus compañeros/as son muy	Piensas que tus compañeros/as son muy
_____	_____
Tú eres _____	Tú eres _____
Te gusta: _____	Te gusta: _____
No te gusta: _____	No te gusta: _____
Piensas que tus compañeros/as son muy	Piensas que tus compañeros/as son muy
_____	_____

comunicación

4 **Vamos a comprar una casa** En grupos, su profesor(a) les entrega una tarjeta con un escenario en cada una. Escojan sus roles y preparen una escena siguiendo las instrucciones. Recuerden incluir el vocabulario y la gramática de esta lección. Presenten su escena a la clase. ¡Sean creativos/as!

Modelo

Vendedora: No hay una casa mejor en este barrio. Además, el precio es excelente.

Comprador 1: Sí, pero no estamos seguros. El jardín es muy pequeño y la cocina no tiene muchas ventanas.

Vendedora: Pero la sala es grande y los baños son hermosos.

Comprador 2: No sé. Quiero ver otras casas para tomar una mejor decisión.

Vendedora: Está bien. Pero hay muchas personas interesadas en esta casa. Si no la compran ahora, después puede ser muy tarde.

Comprador 1: No nos importa. ¡No vamos a comprar esta casa sólo porque usted dice que es la mejor del barrio!

comunicación

4 **Vamos a comprar una casa**

Time: 30 minutes

Resources: Role-play cards

Instructions: Photocopy the role-play cards and cut out as many as needed. Have students form groups of three. Give each group one of the situations. Students should each choose a role and together prepare a three- to four-minute sketch using vocabulary and grammar from the lesson. Ensure each student has a speaking role. After all groups have presented their skits, poll the class to vote on which was the most creative, fun, etc.

You can create your own role-play cards if you like. Give groups of three 15 minutes to prepare a 3- to 4-minute role-play. If you cannot divide into groups of three, or if you want the skits to be shorter, you can eliminate one of the secondary characters from each set.

You can vary the activity by asking students to come in costume and build their own set, or by having them film their role-plays and share them with the class.

4 Role-play cards

Tú eres un(a) vendedor(a) de casas y apartamentos. Eres muy antipático/a y las personas que acaban de llegar a ver la casa no te gustan. Les dices que no deben comprar esta casa porque está muy vieja y, además, porque es muy cara.

Hoy vas con un(a) amigo/a a comprar una casa en las afueras. Cuando la ves, te gusta mucho y decides que la quieres comprar. Le haces muchas preguntas al/a la vendedor(a) pero él/ella es muy antipático/a. Tú estás muy enojado/a y comienzas a gritarle.	Hoy vas con un(a) amigo/a a comprar una casa en las afueras. Tu amigo está muy interesado en verla bien pero a ti no te gusta la casa y mucho menos el/la vendedor(a) porque piensas que es muy extraño/a. Quieres irte ya, y por eso le insistes a tu amigo/a en que se vayan.

Tú eres un(a) vendedor(a) de casas y apartamentos. Eres muy apasionado (*passionate*) por tu trabajo. No soportas (*you can't stand*) que nadie te diga que no. Por eso cada vez que muestras un apartamento quieres que las personas lo compren, y los/las clientes/as que acaban de llegar no son la excepción.

Hoy vas con un(a) primo/a a ver un apartamento que quieren comprar. Cuando ustedes llegan a verlo te das cuenta de que el/la vendedor(a) es muy guapo/a. Tú sólo quieres hablarle y conocerlo/la, pero él/ella insiste en que mires la propiedad.	Hoy vas con un(a) primo/a a ver un apartamento que quieren comprar. Te molesta que el/la vendedor(a) insista tanto en que compren el apartamento, porque a ti no te gusta ni el balcón ni el garaje. Tú piensas que necesitan ver otras propiedades, pero tu primo/a no quiere irse porque el/la vendedor(a) le gusta y quiere conocerlo/la.

Tú eres un(a) vendedor(a) de casas y apartamentos. Eres muy ordenado/a y trabajador(a) y te gusta dejar que los/las clientes/as tomen buenas decisiones. Acaban de llegar dos clientes/as que quieren comprar la casa; ellos/as insisten en que tú les des tu opinión pero tú quieres mostrarles otras opciones.

Es invierno y tú y tu hermano/a van a ver una casa que quieren comprar. Cuando la ven quieren comprarla inmediatamente pero el/la vendedor(a) insiste en que vean otras opciones. Tú sólo quieres salir pronto de allí porque se acerca una tormenta y no quieres conducir en la nieve.	Es invierno y tú y tu hermano/a van a ver una casa que quieren comprar. Cuando la ven, tu hermano/a quiere comprarla inmediatamente pero tú quieres ver otras opciones. Tu hermano/a insiste en que regresen a casa porque se acerca una tormenta. Tú no quieres volver a casa tan temprano, además, no tienes tiempo para ir otro día a ver otras casas.

4 Role-play cards

Tú eres un(a) vendedor(a) de casas y apartamentos. Hoy estás muy aburrido/a y te sientes cansado/a. Acaban de llegar dos clientes/as a ver una casa. Debes convencerlos de que comprar esa casa es lo mejor, aunque no tiene baño.

Tú y tu mamá/papá llegan a ver una casa, pero a ti no te gusta porque no tiene baño. Por eso, le pides al/a la vendedor(a) que les muestre otras casas. Te das cuenta de que el/la vendedor(a) trata de convencerlos de que compren la casa, te enojas y comienzas a decirle que es el/la peor vendedor(a) del mundo y que no quieres por ningún motivo comprar una casa que no tiene baño.	Tú y tu hijo/a llegan a ver una casa pero a él/ella no le gusta porque no tiene baño. Ya vieron varias casas y piensas que es tiempo de tomar una decisión pero tu hijo/a está muy enojado/a con el/la vendedor(a). Piensas que no importa que no tenga baño, porque pueden hacer uno que les guste, pero tu hijo/a insiste en que no deben comprar la casa.

Lección 12 Comunicación **283**

recapitulación

1 **Ordenar** Ordena las palabras en las categorías correctas.

> el altillo   la estufa   el refrigerador   la servilleta   la taza
> el cuchillo   el pasillo   la secadora   el sótano

los cuartos y otros lugares	los electrodomésticos	la mesa
1. _____	_____	_____
2. _____	_____	_____
3. _____	_____	_____

2 **Seleccionar** Selecciona la palabra que no está relacionada con cada grupo.

1. el congelador • la tostadora • el lavaplatos • el plato
2. la escalera • la entrada • la lavadora • el comedor
3. el tenedor • la lámpara • la copa • el vaso
4. el balcón • las cortinas • la cómoda • la mesita de noche

3 **Escoger** Escoge la opción que completa correctamente cada oración.

1. Adolfo y Catalina quieren que nosotros limpiemos _____ de su casa.
   a. las alfombras   b. las afueras   c. el barrio
2. Sergio le pide a Milena que traiga sus _____ para la fiesta.
   a. copas   b. jardines   c. edificios de apartamentos
3. Nosotros vivimos en un _____.
   a. mueble   b. edificio de apartamentos   c. refrigerador
4. Mi mamá es _____.
   a. almohada   b. cuchara   c. ama de casa

4 **Una chica perezosa** Completa el párrafo con los tiempos correctos de los verbos del recuadro. Dos verbos no son necesarios.

> arreglar   barrer   pasar   poner   quitar   sacar

Siempre que hay que limpiar, Paula me pide que la ayude a (1) _____ el suelo y a
(2) _____ el polvo. Yo siempre le digo que no, pero ella insiste en que tengo que ayudarla
porque es importante que tengamos la casa limpia. A mí no me gusta ni (3) _____ la basura
ni (4) _____ la aspiradora. Lo único que me gusta es ¡dormir todo el día y no hacer nada!

5 **Completar** Completa las oraciones con los pronombres relativos **que**, **quien(es)** y **lo que**.

1. Nubia, _____ vive en México, es muy bonita.
2. _____ más me gusta de esta casa es la sala.
3. El edificio _____ te digo queda en el barrio Palermo.
4. Las nuevas vecinas, a _____ conocimos ayer, son muy aburridas.

6 Mandatos Completa las oraciones con los mandatos formales de los verbos entre paréntesis.

1. Señores Ruiz, (1) _____ (conducir) con cuidado en la autopista, es muy peligrosa.

2. Camarero, (2) _____ (servir) más vino, por favor.

3. Julián, (3) _____ (lavar) los platos y (4) _____ (hacer) las camas.

4. Don Juan y doña Diana, (5) _____ (comprar) un refrigerador nuevo.

7 Reescribir Reescribe cada oración con el presente de subjuntivo. Sigue el modelo.

> **Modelo**
>
> **Mónica y Natalia deben limpiar el apartamento. (Es necesario que…)**
> _Es necesario que Mónica y Natalia limpien el apartamento._

1. Lilia y Margarita necesitan ser más trabajadoras. (Es importante que…)

   _____.

2. Nosotros queremos comprar una nueva lavadora. (Es bueno que…)

   _____.

3. A Javier le encanta comer hamburguesas y papas fritas. (Es malo que…)

   _____.

4. Rosita tiene que arreglar los electrodomésticos que están descompuestos. (Es urgente que…)

   _____.

8 Nicolás y sus amigos Los amigos de Nicolás tienen problemas. Ayúdale a darles recomendaciones para solucionarlos. Usa el subjuntivo. Sigue el modelo.

> **Modelo**
>
> **Estoy muy aburrido y no quiero levantarme de la cama hoy.**
> **Insisto en que** _vayas al gimnasio a hacer ejercicio o que salgas a caminar._

1. Necesito cocinar algo delicioso pero no tengo ni frutas ni verduras.

   Te sugiero que _____

2. La mamá de Sebastián quiere que estudie economía pero él quiere estudiar artes.

   Le recomiendo que _____.

9 ¡A practicar! En grupos de cuatro personas, preparen una escena divertida donde dos personas se quejan en un almacén porque compraron unos electrodomésticos hace un mes y ya todos están descompuestos. Las otras dos personas son los/las empleados/as del almacén quienes insisten en que los clientes no les dieron un buen uso y por eso no deben entregarles electrodomésticos nuevos. Incluyan:

- el vocabulario
- los pronombres relativos

- los mandatos formales
- el subjuntivo con verbos de influencia

Presenten su escena en clase. ¡Sean creativos/as!

contextos

1 Horizontales: 1. vecino 4. comedor 5. lavadora
7. cafetera 9. pintura 10. vaso Verticales:
2. cocina 3. dormitorio 6. alfombra 8. cuchara

2 Answers will vary.

3 Answers will vary.

estructura

12.1 Relative pronouns

1 1. lo que 2. que 3. quienes 4. que 5. quien
6. Lo que 7. quien 8. Lo que 9. quienes
10. que 11. quienes 12. quien

2 A. 1. La casa que compramos es nueva. 2. La
carta que leíste es mía. 3. El chico en quien estoy
pensando es guapo. 4. El hombre que estás
viendo es nuestro abuelo. 5. La amiga de quien
te hablé esta mañana es rubia. 6. La lavadora
que vendimos está muy vieja./Vendimos la
lavadora que está muy vieja. 7. Nuestro tío, que/
quien viene a visitarnos mañana, es profesor.
8. El chico inteligente que/a quien conocí anoche
es hermano de Raquel. 9. Gabriela, que/quien es
mexicana, es ama de casa. 10. La señora Vives,
que/quien limpia su casa todos los días, es muy
antipática. B. Answers will vary.

12.2 Formal commands

1 1. Vayan 2. hablen 3. quite 4. Baje 5. Barran
6. Miren 7. Súbanse 8. compren 9. entren
10. deme 11. Terminen 12. tráigame

2 1. cumplan 2. pierdan 3. cuiden 4. recuerde
5. saque 6. ponga 7. lave 8. revise 9. llene
10. llegue 11. cierren 12. quiten 13. esté
14. hagan

12.3 The present subjunctive

1 A. 1. hagamos 2. sigamos 3. invitemos
4. sepa 5. hagas 6. cambies 7. tengas
8. vaya B. Answers will vary.

2 Answers will vary.

12.4 Subjunctive with verbs of will
and influence

1 A. 1. escuches 2. estudies 3. pierdas 4. te
vayas 5. descanses 6. ayudes 7. limpien
8. saquen 9. pidas/pida 10. quitemos
B. Answers will vary.

2 Answers will vary.

comunicación

1 Answers will vary.

2 Answers will vary.

3 Answers will vary.

4 Answers will vary.

recapitulación

1 los cuartos y otros lugares: 1. el altillo 2. el
pasillo 3. el sótano los electrodomésticos:
1. la estufa 2. el refrigerador 3. la secadora
la mesa: 1. el cuchillo 2. la servilleta 3. la taza

2 1. el plato 2. la lavadora 3. la lámpara
4. el balcón

3 1. a 2. a 3. b 4. c

4 1. barrer 2. quitar 3. sacar 4. pasar

5 1. quien 2. Lo que 3. que 4. quienes

6 1. conduzcan 2. sirva/sírvame 3. lave 4. haga
5. compren

7 1. Es importante que Lilia y Margarita sean
más trabajadoras. 2. Es bueno que nosotros
queramos comprar una nueva lavadora. 3. Es
malo que a Javier le encante comer hamburguesas
y papas fritas. 4. Es urgente que Rosita arregle
los electrodomésticos que están descompuestos.

8 Answers will vary.

9 Answers will vary.

contextos

1 **Crucigrama** Resuelve el crucigrama.

Verticales

1. lugar donde hace mucho calor y nunca llueve
3. lugar donde hay muchos árboles y animales
4. turismo orientado a la naturaleza, donde no se daña el medio ambiente que se visita
5. animal que da leche
8. animal que ladra (*barks*) y que es muy buen amigo de los humanos

Horizontales

2. estrella grande que emite mucha luz y calor
6. variación en el clima a causa de las actividades humanas
7. animal muy grande que vive en el mar
9. tratamiento (*treatment*) de los residuos (*waste*) para reutilizarlos (*re-use*) o hacer unos nuevos
10. proceso en el que se destruyen los bosques, cortando los árboles

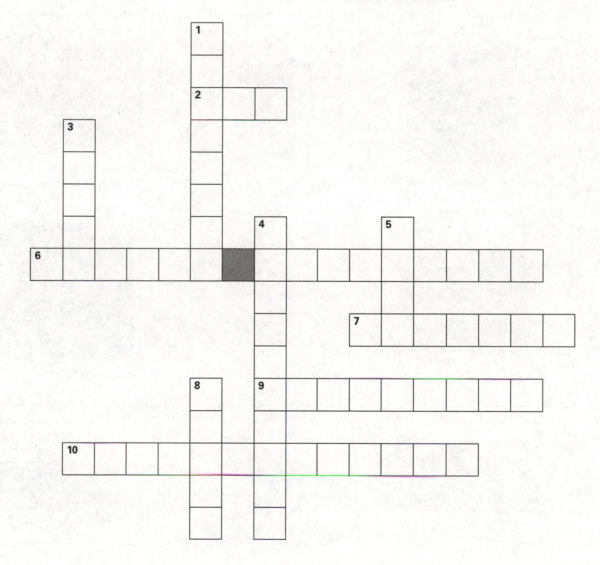

contextos

2 **Correcto o incorrecto** Si las palabras corresponden a la imagen, marca el círculo. Si no corresponden, escribe las palabras apropiadas.

el árbol ◯

1. _____

el ave ◯

2. _____

la fábrica ◯

3. _____

el gato ◯

4. _____

las latas ◯

5. _____

la energía nuclear ◯

6. _____

el volcán ◯

7. _____

la flor ◯

8. _____

el mono ◯

9. _____

la contaminación ◯

10. _____

las nubes ◯

11. _____

el lago ◯

12. _____

contextos

3 **Cuidemos el medio ambiente** En grupos de tres, imaginen que son miembros de un club de ecología. Preparen un comercial donde invitan a todas las personas de su comunidad a unirse a su club y a cuidar el medio ambiente. Recuerden ponerle un nombre a su club de ecología. El comercial debe durar sólo un minuto e incluir el vocabulario de **Contextos**.

Para preparar el comercial, háganse estas preguntas:

- ¿Vives en la ciudad o en el campo?
- ¿Qué recursos naturales existen en tu medio?
- ¿Cuáles son los problemas del medio ambiente en tu comunidad?
- ¿Quiénes pueden participar en la campaña?
- ¿Qué pueden hacer para cuidar el medio ambiente?
- ¿Dónde pueden los/las interesados/as obtener información sobre su club de ecología?

Modelo

Club ecológico Los Gatos.

¿Te interesa cuidar el medio ambiente? ¿Te preocupa la deforestación? ¿Piensas que debes hacer algo para cuidar el planeta? Si contestaste afirmativamente, este es el lugar donde debes estar. En el club ecológico Los Gatos nos preocupamos por reciclar la basura, reducir la contaminación del aire y evitar la caza de animales. Si estás cansado de ser parte del problema, únete a nuestro club y sé parte de la solución. Búscanos en Internet en _www.clubecologicolosgatos.com_. Recuerda que si caminas más y usas menos tu carro, ganas tú y gana el planeta.

Nombre _____ Fecha _____

estructura

13.1 The subjunctive with verbs of emotion

1 **Reescribir**

A. Reescribe lo que Marcela le dice a su amigo Félix. Sigue el modelo.

Modelo

Flor vive en Venezuela. (yo sorprender)
Me sorprende que Flor viva en Venezuela.

1. A ellos les salen mal las cosas. (mi mamá tener miedo de)

   _____

2. ¿Néstor sabe bailar salsa? (tú molestar)

   _____

3. Ustedes no pueden ir a la fiesta de cumpleaños de Mateo. (nosotros sentir)

   _____

4. Fernando nunca me escribe mensajes electrónicos. (yo esperar)

   _____

5. Tus hijas ya tienen trabajo. (tú alegrarse)

   _____

6. Mi novio prepara la cena. (yo gustar)

   _____

7. Estos carros nuevos contaminan mucho el aire. (nosotros temer)

   _____

8. ¿Esos recursos naturales son renovables? (Nicolás sorprender)

   _____

9. Marta va a ir al concierto de Juanes. (nosotros esperar)

   _____

10. Mi escuela no tiene ningún programa de reciclaje. (yo molestar)

   _____

B. Ahora, escribe lo que le dice Félix a su amiga Marcela. Usa las palabras del recuadro. Sigue el modelo.

| cazar | energía nuclear | es terrible… | es una lástima | ojalá que… |
| contaminar | es extraño… | es triste… | la sobrepoblación | volcán |

Modelo

Es extraño que Liliana piense que las personas tienen que cuidar menos de la naturaleza.

1. _____.
2. _____.
3. _____.
4. _____.
5. _____.

estructura

13.1 The subjunctive with verbs of emotion

Estudiante 1

 2 **Information Gap Activity** (student text p. 455) Estás muy preocupado/a por los problemas del medio ambiente y le comentas a tu compañero/a todas tus preocupaciones. Él/Ella va a darte la solución adecuada para tus preocupaciones. Cada uno/a de ustedes tiene una hoja distinta con la información necesaria para completar la actividad.

> **Modelo**
>
> **Estudiante 1:** Me molesta que las personas tiren basura en las calles.
> **Estudiante 2:** Por eso es muy importante que los políticos hagan leyes para conservar las ciudades limpias.

Dile a tu compañero/a cada una de tus preocupaciones utilizando los siguientes dibujos. Utiliza también las palabras del recuadro.

a    b    c

d    e    f

Vocabulario útil

es una lástima	es triste	ojalá (que)
es ridículo	esperar	temer
es terrible	molestar	tener miedo (de)

Ahora, con tu compañero/a escriban cuatro frases originales, basadas en la actividad, utilizando el subjuntivo.

1. _____

2. _____

3. _____

4. _____

estructura

13.1 The subjunctive with verbs of emotion

Estudiante 2

2 **Information Gap Activity** (student text p. 455) Estás muy preocupado/a por los problemas del medio ambiente y le comentas a tu compañero/a todas tus preocupaciones. Él/Ella va a de darte la solución adecuada para tus preocupaciones. Cada uno/a de ustedes tiene una hoja distinta con la información necesaria para completar la actividad.

> **Modelo**
>
> **Estudiante 1:** Me molesta que las personas tiren basura en las calles.
> **Estudiante 2:** Por eso es muy importante que los políticos hagan leyes para conservar las ciudades limpias.

Identifica y dale a tu compañero/a la mejor solución a cada una de sus preocupaciones utilizando los siguientes dibujos. Utiliza también las palabras del recuadro.

a    b    c

d    e    f

Vocabulario útil

Es bueno que…	Es mejor que…	Es urgente que…
Es importante que…	Es necesario que…	

Ahora, con tu compañero/a escriban cuatro frases originales, basadas en la actividad, utilizando el subjuntivo.

1. _____

2. _____

3. _____

4. _____

estructura

13.2 The subjunctive with doubt, disbelief, and denial

1 **Los ecoturistas**

A. Beatriz, Diana y Alberto fueron a hacer ecoturismo a Guatemala. Completa la conversación con la forma correcta de los verbos entre paréntesis.

BEATRIZ Todavía no creo que (1) _____ (nosotros, estar) aquí. ¡Todo es tan hermoso!

DIANA Hermosísimo. Es imposible que (2) _____ (nosotros aburrirse) aquí.

ALBERTO Es improbable que (3) _____ (nosotros, encontrar) un lugar mejor para hacer ecoturismo. Vamos a caminar un poco.

BEATRIZ Diana, mira esas aves.

DIANA Vaya. Dudo que en nuestra ciudad (4) _____ (haber) aves más bonitas y coloridas (*colorful*).

ALBERTO No niego que estas aves (5) _____ (ser) muy bonitas, pero en nuestra ciudad también tenemos muchas variedades de pájaros.

DIANA Pues sí. Pero no estoy segura de que las (6) _____ (nosotros, proteger) tan bien como aquí.

BEATRIZ ¡Eso es mentira! No es cierto que en nuestra ciudad no (7) _____ (nosotros, cuidar) nuestros animales. Yo sé que hay un club de ecología que tiene programas de conservación, y cuidado de los animales y la naturaleza.

ALBERTO Tienes razón. Pero es probable que la naturaleza de este país (8) _____ (estar) menos destruida (*destroyed*) que la nuestra.

DIANA Bueno, ya no más, siempre discutimos.

BEATRIZ No es verdad que siempre (9) _____ (nosotros, discutir). A veces nos llevamos bien.

ALBERTO Pues contigo es difícil llevarse bien, eres muy antipática.

BEATRIZ ¿Qué? Tal vez yo (10) _____ (ser) antipática a veces, pero no soy tan fastidiosa (*annoying*) como tú.

DIANA Ay, no. Dudo que ustedes (11) _____ (ponerse) de acuerdo algún día. Vamos chicos, estamos de vacaciones y ustedes discuten todo el tiempo.

ALBERTO Perdón Diana. Pero es que Beatriz me hace enojar mucho.

BEATRIZ ¡Qué va! No es cierto que yo te (12) _____ (enojar). Tú te enojas solito.

DIANA Mejor me voy. No tengo por qué quedarme aquí escuchándolos.

ALBERTO No te vayas sola, yo voy contigo. Hasta luego Beatriz, nos vemos en el hotel.

 B. Ahora, actúen la conversación ante la clase. Pueden cambiar los nombres de los participantes y añadir más líneas a la conversación.

estructura

13.2 The subjunctive with doubt, disbelief, and denial

2 **Mira y completa** Mira la imagen y completa las oraciones. Usa el presente de subjuntivo. Sigue el modelo.

Modelo

No es posible que Cecilia y Mauricio _sean novios, ¡Mauricio es un niño!_

1. Juan y Sofía dudan de que _____

2. No es probable que Lili y don José _____

3. El club de deportes niega que _____

4. No es posible que Antonio y Mauricio _____

5. Doña Lucía no cree que _____

6. Es improbable que Pedrito y Tomás _____

7. Felipe y la hermana Piedad no están seguros de que _____

8. Es imposible que Guillermina y Jorge _____

9. No es cierto que Lili y Sofía _____

10. No es verdad que el club de deportes _____

11. No es seguro que don José y Juan _____

12. Doña Lucía y Guillermina no creen que _____

estructura

13.3 The subjunctive with conjunctions

1 **Una joven preocupada** Isabel es una joven preocupada (*concerned*) por la deforestación que está causando una fábrica de papel en un bosque, en las afueras de su ciudad. Completa el mensaje electrónico que le envió a la fábrica expresando sus preocupaciones (*concerns*) y la respuesta que el dueño de la fábrica le dio. Usa las conjunciones del recuadro; puedes usarlas más de una vez.

a menos que	con tal de que	después de que	en cuanto	para que	tan pronto como
antes de que	cuando	en caso de que	hasta que	sin que	

Para: Papeles Tropical | De: Isabel | Asunto: Me preocupa la deforestación del bosque

Buenos días:

Mi nombre es Isabel. Vivo en la ciudad pero viajo constantemente a una pequeña casa que tienen mis papás cerca del bosque donde queda su fábrica. Me preocupa mucho la deforestación que ustedes están causando en ese bosque. No pueden seguir cortando los árboles solo (1) _____ ustedes puedan producir y vender más papel. Les pido que solucionen el problema (2) _____ no haya manera de salvar el bosque. Tengan en cuenta (3) _____ corten un árbol, que le están quitando su casa a un animal del bosque.

(4) _____ encuentren una solución, el bosque va a desaparecer y con él, todos los animales y recursos, como el agua. (5) _____ ustedes se comprometan a dejar de destruir el bosque, yo estoy lista para ayudarles (6) _____ me lo pidan. (7) _____ esto no sea posible, les pido que al menos tengan en cuenta este mensaje electrónico.

Isabel, una joven preocupada

Para: Isabel | De: Papeles Tropical | Asunto: Re: Me preocupa la deforestación del bosque

Hola Isabel:

(8) _____ lea este mensaje electrónico se va a convencer de que no le estamos haciendo daño al bosque; al contrario, lo estamos conservando mejor que antes. Le informo que nosotros no hacemos nada (9) _____ lo sepan las autoridades. Y bueno, pensamos cuidar el bosque (10) _____ la comunidad nos lo permita.

(11) _____ pueda, venga y visítenos (12) _____ vea con sus propios ojos cómo trabajamos aquí. Por último, le cuento que (13) _____ termine el invierno vamos a sembrar mil árboles.

Le deseo un feliz día.

Ángel Jiménez
Gerente
Papeles Tropical

---

estructura

13.3 The subjunctive with conjunctions

2 **Construye las oraciones** Mira cada imagen y escribe oraciones lógicas con el presente de subjuntivo. Usa la conjunción entre paréntesis. Sigue el modelo.

Modelo

(a menos que)
En poco tiempo vamos a destruir los bosques a menos que controlemos la deforestación.

1. (hasta que)

_____

_____

2. (antes de que)

_____

_____

3. (en cuanto)

_____

_____

4. (a menos que)

_____

_____

_____

5. (en caso de que)

_____

_____

_____

6. (tan pronto como)

_____

_____

_____

7. (cuando)

_____

_____

_____

8. (después de que)

_____

_____

_____

9. (para que)

_____

_____

_____

comunicación

1 **¿Cómo ayudas a cuidar la naturaleza?** Convierte las oraciones de la primera columna en preguntas. Circula por la clase, encuesta a tus compañeros/as y escribe sus nombres y sus respuestas en la columna correcta. Sigue el modelo. Al final, comparte los resultados con la clase.

> **Modelo**
>
> **reciclar basura**
> **Estudiante 1:** ¿Reciclas la basura en tu casa?
> **Estudiante 2:** No.
> **Estudiante 1:** ¿Por qué?
> **Estudiante 2:** No sé cómo hacerlo.

Categorías	Nombre	Respuesta
reciclar basura	Sonia	No. No sabe cómo hacerlo.
1. proteger los animales		
2. recoger latas		
3. contaminar el agua		
4. cazar animales		
5. conservar las plantas		
6. controlar la deforestación		
7. cuidar el agua		
8. estar afectado por la polución		
9. evitar usar envases de plástico		
10. mejorar el medio ambiente		
11. ¿?		
12. ¿?		

Lección 13 Comunicación

comunicación

Estudiante 1

2 **Information Gap Activity** Tu compañero/a y tú son ambientalistas (*environmentalists*) y van a escribir una carta al/a la dueño/a de una empresa que contamina el medioambiente. Primero escribe las frases en la forma correcta, luego compártelas con tu compañero/a para organizarlas por pares.

1. es cierto / nuestra organización / estudiar la ecología de la zona

_____

2. no creemos / el río Santa Rosa / estar limpio

_____

3. no cabe duda de / su empresa / contaminar también el aire

_____

4. es probable / muchos animales y plantas / morir por la contaminación

_____

5. en cuanto / empezar a cuidar la naturaleza

_____

Con tus frases y las de tu compañero/a escriban la carta al/a la empresario/a. Añadan detalles o frases donde sean necesarios, para que su carta sea lógica y cortés (*polite*).

_____ (día/mes/año)

Sr(a). _____

_____

_____

_____

_____

_____

_____

_____

_____

Atentamente,

_____ y _____

comunicación

Estudiante 2

2 **Information Gap Activity** Tu compañero/a y tú son ambientalistas (*environmentalists*) y van a escribir una carta al/a la dueño/a de una empresa que contamina el medioambiente. Primero escribe las frases en la forma correcta, luego compártelas con tu compañero/a para organizarlas por pares.

1. creer / haber muchas formas de reducir las emisiones de gas

_____

2. nosotros podemos enviarle información para / ayudar al medio ambiente

_____

3. estar seguro de / ir a aumentar (*increase*) sus ventas (*sales*)

_____

4. es posible / su empresa poder manejar el desecho (*waste*) líquido de otra forma

_____

5. a menos / su empresa / proteger las especies del área

_____

Con tus frases y las de tu compañero/a escriban la carta al/a la empresario/a. Añadan detalles o frases donde sean necesarios, para que su carta sea lógica y cortés (*polite*).

_____
(día/mes/año)

Sr(a). _____

_____

_____

_____

_____

_____

_____

_____

_____

_____

Atentamente,

_____ y _____

comunicación

3

Los ecologistas En parejas, imaginen que uno/a de ustedes es un(a) joven ecologista y el/la otro/a es una persona que no sabe cómo cuidar el medio ambiente. Primero lean las listas de palabras. Después, escojan una de las listas; esas son las palabras que más deben usar en su presentación, además de la gramática de la lección. Preparen una conversación en la cual el/la joven ecologista trata de convencer a su amigo/a de cuidar más el medio ambiente. ¡Sean creativos/as!

Modelo

Francisco: Y qué, amigo, ¿ya conoces nuestro club de ecología?

Gabriel: ¿Club de ecología? No. ¿Qué es?

Francisco: Un club de ecología es un grupo de personas que se une para cuidar el medio ambiente.

Gabriel: Qué interesante.

Francisco: Yo creo que tú puedes participar. A ver, ¿tú reciclas la basura de tu casa?

Gabriel: ¿La verdad? No.

Francisco: ¿Ves? Por eso es importante que participes de nuestro club de ecología, para que aprendas a reciclar, entre otras cosas.

Gabriel: Pero es que yo no tengo tiempo. Además, ¿para qué necesito reciclar?

Francisco: Mira, la falta de tiempo no es problema. En cuanto a para qué necesitas reciclar, no te imaginas lo bueno que es para el planeta.

Gabriel: ¿En serio?

Francisco: ¡Claro! Reciclando papel puedes ayudar a controlar la deforestación y a ahorrar agua.

Gabriel: Vaya. No sabía que podía ayudar tanto solamente reciclando la basura de mi casa.

Francisco. Sí. Entonces qué amigo, ¿quieres unirte a nuestro club?

Gabriel: Claro que sí. Cuenta conmigo. Es más, no sólo voy a reciclar la basura de mi casa, sino que le voy a pedir a mis familiares y amigos que lo hagan también. De hoy en adelante soy el mejor amigo de la naturaleza.

Francisco: ¡Qué bueno!

el bosque	el envase	el río	de plástico
el ave	cazar	el envase	mejorar
la conservación	cuidar	de aluminio	estar contaminado
el desierto	controlar	el lago	el peligro
el calentamiento global	desarrollar	el pez	descubrir
la extinción	reducir	el ecoturismo	estar afectado
la naturaleza	conservar	el volcán	la energía nuclear
el mono	proteger	el animal	destruir
la deforestación	ecologista	el calentamiento global	respirar

comunicación

4 **La llamada telefónica** Su profesor(a) va a dividir la clase en dos. Algunos de ustedes van a hacer unas llamadas y otros las van a recibir. Si tú haces la llamada, tu profesor(a) te va a dar una tarjeta con una lista de personas a las que debes llamar y un cuadro donde debes escribir la información que recibes. Si tú recibes la llamada, tu profesor(a) te va a dar una tarjeta con información sobre la persona con la que quieren hablar y un cuadro donde debes escribir el mensaje.

Modelo

Role-play card A	Role-play card B
Tú eres: Edgar Estás en el club de reciclaje. Quieres llamar a tus amigos para invitarlos a que vengan a recoger la basura del río contigo. Tu número es 212-2367. **Tus amigos son:** Enrique: compañero de la universidad Simón: compañero del equipo de béisbol	**Tú eres:** doña Lupe **Tu hijo es:** Enrique Él está recogiendo latas en la playa para reciclarlas. Te dijo que vuelve a las 5 de la tarde.

Doña Lupe: ¿Aló?

Edgar: Buenos días. ¿Puedo hablar con Enrique?

Doña Lupe: Buenos días. Enrique no está aquí. Habla Lupe, la mamá. ¿Quién habla?

Edgar: Hola doña Lupe, habla Edgar, un compañero de la universidad.

Doña Lupe: Ah. Hola Edgar.

Edgar: ¿Usted sabe dónde está Enrique y a qué hora regresa?

Doña Lupe: Creo que fue a recoger latas a la playa. Regresa más o menos a las cinco de la tarde. ¿Deseas dejarle algún mensaje?

Edgar: Sí, por favor, dígale que lo llamé porque quiero que me acompañe a recoger la basura del río. Es necesario que me llame.

Doña Lupe: Perfecto. ¿Él sabe dónde encontrarte?

Edgar: Ah sí. Dígale que me llame al club de reciclaje. El número es 212-2367.

Doña Lupe: Bueno, yo le digo que te llame. Chau.

Edgar: Muchas gracias. Hasta pronto.

Edgar escribe:

¿A quién llamaste?	¿Dónde está ahora?	¿Qué está haciendo?	¿Cuándo regresa?
Enrique	en la playa	recogiendo latas	5 de la tarde

Doña Lupe escribe:

¿Quién llama?	¿Qué relación tiene con tu hijo/a?	Mensaje	¿Dónde está ahora?	Número telefónico
Edgar	compañero de la universidad	quiere que lo acompañes a recoger la basura del río	club de reciclaje	212-2367

4 **La llamada telefónica**

Time: 20 minutes

Resources: Role-play cards

Instructions: Divide students into two groups. Group A makes phone calls because they are looking for their friends. Group B receives phone calls. Each student should receive one role-play card and the corresponding blank chart.

Organize students in two lines, so that Group A students talk only to Group B students. The students from Group A begin. The activity finishes once everyone has filled their chart.

You can create your own role-play cards if you like. Give students a few minutes to read their cards and prepare their lines.

You can simplify the activity by asking students to work in pairs and complete only one of the phone calls. You can expand the activity by having students act out what happens when the message recipient comes home and asks if anyone has called.

4 Role-play cards A

Tú eres: Bernardo. Estás en el bosque. Quieres llamar a tus amigos para invitarlos a que vengan a cazar aves contigo. Tu número es 233-5428.

Tus amigos son:

Virginia: compañera de la universidad / Simón: compañero del equipo de béisbol / Irene: compañera de trabajo / Emilio: amigo del barrio

---

Tú eres: Emilio. Estás en la librería. Quieres llamar a tus amigos para invitarlos a que vengan a comprar libros de ecología contigo. Tu número es 341-3738.

Tus amigos son:

Bernardo: amigo del barrio / Valentín: amigo de la escuela / Lucero: amiga del gimnasio / Virginia: compañera de la clase de artes

---

Tú eres: Adelaida. Estás en la biblioteca. Quieres llamar a tus amigos para invitarlos a que vengan a ayudarte a buscar información sobre el calentamiento global. Tu número es 244-5678.

Tus amigos son:

Verónica: compañera del equipo de fútbol / Simón: profesor de baloncesto / Mario: ex compañero de colegio / Virginia: mejor amiga

---

Tú eres: Verónica. Estás en el cine. Quieres llamar a tus amigos para invitarlos a que vengan a ver la película *Energía Nuclear* contigo. Tu número es 277-4599.

Tus amigos son:

Adelaida: amiga de la universidad / Lucero: compañera de la clase de física / Valentín: compañero de trabajo / Bernardo: amigo de la niñez

---

Tú eres: Irene. Estás en el parque. Quieres llamar a tus amigos para invitarlos a que vengan a ayudarte a enseñar a reciclar. Tu número es 344-0023.

Tus amigos son:

Emilio: mejor amigo / Verónica: amiga del barrio / Irene: compañera del equipo de vóleibol / Mario: compañero de trabajo

---

Tú eres: Lucero. Estás en las montañas. Quieres llamar a tus amigos para invitarlos a que vengan a recoger basura de la orilla (*shore*) del río contigo. Tu número es 466-3421.

Tus amigos son:

Adelaida: ex compañera de cuarto / Valentín: mejor amigo / Lucero: compañera de la clase de música / Simón: amigo del club de artes

---

Tú eres: Simón. Estás en la universidad. Quieres llamar a tus amigos para invitarlos a una clase sobre la sobrepoblación. Tu número es 321-4477.

Tus amigos son:

Bernardo: amigo del barrio / Irene: compañera de la clase de ciencias / Verónica: amiga del club de cine / Mario: anterior compañero de cuarto

---

Tú eres: Mario. Estás en la fábrica de envases de plástico. Quieres llamar a tus amigos para invitarlos a que te ayuden a hablar con los dueños de la fábrica sobre la contaminación que ellos producen. Tu número es 354-7800.

Tus amigos son:

Emilio: mejor amigo / Adelaida: novia / Virginia: compañera de trabajo / Simón: amigo del edificio

4 Role-play cards B

Tú eres: doña Estela

Tu hijo es: Bernardo

Él está en el bosque buscando aves para cazar. Te dijo que vuelve a las 3 de la tarde.

Tú eres: doña Alba

Tu hijo es: Emilio

Él está en la librería comprando libros de ecología. Te dijo que vuelve a las 2:30 de la tarde.

Tú eres: don Víctor

Tu hija es: Adelaida

Ella está en la biblioteca buscando información sobre el calentamiento global. Te dijo que vuelve a las 12:30 del mediodía.

Tú eres: don Humberto

Tu hija es: Verónica

Ella está en el cine viendo una película sobre la energía nuclear. Te dijo que vuelve a las 10 de la noche.

Tú eres: doña Hilda

Tu hija es: Irene

Ella está en el parque dando una clase para reciclar correctamente. Te dijo que vuelve a las 7 de la noche.

Tú eres: doña Julieta

Tu hija es: Lucero

Ella está en las montañas recogiendo basura de la orilla (*shore*) de un río. Te dijo que vuelve a las 11 de la mañana.

Tú eres: don Samuel

Tu hijo es: Simón

Él está en la universidad recibiendo una clase sobre la sobrepoblación. Te dijo que vuelve a las 4 de la tarde.

Tú eres: don Alejandro

Tu hijo es: Mario

Él está en la fábrica de envases de plástico hablando con los dueños sobre la contaminación que ellos producen. Te dijo que vuelve a las 8:30 de la noche.

---

4 Chart A

¿A quién llamaste?	¿Dónde está ahora?	¿Qué está haciendo?	¿Cuándo regresa?

¿A quién llamaste?	¿Dónde está ahora?	¿Qué está haciendo?	¿Cuándo regresa?

¿A quién llamaste?	¿Dónde está ahora?	¿Qué está haciendo?	¿Cuándo regresa?

¿A quién llamaste?	¿Dónde está ahora?	¿Qué está haciendo?	¿Cuándo regresa?

4 **Chart B**

¿Quién llama?	Mensaje	¿Dónde está ahora?	Número telefónico

¿Quién llama?	Mensaje	¿Dónde está ahora?	Número telefónico

¿Quién llama?	Mensaje	¿Dónde está ahora?	Número telefónico

¿Quién llama?	Mensaje	¿Dónde está ahora?	Número telefónico

recapitulación

1 **Ordenar** Ordena las palabras en las categorías correctas.

| la ballena   el cráter   la ecología   la estrella   la extinción   el mono   la piedra   el reciclaje   la vaca |

la naturaleza	los animales	el medio ambiente
1. _____	_____	_____
2. _____	_____	_____
3. _____	_____	_____

2 **Seleccionar** Selecciona la palabra que no está relacionada con cada grupo.

1. el sol • la estrella • la luna • el envase
2. el gato • el pez • el perro • el mono
3. el envase • la lata • el reciclaje • la nube
4. la extinción • la deforestación • la conservación • la contaminación

3 **Escoger** Escoge la opción que completa correctamente cada oración.

1. La _____ contamina el aire.

   a. fábrica de latas   b. energía solar   c. ballena

2. No nos podemos bañar en ese _____ porque está contaminado.

   a. cráter   b. desierto   c. río

3. El _____ está afectando la temperatura de nuestro planeta.

   a. valle   b. cambio climático   c. ecologista

4. No es cierto que en el _____ llueva durante todo el año.

   a. desierto   b. gobierno   c. peligro

4 **Mi amigo Daniel** Completa el párrafo con los tiempos correctos de los verbos del recuadro. Dos verbos no son necesarios.

| alegrarse   cazar   contaminar   destruir   evitar   respirar |

A mi amigo Daniel no le interesa cuidar el medio ambiente. Siempre que puede, (1) _____

un árbol o (2) _____ un lago. (3) _____ cuando alguien

(4) _____ un animal en el bosque y piensa que reducir la contaminación es estúpido.

Yo pienso que Daniel es muy tonto y que no se da cuenta del peligro que corre nuestro planeta.

5 **Completar** Completa las oraciones con el subjuntivo de los verbos entre paréntesis.

1. Espero que Diana y yo _____ (resolver) el problema de la deforestación del bosque.
2. Temo que el gobierno no _____ (encontrar) una solución.
3. Es una lástima que estos envases no _____ (ser) reciclables.
4. Es ridículo que el aire _____ (estar) tan contaminado.

Lección 13 Recapitulación   **307**

6

Reescribir Reescribe cada oración con el presente de subjuntivo y las expresiones de duda, incredulidad y negación. Sigue el modelo.

Modelo

El gobierno controla el cambio climático. (Dudo que…)
Dudo que el gobierno controle el cambio climático.

1. Mariana puede respirar bajo el agua. (No creo que…)

   _____ .

2. Los animales cuidan su medio ambiente. (Es imposible que…)

   _____ .

3. El lago no está contaminado. (No es seguro que…)

   _____ .

4. Aquellos jóvenes evitan contaminar el agua del río. (No es probable que…)

   _____ .

7

Escribir Escribe oraciones completas con los elementos dados. Sigue el modelo.

Modelo

yo / ir / reciclar / hasta que / haber / menos / contaminación
Yo voy a reciclar latas hasta que haya menos contaminación.

1. tortugas marinas / ir / estar afectadas / contaminación / a menos que / ecologistas / limpiar / mar

   _____ .

2. yo / ir / reciclar / muchos envases / antes de / viajar / Nicaragua

   _____ .

3. nosotros / ir / cazar / pájaros / a menos que / ecologistas / no permitir

   _____ .

4. fábrica / ir / dejar de / hacer / envases / de plástico / tan pronto como / gobierno / pedir

   _____ .

8

¡A practicar! En grupos de cuatro personas, preparen un programa de televisión donde se entrevista a la gente en la calle y se le pregunta sobre el cuidado que tienen con el medio ambiente y sobre qué hacen para resolver el problema de la contaminación. Tres de ustedes son los entrevistados y uno es el periodista. Incluyan:

- el vocabulario (la naturaleza, los animales, el medio ambiente, etc.)
- el subjuntivo con expresiones de emoción
- el subjuntivo con expresiones de duda, incredulidad y negación
- el subjuntivo con conjunciones

Presenten su programa a la clase. Si los recursos lo permiten, pueden grabar el programa y traerlo a la clase. ¡Sean creativos/as!

contextos

1 **Verticales:** 1. desierto 3. selva 4. ecoturismo 5. vaca 8. perro **Horizontales:** 2. sol 6. cambio climático 7. ballena 9. reciclaje 10. deforestación

2 1. correcto 2. incorrecto; las nubes 3. incorrecto; el ave 4. incorrecto; el mono 5. correcto 6. correcto 7. incorrecto; el gato 8. correcto 9. incorrecto, el volcán 10. correcto 11. incorrecto; la fábrica 12. correcto

3 Answers will vary.

estructura

13.1 The subjunctive with verbs of emotion

1 **A.** 1. Mi mamá tiene miedo de que a ellos les salgan mal las cosas. 2. ¿Te molesta que Néstor sepa bailar salsa? 3. Sentimos que ustedes no puedan ir a la fiesta de cumpleaños de Mateo. 4. Yo espero que Fernando nunca me escriba mensajes electrónicos. 5. Tú te alegras de que tus hijas ya tengan trabajo. 6. Me gusta que mi novio prepare la cena. 7. Tememos que estos carros nuevos contaminen mucho el aire. 8. ¿A Nicolás le sorprende que esos recursos naturales sean renovables? 9. Esperamos que Marta vaya al concierto de Juanes. 10. Me molesta que mi escuela no tenga ningún programa de reciclaje. **B.** Answers will vary.

2 Answers will vary.

13.2 The subjunctive with doubt, disbelief, and denial

1 **A.** 1. estemos 2. nos aburramos 3. encontremos 4. haya 5. sean 6. protejamos 7. cuidemos 8. esté 9. discutamos 10. sea 11. se pongan 12. enoje **B.** Answers will vary.

2 Answers will vary.

13.3 The subjunctive with conjunctions

1 Answers may vary. Suggested answers: 1. para que 2. antes de que 3. cuando 4. A menos que 5. Con tal de que 6. cuando 7. En caso de que 8. Después de que 9. sin que 10. hasta que 11. En cuanto 12. para que 13. tan pronto como

2 Answers will vary.

comunicación

1 Answers will vary.

2 Answers will vary.

3 Answers will vary.

4 Answers will vary.

recapitulación

1 **la naturaleza:** 1. el cráter 2. la estrella 3. la piedra **los animales:** 1. la ballena 2. el mono 3. la vaca **el medio ambiente:** 1. la ecología 2. la extinción 3. el reciclaje

2 1. el envase 2. el pez 3. la nube 4. la conservación

3 1. a 2. c 3. b 4. a

4 1. destruye 2. contamina 3. Se alegra 4. caza

5 1. resolvamos 2. encuentre 3. sean 4. esté

6 1. No creo que Mariana pueda respirar bajo el agua. 2. Es imposible que los animales cuiden su medio ambiente. 3. No es seguro que el lago no esté contaminado. 4. No es probable que aquellos jóvenes eviten contaminar el agua del río.

7 1. Las tortugas marinas van a estar afectadas por la contaminación a menos que los ecologistas limpien el mar. 2. Yo voy a reciclar muchos envases antes de viajar a Nicaragua. 3. Nosotros vamos a cazar pájaros a menos que los ecologistas no nos lo permitan. 4. La fábrica va a dejar de hacer envases de plástico tan pronto como el gobierno se lo pida.

8 Answers will vary.

contextos

1 Crucigrama Resuelve el crucigrama.

Horizontales

5. máquina que se usa para sacar dinero

7. lugar donde se puede ir a lavar ropa

8. tienda donde se hacen y se venden joyas

10. objeto con imágenes y letras que se pone en la calle para indicar el tipo de tienda

Verticales

1. lugar donde se venden frutas

2. cuenta diseñada por los bancos para que las personas ahorren

3. lugar donde se hacen y se venden pasteles, galletas y postres

4. caja con una ranura (*slot*) por donde se introducen cartas

6. oficina adonde se llevan las cartas para enviarlas

9. cubierta (*cover*) de papel donde se pone una carta

contextos

2   **Correcto o incorrecto** Si las palabras corresponden a la imagen, marca el círculo. Si no corresponden, escribe las palabras apropiadas.

el banco ○

la pescadería ○

el estacionamiento ○

1. _____

2. _____

3. _____

la heladería ○

el cheque ○

las estampillas ○

4. _____

5. _____

6. _____

la zapatería ○

la carnicería ○

el correo ○

7. _____

8. _____

9. _____

el cartero ○

el salón de belleza ○

la panadería ○

10. _____

11. _____

12. _____

contextos

3 **¿Necesitas algo?** En parejas, escojan una de las listas de palabras. Preparen una conversación divertida de dos o tres minutos donde usen las palabras de esa lista. Sigan el modelo.

Modelo

Estudiante 1: ¿Aló?

Estudiante 2: Hola Alicia, ya voy para la casa. ¿Necesitas que te lleve algo?

Estudiante 1: Sí. Necesito que pares en la frutería y compres unas bananas y unas peras. Quiero hacer un postre.

Estudiante 2: ¿En la frutería?

Estudiante 1: Claro. No vayas a comprarlas en la lavandería.

Estudiante 2: Sí, yo sé. Pero, es que está un poco lejos y casi no me queda gasolina.

Estudiante 1: Y, ¿qué tal si pasas por la panadería y me compras un pan?

Estudiante 2: Ah, no. A la panadería no voy. Allá trabaja la hija de don Alejandro y yo no la quiero ver.

Estudiante 1: ¡Bueno! ¿Para qué me preguntas si necesito algo?

Estudiante 2: Pues, porque quiero que me pidas que vaya a la heladería, ¡me muero por un helado de chocolate!

el banco	el correo
la joyería	el cartero
hacer cola	el paquete
el cheque	mandar
cobrar	ser gratis
la carnicería	la frutería
el cajero automático	la lavandería
la cuenta de ahorros	hacer diligencias
firmar	pagar
pedir prestado	echar (una carta) al buzón

Lección 14 Contextos **313**

estructura

14.1 The subjunctive in adjective clauses

1 **Completar**

A. Completa las oraciones con los verbos entre paréntesis. Usa el presente de subjuntivo.

1. Qué lástima, Juan no conoce a nadie que _____ (saber) hablar francés.

2. Aquí no hay nadie que _____ (leer) los libros de Julio Cortázar.

3. Necesito un amigo que me _____ (invitar) a salir los fines de semana.

4. En mi barrio no hay ningún banco que _____ (abrir) los sábados.

5. Busco dos empleados que _____ (querer) trabajar en las noches.

6. Quiero un novio que me _____ (llevar) al cine todos los viernes.

7. Diana desea casarse con un hombre que _____ (tener) mucho dinero.

8. Mis amigos quieren conocer a alguien que les _____ (enseñar) a bailar salsa.

9. Maribel necesita una amiga que le _____ (dar) buenos consejos.

10. Ay no, Carlos, definitivamente necesitas un carro que _____ (contaminar) menos.

B. Ahora, escribe tres oraciones similares a las de la actividad A. Después, reta a un(a) compañero/a a completarlas.

1. _____

_____

_____

2. _____

_____

_____

3. _____

_____

_____

Nombre _____ Fecha _____

estructura

14.1 The subjunctive in adjective clauses

2 **Encuesta** (student text p. 489) Circula por la clase y pregúntales a tus compañeros/as si conocen a alguien que haga una o más actividades de la lista. Si responden que sí, pregúntales quién es y anota sus respuestas. Luego informa a la clase de los resultados de tu encuesta.

Modelo

trabajar en un supermercado
Estudiante 1: ¿Conoces a alguien que trabaje en un supermercado?
Estudiante 2: Sí, conozco a alguien que trabaja en un supermercado. Es mi hermano menor.

Actividades	Nombres	Respuestas
trabajar en un supermercado	Daniel	Sí. Su hermano menor
1. conocer muy bien su ciudad		
2. hablar japonés		
3. graduarse este año		
4. necesitar un préstamo		
5. pedir prestado un carro		
6. odiar ir de compras		
7. ser venezolano/a		
8. manejar una motocicleta		
9. trabajar en una zapatería		
10. no tener tarjeta de crédito		

estructura

14.1 The subjunctive in adjective clauses

Estudiante 1

3 **Information Gap Activity** (student text p. 489) Aquí tienes una hoja con ocho anuncios clasificados; tu compañero/a tiene otra hoja con ocho anuncios distintos a los tuyos. Háganse preguntas para encontrar los cuatro anuncios de cada hoja que tienen su respuesta en la otra.

Modelo

Estudiante 1: ¿Hay alguien que necesite una alfombra?

Estudiante 2: No, no hay nadie que necesite una alfombra.

CLASIFICADOS

BUSCO un apartamento de dos cuartos, cerca del metro, con jardín. Mejor si tiene lavaplatos nuevo. Tel. 255-0228

QUIERO un novio guapo y simpático. Me gusta leer mucho, y mi hombre ideal también debe amar la literatura. La edad no importa. Soy alta con pelo negro, me encanta bucear y trabajo en una oficina de correos. Tel. 559-8740

SE VENDE una alfombra persa, 3 metros x 2 metros, colores predominantes azul y verde. Precio muy bajo, pero podemos regatear. Pagar en efectivo. caribenavega@inter.ve

OFREZCO un perro gran danés de dos años. Me mudo a Maracaibo y prohíben tener perros en mi nuevo apartamento. Llamar al 386-4443.

NECESITO reproductor de DVD en buenas condiciones. No importa la marca. Debe tener control remoto. Llame al 871-0987.

BUSCAMOS una casa en la playa, no muy lejos de Caracas. Estamos jubilados y deseamos vivir al norte, entre el mar y la ciudad. Tel. 645-2212

TENGO un automóvil Ford, modelo Focus, y quiero venderlo lo antes posible. Sólo 8.000 kilómetros, casi nuevo, color negro. Tel. 265-1739

SE REGALA un gato siamés de muy buen carácter. ¡Gratis! Es muy limpio y amable. Se llama Patitas y tiene 3 años. susana388@correo.com

1. Menciona lo que se ofrece en los anuncios.

_____

_____

_____

2. Menciona lo que se necesita en los anuncios.

_____

_____

_____

3. ¿Cuáles son los anuncios que corresponden a los de tu compañero/a?

_____

_____

_____

estructura

14.1 The subjunctive in adjective clauses

Estudiante 2

3 **Information Gap Activity** (student text p. 489) Aquí tienes una hoja con ocho anuncios clasificados; tu compañero/a tiene otra hoja con ocho anuncios distintos a los tuyos. Háganse preguntas para encontrar los cuatro anuncios de cada hoja que tienen su respuesta en la otra.

Modelo

Estudiante 1: ¿Hay alguien que necesite una alfombra?
Estudiante 2: No, no hay nadie que necesite una alfombra.

CLASIFICADOS

SE OFRECE la colección completa de los poemas de Andrés Eloy Blanco. Los libros están en perfecta condición. Se los regalo al primer interesado. superpoeta@correo.com

QUIERO un gato porque soy viuda y me siento sola. Adoro los gatos siameses. Escríbame: avenida Teresa Carreño 44, Caracas.

BUSCO una novia simpática y con muchos intereses. Me encantan los deportes acuáticos y todo tipo de literatura. Tengo 35 años, soy alto y me gusta el cine mexicano. Llame al 982-1014.

ALQUILAMOS un apartamento de dos cuartos con jardín y garaje. La cocina está remodelada con lavaplatos moderno. La estación del metro queda a sólo tres cuadras. Llamar al 451-3361 entre las 15 y las 18h.

VENDEMOS nuestros muebles de sala, estilo clásico: sofá, dos mesitas y tres lámparas. Excelente condición. Tel. 499-5601

SE BUSCA un carro para hijo adolescente, no muy caro porque aprendió a manejar hace muy poco. Prefiero un auto usado pero con pocos kilómetros. Escriba a jprivero@inter.ve

NECESITAMOS camareros para nuevo restaurante en el centro de Valencia. Conocimiento de las especialidades culinarias venezolanas obligatorio. Llamar entre las 10 y las 17h al 584-2226.

TENGO una computadora portátil para vender. Tiene mucha memoria y está lista para conectar a Internet. Puede pagarme a plazos. Llame al 564-3371.

1. Menciona lo que se ofrece en los anuncios.

_____
_____
_____

2. Menciona lo que se necesita en los anuncios.

_____
_____
_____

3. ¿Cuáles son los anuncios que corresponden a los de tu compañero/a?

_____
_____
_____

estructura

14.2 Nosotros/as commands

1 **Irma y Antonia** Irma siempre se queja (*complains*) de todo. En cambio Antonia, su amiga, siempre tiene soluciones para todo. Escribe las soluciones que da Antonia a las quejas (*complaints*) de Irma. Usa los imperativos de **nosotros/as** y los pronombres cuando sean necesarios. Sigue el modelo.

> **Modelo**
>
> **Necesitamos ir al centro pero el carro no arranca.**
> **(llamar mecánico)**
> **Pues** llamemos al mecánico.

1. Es tarde y estamos muy lejos de nuestra casa como para llegar caminando.

   (tomar un taxi)

   Pues _____.

2. Todavía no tengo hambre y además tenemos mucho trabajo.

   (almorzar tarde)

   Pues _____.

3. Esta casa está muy sucia y los muebles están llenos de polvo.

   (sacudir muebles)

   Pues _____.

4. Teresa no quiso venir a visitarme y estoy aburrida.

   (ir cine)

   Pues _____.

5. Hace mucho calor aquí adentro.

   (abrir ventanas)

   Pues _____.

6. No quiero usar más mi carro y no me gusta viajar en autobús.

   (conseguir bicicleta)

   Pues _____.

7. No quiero saber nada de Carlos, es muy mala persona.

   (no hablar Carlos)

   Pues _____.

8. Necesitamos hablar con Fernando pero no tenemos su número de teléfono, sólo su dirección.

   (enviar carta)

   Pues _____.

9. La lavandería está cerrada y tenemos mucha ropa sucia.

   (lavar casa)

   Pues _____.

10. No tenemos dinero en efectivo pero tenemos los cheques que nos dieron nuestros jefes.

    (cobrar banco)

    Pues _____.

estructura

14.2 Nosotros/as commands

Estudiante 1

2 **Information Gap Activity** Tu compañero/a y tú tienen que hacer varias diligencias para la fiesta de cumpleaños de su amiga Laura. Cada uno/a de ustedes tiene una lista diferente de las diligencias que tienen que hacer. Usa los mandatos de **nosotros/as** y las siguientes imágenes, para decirle a tu compañero/a lo que tienen que hacer. Escribe los mandatos de tu compañero/a en los espacios en blanco para completar el cuadro.

1 cobrar el cheque	2	3 entrar a la tienda de música
4	5 comprarlo	6
7 acordarse de buscar una tarjeta	8	9 entrar a la pastelería
10	11 llevarlo a casa	12
13 limpiar la sala y la cocina	14	15 prender el estéreo

estructura

14.2 Nosotros/as commands

Estudiante 2

2 **Information Gap Activity** Tu compañero/a y tú tienen que hacer varias diligencias para la fiesta de cumpleaños de su amiga Laura. Cada uno/a de ustedes tiene una lista diferente de las diligencias que tienen que hacer. Usa los mandatos de **nosotros/as** y las siguientes imágenes, para decirle a tu compañero/a lo que tienen que hacer. Escribe los mandatos de tu compañero/a en los espacios en blanco para completar el cuadro.

1	2 ir al centro comercial	3
4 escuchar el disco de Enrique Iglesias	5	6 pagarlo en efectivo
7	8 escoger la más bonita	9
10 comprar el pastel de chocolate	11	12 ponerlo en la cocina
13	14 vestirse para la fiesta	15

estructura

14.3 Past participles used as adjectives

1 **Identificar** Completa las oraciones con las palabras del recuadro.

abierto/a	enojado/a
arreglado/a	maquillado/a
descompuesto/a	puesto/a
desordenado/a	roto/a

1. Camilo se cayó en su bicicleta y cree que su rodilla está _____.

2. ¡Ay no! El capó de mi carro está _____.

3. Jesús está avergonzado porque su cuarto está muy _____.

4. Leonor tiene que caminar desde el desierto porque su carro está _____.

5. Mamá, tengo mucha hambre. ¿La mesa ya está _____?

6. Me sorprende que el banco esté _____, hoy es domingo.

7. Marta, ¿no crees que estás muy _____?

8. Lo siento, señor Jiménez, su carro todavía no está _____.

9. ¡Cuidado, Miguelito! Ese perro está muy _____.

estructura

14.3 Past participles used as adjectives

2 **La lista de diligencias** Tu jefa, doña Cristina, salió de viaje de negocios esta mañana. Te dejó una lista de diligencias que necesita que hagas. Lee la lista y escribe las diligencias que hiciste. Usa el participio pasado. Sigue el modelo.

Modelo

Copiar los archivos importantes en mi computadora.
<u>Los archivos ya están copiados.</u>

Buenos días, Natalia.

Me voy de viaje y necesito que haga las siguientes diligencias el día de hoy:

1. Comprar las estampillas para el correo de la empresa.
   _____

2. Enviar las cartas a los clientes.
   _____

3. Hacer la encuesta (*survey*) que nos enviaron los ecologistas.
   _____

4. Cobrar los cheques en el banco.
   _____

5. Abrir las cuentas de ahorros de los nuevos empleados.
   _____

6. Pedir un nuevo préstamo para comprar tres computadoras.
   _____

7. Firmar los cheques de viajero para los vendedores.
   _____

8. Confirmar los regalos para los empleados que cumplen años este mes.
   _____

9. Escribir el informe (*report*) sobre la venta de la fábrica.
   _____

10. Despedir (*fire*) al programador. ¡Hace tres días que no viene a la oficina!
    _____

Nombre _____   Fecha _____

comunicación

1   **Un nuevo negocio** En grupos de tres, imaginen que decidieron abrir un nuevo negocio. Su negocio consiste en hacer las diligencias que sus clientes les pidan. Lean las listas de palabras y escojan una de ellas. Esas son las palabras que más deben usar en su presentación, además de la gramática de la lección. Uno/a de ustedes debe actuar como el/la cliente/a mientras los otros dos son los/las dueños/as del negocio. Presenten su conversación a sus compañeros/as de clase. ¡Sean creativos/as!

Modelo

Estudiante 1: Buenos días, señor, ¿en qué podemos servirle?

Estudiante 2: Buenos días. Necesito que me compren unos mariscos en la pescadería.

Estudiante 3: Lo sentimos mucho, señor, pero nosotros sólo hacemos diligencias en el banco y en la lavandería.

Estudiante 2: ¿Cómo? Pero yo necesito esos mariscos. Voy a prepararle una cena sorpresa a mi esposa.

Estudiante 1: Lo entendemos, señor, pero esas son las condiciones de nuestra compañía.

Estudiante 2: Vaya, esto sí es un problema. Lo peor es que yo no tengo tiempo para ir a comprar esos mariscos.

Estudiante 3: Bueno, señor, ¿entonces? ¿Necesita otra diligencia que no sea en la pescadería?

Estudiante 2: ¿La verdad? Sí. Quiero que me lleven este traje a la lavandería. Lo necesito para hoy mismo, antes de las siete de la noche.

Estudiante 1: Eso sí podemos hacerlo. Pero, hay un problema.

Estudiante 2: ¿Cuál?

Estudiante 3: Tenemos muchas diligencias que hacer en el banco y no tenemos tiempo de ir hoy a la lavandería. Tiene que esperar hasta mañana.

Estudiante 2: ¿Hasta mañana? ¿Está loco? No puedo esperar tanto. La cena con mi esposa es esta noche.

Estudiante 1: No crea que no queremos hacer sus diligencias pero es imposible que podamos llevar su traje hoy.

Estudiante 2: ¿Saben qué? No se preocupen. No voy a seguir perdiendo mi tiempo hablando con ustedes. Mejor hago mis diligencias personalmente. ¡Qué mala atención!

Estudiante 3: ¿Va para la lavandería?

Estudiante 2: Sí, señor.

Estudiante 1: ¿Puede llevar estos tres trajes? Nosotros no tenemos tiempo.

el banco	hacer cola	la frutería	pagar a plazos
la zapatería	comprar	la heladería	cobrar
el cheque	pagar	la panadería	firmar
la carnicería	la cuenta de ahorros	la peluquería	llenar
el correo	mostrar	el supermercado	describir
el buzón	mandar	el champán	hacer
la lavandería	pedir prestado	la pescadería	llenar un formulario
la pastelería	confirmar	el estacionamiento	abrir
el postre	escribir	la joyería	lavar

comunicación

2 **Empleados y clientes** En parejas, su profesor(a) les va a dar dos tarjetas con un escenario en cada una. Preparen una escena siguiendo las instrucciones. Recuerden incluir el vocabulario y la gramática de esta lección. Presenten su escena a la clase. ¡Sean creativos/as!

Modelo

Cliente: Buenos días, señorita. ¿Puede venderme un pan? El más grande que tenga.

Empleada: Claro que sí, señor.

Cliente: Y, ¿puede darme su número de teléfono?

Empleada: ¿Perdón?

Cliente: Sí, su número de teléfono. Quiero invitarla al cine este fin de semana.

Empleada: Lo siento mucho, señor, pero a mi jefe no le gusta que salga con los clientes.

Cliente: Entonces, llame a su jefe. Yo hablo con él.

Empleada: El problema no es sólo mi jefe, es que yo no quiero darle mi número.

Cliente: Y, ¿por qué no?

Empleada: Pues, porque no y punto. Y si no necesita nada más, por favor, váyase. Hay muchas personas haciendo cola.

2 **Empleados y clientes**

Time: 30 minutes

Resources: Role-play cards

Instructions: Have students work in pairs. Photocopy the role-play cards and give one set to each pair. Have students prepare a 3- to 4-minute conversation using vocabulary and grammar from the lesson. After all pairs have presented their role-plays, poll the class on which party was the most creative, fun, etc.

You can vary the activity by asking students to film their role-plays and share them with the class.

2 Role-play cards

Tú eres un(a) empleado/a de un banco. Es tarde y ya quieres irte a tu casa, pero llega un(a) cliente/a que necesita cobrar un cheque y de pronto te pide que le vendas tu reloj. Estás muy confundido/a y pierdes la paciencia.

Tú empiezas: —Buenos días, ¿en qué puedo ayudarlo/la?

Tú eres un(a) cliente/a que necesita cambiar un cheque en el banco. Cuando estás hablando con el/la empleado/a del banco te das cuenta de que él/ella tiene un reloj muy hermoso y quieres comprárselo.

Tu compañero/a empieza.

Tú eres un(a) empleado/a de una carnicería. Eres muy antipático/a y no te gusta el/la cliente/a que acaba de entrar. Él/Ella te pide que le vendas unos kilos de carne. De pronto te dice que quiere tu número de teléfono para llamarte e invitarte a salir. Tú te niegas a darle tu número y comienzas a perder la paciencia.

Tu compañero/a empieza.

Tú eres un(a) cliente/a que llega a una carnicería. Cuando entras te das cuenta de que el/la empleado/a es muy guapo/a. No sólo le pides que te venda unos kilos de carne sino que también le pides su número de teléfono para invitarlo/la a salir. Él/Ella te dice que no pero tú insistes.

Tú empiezas: —Buenos días, quiero tres kilos de carne.

Tú eres un(a) empleado/a de una oficina de correos. Acaba de llegar un(a) cliente/a que insiste en que lo/la acompañes al banco. Es una persona mayor y no quieres faltarle al respeto, le dices que no puedes salir de la oficina porque hay mucha cola.

Tú empiezas: —Buenos días, ¿en qué puedo ayudarlo/la?

Tú eres un(a) cliente/a que necesita ir a la oficina de correos y al banco. Cuando llegas a la oficina de correos te sientes mareado/a y le pides al/a la empleado/a que te acompañe al banco. Él/Ella te dice que no puede hacerlo pero tú insistes porque necesitas ir al banco por algo de dinero.

Tu compañero/a empieza.

Tú eres un(a) empleado/a de un estacionamiento. Un/Una cliente/a llega en un carro e insiste en que le estaciones el carro mientras que él/ella va a comprar algo en el supermercado. Tú le dices que no puedes hacerlo porque tu jefe/a puede enojarse contigo si llega y tú no estás. El/La cliente/a insiste y tu estás empezando a perder la paciencia.

Tu compañero/a empieza.

Tú eres un(a) cliente/a que llega al estacionamiento de un centro comercial y necesita comprar algunas cosas en el supermercado. No tienes mucho tiempo, por eso le pides al/a la empleado/a del estacionamiento que estacione tu carro pero él/ella dice que no puede hacerlo. Realmente necesitas que él/ella lo haga por ti, por eso insistes.

Tú empiezas: —Buenos días. ¿Puede usted estacionar mi carro?

Tú eres un(a) empleado/a de una heladería. Estás muy nervioso/a porque un(a) cliente te pidió algunos de los helados más grandes y caros de la heladería y cuando le llevaste la cuenta te dijo que no tenía dinero para pagarte. Hay muchas personas esperando a que les sirvas helados y estás solo/a en la heladería porque tu compañero/a de trabajo está enfermo/a.

Tu compañero/a empieza.

Tú eres un(a) cliente/a de una heladería. Pediste algunos de los helados más grandes de la tienda para ti y para tu familia. Cuando el/la camarero/a te trae la cuenta te das cuenta de que no trajiste dinero. El/La empleado/a está enojado/a e insiste en que debes pagarle ahora mismo.

Tú empiezas: —Lo siento mucho pero no traje mi cartera. ¿Puedo pagarle más tarde?

---

comunicación

3 **La telenovela** Formen grupos de tres. Preparen una escena dramática de tres minutos, siguiendo las instrucciones de la tarjeta que su profesor(a) les va a dar. Recuerden incluir el vocabulario y la gramática de esta lección. Presenten su escena a la clase. ¡Sean creativos/as!

Modelo

Esteban: Necesito llevar estas cartas al correo, rápidamente.

Miguel: ¿Esas cartas? Creo que debes dejarlo para mañana.

Esteban: ¿Para mañana? No, no puedo. Tengo que hacerlo hoy.

Carlos: Sí, mañana puedes hacerlo. Mira, mejor juguemos videojuegos un rato, es más divertido.

Esteban: No, qué va. No puedo jugar videojuegos ahora, tengo que enviar estas cartas.

Miguel: Pero, ¿por qué insistes tanto en llevar esas cartas?

Esteban: Porque quiero ver a la chica que trabaja en el correo. Planeo invitarla a salir.

Carlos: ¿La vas a invitar a salir?

Esteban: Sí, ¿por qué? ¿Qué tiene de malo?

Miguel: Pues nada pero…

Esteban: ¿Pero qué?

Carlos: Pues, es que Miguel ya la invitó a salir. Van a salir hoy.

Esteban: ¿Cómo? Pero si eres mi amigo. ¿Cómo pudiste hacerme esto?

Miguel: Pues… Es que…

Carlos: Porque es un mal amigo, por eso.

Esteban: Pues tú también eres muy mal amigo. ¿Por qué no me lo dijiste antes?

Carlos: Porque Miguel me pidió que no lo hiciera, además, no me gusta que te enojes.

Esteban: Pues sí, estoy muy enojado. ¡Ustedes son los peores amigos del mundo, no quiero volver a verlos nunca más!

3 La telenovela

Time: 30 minutes

Resources: Role-play cards

Instructions: Have students form groups of three. Photocopy the role-play cards and give one to each group. Have students prepare a 3- to 5-minute scene using vocabulary and grammar from the lesson. After all groups have presented their role-plays, poll the class on which party was the most creative, fun, etc.

You can create your own role-play cards if you like. You can vary the activity by asking students to film their role-plays and share them with the class.

3 Role-play cards

Su mejor amiga, Alejandra, necesita ir al banco. Les pide que la acompañen pero ustedes no pueden ir porque le están preparando una fiesta sorpresa para su cumpleaños. Deben hacer todo lo posible para que ella vaya al banco, sola.

Tú y uno/a de tus compañeros/as de apartamento necesitan ir de compras al supermercado, pero no quieren que su otro/a compañero/a de apartamento vaya con ustedes porque él/ella siempre compra cosas que no necesitan y les hace gastar mucho dinero.

Ustedes quieren ir a la joyería a comprar un regalo para su profesor(a) de español pero no tienen suficiente dinero. Deben tomar una decisión: o regalarle algo barato o conseguir más dinero en el banco.

Tú estás en el cajero automático, necesitas dinero para comprar un pastel para celebrar el aniversario de tus papás. De pronto, llegan tus papás y te preguntan qué estás haciendo ahí. Debes decirles mentiras para que ellos no sepan que les vas a dar una sorpresa.

Te das cuenta de que tus vecinos/as decidieron poner una pescadería en su casa. Necesitas hablar con ellos/as porque el olor (smell) a pescado te está volviendo loco/a. Ellos/as insisten en que es su casa y que tienen derecho a poner una pescadería, una frutería y hasta una peluquería si así lo quieren.

Ustedes trabajan en una zapatería. Su jefe/a les pidió que dos de ustedes vengan a trabajar el domingo. Deben ponerse de acuerdo sobre quiénes de ustedes van a venir a trabajar y quién no y por qué.

Ustedes son compañeros/as de clase y necesitan estacionar sus carros en el estacionamiento de la escuela. Sólo hay espacio para dos carros, por eso deben tratar de ponerse de acuerdo sobre quién no va a poder estacionar en la escuela y por qué.

Tu mejor amigo/a acaba de empezar un curso de peluquería e insiste en que tú y tu compañero/a de cuarto necesitan un buen corte de pelo (haircut) y que él/ella es la persona perfecta para hacerlo. Tú y tu compañero/a de cuarto no confían mucho en su habilidad (skill) para cortar (cut) el pelo; deben buscar buenas excusas para que él/ella no insista más en cortarles el pelo.

recapitulación

1   **Ordenar**   Ordena las palabras en las categorías correctas.

el cartero	la frutería	el paquete
la cuadra	la lavandería	el salón de belleza
la esquina	el letrero	el sello

en la ciudad	en el correo	cómo llegar
1. _____	_____	_____
2. _____	_____	_____
3. _____	_____	_____

2   **Seleccionar**   Selecciona la palabra que no está relacionada con cada grupo.
1. la pescadería • la carnicería • el supermercado • la estampilla
2. ahorrar • cobrar • mandar • depositar
3. el norte • el sobre • el sur • el oeste
4. el sobre • el correo • el cheque • el buzón

3   **Escoger**   Escoge la opción que completa correctamente cada oración.

1. El banco queda _____ la pescadería.

   a. cuadra   b. derecho   c. enfrente de

2. En el supermercado siempre pago en _____.

   a. préstamo   b. efectivo   c. gratis

3. Mi mamá quiere que yo abra una _____ en el banco del centro.

   a. cuenta de ahorros   b. estampilla   c. esquina

4. Siempre tengo que hacer cola para usar el _____.

   a. letrero   b. sobre   c. cajero automático

4   **Un sueño extraño**   Completa el párrafo con los tiempos correctos de los verbos del recuadro.

cobrar	firmar
cruzar	indicar cómo llegar
estar perdido/a	quedar

Siempre tengo el mismo sueño. Voy a (1) _____ un cheque en el banco del

centro pero me doy cuenta de que (2) _____. Un empleado guapo de una pastelería

me (3) _____ al banco. Me dice: mira, linda, (4) _____ la avenida

y camina derecho por tres cuadras. Al fin, llego al banco, ¡pero ya está cerrado! En fin, qué sueño

tan extraño…

5 **Completar** Completa las oraciones con el presente de subjuntivo y una cláusula adjetival. Sigue el modelo.

> *Modelo*
> **Espero conseguir un carro que** <u>sea rápido y que no consuma mucha gasolina.</u>

1. Necesitas un amigo que _____.
2. Quieren leer un libro que _____.
3. No te recomiendo un hospital que _____.
4. ¿Tienes algún vestido que _____?

6 **Escribir** Escribe oraciones completas con los elementos dados. Sigue el modelo.

> *Modelo*
> **nosotros / enviar / cartas / correo**
> <u>Enviemos las cartas por correo.</u>

1. nosotros / jugar / fútbol / esta noche

_____

2. nosotros / hacer cola / pagar / supermercado

_____

3. nosotros / cruzar / calle / antes de que / cambiar / semáforo

_____

4. nosotros / no pagar / en efectivo / empleados / zapatería

_____

7 **Respuestas** Escribe la respuesta a cada pregunta. Usa **no** en tu respuesta. Sigue el modelo.

> *Modelo*
> **¿Por qué no pudiste firmar el informe? (informe escribir)**
> <u>Porque el informe no estaba escrito.</u>

1. ¿Por qué no pudieron entrar? (puerta abrir)

_____

2. ¿Por qué no pudimos cobrar los cheques? (cheques firmar)

_____

3. ¿Por qué no pudieron usar sus trajes de fiesta? (trajes lavar)

_____

4. ¿Por qué no pudo traer sus maletas? (maletas hacer)

_____

8 **¡A practicar!** En grupos de cuatro personas, preparen un comercial de televisión donde invitan a su comunidad a visitar su nuevo negocio. Incluyan:

- el vocabulario (en la ciudad, en el correo, en el banco, cómo llegar, etc.)
- el subjuntivo en cláusulas adjetivales
- los imperativos de **nosotros/as**
- los participios pasados usados como adjetivos

Presenten su programa a la clase. Si los recursos lo permiten, pueden grabar el programa y traer la grabación a clase. ¡Sean creativos/as!

Lección 14 Recapitulación | **331**

contextos

1 **Horizontales:** 5. cajero automático
7. lavandería 8. joyería 10. letrero
Verticales: 1. frutería 2. cuenta de ahorros
3. pastelería 4. buzón 6. correo 9. sobre

2 1. correcto 2. incorrecto; las estampillas/las
cartas 3. incorrecto; el cheque 4. correcto
5. incorrecto; el estacionamiento 6. incorrecto;
la panadería 7. incorrecto; el correo
8. correcto 9. incorrecto; la zapatería
10. incorrecto; la pescadería 11. correcto
12. incorrecto; el cartero

3 Answers will vary.

estructura

14.1 The subjunctive in adjective clauses

1 **A.** 1. sepa 2. lea 3. invite 4. abra
5. quieran 6. lleve 7. tenga 8. enseñe 9. dé
10. contamine **B.** Answers will vary.

2 Answers will vary.

3 Answers will vary.

14.2 *Nosotros/as* commands

1 1. tomemos un taxi 2. almorcemos más
tarde 3. sacudamos los muebles 4. vamos
al cine 5. abramos las ventanas 6. consigamos
una bicicleta 7. no hablemos de Carlos
8. enviémosle una carta 9. lavémosla en
la casa 10. cobrémoslos en el banco

2 Answers will vary.

14.3 Past participles used as adjectives

1 Answers may vary. Suggested answers: 1. rota
2. abierto 3. desordenado 4. descompuesto
5. puesta 6. abierto 7. maquillada 8. arreglado
9. enojado

2 1. Las estampillas ya están compradas. 2. Las
cartas ya están enviadas. 3. La encuesta ya está
hecha. 4. Los cheques ya están cobrados.
5. Las cuentas de ahorros ya están abiertas.
6. El préstamo ya está pedido. 7. Los cheques
ya están firmados. 8. Los regalos ya están
confirmados. 9. El informe ya está escrito.
10. El programador ya está despedido.

comunicación

1 Answers will vary.

2 Answers will vary.

3 Answers will vary.

recapitulación

1 **en la ciudad:** 1. la frutería 2. la lavandería
3. el salón de belleza **en el correo:** 1. el
cartero 2. el paquete 3. el sello **cómo llegar:**
1. la cuadra 2. la esquina 3. el letrero

2 1. la estampilla 2. mandar 3. el sobre
4. el cheque

3 1. c 2. b 3. a 4. c

4 1. cobrar 2. estoy perdida 3. indica cómo
llegar 4. cruza

5 Answers will vary.

6 1. Juguemos al fútbol esta noche. 2. Hagamos
cola para pagar en el supermercado. 3. Crucemos
la calle antes de que cambie el semáforo. 4. No
les paguemos en efectivo a los empleados de
la zapatería.

7 1. Porque la puerta no estaba abierta. 2. Porque
los cheques no estaban firmados. 3. Porque los
trajes no estaban lavados. 4. Porque las maletas
no estaban hechas.

8 Answers will vary.

contextos

1   **Crucigrama**   Resuelve el crucigrama.

Horizontales

2. el vino o la cerveza lo son

4. máquina para hacer ejercicio

8. comida liviana (*light*) que se toma a media tarde

9. profesional que planea dietas

10. persona que dirige el entrenamiento de un deportista

Verticales

1. alguien a quien le gusta ver la televisión en exceso

3. individuo que consume drogas

5. estímulo físico manual que ayuda a las personas a relajarse o a aliviar el estrés

6. lo opuesto de activo

7. lo opuesto de débil

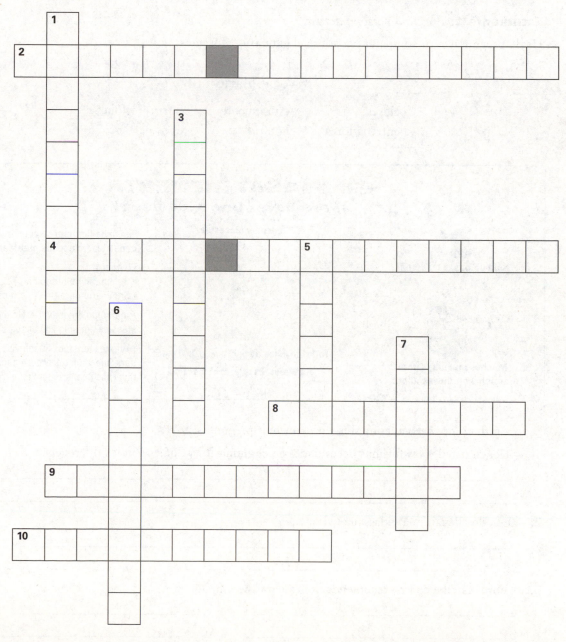

contextos

Estudiante 1

2 **Information Gap Activity** (student text p. 511) Tú y tu compañero/a quieren encontrar el gimnasio perfecto. Tú tienes el anuncio del gimnasio Bienestar y tu compañero/a tiene el del gimnasio Músculos. Túrnense para hacerse preguntas sobre las actividades que se ofrecen en cada uno. Al final, decidan cuál es el mejor gimnasio y compartan su decisión con la clase.

> **Modelo**
>
> **Estudiante 1:** *¿Se ofrecen clases para levantar pesas?*
> **Estudiante 2:** *Sí, las clases para levantar pesas se ofrecen todos los lunes a las seis de la tarde.*

Estudiante 1: *Eres una persona activa.*

Hazle preguntas a tu compañero/a sobre el gimnasio Músculos.

Vocabulario útil

clases	estiramiento	sufrir presiones
entrenadores	horario	tipos de ejercicio

GIMNASIO BIENESTAR
¡Para llevar una vida sana!

Sala de pesas moderna

Muchas máquinas para ejercicios cardiovasculares

Tenemos clases de

Todos los días de 5:00 p.m. a 7:00 p.m.
¡Ven hoy mismo!

Tenemos diferentes seminarios cada mes. **¡No te los pierdas!**

En enero:
• Seminario de nutrición
• Seminario para dejar de fumar

Promoción del mes: Servicio de masajes por sólo 250 pesos

¡Además tenemos 50 televisores para que veas tus programas favoritos mientras haces ejercicios!

Con tu compañero/a, contesten las siguientes preguntas:

1. ¿Tienen ustedes las mismas necesidades en el gimnasio? ¿Cuáles son las diferencias?
   _____
   _____

2. ¿Los dos llevan una vida sana? ¿Por qué?
   _____
   _____

3. Ahora, escribe cuatro recomendaciones para tu compañero/a.
   a. _____   c. _____
   b. _____   d. _____

Nombre _____ Fecha _____

contextos

Estudiante 2

2 **Information Gap Activity** (student text p. 511) Tú y tu compañero/a quieren encontrar el gimnasio perfecto. Tú tienes el anuncio del gimnasio Músculos y tu compañero/a tiene el del gimnasio Bienestar. Túrnense para hacerse preguntas sobre las actividades que se ofrecen en cada uno. Al final, decidan cuál es el mejor gimnasio y compartan su decisión con la clase.

> **Modelo**
>
> **Estudiante 1:** ¿Se ofrecen clases para levantar pesas?
> **Estudiante 2:** Sí, las clases para levantar pesas se ofrecen todos los lunes a las seis de la tarde.

Estudiante 2: *Eres una persona sedentaria.*

Hazle estas preguntas a tu compañero/a sobre el gimnasio Bienestar.

Vocabulario útil		
adelgazar	fumar	masajes
clases de poca duración	levantar pesas	ver la televisión

Los lunes a las 6:00 p.m.

Clases de levantar pesas
Disfruta de nuestras clases de

todos los lunes, miércoles y viernes de 6:00 p.m. a 6:30 p.m. y clases de boxeo los martes a las 4:00 p.m.

GIMNASIO MÚSCULOS
Para personas fuertes

Y para aliviar la tensión, los viernes ofrecemos masajes.

¡Te esperamos!

Todos los días hay entrenadores para ayudarte.

No te pierdas nuestros seminarios de este mes:
• Seminario para aliviar el estrés
• Seminario para mejorar tus ejercicios de estiramiento

¡Ven también los sábados y domingos! El gimnasio está abierto de 9:00 a.m. a 6:00 p.m.

Con tu compañero/a, contesten las siguientes preguntas:

1. ¿Tienen ustedes las mismas necesidades en el gimnasio? ¿Cuáles son las diferencias?

_____

_____

2. ¿Los dos llevan una vida sana? ¿Por qué?

_____

_____

3. Ahora, escribe cuatro recomendaciones para tu compañero/a.

a. _____ c. _____

b. _____ d. _____

contexts

3 **Hagamos ejercicio** En parejas, escojan una de las listas de palabras. Preparen una conversación divertida de dos o tres minutos en la que usen las palabras de esa lista. Sigan el modelo.

Modelo

> **Estudiante 1:** ¿Quieres ir al gimnasio a hacer ejercicio?
>
> **Estudiante 2:** No, qué pereza (*what a drag*).
>
> **Estudiante 1:** Ay, por favor, vamos. No quiero ir sola.
>
> **Estudiante 2:** Ya te dije que no quiero ir al gimnasio.
>
> **Estudiante 1:** Entonces… vamos a correr al parque.
>
> **Estudiante 2:** No y no. Quiero quedarme en mi cama y ver mi programa de televisión favorito.
>
> **Estudiante 1:** Bueno, no insisto más. Ahora entiendo por qué los chicos de la clase dicen que eres muy aburrida y sedentaria.
>
> **Estudiante 2:** ¿En serio? ¿Eso dicen?
>
> **Estudiante 1:** Sí, en serio. Si sigues así en poco tiempo vas a engordar mucho.
>
> **Estudiante 2:** Tienes razón. Te voy a acompañar al gimnasio y después, ¿podemos correr un poco en el parque?
>
> **Estudiante 1:** Oye, qué cambio. Espero que seas así todos los días de hoy en adelante.
>
> **Estudiante 2:** ¡Seguro! Vamos, démonos prisa. No quiero perder más tiempo.

adelgazar	apurarse
aliviar el estrés	aumentar de peso
flexible	el/la drogadicto/a
fuerte	activo/a
tranquilo/a	en exceso
aliviar la tensión	estar en buena forma
entrenarse	estar a dieta
la droga	sufrir muchas presiones
débil	fuerte
el bienestar	sedentario/a

estructura

15.1 The present perfect

1 **Una chica habladora**

A. Natalia habla mucho y sin pensar. Escribe las correcciones que le hace su hermana Fernanda. Sigue el modelo.

> **Modelo**
>
> **Marta y yo vamos al parque frecuentemente.**
> <u>No, te equivocas, Marta y tú nunca han ido al parque.</u>

1. José y Luisa viajan mucho a España.

   No, te equivocas, _____.

2. Sebastián y yo somos amigos hace muchos años.

   No, te equivocas, _____.

3. Fernando consume bebidas alcohólicas todos los días.

   No, te equivocas, _____.

4. Pilar le da dinero a su familia.

   No, te equivocas, _____.

5. Tú comes chocolates.

   No, te equivocas, _____.

6. Elena sale con un chico diferente cada semana.

   No, te equivocas, _____.

7. Diego conoce a los padres de sus amigos.

   No, te equivocas, _____.

8. Ellas hacen mucho ejercicio.

   No, te equivocas, _____.

9. Yo siempre termino mis tareas a tiempo.

   No, te equivocas, _____.

10. Tú y yo hablamos por teléfono siempre.

    No, te equivocas, _____.

B. Ahora, escribe tres oraciones similares a las de la actividad A. Después reta a un(a) compañero/a a escribir las respuestas.

1. _____

   _____

2. _____

   _____

3. _____

   _____

Lección 15 Estructura **337**

estructura

15.1 The present perfect

Estudiante 1

2 **Information Gap Activity** Analiza con tu compañero/a las posibilidades que tiene Margarita de mejorar su calidad de vida. Tú crees que su calidad de vida **SÍ** puede mejorar. Dile a tu compañero/a las razones por las cuales estás "a favor" y, con una frase diferente del recuadro, tu compañero/a comenta las razones por las cuales él/ella está "en contra". Conecta sus razones y las tuyas con **porque**. Inventa las dos últimas razones. Sigue el modelo. Tú empiezas.

Modelo

Estudiante 1: Margarita ha adelgazado treinta libras desde el año pasado.

Estudiante 2: Es probable que haya adelgazado treinta libras desde el año pasado,
pero ha engordado quince libras en dos semanas.

Estudiante 1: Es imposible que haya engordado quince libras en dos semanas,
porque ha reducido considerablemente el número de calorías diarias.

No puedo creer que…	Es increíble que…	No es probable que…
Es imposible que…	No estoy seguro/a de que…	Es difícil de creer que…
Dudo que…	No creo que…	Es poco probable que…

A FAVOR

- Ha adelgazado treinta libras desde el año pasado.
- Ha reducido considerablemente el número de calorías diarias.
- Ha intentado no comer dulces ni grasas.
- Ha empezado a comer alimentos ricos en vitaminas.
- Siempre ha disfrutado de muy buena salud.
- Nunca ha tenido problemas de estrés.
- Ha decidido mantenerse en forma.
- Siempre ha corrido cinco millas los fines de semana.
- _____
- _____

Ahora, con tu compañero/a, escriban una lista con las tres cosas más importantes que **NO** debe hacer Margarita y tres que **SÍ** debe hacer y/o debe seguir haciendo para llevar una vida sana y mejorar su calidad de vida.

_____
_____
_____
_____
_____

estructura

15.1 The present perfect

Estudiante 2

 .2 **Information Gap Activity** Analiza con tu compañero/a las posibilidades que tiene Margarita de mejorar su calidad de vida. Tú crees que su calidad de vida **NO** puede mejorar. Dile a tu compañero/a las razones por las cuales estás "en contra" y, con una frase diferente del recuadro, tu compañero/a comenta cada una de las razones por las cuales él/ella está "a favor". Conecta sus razones y las tuyas con **pero**. Inventa las dos últimas razones. Sigue el modelo. Tu compañero/a empieza.

> **Modelo**
>
> **Estudiante 1:** Margarita ha adelgazado treinta libras desde el año pasado.
> **Estudiante 2:** Es probable que haya adelgazado treinta libras desde el año pasado, pero ha engordado quince libras en dos semanas.
> **Estudiante 1:** Es imposible que haya engordado quince libras en dos semanas, porque ha reducido considerablemente el número de calorías diarias.

Es probable que…	Me preocupa mucho que…
Es bueno que…	Es una ventaja que…
Es excelente que…	Es interesante que…
Es posible que…	Es importante que…
Me alegro de que…	Es esencial que…

EN CONTRA

- Ha engordado quince libras en dos semanas.
- Ha aumentado su nivel de colesterol.
- No ha aprendido a comer una dieta equilibrada.
- Nunca le han gustado las verduras.
- Ha fumado y comido en exceso durante muchos años.
- Ha empezado a consumir alcohol.
- No ha hecho ejercicio en toda su vida.
- Siempre ha llevado una vida sedentaria.
- _____
- _____

Ahora, con tu compañero/a, escriban una lista con las tres cosas más importantes que **NO** debe hacer Margarita y tres que **SÍ** debe hacer y/o debe seguir haciendo para llevar una vida sana y mejorar su calidad de vida.

_____

_____

_____

_____

estructura

15.2 The past perfect

1 **Conversaciones**

A. Completa los diálogos con el tiempo correcto de los verbos del recuadro.

cambiar	salir
conocer	vender
hablar	viajar
irse	vivir

— ¿Dónde está Manuel?

— No sé. Cuando llegué, él ya (1) _____.

— Qué mal. Tengo que hablar con él.

— Yo pensé que tú ya (2) _____ con él.

— No he podido. Cada vez que trato de hablarle, él tiene algo urgente que hacer.

— Antes de ir a España, ¿ya (3) _____ al exterior (*abroad*)?

— No nunca (4) _____ del país ni tampoco (5) _____ tantas

personas interesantes en tan poco tiempo.

— Sí, por eso viajar es tan divertido.

— Sí, voy a empezar a viajar más seguido a los países hispanos. La verdad, nunca

(6) _____ una experiencia tan maravillosa.

— ¿Compraste el vestido?

— No, no pude. Cuando llegué al almacén, el dueño ya lo (7) _____.

— Qué lástima.

— No importa. De todas maneras, cuando llegué al centro comercial ya (8) _____

de opinión. Me compré estos zapatos.

B. En parejas, inventen una conversación similar a las de la actividad A y represéntenla ante la clase.

_____

_____

_____

_____

_____

_____

_____

_____

estructura

15.2 The past perfect

2 **Lo dudo** (student text p. 524) Escribe cinco oraciones, algunas ciertas y algunas falsas, de cosas que ya habías hecho antes de entrar a la universidad. Luego, en grupos, túrnense para leer sus oraciones. Cada miembro del grupo debe decir "es cierto" o "lo dudo" después de cada una. Escribe la reacción de cada compañero/a en la columna apropiada. ¿Quién obtuvo más respuestas ciertas?

Modelo

Oraciones	Miguel	Ana	Beatriz
1. Cuando tenía 10 años, ya había manejado el carro de mi papá.	Lo dudo.	Es cierto.	Lo dudo.

Oraciones	Nombre de tu compañero/a y su respuesta	Nombre de tu compañero/a y su respuesta	Nombre de tu compañero/a y su respuesta
1.			
2.			
3.			
4.			
5.			

estructura

15.3 The past perfect subjunctive

1 **Isabela y Pedro** Isabela está de viaje en Venezuela y decidió escribirle un mensaje electrónico a su esposo, Pedro. Completa el mensaje y la respuesta que Pedro le dio.

Para: Pedro	De: Isabela	Asunto: ¡Eres un irresponsable!

Hola, Pedro:

¿Llevaste mi carro al taller? La verdad, dudo que lo (1) _____

(hacer). Carolina me contó que estuviste de fiesta todo el fin de semana. Me

parece muy mal que aproveches (*that you take advantage*) que yo no estoy en la

casa para hacer fiestas. Sin embargo, dudo mucho que (2) _____

(divertirse) tanto como yo aquí en Venezuela. También dudo que

(3) _____ (limpiar) la casa después de tu gran fiesta y que

(4) _____ (sacar) el perro a pasear aunque sea una vez.

¡Ah! Espero que cuando yo llegue ya (5) _____ (arreglar) la

secadora y (6) _____ (comprar) las verduras en el mercado. No

quiero llegar de mi viaje directamente a hacer compras al mercado.☺

Nos vemos pronto,

Isabela

Para: Isabela	De: Pedro	Asunto: Re: ¡Eres un irresponsable!

Hola, Isa:

Te cuento que tu amiga Carolina es una chismosa (*gossip*). No es verdad que yo

(7) _____ (estar) de fiesta todo el fin de semana. Qué lástima que

(8) _____ (pensar) que yo estaba aprovechando que tú no estás en

casa para hacer fiestas.

Por otra parte, no pienso perdonarte que (9) _____ (decir) que soy

un irresponsable. Y, aunque me puse triste cuando te fuiste, ahora me alegro de

que lo (10) _____ (hacer). Qué bueno que estés tan lejos, porque

eres una mujer insoportable (*unbearable*).

¿Sabes qué? No te preocupes por volver pronto, de todas maneras cuando vuelvas,

yo ya no voy a estar aquí. Me voy.☺

Pedro

estructura

15.3 The past perfect subjunctive

2 **El escéptico** Nicolás es un joven muy escéptico (*skeptical*), y siempre duda de todo lo que le cuentan sus amigos. Escribe lo que contesta Nicolás a las afirmaciones de sus amigos. Sigue el modelo.

Modelo

Parece que tu papá dejó de fumar. (no creer)
No. No creo que mi papá haya dejado de fumar.

1. Yo creo que Daniela ya leyó el libro que le regalaste. (dudar)

   No. _____.

2. Estoy segura de que Leonardo vio la película que le recomendaste. (ser imposible)

   No. _____.

3. Laura ya terminó sus tareas. (no creer)

   No. _____

4. Parece que tus papás ya llegaron del viaje. (no ser cierto)

   No. _____.

5. Nuestros compañeros de clase fueron al gimnasio ayer. (no ser probable)

   No. _____.

6. Supe que tu antigua (*former*) novia adelgazó 5 kilos. (no creer)

   No. _____.

7. Mis tíos estuvieron a dieta por más de diez años. (no ser verdad)

   No. _____.

8. Ramón dijo que hizo ejercicio todo el fin de semana. (no ser seguro)

   No. _____.

9. Mi mamá vendió su casa de las afueras. (no ser posible)

   No. _____.

10. Tus primos empezaron a llevar una vida sana. (ser improbable)

   No. _____.

comunicación

1 **¿Te preocupas por tu bienestar?** Convierte las oraciones de la primera columna en preguntas. Circula por la clase, encuesta a tus compañeros/as y escribe sus nombres y sus respuestas en la columna correcta. Sigue el modelo. Al final, comparte los resultados con la clase.

> **Modelo**
>
> **ser sedentario/a**
> **Estudiante 1:** ¿Crees que eres sedentario?
> **Estudiante 2:** No. Soy muy activo.
> **Estudiante 1:** ¿Y siempre has llevado una vida activa?
> **Estudiante 2:** No. Empecé a hacer ejercicio hace dos años.

Categorías	Nombre	Respuesta
ser sedentario	Antonio	No. Es muy activo y ha hecho ejercicio desde hace dos años.
1. hacer ejercicio		
2. estar a dieta		
3. llevar una vida sana		
4. fumar		
5. levantar pesas		
6. sufrir muchas presiones		
7. ser teleadicto/a		
8. comer una dieta equilibrada		
9. consumir alcohol		
10. entrenarse		
11. ¿?		
12. ¿?		

comunicación

2   Entrevistas En grupos de cuatro personas, preparen un reportaje para un noticiero. Entrevisten a varios jóvenes y pregúntenles cómo cuidan su cuerpo y lo que hacen para mantenerse en forma. Tres de ustedes son los/las entrevistados/as y uno/a es el/la periodista. Incluyan una de las listas de palabras o hagan una propia para su reportaje, además de la gramática de la lección.
¡Sean creativos/as!

Modelo

Compañero 1: ¿Qué tal? ¿Puedo hacerte unas preguntas?

Compañero 2: ¿Es una entrevista para la televisión?

Compañero 1: Sí. Para el noticiero de las 12.

Compañero 2: Claro que sí. Pregúntame lo que quieras.

Compañero 1: ¿Piensas que llevas una vida sana?

Compañero 2: Sí, yo creo que sí. Todos los días levanto pesas, hago gimnasia y entreno en la cinta caminadora.

Compañero 1: Y qué tal la nutrición, ¿comes bien?

Compañero 2: Sí, de lunes a viernes trato de no comer grasas y consumo pocas calorías.

Compañero 1: ¿De lunes a viernes?

Compañero 2: Sí. Es que los fines de semana como pizzas, hamburguesas y refrescos en exceso.

Compañero 1: Bueno. Muchas gracias.

Compañero 2: Oye, espera. ¡Todavía no te he mostrado mis músculos!

la droga	llevar una vida sana	el/la teleadicto/a	la bebida alcohólica
adelgazar	levantar pesas	aliviar el estrés	la caloría
aumentar de peso	el colesterol	hacer aeróbicos	la dieta
el bienestar	la cinta caminadora	(no) fumar	hacer gimnasia
estar a dieta	entrenarse	fuerte	la cafeína
activo/a	sudar	el/la entrenador(a)	el/la proteína
el masaje	calentarse	aliviar la tensión	hacer estiramiento
disfrutar (de)	la caloría	sedentario/a	la merienda
en exceso	consumir alcohol	el músculo	
¿?		¿?	

comunicación

3 **Concurso de la tercera edad** En grupos, su profesor(a) les entrega unas tarjetas con un perfil (*profile*) en cada una. Escojan sus roles y preparen un concurso (*contest*) de televisión que premia a las personas más ancianas del mundo. Recuerden incluir el vocabulario y la gramática de esta lección. Presenten su programa a la clase; sus compañeros/as deben decidir quién es el/la mejor anciano/a. ¡Sean creativos/as!

Modelo

Señor Jiménez: Don Guillermo, ¿qué ha hecho usted para vivir 98 años?

Don Guillermo: Bueno, siempre había comido bien, pero a los 20 años, dejé de comer carne.

Señor Jiménez: ¿Y ha hecho ejercicio?

Don Guillermo: Sí, y además de eso, he vivido siempre en las afueras, he tratado de no estresarme y he sido bueno con los animales y con la naturaleza.

Señor Jiménez: Vaya, usted es una gran persona, don Guillermo. Qué bien que haya hecho tantas cosas para mantenerse saludable. ¿Qué consejo les da a los jóvenes que quieran vivir tanto como usted?

Don Guillermo: Que no consuman bebidas alcohólicas y que no fumen. Es malo para la salud.

Señor Jiménez: Muchas gracias, don Guillermo. Enseguida regresamos con más entrevistas y con la decisión del público en el concurso de la tercera edad.

3 **Concurso de la tercera edad**

Time: 30 minutes

Resources: Role-play cards

Instructions: Photocopy the role-play cards. Give one set to each group of five and ask students to choose a role. Groups should prepare a six- to eight-minute talk show skit using the vocabulary and grammar from the lesson. Give students 15 minutes to prepare their skits. Make sure all students have a speaking part. After all the groups have presented, poll the class to vote on which show was the most creative, fun, interesting, etc.

If you cannot divide the class into groups of five, or if you want the interviews to be shorter, you can create smaller groups by cutting one or two of the secondary characters from each set of cards. You can also create your own role-play cards if you need to.

To expand this activity, ask students to come dressed as their character and prepare their own sets. Students could also film their conversations and share them with the class.

3 Role-play cards

Señor(a) Jiménez, 35 años, periodista, Paraguay.

Eres el/la presentador(a) (*host*). Debes dar la bienvenida al programa y presentar a los/las invitados/as. Después de esto, debes hacerles estas preguntas:

1. ¿Cuántos años tiene usted?
2. ¿Qué ha hecho para vivir tanto tiempo?
3. ¿Tiene hijos/as, nietos/as, bisnietos/as?
4. ¿Cómo es su estilo de vida?
5. ¿Qué consejo les da a los/las jóvenes para que lleguen a vivir tanto como usted?
6. ¿Por qué cree que usted debe ser el/la ganador(a) del concurso de la tercera edad?
7. Si usted no gana, ¿quién cree que debe ganar el concurso?

Vicente, 85 años, Cuba.

Eres un hombre delgado pero fuerte. Piensas que el secreto para vivir mucho tiempo es no comer carne y ejercitarse diariamente. Fuiste jugador de fútbol y todavía te gusta jugar con tus nietos y tus bisnietos. Eres muy activo y en tus ratos libres pintas paisajes (*landscapes*).

María, 88 años, Costa Rica.

Eres una mujer tranquila y activa. Piensas que el secreto para vivir mucho tiempo es no estresarse y no fumar. Te gusta mucho caminar, correr y escalar montañas. Tus nietos siempre se cansan más rápido que tú, por eso les dices que son unos débiles.

Camila, 93 años, Nicaragua.

Eres una mujer alta y fuerte. Piensas que el secreto para vivir mucho tiempo es tener hijos que te cuiden y sentirte bien con todo lo que haces. Te gusta comer mucho y vivir en la ciudad. Te encanta ir a los centros comerciales y comprar ropa que te haga ver más joven. A veces tus nietas te prestan su ropa.

Raúl, 96 años, Venezuela.

Eres un hombre sedentario y sudas mucho. Piensas que el secreto para vivir mucho tiempo es beber buen vino y ser egoísta. No entiendes por qué has vivido tanto tiempo pero te hace feliz saber que eres el más rico de tu ciudad y que los jóvenes te envidian. Eres muy solitario.

Señor(a) Jiménez, 35 años, periodista, Paraguay.

Eres el/la presentador(a) (*host*). Debes dar la bienvenida al programa y presentar a los/las invitados/as. Después de esto, debes hacerles estas preguntas:

1. ¿Cuántos años tiene usted?
2. ¿Qué ha hecho para vivir tanto tiempo?
3. ¿Tiene hijos/as, nietos/as, bisnietos/as?
4. ¿Cómo es su estilo de vida?
5. ¿Qué consejo les da a los/las jóvenes para que lleguen a vivir tanto como usted?
6. ¿Por qué cree que usted debe ser el/la ganador(a) del concurso de la tercera edad?
7. Si usted no gana, ¿quién cree que debe ganar el concurso?

Víctor, 100 años, Paraguay.

Eres un anciano muy enfermo. Desde joven has sufrido muchas enfermedades y piensas que el secreto para vivir mucho tiempo es despertar lástima en los demás para que te ayuden y hagan lo que tú quieras. Eres muy sedentario y pocas veces sales de tu casa porque te duelen mucho los pies cuando caminas.

Adelita, 87 años, Ecuador.

Eres una señora muy respetada en tu comunidad. Piensas que el secreto para vivir mucho tiempo es tratar bien a los animales. Vives es una granja con muchos animales. No te gustan los jóvenes porque son maleducados.

Gilberto, 91 años, Argentina.

Eres un hombre anciano por fuera pero muy joven por dentro. Piensas que el secreto para vivir mucho tiempo es caminar en las montañas por lo menos dos veces por semana y comer bien. Te sientes como si tuvieras treinta años, de hecho tienes una novia que tiene tan sólo veinticinco años y te ama mucho.

Rubiela, 95 años, El Salvador.

Eres una mujer saludable a pesar de tu edad. Piensas que el secreto para vivir mucho tiempo es dormirse temprano y levantarse muy temprano a correr. Aunque eres viuda, todavía crees que puedes encontrar a alguien con quien pasar los años que te quedan de vida.

---

3 Role-play cards

Señor(a) Jiménez, 35 años, periodista, Paraguay.

Eres el/la presentador(a) (*host*). Debes dar la bienvenida al programa y presentar a los/las invitados/as. Después de esto, debes hacerles estas preguntas:

1. ¿Cuántos años tiene usted?
2. ¿Qué ha hecho para vivir tanto tiempo?
3. ¿Tiene hijos/as, nietos/as, bisnietos/as?
4. ¿Cómo es su estilo de vida?
5. ¿Qué consejo les da a los/las jóvenes para que lleguen a vivir tanto como usted?
6. ¿Por qué cree que usted debe ser el/la ganador(a) del concurso de la tercera edad?
7. Si usted no gana, ¿quién cree que debe ganar el concurso?

Abel, 82 años, Uruguay.

Eres un hombre muy fuerte y flexible a pesar de tu edad. Piensas que el secreto para vivir mucho tiempo es entrenarse diariamente y levantar pesas. Esperas poder vivir muchos años más y llegar a ser el hombre más viejo y fuerte del mundo.

Belén, 90 años, Colombia.

Eres una mujer trabajadora y muy activa. Piensas que el secreto para vivir mucho tiempo es comer pescado, verduras y muchas frutas. Nunca has hecho ejercicio, pero crees que estás en muy buena forma.

Benito, 86 años, Honduras.

Eres un hombre débil y sedentario. Piensas que el secreto para vivir mucho tiempo es reír viendo todas las comedias (*sitcom*) de televisión y comer todo lo que quieras, sin importar las calorías ni las vitaminas. Has vivido todos estos años feliz, tienes muy buen sentido del humor y piensas que los demás ancianos son antipáticos y aburridos.

Rosa, 89 años, Bolivia.

Eres una mujer tranquila y fuerte. Piensas que el secreto para vivir mucho tiempo es ejercitarse en exceso y beber mucha agua, y no consumir ni dulces ni grasas. Vives sola y te gusta vivir así. Tu familia se fue porque siempre los criticabas y les decías que tenían malos hábitos alimenticios y que no se ejercitaban.

Señor(a) Jiménez, 35 años, periodista, Paraguay.

Eres el/la presentador(a) (*host*). Debes dar la bienvenida al programa y presentar a los/las invitados/as. Después de esto, debes hacerles estas preguntas:

1. ¿Cuántos años tiene usted?
2. ¿Qué ha hecho para vivir tanto tiempo?
3. ¿Tiene hijos/as, nietos/as, bisnietos/as?
4. ¿Cómo es su estilo de vida?
5. ¿Qué consejo les da a los/las jóvenes para que lleguen a vivir tanto como usted?
6. ¿Por qué cree que usted debe ser el/la ganador(a) del concurso de la tercera edad?
7. Si usted no gana, ¿quién cree que debe ganar el concurso?

Aurelio, 98 años, México.

Eres un hombre sedentario y débil. Piensas que el secreto para vivir mucho tiempo es sufrir muchas presiones, ya que eso hace que tu corazón sea más fuerte. Esperas cumplir cien años y morir al día siguiente porque no quieres que te digan que eres el hombre de los tres siglos (*centuries*).

Maite, 93 años, España.

Eres una mujer tranquila y no estás en buena forma. Piensas que el secreto para vivir mucho tiempo es aliviar el estrés comiendo todo lo que quieras. Antes de morir deseas escribir un libro con todas las recetas de las deliciosas comidas que sabes preparar.

Josefina, 84 años, Panamá.

Eres una mujer activa en exceso. Piensas que el secreto para vivir mucho tiempo es estar siempre ocupada en algo y tener por lo menos 20 hijos. Tienes una familia grande y deseas vivir muchos años más para ver crecer a tus bisnietos/as ¿Y por qué no? ¡Tal vez conocer a tus tataranietos/as!

Abraham, 85 años, Puerto Rico.

Eres un hombre activo y alegre. Piensas que el secreto para vivir mucho tiempo es bailar, cantar y tocar la guitarra todo el día. Quieres, antes de morir, enseñarle a todos tus nietos a tocar tus canciones y a bailar salsa para que todos puedan recordarte cuando ya no estés.

---

recapitulación

1 Ordenar Ordena las palabras en las categorías correctas.

aliviar el estrés	la caloría	el músculo
el bienestar	la cinta caminadora	no fumar
la cafeína	el/la entrenador(a)	la proteína

la vida sana	en el gimnasio	la nutrición
1. _____	_____	_____
2. _____	_____	_____
3. _____	_____	_____

2 Seleccionar Selecciona la palabra que no está relacionada con cada grupo.

1. el estrés • la tensión • las presiones • la vitamina
2. llevar una vida sana • mantenerse en forma • fumar • levantar pesas
3. activo • débil • fuerte • flexible
4. la grasa • la proteína • la caloría • el masaje

3 Escoger Escoge la opción que completa correctamente cada oración.

1. Ese chico es muy _____; levanta pesas y corre todos los días.

   a. débil   b. activo   c. sedentario

2. Un _____ necesita consumir drogas constantemente para sentirse bien.

   a. drogadicto   b. músculo   c. teleadicto

3. Mis amigos insisten en que yo adelgace consumiendo menos _____.

   a. vitaminas   b. minerales   c. grasas

4. Nuestras tías acostumbran comer la _____ todos los días en la tarde.

   a. dieta   b. merienda   c. vitamina

4 La nueva vida de mi hermana Completa el párrafo con los tiempos correctos de los verbos del recuadro. Dos verbos no son necesarios.

adelgazar	estar a dieta
aliviar el estrés	levantar pesas
apurarse	sufrir muchas presiones

Hace unos días mi hermana decidió que quiere dejar de trabajar tanto para (1) _____.

Ayer empezó a ir al gimnasio y allí (2) _____ y hace ejercicios aeróbicos. Desde la semana

pasada (3) _____ porque quiere (4) _____. Todo eso está muy bien,

pero yo pienso que ella debe visitar a un nutricionista que la examine y que le recomiende la dieta y

el ejercicio correctos.

5 **Completar** Completa las oraciones con el presente perfecto de los verbos entre paréntesis.

1. Andrés _____ (adelgazar) mucho gracias a la dieta.

2. Nosotros _____ (trabajar) mucho este año para poder ir de vacaciones al Caribe.

3. Pedro no _____ (fumar) esta semana.

4. Mis compañeros _____ (tratar) de aliviar el estrés haciendo ejercicio.

6 **Oraciones** Completa las oraciones con el pasado perfecto. Sigue el modelo.

> **Modelo**
> **Cuando yo tenía diez años ya** <u>había viajado a un país hispano.</u>

1. Antes de entrar a la universidad, yo ya _____.

2. Cuando mis hermanos empezaron la universidad, ellos ya _____.

3. Antes de tener hijos, mis abuelos ya _____.

4. Al empezar el semestre, nosotros ya _____.

7 **Preguntas** Contesta las preguntas con el pasado perfecto de subjuntivo. Sigue el modelo.

> **Modelo**
> **¿Crees que Darío entendió la tarea? (no creer)**
> <u>No creo que Darío la haya entendido.</u>

1. ¿Crees que los chicos se tomaron la sopa? (dudar)

_____

2. ¿Crees que Luis volvió de su viaje? (ser imposible)

_____

3. ¿Crees que Juan y Lucía estudiaron para el examen? (no ser probable)

_____

4. ¿Crees que yo aumenté de peso? (no ser cierto)

_____

8 **¡A practicar!** En grupos de cuatro personas, preparen una escena donde tres de ustedes son personas que llegan a hacer ejercicio por primera vez a un gimnasio; el/la otro/a es el/la entrenador(a), quien se vuelve loco/a porque todos/as quieren que él/ella los/las ayude con sus ejercicios. Incluyan:

- el vocabulario (el bienestar, en el gimnasio, la nutrición, etc.)
- el presente perfecto
- el pasado perfecto
- el pasado perfecto de subjuntivo

contextos

1 **Horizontales:** 2. bebida alcohólica 4. cinta caminadora 8. merienda 9. nutricionista 10. entrenador **Verticales:** 1. teleadicto 3. drogadicto 5. masaje 6. sedentario 7. fuerte

2 Answers will vary.

3 Answers will vary.

estructura

15.1 The present perfect

1 **A.** 1. José y Luisa nunca han viajado a España 2. Sebastián y tú nunca han sido amigos 3. Fernando nunca ha consumido bebidas alcohólicas 4. Pilar nunca le ha dado dinero a su familia 5. yo nunca he comido chocolates 6. Elena nunca ha salido con un chico/chicos diferente/diferentes cada semana 7. Diego nunca ha conocido a los padres de sus amigos 8. ellas nunca han hecho (mucho) ejercicio 9. tú nunca has terminado tus tareas a tiempo 10. tú y yo nunca hemos hablado por teléfono **B.** Answers will vary.

2 Answers will vary.

15.2 The past perfect

1 **A.** 1. se había ido 2. habías hablado 3. habías viajado 4. había salido 5. había conocido 6. había vivido 7. había vendido 8. había cambiado **B.** Answers will vary.

2 Answers will vary.

15.3 The past perfect subjunctive

1 1. hayas hecho 2. te hayas divertido 3. hayas limpiado 4. hayas sacado 5. hayas arreglado 6. hayas comprado 7. haya estado 8. hayas pensado 9. me hayas dicho 10. hayas hecho

2 1. dudo que lo haya leído 2. es imposible que la haya visto 3. no creo que las haya terminado 4. no es cierto que ellos ya hayan llegado 5. no es probable que ellos hayan ido al gimnasio ayer 6. no creo que ella haya adelgazado 5 kilos 7. no es verdad que ellos hayan estado a dieta por más de diez años 8. no es seguro que él haya hecho ejercicio todo el fin de semana 9. no es posible que la haya vendido 10. es improbable que ellos hayan empezado a llevar una vida sana

comunicación

1 Answers will vary.

2 Answers will vary.

3 Answers will vary.

recapitulación

1 **la vida sana:** 1. aliviar el estrés 2. el bienestar 3. no fumar **en el gimnasio:** 1. la cinta caminadora 2. el/la entrenador(a) 3. el músculo **la nutrición:** 1. la cafeína 2. la caloría 3. la proteína

2 1. la vitamina 2. fumar 3. débil 4. el masaje

3 1. b 2. a 3. c 4. b

4 1. aliviar el estrés 2. levanta pesas 3. está a dieta 4. adelgazar

5 1. ha adelgazado 2. hemos trabajado 3. ha fumado 4. han tratado

6 Answers will vary.

7 1. Dudo que los chicos se hayan tomado la sopa. 2. Es imposible que Luis haya vuelto de su viaje. 3. No es probable que Juan y Lucía hayan estudiado para el examen. 4. No es cierto que tú hayas aumentado de peso.

8 Answers will vary.

contextos

1 **Crucigrama** Resuelve el crucigrama.

Horizontales

1. alguien que se dedica a hacer reportajes
6. persona que solicita un empleo
9. oficio, trabajo
10. el pago que recibe un empleado por su trabajo

Verticales

2. organización que realiza actividades industriales, comerciales o de servicios
3. cuando un grupo de personas se reúne para hablar de algún tema
4. paso a un mejor empleo dentro de la misma compañía
5. hombre que tiene como profesión cortar y arreglar el pelo a otras personas
7. trabajo a distancia donde se usa mucho la tecnología
8. persona que tiene la autoridad para tomar decisiones en una compañía y que está encargado de supervisar a los empleados

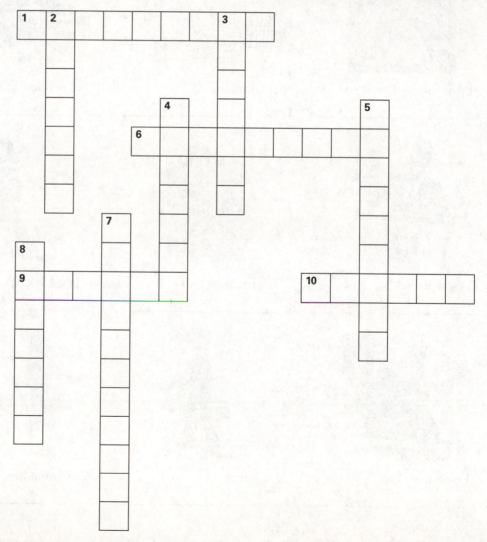

contexts

2 **Correcto o incorrecto** Si las palabras corresponden a la imagen, marca el círculo. Si no corresponden, escribe las palabras apropiadas.

la mujer de negocios ○

1. _____

el pintor ○

2. _____

el bombero ○

3. _____

el psicólogo ○

4. _____

el cocinero ○

5. _____

el político ○

6. _____

el científico ○

7. _____

la arquitecta ○

8. _____

la electricista ○

9. _____

el maestro ○

10. _____

la actriz ○

11. _____

la contadora ○

12. _____

contextos

3 **Qué trabajo tan...** En parejas, escojan una lista de palabras. Preparen una conversación donde dos amigos/as tienen una discusión divertida sobre quién tiene el trabajo más aburrido/divertido/interesante. La conversación debe ser de dos minutos; usen todas las palabras de la lista que escogieron.

Modelo

Amigo 1: Oye, cuéntame cómo vas en tu nuevo empleo.

Amigo 2: Mal. Es muy aburrido.

Amigo 1: ¿Qué haces en la empresa?

Amigo 2: Soy abogado pero el gerente cree que yo soy su secretario personal y todo el día quiere que le escriba cartas y que llame a los clientes.

Amigo 1: Vaya. ¿Sabes qué? Creo que el trabajo de mi hermano es más aburrido que el tuyo.

Amigo 2: ¿Qué hace?

Amigo 1: Es bombero pero su jefe siempre quiere que él les dé consejos a sus compañeros y que haga de psicólogo. Mi hermano le insiste en que él no es psicólogo, pero su jefe le dice que no hay dinero para pagar uno.

Amigo 2: Eso sí que es aburrido. ¿Y cómo va tu trabajo?

Amigo 1: Muy bien. Trabajo como reportero y voy todo el día de un lugar a otro, entrevistando personas, y así.

Amigo 2: Qué trabajo tan interesante.

el/la abogado/a	el/la secretario/a
el/la arquitecto/a	el/la peluquero/a
el anuncio	el puesto
los beneficios	la entrevista
despedir	renunciar
el/la científico/a	el/la diseñador(a)
el/la maestro/a	el/la pintor(a)
el salario	el currículum
la solicitud de trabajo	el/la entrevistador(a)
invertir	contratar

Lección 16 Contextos **355**

estructura

16.1 The future

1   **Los propósitos de Laura** Laura siempre hace propósitos (*resolutions*) de Año Nuevo pero nunca los cumple. Esta vez ha decidido escribirlos en su diario para que no se le olviden. Completa lo que ella escribe con el futuro de los verbos entre paréntesis.

Querido diario:

Prometo que el año que viene (1) _____ (yo, llevar) una vida diferente.

(2) _____ (Renunciar) a mi trabajo en el banco porque es muy aburrido y

(3) _____ (solicitar) un empleo como actriz en alguna telenovela. No

(4) _____ (comer) tantas grasas, (5) _____ (consumir) menos

café, (6) _____ (hacer) ejercicio en el gimnasio y, así, (7) _____

(adelgazar) por lo menos 8 kilos.

También prometo que no (8) _____ (ver) tanta televisión y que, en cambio,

(9) _____ (escuchar) más la radio. (10) _____ (Invitar) a mis

amigos a aprender a bailar salsa y así, ellos (11) _____ (salir) más y todos

nosotros (12) _____ (poder) conocer gente nueva. (13) _____

(Aceptar) ser la novia de Nicolás y, en poco tiempo, (14) _____ (nosotros,

enamorarse). (15) _____ (Ir) juntos de vacaciones a República Dominicana

y, allí (16) _____ (visitar) el Alcázar de Colón.

Yo (17) _____ (trabajar) duro en la telenovela y en un año, Nicolás

(18) _____ (casarse) conmigo. ¡Qué emoción! El año que viene todos

(19) _____ (ser) muy felices.

Laura

estructura

16.1 The future

Estudiante 1

2 **Information Gap Activity** (student text p. 555) Aquí tienes una serie incompleta de dibujos sobre el futuro de Cristina. Tú y tu compañero/a tienen dos series diferentes. Háganse preguntas y respondan de acuerdo a los dibujos para completar la historia.

Modelo

Estudiante 1: ¿Qué hará Cristina en el año 2020?

Estudiante 2: Ella se graduará en el año 2020.

Ahora, con tu compañero/a, imaginen lo que harán ustedes en los siguientes años.

Utilicen estos verbos: **hacer, poder, poner, querer, saber, salir, tener** y **venir.**

1. 2020: _____

2. 2030: _____

3. 2040: _____

4. 2050: _____

estructura

16.1 The future

Estudiante 2

2 **Information Gap Activity** (student text p. 555) Aquí tienes una serie incompleta de dibujos sobre el futuro de Cristina. Tú y tu compañero/a tienen dos series diferentes. Háganse preguntas y respondan de acuerdo a los dibujos para completar la historia.

Modelo

> **Estudiante 1:** ¿Qué hará Cristina en el año 2020?
> **Estudiante 2:** Ella se graduará en el año 2020.

Ahora, con tu compañero/a, imaginen lo que harán ustedes en los siguientes años.

Utilicen estos verbos: **hacer, poder, poner, querer, saber, salir, tener** y **venir.**

1. 2020: _____

2. 2030: _____

3. 2040: _____

4. 2050: _____

estructura

16.2 The future perfect

1 **¿Qué habrán hecho?**

A. Completa las conversaciones con los verbos entre paréntesis. Escoge el verbo correcto para cada caso.

> **Modelo**
>
> —**Mariela, hija, ¿ya terminaste todas tus tareas?**
> —**Todavía no, mamá. Pero mañana a esta hora ya <u>habré terminado</u> (terminar/conocer) de hacerlas.**

—Hola, David, ¿ya conseguiste trabajo?

—Todavía no, pero estoy seguro de que, para el lunes, (1) _____ (conocer/conseguir) trabajo.

—¿En serio? Dudo que consigas trabajo tan pronto.

—El domingo a esta hora le (2) _____ (enviar/llamar) mi currículum a Bill Gates. Mi currículum es tan bueno que estoy seguro de que él personalmente me llamará el lunes.

—¿Y cómo vas a hacer para conocer a Bill Gates?

—Pues, si tú me ayudas, mañana en la tarde ya (3) _____ (vivir/llamar) a su compañía y ya (4) _____ (conseguir/volver) una cita con él.

—Pues eso no es nada fácil.

—Tienes razón. Pero voy a intentarlo.

—¿Qué países crees que (5) _____ (enviar/conocer) tus compañeros en cinco años?

—El Salvador, México, Argentina, Colombia y Panamá.

—¿Y qué trabajos (6) _____ (solicitar/llamar)?

—Todos menos el de electricista. Yo sé que a ellos les da miedo la electricidad.

—¿Y en qué ciudades (7) _____ (hacer/vivir)?

—En esta misma ciudad. Perdón, ¿crees que en dos minutos (8) _____ (volver/terminar) esta entrevista?

—Ah sí, no te preocupes, ya puedes irte y muchas gracias.

—Estoy tan emocionada. Dentro de un año, nuestra hija ya (9) _____ (graduarse/solicitar) de abogada.

—Qué bueno. ¿Y piensas que para el año 2018 ella ya (10) _____ (llamar/volver) de hacer su especialización en Argentina?

 B. En parejas, escojan una de las conversaciones de la actividad A y represéntenla ante la clase.

estructura

16.2 The future perfect

2 **Encuesta** (student text p. 557) Pregúntales a tres compañeros/as para cuándo habrán hecho las cosas relacionadas con sus futuras carreras, que se mencionan en la lista. Toma nota de las respuestas y luego comparte con la clase la información que obtuviste.

Modelo

Estudiante 1: ¿Para cuándo habrás terminado tus estudios, Carla?
Estudiante 2: Para el año que viene habré terminado mis estudios.
Estudiante 1: Carla habrá terminado sus estudios para el año que viene.

Actividades	Nombre de tu compañero/a y su respuesta	Nombre de tu compañero/a y su respuesta	Nombre de tu compañero/a y su respuesta
1. escoger especialización			
2. aprender a escribir un buen currículum			
3. comenzar a desarrollar contactos con empresas			
4. decidir el tipo de puesto que quiere			
5.			
6.			

estructura

16.3 The past subjunctive

1 **Un mensaje electrónico** Daniela decidió escribirle a su mamá un mensaje electrónico para contarle cómo le fue en la mudanza. Completa lo que le escribió a su mamá y la respuesta que ella le dio. Usa los verbos del recuadro. Algunos verbos se pueden usar más de una vez.

ayudar	esperar	poder
conocer	estar	recuperar
escribir	ir	venir

Para: mamá   **De:** Daniela   **Asunto:** Ya nos mudamos

Hola, mamá. ¿Cómo estás?

Nosotros estamos muy bien. Nos mudamos la semana pasada. Yo le pedí a

Mauricio que nos (1) _____ pero él me dijo que tenía que

trabajar. Temía que nosotros no (2) _____ terminar de

mudarnos antes del anochecer, entonces decidí llamar a Alejandro. Él vino

de inmediato. La verdad yo dudaba que él (3) _____ porque

vive muy lejos. Mi esposo me sugirió que (4) _____ hasta el

otro día para terminar la mudanza, pero yo tenía que ir a trabajar. Me pidió

insistentemente que yo no (5) _____ a trabajar y al final

acepté. Bueno, ya tengo que irme. Cuéntame, ¿qué ha pasado de nuevo en casa?

Te quiero, Daniela

Para: Daniela   **De:** mamá   **Asunto:** Re: Ya nos mudamos

Hola, hija:

Me alegró mucho de que me (6) _____. Tenía muchas ganas de

saber de ustedes. ¡Qué bueno que finalmente se mudaron!

Por aquí todo está muy bien. Ayer fui a ver a tu tío Felipe en el hospital

y me saludó como si no me (7) _____. Les pregunté a los

médicos cómo estaba él después del accidente y me dijeron que era difícil

que se (8) _____ completamente, pero que ya podía caminar

un poco. Tú papá dijo que era una lástima que Felipe todavía

(9) _____ enojado con él porque tenía muchas ganas de ir a

verlo. Yo esperaba que tú (10) _____ a verlo este fin de

semana al hospital pero parece que estás muy ocupada.

Por favor, escríbeme en cuanto puedas.

Tu mamá, Cristina

---

estructura

16.3 The past subjunctive

2 | **Una historia de la niñez**

A. Elena no soporta (*can't stand*) a los niños de hoy. Ella piensa que los niños de antes eran diferentes. Completa la historia de su niñez con los verbos entre paréntesis.

Los niños de hoy son insoportables (*unbearable*). Cuando mi hermana y yo éramos niñas las cosas eran muy diferentes. Por ejemplo, mi mamá nos decía que no (1) _____ (hablar) con extraños cuando veníamos de la escuela. También nos pedía que no (2) _____ (correr) dentro de la casa, que no (3) _____ (contestar) el teléfono a menos que ella estuviera presente y que le (4) _____ (ayudar) con los quehaceres. Mi papá no nos permitía jugar hasta que (5) _____ (terminar) las tareas. Antes de que nos (6) _____ (ir) a dormir, nos exigían que nos (7) _____ (lavar) los dientes. Los fines de semana eran diferentes. Nuestros papás le pedían a una prima que (8) _____ (venir) a cuidarnos mientras ellos salían a bailar.

Nuestra prima nos decía que (9) _____ (ver) la televisión y que (10) _____ (comer) todo lo que (11) _____ (querer) pero que no la (12) _____ (molestar) mientras ella hablaba por teléfono con sus amigos. Aunque nos divertíamos mucho, nuestros papás nos hacían mucha falta y le pedíamos a nuestra prima que los (13) _____ (llamar). Ellos regresaban de inmediato. Mi hermana y yo les pedíamos que se (14) _____ (quedarse) con nosotras en nuestro cuarto hasta que nos (15) _____ (dormirse). Ay, cómo han cambiado las cosas... definitivamente los niños de hoy son unos malcriados (*spoiled*).

B. Ahora, escribe una historia corta similar a la de la actividad A. Compártela con la clase.

_____
_____
_____
_____
_____
_____
_____
_____
_____
_____

comunicación

Estudiante 1

1 **Information Gap Activity** El mes pasado tu profesor(a) te dio ocho consejos de lo que **SÍ** debes hacer en tu próxima entrevista de trabajo. A tu compañero/a le dio ocho consejos de lo que **NO** debe hacer. Averígualos (*find out what they are*) y toma notas. Sigue el modelo. Tú empiezas, pero antes añade dos consejos más a tu lista.

> **Modelo**
>
> **Consejo:** No llegues tarde.
> **Estudiante 1:** ¿Qué te aconsejó el/la profesor(a) que no hicieras?
> **Estudiante 2:** Me aconsejó que no llegara tarde.

- Infórmate bien sobre la empresa.
- Sé agradable con el/la entrevistador(a).
- Muestra interés por la empresa.
- Habla sobre tu proyecto profesional.
- Escucha atentamente cada pregunta.
- Responde a las preguntas con naturalidad y seguridad.
- Haz preguntas pertinentes al puesto y a la empresa.
- Menciona tus logros (*achievements*) y experiencias profesionales.
-
-

Ahora, escribe los diez consejos que aprendiste de tu compañero/a para completar tu lista.

1. No llegues tarde. _____
2. _____
3. _____
4. _____
5. _____
6. _____
7. _____
8. _____
9. _____
10. _____

comunicación

Estudiante 2

1 **Information Gap Activity** El mes pasado tu profesor(a) te dio ocho consejos de lo que **NO** debes hacer en tu próxima entrevista de trabajo. A tu compañero/a le dio ocho consejos de lo que **SÍ** debe hacer. Averígualos (*find out what they are*) y toma notas. Sigue el modelo. Tu compañero/a empieza, pero antes añade dos consejos más a tu lista.

> **Modelo**
>
> **Consejo:** Infórmate bien sobre la empresa.
> **Estudiante 2:** Y a ti, ¿qué te aconsejó el/la profesor(a) que hicieras?
> **Estudiante 1:** A mí me aconsejó que me informara bien sobre la empresa.

- No llegues tarde.
- No lleves bluejeans.
- No uses perfume.
- No llegues fumando.
- No te muestres nervioso.
- No pongas cara de miedo.
- No digas mentiras.
- No hables mal de nadie.
-
-

Ahora, escribe los diez consejos que aprendiste de tu compañero/a para completar tu lista.

1. Infórmate bien sobre la empresa.   6. _____

2. _____   7. _____

3. _____   8. _____

4. _____   9. _____

5. _____   10. _____

comunicación

2 **20 años después** Imaginen que han pasado 20 años desde que terminaron sus estudios. Su universidad organizó una reunión de egresados/as (*alumni*) y cada uno/a de ustedes se muere por reencontrarse con su antiguo/a (*former*) compañero/a de cuarto, pero todos/as están muy cambiados y no saben quién es quién. Su profesor(a) les entrega una tarjeta. En ella, encontrarán su rol y la descripción del/de la compañero/a a quien buscan. Circulen por la clase y hablen con sus compañeros/as hasta que encuentren a su pareja. Una vez que la encuentren, deben preparar una conversación sobre lo que han hecho y los planes que tienen para el futuro y presentarla ante la clase. ¡Sean creativos/as!

Modelo

Estudiante 1: Hola. ¿De dónde eres?

Estudiante 2: Hola. Soy colombiano.

Estudiante 1: ¿¡Colombiano!? Y, ¿cuál es tu profesión?

Estudiante 2: Soy diseñador.

Estudiante 1: No, no eres la persona que estoy buscando. Mi antiguo compañero de cuarto estaba estudiando arqueología; después de tantos años seguramente ya habrá descubierto muchos fósiles.

Estudiante 2: Qué lástima. Estoy seguro de que lo encontrarás pronto.

Estudiante 1: Bueno, nos vemos. Adiós.

Estudiante 2: Adiós.

2 20 años después

Time: 30 minutes

Resources: Role-play cards

Instructions: Photocopy the role-play cards and give each student one of them; they should walk around the classroom and talk to their classmates until they find their former roommates. Once they find them, they should prepare a conversation in which each of them talks about how their life has been in these 20 years, and what they hope to accomplish in the next 20. Make sure all students participate.

You can vary the activity by asking students to bring disguises to class so they can wear clothing or put on makeup to look like the person they are supposed to be.

2

Role-play cards

Tú eres: abogado/a, colombiano/a, tienes tres hijos, divorciado/a, vives en Buenos Aires, Argentina, en las afueras; eres dueño/a de tu propia compañía	**Tu compañero/a es:** contador(a), argentino/a

Tú eres: contador(a), argentino/a, casado/a, tienes dos hermosas hijas, vives en Nicaragua, trabajas para una empresa de electricidad	**Tu compañero/a es:** abogado/a, colombiano/a

Tú eres: reportero/a, ecuatoriano/a, viajas mucho, tienes dos hijos y eres divorciado/a, vives en Perú y allí trabajas para un canal de noticias	**Tu compañero/a es:** actor/actriz, venezolano/a

Tú eres: actor/actriz, venezolano/a, vives solo/a, tienes un perro y un gato, viajas mucho, trabajas para un canal de televisión en español que queda en Miami	**Tu compañero/a es:** reportero/a, ecuatoriano/a

Tú eres: maestro/a, puertorriqueño/a, eres casado/a y tienes un hijo, vives en El Salvador, trabajas en una escuela pública como profesor(a) de español	**Tu compañero/a es:** científico/a, colombiano/a

Tú eres: científico/a, colombiano/a, eres soltero/a, vives solo/a en una pequeña ciudad de Perú, trabajas en un laboratorio de medicamentos	**Tu compañero/a es:** maestro/a, puertorriqueño/a

Tú eres: psicólogo/a, argentino/a, vives con tus padres y un sobrino en Panamá, trabajas en una clínica para enfermos mentales	**Tu compañero/a es:** consejero/a, estadounidense

Tú eres: consejero/a, estadounidense, vives con tu esposo/a y tus cinco hijos en Colombia, trabajas en una universidad muy importante	**Tu compañero/a es:** psicólogo/a, argentino/a

comunicación

3 **Feria de empleos** Imaginen que van a una feria de empleos. Su profesor(a) va a dividir la clase en dos. Algunos/as de ustedes van a ser los/las aspirantes y los/las otros/as van a ser los/las entrevistadores/as. Si eres el/la aspirante tu profesor(a) te da una tarjeta con información sobre tu currículum y las preguntas que debes hacerle al/a la entrevistador(a). Si eres el/la entrevistador(a), tu profesor(a) te da una tarjeta con la información sobre tu compañía y las preguntas que debes hacerles a los/las aspirantes. Recuerden usar el vocabulario y la gramática de esta lección en sus conversaciones. Al final, cada aspirante debe escoger el puesto que más le interese y cada entrevistador(a) debe escoger al/a la aspirante que contratará para el puesto que ofrece.

Modelo

Entrevistadora: Buenos días. ¿Cómo está?

Aspirante: Muy bien, muchas gracias.

Entrevistadora: ¿Cómo se llama usted?

Aspirante: Me llamo Camilo Gómez.

Entrevistadora: Bueno, Camilo. Mi nombre es Eugenia. ¿Qué estudios tiene?

Aspirante: Yo estudié arqueología en la UNAM.

Entrevistadora: El puesto que ofrecemos es para vendedor.

Aspirante: No importa. Yo puedo hacerlo. La verdad hace mucho tiempo que busco un empleo.

Entrevistadora: Bien. Y, ¿qué experiencia tiene como vendedor?

Aspirante: Estuve vendiendo zapatos en el almacén de una prima que queda en el centro comercial El Tesoro.

Entrevistadora: Y, ¿cómo le fue?

Aspirante: Bien. Vendí dos pares de zapatos.

Entrevistadora: ¿¡Diarios!?

Aspirante: No. En los dos meses que estuve ahí.

Entrevistadora: Bueno, Camilo. Nosotros lo llamaremos y le comunicaremos el resultado de la entrevista. Todavía hay varios aspirantes que debo entrevistar.

Aspirante: Bueno, doña Eugenia. Muchas gracias y hasta pronto.

Entrevistadora: Adiós. Ah, y ¡mucha suerte!

comunicación

3 **Feria de empleos**

Time: 30 minutes

Resources: Role-play cards

Instructions: Divide students into two groups: interviewers and candidates. Photocopy the role-play cards and cut out as many as needed. Give students 3-5 minutes to read their cards and prepare. Remind students that interviews require the use of *usted*.

Have "interviewers" sit at desks and give each an interviewer card, which provides information about the interviewer's company as well as prompts for an interview. Provide "candidates" with one card each and have them rotate among the interviewers. Students should make notes of their conversations so they can, at the end, identify the position or candidate they liked most.

The interviewers should begin. The activity is over once each candidate has spoken with every interviewer.

You can extend the activity by asking interviewers to call their first candidate and offer them the job.

You can create your own role-play cards if you like, adding local companies or professions that would be interesting to your students.

3 Interviewer cards

nombre de la empresa: Papeles Tropical puesto que se ofrece: gerente salario: 65.000 dólares al año lugar: Venezuela beneficios: viajes al exterior cada dos meses ascensos: cada año aumentos de sueldo: cada seis meses	Preguntas que debes hacerle al/a la aspirante: ¿Cuál es su nombre? ¿Qué carrera estudió en la universidad? ¿Tiene alguna experiencia para este puesto? ¿Por qué está solicitando este puesto? ¿Cuáles son sus defectos? ¿Cuáles son sus cualidades?
nombre de la empresa: Frutería La Banana puesto que se ofrece: vendedor(a) salario: 7 dólares por hora lugar: Costa Rica beneficios: frutas gratis todos los días ascensos: cada dos años aumentos de sueldo: cada año	Preguntas que debes hacerle al/a la aspirante: ¿Cuál es su nombre? ¿Qué carrera estudió en la universidad? ¿Tiene alguna experiencia para este puesto? ¿Por qué está solicitando este puesto? ¿Cuáles son sus defectos? ¿Cuáles son sus cualidades?
nombre de la empresa: Correo Nacional puesto que se ofrece: empleado/a salario: 15 dólares la hora lugar: Panamá beneficios: enviar correos a todo el mundo sin pagar ascensos: cada año aumentos de sueldo: cada dos años	Preguntas que debes hacerle al/a la aspirante: ¿Cuál es su nombre? ¿Qué carrera estudió en la universidad? ¿Tiene alguna experiencia para este puesto? ¿Por qué está solicitando este puesto? ¿Cuáles son sus defectos? ¿Cuáles son sus cualidades?
nombre de la empresa: Laboratorios El Mono de la Selva puesto que se ofrece: científico/a salario: 50.000 dólares al año lugar: en el museo beneficios: viajes a la selva cada seis meses ascensos: cada año aumentos de sueldo: cada tres años	Preguntas que debes hacerle al/a la aspirante: ¿Cuál es su nombre? ¿Qué carrera estudió en la universidad? ¿Tiene alguna experiencia para este puesto? ¿Por qué está solicitando este puesto? ¿Cuáles son sus defectos? ¿Cuáles son sus cualidades?
nombre de la empresa: Cuerpo de Bomberos de Bogotá puesto que se ofrece: jefe/a de bomberos salario: 45.000 dólares al año lugar: Colombia beneficios: vacaciones cada tres meses ascensos: cada dos años aumentos de sueldo: cada seis meses	Preguntas que debes hacerle al/a la aspirante: ¿Cuál es su nombre? ¿Qué carrera estudió en la universidad? ¿Tiene alguna experiencia para este puesto? ¿Por qué está solicitando este puesto? ¿Cuáles son sus defectos? ¿Cuáles son sus cualidades?

3 Candidate cards

puesto al que aspiras: cocinero/a, jefe/a de bomberos o vendedor(a) estudios: Cocinero, de la Escuela de Cocina de Buenos Aires experiencia: dos años en cruceros (*cruises*) cualidades: trabajador(a) defectos: te enojas fácilmente	Preguntas que debes hacerle al/a la entrevistador(a): ¿Cuál es el nombre de su compañía? ¿Cuál es el puesto que ofrecen? ¿Cuál es el salario que ofrecen? ¿Dónde está el lugar de trabajo? ¿Qué beneficios ofrecen? ¿Cada cuánto hay aumentos de sueldo o ascensos?
puesto al que aspiras: diseñador(a), jefe/a de bomberos, empleado/a estudios: Diseño y modas en la Escuela de Diseño de Panamá experiencia: no tienes experiencia cualidades: inteligente defectos: desordenado/a	Preguntas que debes hacerle al/a la entrevistador(a): ¿Cuál es el nombre de su compañía? ¿Cuál es el puesto que ofrecen? ¿Cuál es el salario que ofrecen? ¿Dónde está el lugar de trabajo? ¿Qué beneficios ofrecen? ¿Cada cuánto hay aumentos de sueldo o ascensos?
puesto al que aspiras: vendedor(a), gerente, científico/a estudios: Ciencias en la Universidad Nacional experiencia: seis meses en un laboratorio cualidades: ordenado/a defectos: perezoso/a	Preguntas que debes hacerle al/a la entrevistador(a): ¿Cuál es el nombre de su compañía? ¿Cuál es el puesto que ofrecen? ¿Cuál es el salario que ofrecen? ¿Dónde está el lugar de trabajo? ¿Qué beneficios ofrecen? ¿Cada cuánto hay aumentos de sueldo o ascensos?
puesto al que aspiras: diseñador(a), cocinero/a, vendedor(a) estudios: Mercadeo y ventas en la Escuela de Ventas de Lima experiencia: un año en un almacén cualidades: alegre defectos: nervioso/a	Preguntas que debes hacerle al/a la entrevistador(a): ¿Cuál es el nombre de su compañía? ¿Cuál es el puesto que ofrecen? ¿Cuál es el salario que ofrecen? ¿Dónde está el lugar de trabajo? ¿Qué beneficios ofrecen? ¿Cada cuánto hay aumentos de sueldo o ascensos?
puesto al que aspiras: empleado/a, científico/a, jefe/a de bomberos estudios: Especialización en apagar incendios, del Cuerpo de Bomberos de Quito experiencia: dos meses en el Cuerpo de Bomberos de San Salvador cualidades: seguro/a defectos: antipático/a	Preguntas que debes hacerle al/a la entrevistador(a): ¿Cuál es el nombre de su compañía? ¿Cuál es el puesto que ofrecen? ¿Cuál es el salario que ofrecen? ¿Dónde está el lugar de trabajo? ¿Qué beneficios ofrecen? ¿Cada cuánto hay aumentos de sueldo o ascensos?

recapitulación

1 Ordenar Ordena las palabras en las categorías correctas.

el/la arqueólogo/a	el currículum	la reunión
el/la aspirante	la ocupación	la solicitud
el/la carpintero/a	el/la reportero/a	la videoconferencia

las ocupaciones   **la entrevista**   **el mundo del trabajo**

1. _____   _____   _____
2. _____   _____   _____
3. _____   _____   _____

2 Seleccionar Selecciona la palabra que no está relacionada con cada grupo.

1. el pintor • el abogado • el carpintero • el electricista
2. el diseñador • el aspirante • el político • el contador
3. el oficio • la profesión • la ocupación • el sueldo
4. la solicitud • el entrevistador • el anuncio • los negocios

3 Escoger Escoge la opción que completa cada oración.

1. El _____ le pidió su currículum al aspirante.

   a. entrevistador   b. anuncio   c. puesto

2. La jefa de Darío le dio un _____.

   a. abogado   b. aumento de sueldo   c. actor

3. Leí su _____ en el periódico y decidí venir a presentar mi currículum.

   a. ocupación   b. gerente   c. anuncio

4. Lisa todavía no sabe si consiguió el _____.

   a. jefe   b. bombero   c. puesto

4 Una visita Completa el párrafo con el futuro de los verbos del recuadro. No se usa uno de los verbos.

comer	querer
comprar	venir
ir	volver

Mañana mi mamá (1) _____ a visitarme. ¡Estoy tan emocionada! Hace dos años que no la veo.

Ya lo tengo todo planeado. El viernes (2) _____ a la reserva natural, el sábado (3) _____

pescado en la playa y el domingo (4) _____ regalos para la familia. Qué lástima que tenga que

irse el lunes, pero estoy segura de que ella (5) _____ pronto.

5 **Completar** Completa las oraciones con el futuro de los verbos entre paréntesis.

1. Isabel, ¿dónde _____ (estar) mis botas favoritas?

2. El próximo año, Diana y yo _____ (crear) muchos más puestos de trabajo.

3. Mañana tú _____ (entrevistar) a un aspirante muy interesante.

4. ¿Cuándo crees que los jefes _____ (contratar) al nuevo consejero?

6 **¿Qué habremos hecho?** Completa las oraciones con el futuro perfecto. Sigue el modelo.

> **Modelo**
> **Estoy seguro de que mañana a esta hora ya** <u>habré terminado mi proyecto de ciencias.</u>

1. Para la próxima semana, _____.

2. Dentro de dos años, _____.

3. Para cuando yo termine de estudiar, ya _____.

4. Cuando mis papás lleguen a casa hoy por la noche, yo ya _____.

7 **Reescribir** Reescribe cada oración con el imperfecto de subjuntivo. Sigue el modelo.

> **Modelo**
> **Mis tíos siempre me piden que vaya a visitarlos.**
> <u>Mis tíos siempre me pedían que fuera a visitarlos.</u>

1. Mi hermano siempre sale antes de que yo pueda pedirle dinero.

_____.

2. Me sorprende mucho que Natalia vaya a visitar a su hermana cada semana.

_____.

3. Nosotros sentimos mucho que los estudiantes no lleguen a tiempo al examen.

_____.

4. Mis primos siempre llegan antes de que sus papás se despierten.

_____.

8 **¡A practicar!** En grupos de tres personas, preparen tres anuncios para televisión donde ofrecen sus servicios para trabajar en diferentes empleos. Incluyan:

- el vocabulario (las ocupaciones, la entrevista, el mundo del trabajo, etc.)
- el futuro
- el futuro perfecto
- el imperfecto de subjuntivo.

Presenten su escena en clase. ¡Sean creativos/as!

contextos

1 **Horizontales:** 1. reportero 6. aspirante
9. empleo 10. sueldo **Verticales:** 2. empresa
3. reunión 4. ascenso 5. peluquero
7. teletrabajo 8. gerente

2 1. incorrecto; el científico 2. correcto
3. incorrecto; el maestro 4. incorrecto; la
actriz 5. correcto 6. incorrecto; el bombero
7. incorrecto; el político 8. correcto
9. incorrecto; la mujer de negocios
10. incorrecto; el psicólogo 11. incorrecto;
la electricista 12. correcto

3 Answers will vary.

estructura

16.1 The future

1 1. llevaré 2. Renunciaré 3. solicitaré
4. comeré 5. consumiré 6. haré 7. adelgazaré
8. veré 9. escucharé 10. Invitaré
11. saldrán 12. podremos 13. Aceptaré
14. nos enamoraremos 15. Iremos
16. visitaremos 17. trabajaré 18. se casará
19. seremos

2 Answers will vary.

16.2 The future perfect

1 **A.** 1. habré conseguido 2. habré enviado
3. habremos/habré llamado 4. habremos/
habré conseguido 5. habrán conocido 6. habrán
solicitado 7. habrán vivido 8. habrás/habremos
terminado 9. se habrá graduado 10. habrá
vuelto **B.** Answers will vary.

2 Answers will vary.

16.3 The past subjunctive

1 1. ayudara 2. pudiéramos 3. viniera 4. esperara/
esperáramos 5. fuera 6. escribieras 7. conociera
8. recuperara 9. estuviera 10. vinieras/fueras

2 **A.** 1. habláramos 2. corriéramos
3. contestáramos 4. ayudáramos
5. termináramos 6. fuéramos 7. laváramos
8. viniera 9. viéramos 10. comiéramos

11. quisiéramos 12. molestáramos
13. llamara 14. se quedaran 15. durmiéramos
B. Answers will vary.

comunicación

1 Answers will vary.
2 Answers will vary.
3 Answers will vary.

recapitulación

1 **las ocupaciones:** 1. el/la arqueólogo/a 2. el/la
carpintero/a 3. el/la reportero/a **la entrevista:**
1. el/la aspirante 2. el currículum 3. la solicitud
el mundo del trabajo: 1. la ocupación 2. la
reunión 3. la videoconferencia

2 1. el abogado 2. el aspirante 3. el sueldo
4. los negocios

3 1. a 2. b 3. c 4. c

4 1. vendrá/volverá 2. iremos 3. comeremos
4. compraremos 5. volverá/vendrá

5 1. estarán 2. crearemos 3. entrevistarás
4. contratarán

6 Answers will vary.

7 1. Mi hermano siempre salía antes de que
yo pudiera pedirle dinero. 2. Me sorprendía
mucho que Natalia fuera a visitar a su
hermana cada semana. 3. Nosotros sentíamos
mucho que los estudiantes no llegaran a
tiempo al examen. 4. Mis primos siempre
llegaban antes de que sus papás se despertaran.

8 Answers will vary.

contextos

1 **Crucigrama** Resuelve el crucigrama.

Horizontales

4. grupo de actividades artísticas que incluyen la pintura, la arquitectura y la danza

5. objeto hecho por un artesano

7. espectáculo en el que se presentan obras musicales

9. golpear (*hit*) una mano con la otra para aprobar algo

10. persona que escribe poemas

Verticales

1. lugar donde se presentan espectáculos artísticos

2. escritor de obras de teatro

3. persona famosa por actuar en películas

6. lo que compras para poder entrar a los espectáculos

8. obra teatral en la que los actores cantan

contextos

Estudiante 1

2 **Information Gap Activity** (student text p. 581) Tú y tu compañero/a tienen un crucigrama incompleto. Tú tienes las palabras que necesita tu compañero/a y él/ella tiene las palabras que tú necesitas. Sin revelar las palabras, utilicen pistas (*clues*) que les permitan adivinar las respuestas.

> **Modelo**
>
> **1 horizontal:** *Fiesta popular que se hace generalmente en las calles de las ciudades.*
>
> **2 vertical:** *Novelas que puedes ver en la televisión.*

contextos

Estudiante 2

2 **Information Gap Activity** (student text p. 581) Tú y tu compañero/a tienen un crucigrama incompleto. Tú tienes las palabras que necesita tu compañero/a y él/ella tiene las palabras que tú necesitas. Sin revelar las palabras, utilicen pistas (*clues*) que les permitan adivinar las respuestas.

Modelo

1 horizontal: *Fiesta popular que se hace generalmente en las calles de las ciudades.*

2 vertical: *Novelas que puedes ver en la televisión.*

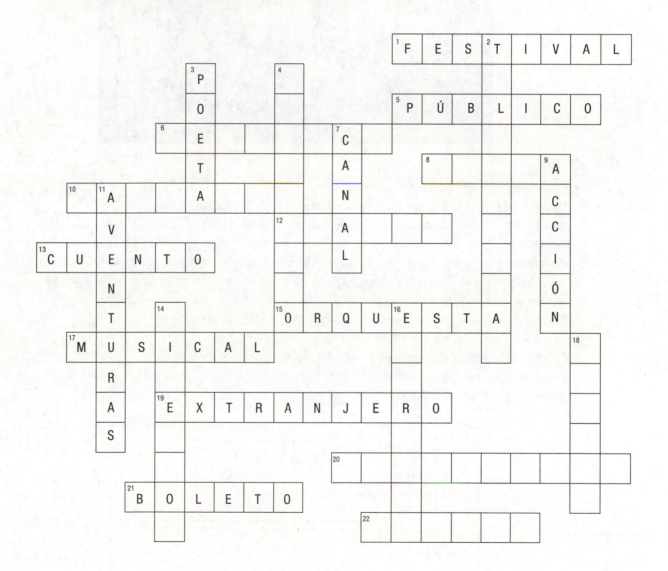

contextos

3 **Salgamos a divertirnos** En parejas, escojan una de las listas de palabras. Preparen una conversación en la que dos amigos/as tienen una discusión amigable (*friendly*) sobre el lugar al cual quieren salir a divertirse. Sigan el modelo.

Modelo

Estudiante 1: ¡Salgamos a divertirnos!

Estudiante 2: Yo prefiero quedarme a ver la televisión. Eso es lo que me divierte.

Estudiante 1: ¿Cómo dices eso? Podemos ir al cine, al teatro, a un concierto. A mí la televisión me aburre.

Estudiante 2: A mí me gusta mucho ver documentales, programas de entrevistas, telenovelas.

Estudiante 1: Bueno, la verdad es que yo también tengo mi canal favorito de televisión ¡ah!, y como a ti, me encantan los programas de entrevistas.

Estudiante 2: ¡Ah! Olvidé mencionar los dibujos animados.

Estudiante 1: ¡Los dibujos animados son los mejores!

Estudiante 2: ¿Ves lo que te digo? La televisión puede ser muy divertida.

Estudiante 1: Bueno, nos quedamos a ver la televisión por esta vez, pero mañana salimos a divertirnos a donde yo quiera.

el cine	el teatro
…de acción	la comedia
…de aventuras	la tragedia
…de ciencia ficción	aburrirse
…de horror	clásico
la música	el museo
el concierto	la escultura
la ópera	la pintura
tocar (un instrumento)	la cerámica
el público	el tejido

estructura

17.1 The conditional

1 Las excusas de Marta

A. Marta siempre responde con excusas cuando le preguntan si quiere hacer cosas divertidas. Escribe sus respuestas. Usa el condicional. Sigue el modelo.

> **Modelo**
>
> **¿Podrás ir al museo? (tengo tarea)**
> <u>Podría ir al museo pero tengo tarea.</u>

1. ¿Irás al concierto? (saldré con mi novio)

   _____

2. ¿Bailarás en la fiesta? (no me gusta)

   _____

3. ¿Tomarás la clase de escultura? (no soy buena para las artes)

   _____

4. ¿Irán ustedes a la playa este fin de semana? (tenemos que limpiar la casa)

   _____

5. ¿Comerás en el nuevo restaurante? (siempre está lleno)

   _____

6. ¿Tocarás la guitarra en la orquesta de la escuela? (no me aceptarán)

   _____

7. ¿Verás el programa de entrevistas? (no tengo televisor)

   _____

8. ¿Vendrán tú y Ana a ver la obra de teatro de la escuela? (no podemos)

   _____

9. ¿Comprarás un boleto para ver la nueva película? (no tengo dinero)

   _____

10. ¿Podrás llamar al actor de la telenovela? (no tengo tiempo)

    _____

B. Ahora, escribe tres oraciones similares a las de la actividad A y reta a un(a) compañero/a a escribir las respuestas.

1. _____

   _____

2. _____

   _____

3. _____

   _____

estructura

17.1 The conditional

2 **Conversaciones** (student text p. 591) Aquí y en la hoja de tu compañero/a se presentan dos series de diferentes problemas que supuestamente tienen los estudiantes. En parejas, túrnense para explicar los problemas de su serie; uno/a cuenta lo que le pasa y el/la otro/a dice lo que haría en esa situación usando la frase "Yo en tu lugar..." (*If I were you...*)

Modelo

Estudiante 1: ¡Qué problema! Mi novio no me habla desde el domingo.
Estudiante 2: Yo en tu lugar, no le diría nada por unos días para ver qué pasa.

Estudiante 1

1. El año pasado escogí la contabilidad como mi especialización, pero ahora he descubierto que no me gusta trabajar con números todo el día. Si cambio de especialización mis padres quizás se enojen.

_____

_____

_____

_____

2. Un/Una amigo/a mío/a me pidió que fuera con él/ella de vacaciones. Ya compramos los pasajes de avión y tenemos reservación en el hotel. Conocí a un/una chico/a muy simpático/a la semana pasada y él/ella me invitó a ir con él/ella.

_____

_____

_____

_____

3. Mi novio/a es maravilloso/a, pero se fue a estudiar al extranjero (*abroad*) por un año. Me siento solo/a y me aburro. El otro día un/una chico/a muy atractivo/a me invitó a ir al teatro. Le dije que sí.

_____

_____

_____

_____

estructura

17.1 The conditional

2 **Conversaciones** (student text p. 591) Aquí y en la hoja de tu compañero/a se presentan dos series de diferentes problemas que supuestamente tienen los estudiantes. En parejas, túrnense para explicar los problemas de su serie; uno/a cuenta lo que le pasa y el/la otro/a dice lo que haría en esa situación usando la frase "Yo en tu lugar..." (*If I were you...*)

> **Modelo**
>
> **Estudiante 1:** ¡Qué problema! Mi novio no me habla desde el domingo.
> **Estudiante 2:** Yo en tu lugar, no le diría nada por unos días para ver qué pasa.

Estudiante 2

1. Me ofrecen un puesto interesantísimo, con un buen sueldo y excelentes beneficios, pero tiene un horario horrible. No volveré a ver a mis amigos jamás.

    _____

    _____

    _____

    _____

    _____

2. Hice una fiesta en el apartamento de mi hermano y alguien robó su colección de discos de jazz. Mi hermano vuelve esta tarde de sus vacaciones.

    _____

    _____

    _____

    _____

    _____

3. Estoy con una alergia terrible y creo que tengo fiebre. Tengo que terminar de preparar la entrevista que voy a hacer mañana. Y tengo que levantarme tempranísimo porque tengo que estar en el aeropuerto a las 5:45 de la mañana.

    _____

    _____

    _____

    _____

    _____

estructura

17.1 The conditional

3 **Encuesta** (student text p. 591) Circula por la clase y pregúntales a tres compañeros/as qué actividad(es) de las que se describen les gustaría realizar. Usa el condicional de los verbos. Anota las respuestas e informa a la clase los resultados de la encuesta.

Modelo

Estudiante 1: ¿Harías el papel de un loco en una obra de teatro?
Estudiante 2: Sí lo haría. Sería un papel muy interesante.

Actividades	Nombre de tu compañero/a y su respuesta	Nombre de tu compañero/a y su respuesta	Nombre de tu compañero/a y su respuesta
1. escribir poesía			
2. bailar en un festival			
3. tocar en una banda			
4. hacer el papel principal en un drama			
5. participar en un concurso de la televisión			
6. cantar en un musical			

estructura

17.2 The conditional perfect

1 **Mariela y Rubén** Mariela y Rubén habían hecho planes para el fin de semana, pero Mariela tuvo que viajar por motivos de trabajo. Completa el mensaje electrónico que Rubén le mandó a Mariela para contarle lo que pasó y la respuesta de Mariela. Usa el condicional perfecto.

Para: Mariela	De: Rubén	Asunto: ¡Te extrañé!

Hola, Mariela:

¡Te extrañé (*I missed you*) mucho el fin de semana! El sábado por la tarde fui al museo y vi muchas obras maravillosas. Creo que te (1) _____ (gustar) las cerámicas y los tejidos porque sé que te encantan las artesanías. Yo sé que tú (2) _____ (preferir) ir al teatro y no al museo, pero hice lo que tú (3) _____ (hacer) en mi lugar, pasarlo bien.

Por la noche fui al concierto de Los Guitarristas. ¡Te (4) _____ (divertir) mucho! Estoy seguro de que tú (5) _____ (aplaudir) mucho cuando tocaron nuestras canciones favoritas.

Nos vemos pronto,

Rubén

Para: Rubén	De: Mariela	Asunto: Re: ¡Te extrañé!

Hola, Rubén:

¡Qué bueno que fuiste al concierto de Los Guitarristas! Yo (6) _____ (llorar) de emoción con todas las canciones. También (7) _____ (querer) ir contigo al museo y te (8) _____ (pedir) que después fuéramos a tomar un café. Claro que no (9) _____ (poder) ver todas las cosas bonitas que hay aquí en Costa Rica, ni (10) _____ (comprar) los cuadros que te llevo de regalo.

Me perdí algunas cosas pero me divertí con otras... aunque te extrañé mucho.

Te quiero,

Mariela

estructura

17.2 The conditional perfect

Estudiante 1

2 **Information Gap Activity** ¡Tienes correo! Has recibido un mensaje electrónico de tu amigo Ernesto. Él necesita tu ayuda. Léelo y, con tus propias palabras, explícale su problema a tu compañero/a. Después, pregúntale qué habría hecho para evitar el problema que tiene Ernesto y qué haría ahora en su lugar. Tu compañero/a empieza. Escucha el problema de su amiga Marisol y ofrécele tus sugerencias.

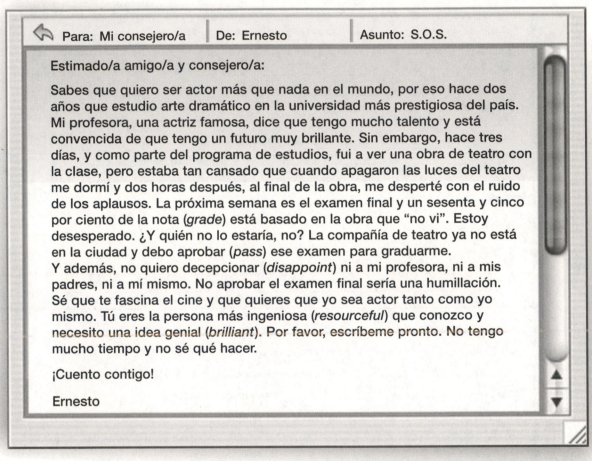

Para: Mi consejero/a | De: Ernesto | Asunto: S.O.S.

Estimado/a amigo/a y consejero/a:

Sabes que quiero ser actor más que nada en el mundo, por eso hace dos años que estudio arte dramático en la universidad más prestigiosa del país. Mi profesora, una actriz famosa, dice que tengo mucho talento y está convencida de que tengo un futuro muy brillante. Sin embargo, hace tres días, y como parte del programa de estudios, fui a ver una obra de teatro con la clase, pero estaba tan cansado que cuando apagaron las luces del teatro me dormí y dos horas después, al final de la obra, me desperté con el ruido de los aplausos. La próxima semana es el examen final y un sesenta y cinco por ciento de la nota (*grade*) está basado en la obra que "no vi". Estoy desesperado. ¿Y quién no lo estaría, no? La compañía de teatro ya no está en la ciudad y debo aprobar (*pass*) ese examen para graduarme.

Y además, no quiero decepcionar (*disappoint*) ni a mi profesora, ni a mis padres, ni a mí mismo. No aprobar el examen final sería una humillación. Sé que te fascina el cine y que quieres que yo sea actor tanto como yo mismo. Tú eres la persona más ingeniosa (*resourceful*) que conozco y necesito una idea genial (*brilliant*). Por favor, escríbeme pronto. No tengo mucho tiempo y no sé qué hacer.

¡Cuento contigo!

Ernesto

Ahora, contesta el mensaje electrónico de Ernesto con algunas sugerencias de tu compañero/a y algunas tuyas también. Sé imaginativo/a.

_____

_____

_____

_____

_____

_____

_____

estructura

17.2 The conditional perfect

Estudiante 2

 2 **Information Gap Activity** ¡Tienes correo! Has recibido un mensaje electrónico de tu amiga Marisol. Ella necesita tu ayuda. Léelo y, con tus propias palabras, explícale su problema a tu compañero/a. Después, pregúntale qué habría hecho para evitar el problema que tiene Marisol y qué haría ahora en su lugar. Tú empiezas. Luego, ayuda a tu compañero/a a solucionar el problema de su amigo Ernesto.

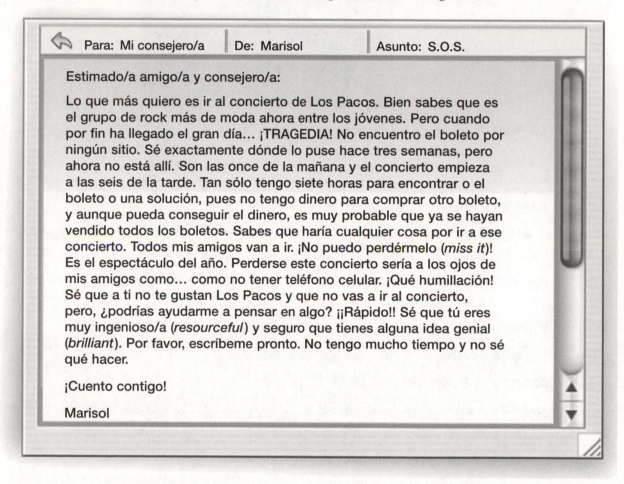

| Para: Mi consejero/a | De: Marisol | Asunto: S.O.S. |

Estimado/a amigo/a y consejero/a:

Lo que más quiero es ir al concierto de Los Pacos. Bien sabes que es el grupo de rock más de moda ahora entre los jóvenes. Pero cuando por fin ha llegado el gran día… ¡TRAGEDIA! No encuentro el boleto por ningún sitio. Sé exactamente dónde lo puse hace tres semanas, pero ahora no está allí. Son las once de la mañana y el concierto empieza a las seis de la tarde. Tan sólo tengo siete horas para encontrar o el boleto o una solución, pues no tengo dinero para comprar otro boleto, y aunque pueda conseguir el dinero, es muy probable que ya se hayan vendido todos los boletos. Sabes que haría cualquier cosa por ir a ese concierto. Todos mis amigos van a ir. ¡No puedo perdérmelo (*miss it*)! Es el espectáculo del año. Perderse este concierto sería a los ojos de mis amigos como… como no tener teléfono celular. ¡Qué humillación! Sé que a ti no te gustan Los Pacos y que no vas a ir al concierto, pero, ¿podrías ayudarme a pensar en algo? ¡¡Rápido!! Sé que tú eres muy ingenioso/a (*resourceful*) y seguro que tienes alguna idea genial (*brilliant*). Por favor, escríbeme pronto. No tengo mucho tiempo y no sé qué hacer.

¡Cuento contigo!

Marisol

Ahora, contesta el correo electrónico de Marisol con algunas sugerencias de tu compañero/a y algunas tuyas también. Sé imaginativo/a.

_____

_____

_____

_____

_____

_____

estructura

17.3 The past perfect subjunctive

1 **En el cine** Carmen, Roberto y Lilia están en el cine. Completa su conversación con la forma correcta de los verbos entre paréntesis. Usa el pluscuamperfecto de subjuntivo.

CARMEN Ay, amigos, no saben cuánto me alegró de que (1) _____ (nosotros, comprar) boletos para ver esta película.

ROBERTO La verdad yo no podía creer que ustedes los (2) _____ (conseguir).

CARMEN Pues ya ves… los conseguimos.

LILIA Pues si no (3) _____ (encontrar) los boletos, estoy segura de que tú nos habrías invitado al teatro a ver la obra que escribiste.

ROBERTO No creo que las (4) _____ (yo, poder) invitar, ¡los boletos están agotados (*sold out*)!

CARMEN Sí, claro. Bueno, ¿y por qué no vino Sonia?

LILIA Me llamó y me dijo que le dolía la cabeza.

ROBERTO Pobrecita.

CARMEN La verdad, yo dudaba que le (5) _____ (gustar) esta película porque a ella le dan miedo las películas de horror.

LILIA Me da pena que no esté aquí. Creo que a Sonia le (6) _____ (encantar) esta película. Pero bueno, la verdad, a ella sólo le gusta la ópera.

ROBERTO ¿La ópera? ¡Puaf!

CARMEN Pues ahora que lo pienso, a mí me sorprendió que me (7) _____ (pedir) que fuera con ella a la ópera la semana pasada. No sabía que le gustara tanto.

ROBERTO ¡Qué aburrido! Cuando me lo contaste, me alegré de que no me (8) _____ (decir) a mí que fuera con ella.

LILIA Aburrido o no, son sus gustos y tenemos que respetarlos. Además Sonia es nuestra amiga.

CARMEN Tienes razón, Lilia. Invitémosla a la ópera la próxima semana.

ROBERTO Estoy de acuerdo.

LILIA Bueno, muchachos, silencio porque ya va a empezar la película.

Nombre _____ Fecha _____

estructura

17.3 The past perfect subjunctive

2 **Mira y completa** José fue a un festival de bellas artes en el parque más importante de su ciudad. Mira la imagen y completa las opiniones de José. Usa el pluscuamperfecto de subjuntivo. Sigue el modelo.

> **Modelo**
>
> **Me sorprendió que Gabriel García Márquez <u>hubiera ido a firmar autógrafos.</u>**

1. Dudaba que el club de cine _____.

2. Eugenia llegó antes de que _____.

3. Me molestó que el club de ciencia ficción _____.

4. Me alegré de que Fernando _____.

5. No podía creer que Isabel _____.

6. Daniel y yo no esperábamos (*didn't expect*) que Mariana _____.

7. No era cierto que Daniel _____.

8. A Lina y a mí nos sorprendió que _____.

9. A Rosa y a Diana les molestó que _____.

10. No pensaba que Fernando e Isabel _____.

11. No me gustó que el club de cine _____.

12. No había nadie que _____.

comunicación

1 **¿Te gusta el arte?** Convierte las palabras de la primera columna en preguntas. Circula por el salón de clases, encuesta a tus compañeros/as y escribe sus nombres y sus respuestas en la columna correcta. Sigue el modelo. Al final, comparte los resultados con la clase.

> **Modelo**
>
> el/la escritor(a)
> **Estudiante 1:** ¿Cuál es tu escritor favorito?
> **Estudiante 2:** Gabriel García Márquez.
> **Estudiante 1:** ¿Por qué?
> **Estudiante 2:** Me gusta su manera de contar las historias.

Categorías	Nombre	Respuesta
el/la escritor(a)	Jaime	Le gusta Gabriel García Márquez por su manera de contar las historias.
1. el/la compositor(a)		
2. el poema		
3. las bellas artes		
4. la canción		
5. el espectáculo		
6. los dibujos animados		
7. la pintura		
8. el programa de entrevistas		
9. el canal		
10. el personaje		
11. ¿?		
12. ¿?		

comunicación

2 **Artistas y... ¿amigos?** En parejas imaginen que cada uno/a de ustedes es un(a) artista famoso/a. Son amigos/as pero también muy envidiosos/as. Primero, lean las listas de palabras. Después, escojan una de las listas; ésas son las palabras que más deben usar en su presentación, además de la gramática de la lección. Preparen una conversación donde cada uno/a decide decirle al/a la otro/a que él/ella es muy malo/a en su arte.

Modelo

Estudiante 1: Hola amigo, ¿qué tal? ¿Cómo van las cosas?

Estudiante 2: Pues muy bien, ya sabes, conciertos aquí, conciertos allá. Y tú, ¿qué?

Estudiante 1: Bueno, muchos viajes, muchas entrevistas, y... ya sabes, firmando autógrafos aquí y allá.

Estudiante 2: Ah sí, qué difícil es la vida del artista. Claro que a mí tus libros no me gustan. La verdad, de no ser porque mi novia insistió, nunca habría comprado ninguno de tus libros.

Estudiante 1: ¿Eso es lo que piensas?

Estudiante 2: Pues, sí. De hecho, cuando supe que habías publicado tu libro, me sorprendí mucho de que lo hubieras logrado.

Estudiante 1: Lo mismo me pasó a mí. Cuando supe que habías grabado un CD, me sorprendí mucho de que lo hubieras hecho, porque cantas realmente mal.

Estudiante 2: ¡Qué tonto eres! No es que yo cante mal, es que tú no sabes apreciar el arte.

Estudiante 1: Lo que tú haces no es arte. ¿Desde cuándo gritar como un mono en la selva es arte?

Estudiante 2: Desde que los tontos sin talento publican libros.

Estudiante 1: Bueno amigo. Me encantaría hablar contigo sobre mi trabajo pero ya tengo que irme, tengo cosas muy importantes que hacer.

Estudiante 2: Oye, ¡no te vayas sin comprar mi CD!

Estudiante 1: Y tú, ¡no te vayas sin comprar mi libro!

la danza	presentar	la telenovela	apreciar
el boleto	clásico/a	el personaje (principal)	hacer el papel (de)
el concierto	talentoso/a	el público	musical
la comedia	aburrirse	el festival	publicar
el bailarín/la bailarina	aplaudir	la música	el/la cantante
el canal	moderno/a	el teatro	extranjero/a
el documental	tocar (un instrumento)	la estrella de cine	pintar
el premio	dirigir	el drama	folclórico/a
el/la escultor(a)	dramático/a	la pintura	romántico/a

comunicación

3 **El programa de entrevistas** Un famoso programa de entrevistas te invitó a ti y a otros/as artistas para hablar sobre arte. Su profesor(a) les va a dar unas tarjetas con las descripciones de cada entrevistado/a. Escojan sus roles y preparen una escena siguiendo las instrucciones. Recuerden incluir el vocabulario y la gramática de esta lección. Presenten su escena a la clase. ¡Sean creativos/as!

Modelo

Alejandra Pérez: ¿Cuándo empezó a trabajar en cine?

Armando López: Actué por primera vez en una película cuando tenía quince años. Yo habría preferido hacerlo desde más pequeño pero mi mamá no me lo permitió.

Alejandra Pérez: Y, cuénteme, señor López, ¿qué tipo de cine le gusta?

Armando López: A mí me encanta el cine de horror, ¡es tan emocionante!

Alejandra Pérez: Y cuando era niño, ¿creía que sería un actor famoso?

Armando López: No. Pensaba que sería un bailarín famoso, pero no actor.

Alejandra Pérez: Bueno. Y, ¿cuáles son sus actores favoritos?

Armando López: Además de mí, no tengo favoritos.

Alejandra Pérez: ¿Cuáles son sus películas favoritas?

Armando López: Me gustan mucho *The Sixth Sense* y *The Others*.

Alejandra Pérez: ¿Le gusta alguna otra rama (*branch*) del arte?

Armando López: Sí, me fascina la pintura.

Alejandra Pérez: ¡Vaya! ¿Quién es su pintor favorito?

Armando López: Salvador Dalí.

Alejandra Pérez: No se vayan amigos, ya volvemos con esta interesante entrevista en *Las verdades de los famosos*.

3 El programa de entrevistas

Time: 30 minutes

Resources: Role-play cards

Instructions: Photocopy the role-play cards and give one set to each group of four. Students should choose their roles and take 10 minutes to prepare a 3- to 4-minute talk show segment using vocabulary and grammar from the lesson. Be sure all students participate.

If you cannot divide students into groups of four, or if you want the interviews to be shorter, you can cut one of the characters from the set.

After groups have presented their talk shows, poll the class to find out which show was the most outlandish, realistic, etc.

3 Role-play cards

Alejandro/a Pérez, periodista, Argentina.
Eres el/la presentador(a) (*host*). Debes presentar el programa y dar la bienvenida a los/las invitados/as.
Después, debes hacerles preguntas como éstas:
1. ¿Desde cuándo se dedica a ser cantante/escritor(a)/escultor(a), etc.?
2. ¿Cuáles son, según usted, las obras maestras de su arte?
3. ¿Qué otra rama (*branch*) del arte le gusta?
4. ¿Cuál de las artes no le gusta?
5. ¿Quién es su artista favorito/a? ¿Por qué?

Tú eres un(a) escultor(a). Te dedicas a la escultura desde los 21 años. Tu obra maestra favorita es el David, de Miguel Ángel (*Michelangelo*). Otra de las artes que te gusta es la música. No te gusta mucho la pintura. Tu artista favorito es Juanes.	Tú eres un(a) poeta. Te dedicas a la poesía desde los 12 años. Tu obra maestra favorita es El cuervo (*The Raven*), de Edgar Allan Poe. Otra de las artes que te gusta es la música. No te gusta mucho la ópera. Tu artista favorita es Shakira.	Tú eres un(a) bailarín/ bailarina. Te dedicas a la danza desde los 11 años. Tu obra maestra favorita de la danza es El Lago de los Cisnes (*Swan Lake*). Otra de las artes que te gusta es el teatro. No te gusta mucho la escultura. Tu artista favorito es Federico García Lorca.

Alejandro/a Pérez, periodista, Argentina.
Eres el/la presentador(a) (*host*). Debes presentar el programa y dar la bienvenida a los/las invitados/as.
Después, debes hacerles preguntas como éstas:
1. ¿Desde cuándo se dedica a ser cantante/escritor(a)/escultor(a), etc.?
2. ¿Cuáles son, según usted, las obras maestras de su arte?
3. ¿Qué otra rama (*branch*) del arte le gusta?
4. ¿Cuál de las artes no le gusta?
5. ¿Quién es su artista favorito/a? ¿Por qué?

Tú eres un(a) dramaturgo/a. Te dedicas a la dramaturgia desde los 21 años. Tu obra maestra favorita es Hamlet, de William Shakespeare. Otra de las artes que te gusta es la música. No te gusta mucho la ópera. Tu artista favorito es Enrique Iglesias.	Tú eres un(a) cantante. Te dedicas al canto desde los 12 años. Tu obra maestra favorita es La traviata, de Giuseppe Verdi. Otra de las artes que te gusta es la escultura. No te gusta mucho el cine. Tu artista favorito es Pitbull.	Tú eres un(a) bailarín/ bailarina. Te dedicas a la danza desde los 11 años. Tu obra maestra favorita de la danza es El Lago de los Cisnes (*Swan Lake*). Otra de las artes que te gusta es el teatro. No te gusta mucho la escultura. Tu artista favorito es Gabriel García Márquez.

3 **Role-play cards**

Alejandro/a Pérez, periodista, Argentina.

Eres el/la presentador(a) (*host*). Debes presentar el programa y dar la bienvenida a los/las invitados/as.

Después, debes hacerles preguntas como éstas:

1. ¿Desde cuándo se dedica a ser cantante/escritor(a)/escultor(a), etcétera?
2. ¿Cuáles son, según usted, las obras maestras de su arte?
3. ¿Qué otra rama (*branch*) del arte le gusta?
4. ¿Cuál de las artes no le gusta?
5. ¿Quién es su artista favorito/a? ¿Por qué?

Tú eres un(a) escritora(a) de cuentos y novelas. Te dedicas a escribir desde que tenías 16 años. Tu obra maestra favorita de la literatura es Don Quijote de la Mancha. Otra de las artes que te gusta es la pintura. No te gusta mucho la ópera. Tu artista favorito es Salvador Dalí.	Tú eres un(a) cantante de una banda de música. Te dedicas a cantar en la banda desde que tenías 19 años. Tu obra maestra favorita de la música es la que hizo Michael Jackson. Otra de las artes que te gusta es la danza. No te gusta mucho la escultura. Tu artista favorito es Andrés Calamaro.	Tú eres un(a) director(a) de documentales. Te dedicas a hacer documentales desde que tenías 25 años. Tu obra favorita de los documentales es *Super Size Me*. Otra de las artes que te gusta es la pintura. No te gusta mucho la danza. Tu artista favorito es Fernando Botero.

Alejandro/a Pérez, periodista, Argentina.

Eres el/la presentador(a) (*host*). Debes presentar el programa y dar la bienvenida a los/las invitados/as.

Después, debes hacerles preguntas como éstas:

1. ¿Desde cuándo se dedica a ser cantante/escritor(a)/escultor(a), etcétera?
2. ¿Cuáles son, según usted, las obras maestras de su arte?
3. ¿Qué otra rama (*branch*) del arte le gusta?
4. ¿Cuál de las artes no le gusta?
5. ¿Quién es su artista favorito/a? ¿Por qué?

Tú tocas el piano en una orquesta. Te dedicas a tocar el piano desde que tenías ocho años. Tu obra favorita de la música es la Novena Sinfonía, de Beethoven. Otra de las artes que te gusta es la literatura. No te gusta mucho la escultura. Tu artista favorito es Mario Benedetti.	Tú eres un(a) compositor(a). Te dedicas a la composición desde los 17 años. No tienes una obra favorita de la música, porque te gusta toda. Otra de las artes que te gusta es la ópera. No te gusta mucho la pintura. Tu artista favorito es Luciano Pavarotti.	Tú eres un(a) dramaturgo/a. Te dedicas a la dramaturgia desde los 23 años. Tu obra favorita del teatro es Un Tranvía Llamado Deseo (*A Streetcar Named Desire*), de Tennessee Williams. Otra de las artes que te gusta es la danza. No te gusta mucho la ópera. Tu artista favorita es Catherine Zeta-Jones.

---

recapitulación

1 **Ordenar** Ordena las palabras en las categorías correctas.

acción	la canción	horror
la banda	el/la cantante	la telenovela
el canal	el concurso	vaqueros

el cine	la televisión	la música
1. _____	_____	_____
2. _____	_____	_____
3. _____	_____	_____

2 **Seleccionar** Selecciona la palabra que no está relacionada con cada grupo.

1. el poeta • publicar • la música • el poema
2. la estatua • el escultor • la comedia • esculpir
3. el drama • la artesanía • la cerámica • el tejido
4. el dramaturgo • la estrella de cine • el teatro • el personaje principal

3 **Escoger** Escoge la opción que completa correctamente cada oración.

1. A Lupita le gusta mucho la _____; sabe muchos poemas.

   a. pintura   b. poesía   c. escultura

2. Julio está tomando clases de _____ porque quiere ser bailarín.

   a. teatro   b. música   c. danza

3. Lina fue aceptada en la orquesta porque sabe _____ muy bien

   varios instrumentos.

   a. tocar   b. bailar   c. cantar

4. Romeo y Julieta es una _____ de teatro muy famosa.

   a. obra   b. poesía   c. banda

4 **Mis vacaciones** Completa el párrafo con los tiempos correctos de los verbos del recuadro.

aplaudir	esculpir
dirigir	pintar
escribir	presentar

¡Tuve unas vacaciones muy artísticas! (1) _____ un cuento y un poema. También fui

al concierto de mi banda favorita y (2) _____ con todas las canciones. Tomé clases de

pintura y (3) _____ un cuadro muy lindo que le regalé a mi mamá. En las próximas

vacaciones, pienso estudiar escultura. ¡Quiero (4) _____ la estatua más bonita que

hayan visto!

5 **Completar** Completa las oraciones con el condicional.

1. Tú _____ (poder) publicar cuentos.

2. ¿Te _____ (gustar) esculpir una estatua?

3. Yo sé que Mónica no _____ (aplaudir) a esos músicos tan malos.

4. Yo _____ (decir) que mejor vayamos a la ópera.

6 **Escribir** Escribe oraciones completas con los elementos dados. Usa el condicional perfecto. Sigue el modelo.

> **Modelo**
> usted / apreciar / espectáculo
> _Usted habría apreciado el espectáculo._

1. nosotros / ser / artistas

_____

2. Marta y Rosita / presentar / el espectáculo

_____

3. yo / tocar / un instrumento

_____

4. José / hacer / el papel de Romeo

_____

7 **Respuestas** Responde las preguntas. Sigue el modelo.

> **Modelo**
> ¿Qué te molestó? (tú, comprar boletos para esta película)
> _Me molestó que hubieras comprado boletos para esta película._

1. ¿De qué no estaban seguras Lucía y Beatriz? (tú, aplaudir en este espectáculo)

_____

2. ¿De qué se sorprendió Tomás? (Fernando, pintar ese cuadro)

_____

3. ¿Qué esperaba el jefe? (nosotros, ir a la ópera)

_____

4. ¿De qué se alegró María? (yo, escribir ese poema)

_____

8 **¡A practicar!** En grupos de cuatro personas, preparen un comercial en el que inviten a todas las personas de su comunidad a participar en el primer festival de arte de la ciudad. Incluyan:

- el vocabulario (las bellas artes, los artistas, el cine y la televisión, la artesanía, etc.)
- el condicional
- el condicional perfecto
- el pluscuamperfecto de subjuntivo

Si los recursos lo permiten, pueden grabar el comercial y traerlo a clase. ¡Sean creativos/as!

contextos

1 **Horizontales:** 4. bellas artes 5. artesanía
7. concierto 9. aplaudir 10. poeta **Verticales:**
1. teatro 2. dramaturgo 3. estrella de cine
6. boleto 8. ópera

2 Answers will vary.

3 Answers will vary.

estructura

17.1 The conditional

1 **A.** 1. Iría al concierto pero saldré con mi
novio. 2. Bailaría en la fiesta pero no me
gusta. 3. Tomaría la clase pero no soy buena
para las artes. 4. Iríamos a la playa este fin
de semana pero tenemos que limpiar la casa.
5. Comería en el nuevo restaurante pero
siempre está lleno. 6. Tocaría la guitarra en la
orquesta de la escuela pero no me aceptarán.
7. Vería el programa de entrevistas pero no
tengo televisor. 8. Vendríamos a ver la obra
de teatro de la escuela pero no podemos.
9. Compraría un boleto para ver la nueva
película pero no tengo dinero. 10. Podría
llamar al actor de la telenovela pero no
tengo tiempo. **B.** Answers will vary.

2 Answers will vary.

3 Answers will vary.

17.2 The conditional perfect

1 1. habrían gustado 2. habrías preferido
3. habrías hecho 4. habrías divertido
5. habrías aplaudido 6. habría llorado
7. habría querido 8. habría pedido
9. habría podido 10. habría comprado

2 Answers will vary.

17.3 The past perfect subjunctive

1 1. hubiéramos comprado 2. hubieran conseguido
3. hubiéramos encontrado 4. hubiera podido
5. hubiera gustado 6. hubiera encantado
7. hubiera pedido 8. hubiera dicho

2 Answers will vary.

comunicación

1 Answers will vary.

2 Answers will vary.

3 Answers will vary.

recapitulación

1 **el cine:** 1. acción 2. horror 3. vaqueros
la televisión: 1. el canal 2. el concurso
3. la telenovela **la música:** 1. la banda
2. la canción 3. el/la cantante

2 1. la música 2. la comedia 3. el drama
4. la estrella de cine

3 1. b 2. c 3. a 4. a

4 1. Escribí 2. aplaudí 3. pinté 4. esculpir

5 1. podrías 2. gustaría 3. aplaudiría 4. diría

6 1. Nosotros habríamos sido artistas. 2. Marta
y Rosita habrían presentado el espectáculo.
3. Yo habría tocado un instrumento. 4. José
habría hecho el papel de Romeo.

7 1. Lucía y Beatriz/Ellas no estaban seguras de
que tú hubieras aplaudido en este espectáculo.
2. Tomás se sorprendió de que Fernando hubiera
pintado ese cuadro. 3. El jefe esperaba que
nosotros hubiéramos ido a la ópera. 4. María se
alegró de que yo hubiera escrito ese poema.

8 Answers will vary.

contextos

Lección 18

1 **Crucigrama** Resuelve el crucigrama.

Horizontales

2. desastre que ocurre cuando llueve mucho

4. actividad que realizan los políticos

5. impacto de dos carros

7. movimiento fuerte de la tierra

9. garantías que deben tener todas las personas, como la libertad y el respeto

10. publicación en la que diariamente leemos las noticias

Verticales

1. discriminación por motivos raciales

3. programa de televisión o radio en el que se dicen las noticias

6. persona que trabaja en el ejército

8. conflicto armado entre países

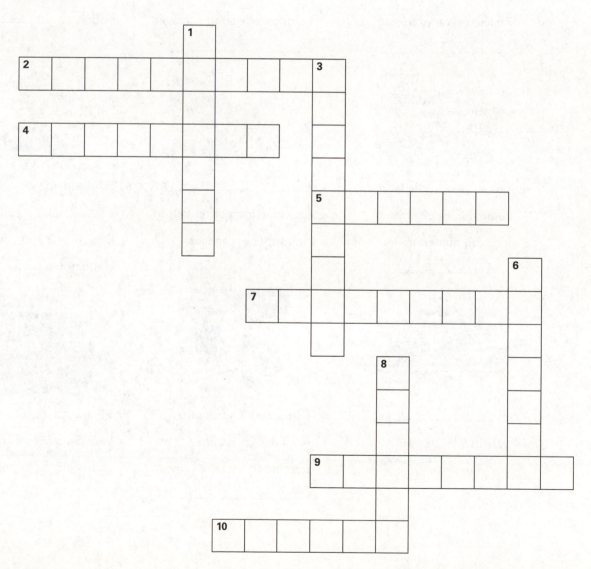

contexts

2 **Completar** Usa cada imagen y las palabras para completar las oraciones.

candidato	discurso	huracán
crimen	ejército	incendio
diario	huelga	reportaje

1. Los periodistas del canal 7 hicieron un excelente _____.

2. No me sorprendió que los bomberos llegaran a apagar el _____.

3. La ecologista dio un muy buen _____.

4. Los empleados de la compañía de envases hicieron una gran _____.

5. El _____ fue cometido por un ladrón sin mucha experiencia.

6. El presidente dijo que el _____ llegaría a la zona de conflicto en pocas horas.

7. El _____ destruyó la isla casi por completo.

8. Dile a don Andrés que me llame en cuanto termine de leer el _____.

9. El _____ anunció que luchará por conseguir la paz en el país.

contextos

3 **Las noticias** En parejas, escojan una de las listas de palabras. Preparen una conversación de dos o tres minutos en la que usen las palabras de esa lista y en la cual hablen sobre una noticia que vieron la noche anterior en el noticiero. Sigan el modelo.

Modelo

Estudiante 1: Me sorprendió mucho que el noticiero de las 9 de la noche no haya transmitido un reportaje sobre el incendio en el centro.

Estudiante 2: Sí, a mí también. Pero lo vi en el canal 7. Fue horrible, la gente corría y gritaba.

Estudiante 1: ¡Y los bomberos luchaban por apagar el fuego!

Estudiante 2: Sí, también vi a los bomberos. Vaya, ¡qué guapos!

Estudiante 1: Sí, son guapos y muy valientes (*brave*).

Estudiante 2: Eso es cierto. Oye, ¿y finalmente supieron qué provocó el incendio?

Estudiante 1: Pues la policía piensa que fue un crimen.

Estudiante 2: ¿Un crimen?

Estudiante 1: Sí. Parece que alguien quería incendiar (*set fire to*) el edificio para que las personas que vivían allí se quedaran sin casa.

Estudiante 2: Qué triste.

Estudiante 1: Sí. Qué mal que haya tanta violencia.

Estudiante 2: Bueno, vamos. Llegaremos tarde a clase.

el acontecimiento	el informe
la prensa	el noticiero
ocurrir	transmitir
el choque	la huelga
la violencia	la discriminación
el artículo	el/la locutor(a)
el diario	el ejército
informar	el/la candidato/a
la inundación	los derechos
la tormenta	la dictadura

Lección 18 Contextos   **399**

estructura

18.1 Si clauses

1 **Un chico soñador**

A. Carlos es un chico muy soñador (*idealist*) que siempre quiere hacer de todo, pero no puede. Reescribe las oraciones. Sigue el modelo.

> **Modelo**
>
> **Quiero acabar con la guerra. (no tener poder)**
> *Si tuviera poder, acabaría con la guerra.*

1. Quiero inventar una cura para el SIDA. (no ser científico)

   _____

2. Me gustaría salir a comer. (no conocer esta ciudad)

   _____

3. Quiero ayudar a las víctimas del terremoto. (no poder)

   _____

4. Tengo ganas de ver el noticiero. (no tener un televisor)

   _____

5. Quiero trabajar en el extranjero. (no saber idiomas)

   _____

6. Me encantaría ser soldado. (no tener valor)

   _____

7. Quiero votar. (no haber buenas opciones)

   _____

8. Quisiera luchar contra el sexismo. (no saber cómo)

   _____

9. Quiero publicar un artículo. (no trabajar en una revista)

   _____

10. Tengo ganas de comprar una casa. (no ganar suficiente dinero)

    _____

B. Ahora, escribe tres oraciones similares a las de la actividad A y reta a un(a) compañero/a a completarlas.

1. _____

2. _____

   _____

3. _____

   _____

estructura

18.1 Si clauses

Estudiante 1

2 **Information Gap Activity** En parejas, formen siete oraciones. Tú tienes los principios y tu compañero/a tiene los finales. Sigue estos pasos. La primera oración ya está hecha. Después escriban su propia oración utilizando el vocabulario de la lección.

> **Modelo**
>
> **Estudiante 1:** Conjuga todos los verbos entre paréntesis. Lee en voz alta el principio de la primera oración.
>
> **Estudiante 2:** Lee en voz alta uno por uno todos los finales. Entre los dos deben encontrar el final correcto.
>
> **Estudiante 1:** Anota el final que corresponde a ese principio.
>
> **Estudiante 1:** Escucha el final de la siguiente oración que va a leer tu compañero/a.
>
> **Estudiante 1:** Lee uno por uno todos los principios. Entre los dos deben encontrar el principio correcto. Anota el final que corresponde a esa oración. Sigan así, por turnos, hasta que completen todas las oraciones.

1. Si la candidata (ser) más carismática, …
2. La huelga no (durar) tantos días…
3. Si la gente (ser) más civilizada, …
4. Si más personas (entender) que la guerra es un paso de gigante hacia atrás, …
5. Yo (combatir) el racismo…
6. Los medios de comunicación no (emitir) la noticia…
7. Si la cadena de televisión (aceptar) su propuesta, …
8.

Ahora, escribe las oraciones completas.

1. Si la candidata fuera más carismática, su discurso interesaría a más personas jóvenes.
2. _____
   _____
3. _____
   _____
4. _____
   _____
5. _____
   _____
6. _____
   _____
7. _____
   _____
8. _____

estructura

18.1 Si clauses

Estudiante 2

2 **Information Gap Activity** En parejas, formen siete oraciones. Tú tienes los finales y tu compañero/a tiene los principios. Sigue estos pasos. La primera oración ya está hecha. Después escriban su propia oración utilizando el vocabulario de la lección.

> **Modelo**
>
> **Estudiante 2:** Conjuga todos los verbos entre paréntesis. Escucha el principio de la oración que lee tu compañero/a.
>
> **Estudiante 2:** Lee en voz alta uno por uno todos los finales. Entre los dos deben encontrar el final correcto.
>
> **Estudiante 2:** Anota el principio que corresponde a ese final.
>
> **Estudiante 2:** Lee en voz alta el final de la siguiente oración.
>
> **Estudiante 1:** Lee todos los principios uno por uno. Entre los dos deben encontrar el principio correcto. Anota el principio que corresponde a esa oración. Sigan así, por turnos, hasta que completen todas las oraciones.

a. si (poder) participar en la política internacional.
b. tal vez más políticos (luchar) por la paz y la libertad mundial.
c. su discurso (interesar) a más personas jóvenes.
d. los periodistas Alonso y Tomás (preparar) un reportaje sobre el SIDA.
e. si todos (estar) dispuestos a negociar.
f. el ejército no (tener) que intervenir.
g. si no (ser) importante.
h.

Ahora, escribe las oraciones completas.

1. Si la candidata fuera más carismática, su discurso interesaría a más personas jóvenes.

2. _____

3. _____

4. _____

5. _____

6. _____

7. _____

8. _____

estructura

18.2 Summary of the uses of the subjunctive

1 **Un olvido** Completa la conversación con los tiempos correctos de los verbos entre paréntesis.

ANA ¡Ayuda! Necesito a alguien que me (1) _____ (decir) qué pasó en el noticiero de anoche.

MÓNICA ¿Por qué? ¿Qué pasa? Dudo que (2) _____ (informar) de nada importante.

ANA ¡Cómo puedes decir eso! Mi profesora espera que hoy (3) _____ (yo, entregar) un ensayo sobre las noticias del huracán.

MÓNICA Vaya. Yo (4) _____ (conocer) a una chica que siempre ve el noticiero pero está fuera de la ciudad.

ANA ¡Ay! Si anoche no me (5) _____ (ir) al cine con Miguel, (6) _____ (ver) las noticias.

MÓNICA Yo sabía que ibas a ir al cine, pero pensé que me (7) _____ (llamar) por teléfono si hubieras necesitado algo. Yo (8) _____ (poder) ayudarte.

ANA ¡Ya no me regañes, por favor! ¿Qué voy a hacer?

MÓNICA Te sugiero que (9) _____ (preguntar) en el canal de televisión. Tal vez tengan una copia del noticiero de ayer.

ANA Ay, Mónica, esperaba que (10) _____ (tener) una solución más sencilla.

MÓNICA Y yo esperaba que tú (11) _____ (ser) más responsable. ¡Ah, ya sé! Busca en Internet.

ANA ¡Qué buena idea! No lo había pensado.

MÓNICA En el pasado, a mí me (12) _____ (tomar) por lo menos dos días encontrar esa información, pero ahora con tanta tecnología todo es mucho más fácil.

ANA Tienes razón.

estructura

18.2 Summary of the uses of the subjunctive

Estudiante 1

2 **Information Gap Activity** (student text p. 629) Tú y tu compañero/a tienen dos artículos: uno sobre una huelga de trabajadores y otro sobre un fenómeno natural. Trabajando en parejas, cada uno/a escoge y lee un artículo. Luego, háganse preguntas sobre los artículos.

Huelga en fábrica de muebles

AYER los carpinteros de Muebles Montevideo se declararon en huelga cuando el gerente les informó que este año no habría aumentos de sueldo.

Es probable que los trabajadores ya tuvieran el plan de huelga. Antonio Caldera, empleado de la empresa, dijo:

—Nos enojamos mucho cuando redujeron los beneficios hace tres meses. Pero hasta que anunciaron lo de los sueldos, no nos decidimos a hacer la huelga.

La jefa de Muebles Montevideo, la señora Belén Toro, explicó que, por la situación económica del país, la empresa no puede aumentar los sueldos de los trabajadores. Si se aumentaran los sueldos, perderían

su empleo unos 110 trabajadores. No se sabe cuánto tiempo va a durar la huelga, pero las negociaciones continuarán hasta que ambas partes lleguen a un acuerdo[1]. El alcalde de la ciudad, Juan González, declaró que espera que resuelvan este problema tan pronto como sea posible.

[1]agreement

Hazle estas preguntas a tu compañero/a:

1. ¿Qué tipo de huracán visitó la costa del Pacífico? ¿Cuántas horas duró? ¿Qué daños materiales y personales causó?

   _____

   _____

2. ¿Por qué crees que el periodista de este artículo escogió el verbo "visitar" para el encabezado de la noticia?

   _____

   _____

3. ¿Cómo describirías tú lo que pasó si fueras uno/a de los/las supervivientes del "huracán pacífico"?

   _____

   _____

estructura

18.2 Summary of the uses of the subjunctive
Estudiante 2

2 **Information Gap Activity** (student text p. 629) Tú y tu compañero/a tienen dos artículos: uno sobre una huelga de trabajadores y otro sobre un fenómeno natural. Trabajando en parejas, cada uno/a escoge y lee un artículo. Luego, háganse preguntas sobre los artículos.

Huracán de categoría 3 "visita" la costa del Pacífico
Historia de un huracán "pacífico"

AYER a primeras horas de la mañana, un huracán sorprendió a los habitantes de cinco islas de la costa del Pacífico. Lo que en un principio comenzó como una típica e inofensiva tormenta tropical, se convirtió inesperadamente[1] en un huracán de categoría media que duró solamente una hora. La magnitud de su potencia arrancó árboles, señales de

[1]*unexpectedly*

tráfico, y causó fracturas a algunas casas, edificios y carreteras, pero, en general, los daños materiales fueron mínimos.

Los habitantes tuvieron tiempo de escapar y gracias a la efectiva intervención de los equipos de rescate no hubo víctimas mortales.

Las cadenas de televisión locales y nacionales transmiten el desarrollo de este incidente

que afortunadamente no tuvo consecuencias trágicas. Los medios de comunicación han bautizado a este fenómeno de la naturaleza con el nombre de "huracán pacífico". Periodistas y fotógrafos de todo el mundo llegaron a la zona afectada para informar sobre el desastre natural que pudo ser y no fue.

Las autoridades piden calma y paciencia, y agradecen a todos los grupos de ayuda y voluntarios su colaboración y solidaridad.

Hazle estas preguntas a tu compañero/a:

1. ¿Qué quieren los trabajadores que están en huelga? _____
   _____
   _____

2. ¿Qué explicaciones dio la jefa de la compañía sobre el problema? _____
   _____
   _____

3. ¿Qué harías tú si fueras un(a) empleado/a de esa empresa? _____
   _____
   _____

comunicación

1 **¿Qué opinas del mundo?** Convierte las palabras de la primera columna en preguntas. Circula por la clase, encuesta a tus compañeros/as y escribe sus nombres y sus respuestas en la columna correcta. Sigue el modelo. Al final, comparte los resultados con la clase.

Modelo

la dictadura
Estudiante 1: ¿Qué opinas de las dictaduras?
Estudiante 2: Me parece que las dictaduras son malas.
Estudiante 1: ¿Por qué?
Estudiante 2: Porque no respetan los derechos de los ciudadanos.

Categorías	Nombre	Respuesta
la dictadura	Emilio	Piensa que las dictaduras son malas porque no respetan los derechos de los ciudadanos.
1. el racismo		
2. la guerra		
3. las elecciones		
4. la paz		
5. la violencia		
6. la política		
7. el desempleo		
8. el ejército		
9. la prensa		
10. la libertad		
11. ¿?		
12. ¿?		

comunicación

2 **Los candidatos** En grupos de tres, preparen un debate político donde uno/a de ustedes es un(a) periodista y los/las otros/as dos son candidatos/as a la presidencia de su país. Su profesor(a) les da una tarjeta con un escenario en cada una. Escojan sus roles y preparen una escena siguiendo las instrucciones. Recuerden incluir el vocabulario y la gramática de esta lección. Presenten su escena a la clase. Al final la clase debe elegir al/a la candidato/a por el cual votarían. ¡Sean creativos/as!

Modelo

Periodista: Buenos días a todos. Estamos hoy aquí en compañía de los candidatos a la presidencia de nuestro país. La señora López, contadora de 43 años y el señor Gálvez, abogado de 57 años. Bueno, comencemos. Señor Gálvez, en cuanto a los impuestos, ¿qué opina?

Señor Gálvez: Yo opino que deben eliminarse.

Periodista: ¿Y usted, señora López?

Señora López: Yo diría que debemos aumentar los impuestos para que el gobierno pueda dar mejores servicios a la gente.

Periodista: ¿Qué piensa de los políticos de este país?

Señor Gálvez: Yo pienso que los políticos de este país no se acercan a los ciudadanos.

Periodista: ¿Y usted, señora López?

Señora López: La verdad, pienso que deben trabajar más y ganar menos.

Periodista: ¿Qué piensa de las elecciones de este año, señor Gálvez?

Señor Gálvez: Pienso que las elecciones son poco transparentes. Cuando yo sea presidente trabajaré para mejorar el sistema de elecciones.

Periodista: ¿Qué opina usted señora López?

Señora López: Yo pienso todo lo contrario al señor Gálvez. El sistema de elecciones que tenemos es uno de los mejores del mundo, no es necesario cambiarlo.

Periodista: Vamos a hacer una pausa. Ya regresamos con nuestros candidatos.

2 **Los candidatos**

Time: 30 minutes

Resources: Role-play cards

Instructions: Photocopy the role-play cards and give one set to each group of three. Students should choose their roles and take 10 minutes to prepare a 3- to 4-minute debate using vocabulary and grammar from the lesson. Be sure all students participate.

If you cannot divide into groups of three, or if you want the debates to be shorter, you can cut one of the characters from the set

After groups have presented, poll the class to find out who was the most creative, persuasive, interesting, etc.

2 ### Role-play cards

Tú eres el/la periodista. Debes dar la bienvenida al debate y presentar a cada uno de los/las candidatos/as. Después, debes preguntarle a cada candidato/a su opinión sobre el desempleo, los desastres naturales y el SIDA.

Señor(a) Sánchez, científico/a, 45 años. Piensas que el desempleo es el peor problema que tiene el país. También crees que no hay un buen sistema para proteger a la población de los desastres naturales. Opinas que el SIDA es una enfermedad que tiene que combatirse con información.	Señor(a) Martínez, arquitecto/a, 65 años. Piensas que el desempleo no es un problema y sólo le pasa a algunas personas. Crees que se debe invertir más dinero para mejorar el sistema de protección ante los desastres naturales. Opinas que el SIDA es una enfermedad que necesita más atención internacional.

Tú eres el/la periodista. Debes dar la bienvenida al debate y presentar a cada uno de los/las candidatos/as. Después, debes preguntarle a cada candidato/a su opinión sobre las huelgas, la violencia y la discriminación.

Señor(a) Gómez, corredor(a) de bolsa, 37 años. Piensas que las huelgas son un derecho de todos los trabajadores. Crees que la violencia se debe evitar con mejor educación. Opinas que la discriminación también es un problema de educación.	Señor(a) Pérez, diseñador(a), 52 años. Piensas que las huelgas son un problema que se debe combatir con las leyes. Crees que la violencia se debe a que la policía y el ejército no trabajan bien. Opinas que la discriminación a los ancianos es un problema al cual el gobierno debe ponerle más atención.

Tú eres el/la periodista. Debes dar la bienvenida al debate y presentar a cada uno de los/las candidatos/as. Después, debes preguntarle a cada candidato/a su opinión sobre el racismo, la guerra y el crimen.

Señor(a) Blanco, hombre/mujer de negocios, 71 años. Piensas que el racismo es un problema grave y que es necesario que las personas aprendan a tratar bien a los demás. Crees que la guerra es un mal necesario para el mundo. Opinas que el crimen es algo que ocurre porque la policía no trabaja bien.	Señor(a) Casas, maestro/a, 45 años. Piensas que el racismo no es bueno porque todas las personas son iguales. Crees que la guerra no debería existir, y es mejor la paz. Opinas que el crimen ocurre porque a la sociedad le falta una mejor educación y más oportunidades.

2 Role-play cards

Tú eres el/la periodista. Debes dar la bienvenida al debate y presentar a cada uno de los/las candidatos/as. Después, debes preguntarle a cada candidato/a su opinión sobre el deber de votar, la libertad y el ejército.

Señor(a) Rojo, abogado/a, 49 años. Piensas que votar no debería ser un deber. Opinas que no hay mucha libertad para los ciudadanos en estos tiempos y se debería luchar por ello. Crees que se debería dar más dinero al ejército para que haga bien su trabajo.	Señor(a) Lagos, reportero/a, 67 años. Piensas que votar es un deber de todos los ciudadanos y quien no lo cumpla debe ser castigado. Opinas que todos los ciudadanos son libres. Crees que no se debería dar tanto dinero al ejército.

Tú eres el/la periodista. Debes dar la bienvenida al debate y presentar a cada uno de los/las candidatos/as. Después, debes preguntarle a cada candidato/a su opinión sobre los derechos de los ciudadanos, el sexismo y las encuestas.

Señor(a) Ríos, contador(a), 43 años. Piensas que los ciudadanos tienen muchos derechos y que se les deberían quitar algunos. Crees que el sexismo no es problema porque hombres y mujeres sí son diferentes. Crees que las encuestas nunca dicen la verdad.	Señor(a) Valle, consejero/a, 60 años. Piensas que no se respetan los derechos de los ciudadanos y vas a trabajar por eso. Crees que el sexismo es un problema que ocurre por la falta de educación. Crees que las encuestas son importantes y que pueden ayudar a los ciudadanos a decidir por quién votar.

Tú eres el/la periodista. Debes dar la bienvenida al debate y presentar a cada uno de los/las candidatos/as. Después, debes preguntarle a cada candidato/a su opinión sobre la desigualdad, los medios de comunicación y la experiencia de cada uno en la política.

Señor(a) Montes, psicólogo/a, 55 años. Crees que se debe luchar contra la desigualdad. Quieres dar más apoyo a los medios de comunicación para que mejoren su trabajo. Tienes mucha experiencia en la política, porque fuiste senador(a) y secretario/a de Estado.	Señora(a) Arenas, ingeniero/a, 50 años. Crees que la desigualdad es el peor mal de tu país. Piensas que los medios de comunicación van a desaparecer y sólo va a quedar Internet. Tienes mucha experiencia en la política. Fuiste senador(a) y gobernador(a) de un estado.

comunicación

3 **De película** Formen grupos de tres. Preparen una escena de una película de tres minutos, siguiendo las instrucciones de la tarjeta que su profesor(a) les va a dar. Recuerden incluir el vocabulario y la gramática de esta lección. Presenten su escena a la clase. ¡Sean creativos/as!

Modelo

Lina: Estoy feliz. Me fascina venir al teatro.

Diana: Sí, es lo mejor.

Martina: Claro, es… ¿¡Ah!? ¿Qué pasa?

Lina: Ay no, todo se está moviendo.

Diana: ¡Es un terremoto!

Martina: ¿Qué hacemos?

Lina: ¡Corramos!

Diana: El teatro está a punto (*about to*) de caerse.

Martina: Miren, hay unas personas atrapadas debajo de esas sillas.

Lina: ¿Qué hacemos? ¿Las ayudamos?

Diana: Ay, yo no sé. Si el edificio se cae, podríamos morir.

Martina: Sí, pero esas personas necesitan nuestra ayuda.

Lina: Si hubiera sabido que iba a haber un terremoto hoy, habría ido a las montañas, allá no hay edificios que se puedan derrumbar (*crumble*).

Diana: Lo siento chicas, pero yo me voy.

Lina: Yo voy a ayudar a esas personas.

3 **De película**

Time: 30 minutes

Resources: Role-play cards

Instructions: Photocopy the role-play cards and give one to each group of three. Give students 10 minutes to prepare a 3- to 4-minute scene using vocabulary and grammar from the lesson. Be sure all students participate.

After groups have presented their scenes, poll the class to find out which one was the most creative, persuasive, etc.

3 Role-play cards

Ustedes son empleados/as en una empresa de carros. Quieren hacer una huelga pero no están de acuerdo sobre cuándo comenzarla, si en Navidad o en Año Nuevo.

Ustedes son vendedores/as de un almacén en un centro comercial. De pronto, un incendio en el centro comercial obliga a todas las personas a salir. Ustedes deben decidir si correr y salvarse o si ayudar a salvar el almacén, pues si se quema (*burns*), pueden quedar desempleados/as.

Ustedes están en el cine viendo una película cuando de pronto escuchan a algunas personas gritando en la calle. Salen a mirar y se dan cuenta de que ha comenzado una guerra, ¡con extraterrestres (*aliens*)! Deben decidir si huyen (*run away*) o si ayudan al ejército a pelear contra los extraterrestres.

Ustedes están en clase en la universidad. Ha estado lloviendo por horas. De pronto, todo comienza a inundarse. Ustedes no saben qué hacer, si subir a los pisos más altos de los edificios o si tratar de salir del lugar, antes de que el agua suba más.

Ustedes van caminando por la calle cuando de pronto se dan cuenta de que unos jóvenes están amenazando (*threatening*) a una pareja de ancianos. Deben decidir si ayudar a los ancianos o no, sabiendo que los jóvenes son peligrosos.

Ustedes son un grupo de amigos/as que decide hacer un viaje a un país hispano. Cuando están en el aeropuerto ven en las noticias que un huracán bastante fuerte se acerca al país al que van. Deben decidir si viajan o no, teniendo en cuenta que si no viajan perderían mucho dinero.

Dos de ustedes van en un carro por la autopista. De pronto ven que viene un carro a mucha velocidad y se produce un choque. Se bajan del carro y se dan cuenta de que el/la conductor(a) del otro carro es un(a) importante candidato/a a la presidencia. El/La candidato/a les insiste en que lo/la dejen ir porque tiene que llegar a un debate pero ustedes quieren esperar a que llegue la policía. Deben decidir si dejarlo/la ir o no.

recapitulación

1 **Ordenar** Ordena las palabras en las categorías correctas.

el artículo	el huracán	la prensa
el deber	el impuesto	el reportaje
las elecciones	la inundación	el tornado

	las noticias	los desastres naturales	la política
1.	_____	_____	_____
2.	_____	_____	_____
3.	_____	_____	_____

2 **Seleccionar** Selecciona la palabra que no está relacionada con cada grupo.

1. anunciar • informar • transmitir • durar
2. la paz • la violencia • la guerra • el crimen
3. la prensa • el incendio • el diario • el reportaje
4. el candidato • la encuesta • el choque • la política

3 **Escoger** Escoge la opción que completa correctamente cada oración.

1. _____ se emite a las 7:00 p. m. todos los días.

   a. El noticiero   b. La libertad   c. El impuesto

2. Mi papá es _____ al senado de este país.

   a. artículo   b. racismo   c. candidato

3. El _____ de esas dos motocicletas en la autopista ocurrió ayer.

   a. SIDA   b. choque   c. ciudadano

4. El _____ informó sobre el terremoto en Chile esta mañana.

   a. locutor   b. acontecimiento   c. deber

4 **Una tormenta** Completa el párrafo con los tiempos correctos de los verbos del recuadro.

declarar	encontrar
durar	informar
emitir	obedecer

Ayer estaba en la casa de mi amiga Daniela cuando el noticiero (1) _____ sobre la tormenta. El locutor dijo que la tormenta (2) _____ por lo menos dos días y les recomendó a todos los ciudadanos que (3) _____ a los bomberos y que no salieran de la ciudad. Traté de (4) _____ a mi mamá pero no pude. Después de dos horas, por fin pude hablar con ella. Pobrecita, estaba muy preocupada por mí.

5 **Escribir** Escribe oraciones completas con los elementos dados. Sigue el modelo.

> **Modelo**
> **si poder / ¿ir?**
> *Si pudieras, ¿irías conmigo a la excursión?*

1. si trabajar / ¿comprar?

   _____

   _____

2. si ganar / ¿viajar?

   _____

   _____

3. si hablar / ¿conocer?

   _____

   _____

4. si bailar / ¿salir?

   _____

   _____

   _____

6 **Completar** Completa las oraciones con los tiempos correctos de los verbos entre paréntesis.

1. El ejército duda que la guerra (1) _____ (continuar).

2. No es cierto que el locutor (2) _____ (anunciar) esta mañana que la tormenta ya pasó.

3. El candidato espera que la huelga (3) _____ (terminar) pronto.

4. Fue muy triste que el tornado (4) _____ (afectar) tanto a mi ciudad.

7 **¡A practicar!** En grupos de cuatro personas, preparen un reportaje de un noticiero sobre un desastre natural. Dos de ustedes son los/las periodistas y los/las otros/as dos son las víctimas del desastre. Incluyan:

- el vocabulario (los medios de comunicación, las noticias, la política, etc.)
- cláusulas con **si**
- resumen de los usos del subjuntivo

Presenten su reportaje a la clase. Si los recursos lo permiten, pueden grabar el programa y traerlo a la clase. ¡Sean creativos/as!

contextos

1 **Horizontales:** 2. inundación 4. política
5. choque 7. terremoto 9. derechos
10. prensa **Verticales:** 1. racismo 3. noticiero
6. soldado 8. guerra

2 1. reportaje 2. incendio 3. discurso
4. huelga 5. crimen 6. ejército 7. huracán
8. diario 9. candidato

3 Answers will vary.

estructura

18.1 *Si* clauses

1 **A.** 1. Si fuera científico, inventaría una cura para
el SIDA. 2. Si conociera esta ciudad, saldría a
comer. 3. Si pudiera, ayudaría a las víctimas
del terremoto. 4. Si tuviera un televisor, vería
el noticiero. 5. Si supiera idiomas, trabajaría en
el extranjero. 6. Si tuviera valor, sería soldado.
7. Si hubiera buenas opciones, votaría. 8. Si
supiera cómo, lucharía contra el sexismo. 9. Si
trabajara en una revista, publicaría un artículo.
10. Si ganara suficiente dinero, compraría una
casa. **B.** Answers will vary.

2 Answers will vary.

18.2 Summary of the uses of
the subjunctive

1 1. diga 2. haya informado 3. entregue
4. conozco 5. hubiera ido 6. habría visto
7. habrías llamado 8. habría podido/hubiera
podido 9. preguntes 10. tuvieras 11. fueras
12. habría tomado

2 Answers will vary.

comunicación

1 Answers will vary.

2 Answers will vary.

3 Answers will vary.

recapitulación

1 **las noticias:** 1. la prensa 2. el reportaje 3. el
artículo **los desastres naturales:** 1. el huracán
2. la inundación 3. el tornado **la política:** 1. el
deber 2. las elecciones 3. el impuesto

2 1. durar 2. la paz 3. el incendio 4. el choque

3 1. a 2. c 3. b 4. a

4 1. informó 2. duraría 3. obedecieran
4. encontrar

5 Answers will vary.

6 1. continúe 2. haya anunciado 3. termine
4. haya afectado/afectara

7 Answers will vary.

Rules and Instructions

1. **¡Atrévete!** is a set of games played on the same board that offers students the opportunity to review vocabulary and grammar concepts. The games are organized so students review a few lessons at a time and practice only what they've learned. Materials are designed to be used after lesson 4, 8, 12, 15, and 18. The large game board has instructions in Spanish on one side, and in English on the other side. Either side can be used. Each group of lessons has its own set of cards that reviews the grammar and vocabulary from those lessons. Each set also has its own, numbered answer key.

2. **¡Atrévete!** is designed to be played by a maximum of six students per board. Organize the class into groups of 3 to 6 students, and provide the appropriate number of board games by photocopying either the large color version or the smaller versions on pages 419-429.

3. Print or photocopy the cards for the lessons you are reviewing. Print multiple copies to accommodate multiple groups.

4. Give each group one die (not included) and have each student create a token (such as a coin or a paperclip), to mark his or her place on the board.

5. Set cards face-down on the spaces indicated on the board. Have students place their tokens on **SALIDA** (*START*). They should then take turns rolling the die and moving their tokens forward according to the number they roll.

6. The student should take the card(s) indicated by the space's image(s) and follow the written instructions.

7. Once a student picks the appropriate card(s), he/she has one minute to complete the task. If time runs out or if the task isn't completed correctly, he/she has to move back one space.

8. If a student lands on an **Avanza/Regresa** (*Move forward/Move back*) space, he/she must move according to its instructions. He/she does not have to complete the task on the new space; it is simply the starting position for his/her next turn.

9. If a student lands on the **Pierde un turno** (*Miss one turn*) space, he/she must sit out one turn.

10. If a student lands on the **Comienza de nuevo** (*Start over*) space, he/she must go back to **SALIDA** (*START*).

11. The **Reto/Challenge** cards are numbered because the answers there can be checked in the Answer Key. If a student does not complete a challenge correctly, he/she misses his/her next turn.

12. The first person to reach the **META** (*FINISH*) space wins.

> Use this game as a review after a break, at the start of a semester, before exams, or for periodic recycling of previously-learned language. We hope you and your students will find it a useful and fun way to practice Spanish!

¡Atrévete! Board Game Rules and Instructions

¡Atrévete!

VISTA HIGHER LEARNING

Start over.

Move forward to the nearest challenge.

Pick a picture and describe it.

Combine a grammar structure and two pictures and form a sentence.

Complete a challenge.

Conjugate two verbs.

Form two sentences using a picture.

Move forward three spaces.

Combine a picture, a vocabulary word, and a verb to form a sentence.

Pick two vocabulary words and a verb to form a sentence.

Pick a challenge or miss one turn.

Combine two pictures and two vocabulary words and form a sentence.

Take two turns.

Form a sentence using three vocabulary words.

Pick two vocabulary words and a picture and form a sentence.

Complete a challenge.

Combine a grammar structure with a vocabulary word and form a sentence.

Combine two vocabulary words and a verb to form a sentence.

Verbs

Grammar

Pictures

Vocabulary

Challenge

Pick a verb and form a sentence.

Move forward to the nearest challenge.

Choose a grammar structure and give one example.

Pick a vocabulary word and a verb and form a sentence.

Form a sentence using a picture and a verb.

Pick a challenge or miss one turn.

Form a sentence with a vocabulary word.

Conjugate one verb.

Pick a picture and describe it.

Explain a grammar structure.

START

Move back two spaces.

Pick a verb and form a sentence.

Pick a challenge or miss one turn.

Form two sentences with two verbs and one vocabulary word.

Miss one turn.

Explain a grammar structure and give one example.

Use a picture and verb to form a sentence.

FINISH

¡Atrévete! English Game Board

419

¡Atrévete!

VISTA
HIGHER LEARNING

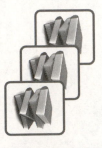
Form a sentence using three vocabulary words.

Pick two vocabulary words and a picture and form a sentence.

Complete a challenge.

Combine a grammar structure with a vocabulary word and form a sentence.

Combine two vocabulary words and a verb to form a sentence.

Move back two spaces.

Pick a verb and form a sentence.

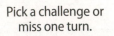
Pick a challenge or miss one turn.

Form two sentences with two verbs and one vocabulary word.

Challenge

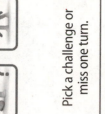

Pick a challenge or miss one turn.

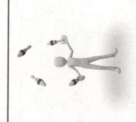

Form a sentence with a vocabulary word.

Conjugate one verb.

START

Explain a grammar structure.

Pick a picture and describe it.

Miss one turn.

Explain a grammar structure and give one example.

Use a picture and verb to form a sentence.

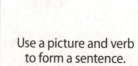

FINISH

¡Atrévete! English Game Board

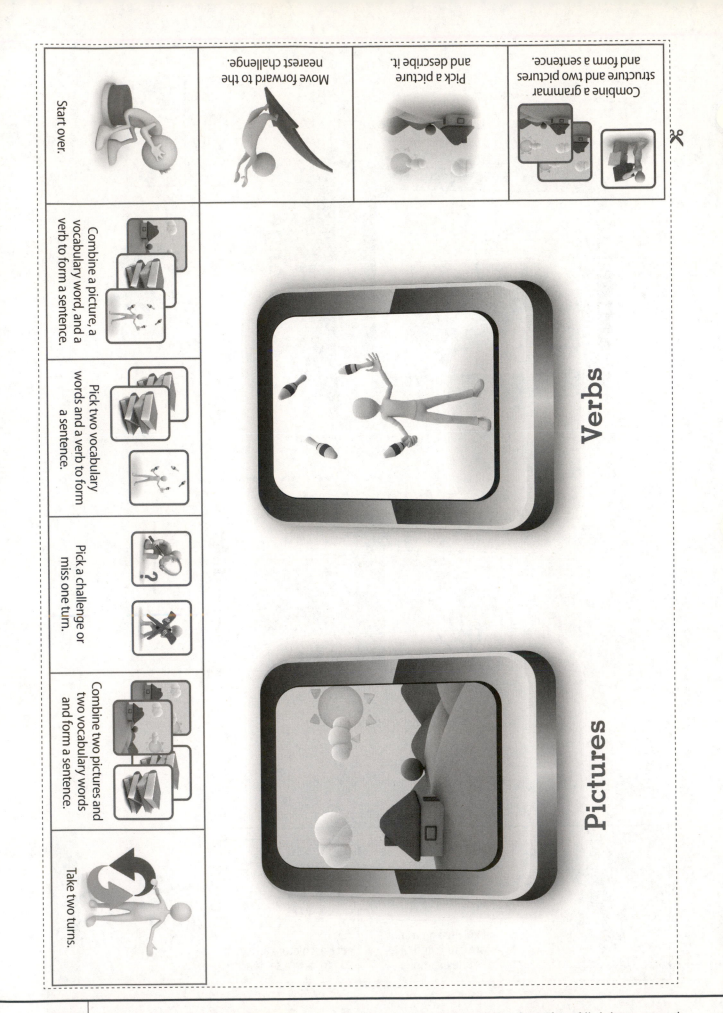

Start over.

Combine a picture, a vocabulary word, and a verb to form a sentence.

Pick two vocabulary words and a verb to form a sentence.

Pick a challenge or miss one turn.

Combine two pictures and two vocabulary words and form a sentence.

Take two turns.

Move forward to the nearest challenge.

Pick a picture and describe it.

Combine a grammar structure and two pictures and form a sentence.

Verbs

Pictures

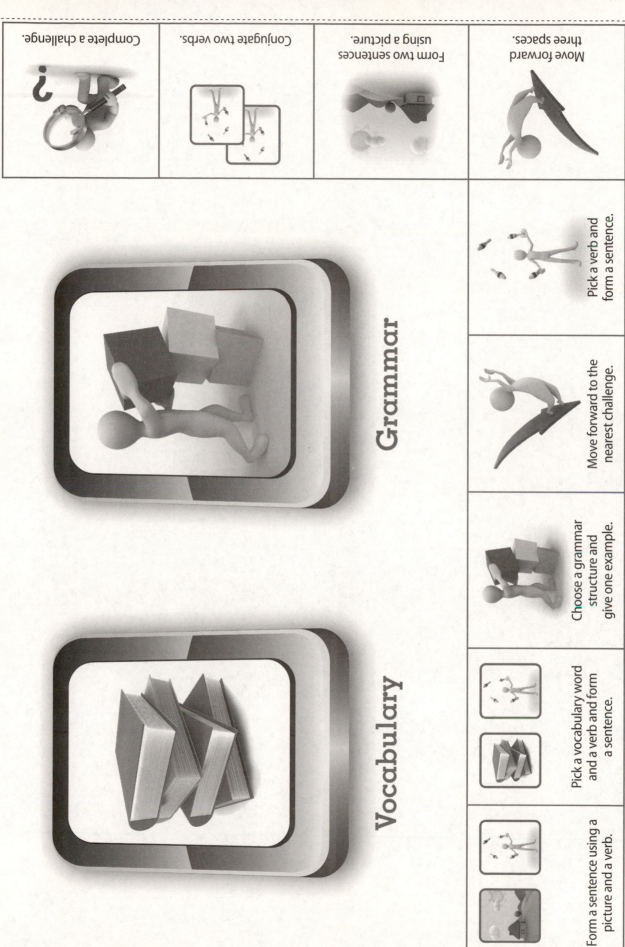

Grammar

Vocabulary

Move forward three spaces.

Form two sentences using a picture.

Conjugate two verbs.

Complete a challenge.

Pick a verb and form a sentence.

Move forward to the nearest challenge.

Choose a grammar structure and give one example.

Pick a vocabulary word and a verb and form a sentence.

Form a sentence using a picture and a verb.

Game board spaces (text labels):

- Comienza de nuevo.
- Avanza hasta el reto más próximo.
- Toma una imagen y descríbela.
- Combina una estructura de gramática y dos imágenes e inventa una oración lógica.
- Completa un reto.
- Conjuga dos verbos.
- Toma una imagen e inventa dos oraciones lógicas.
- Avanza tres espacios.

- Inventa una imagen, una oración con una palabra del vocabulario y un verbo.
- Toma dos palabras del vocabulario y un verbo e inventa una oración lógica.
- Completa un reto o pierde un turno.
- Inventa una oración con dos imágenes y dos palabras del vocabulario.
- Repite el turno.
- Toma tres palabras del vocabulario e inventa una oración lógica.
- Toma dos palabras del vocabulario y una imagen e inventa una oración lógica.
- Completa un reto.
- Combina una estructura de gramática y una palabra del vocabulario e inventa una oración lógica.
- Combina dos palabras del vocabulario y un verbo e inventa una oración.

- Toma un verbo e inventa una oración lógica.
- Avanza hasta el reto más próximo.
- Escoge una estructura de gramática y da un ejemplo.
- Toma una palabra del vocabulario y un verbo e inventa una oración lógica.
- Toma una imagen y un verbo e inventa una oración lógica.
- Completa un reto o pierde un turno.
- Toma una palabra del vocabulario e inventa una oración lógica.
- Conjuga un verbo.
- Toma una imagen y describela.

- Regresa dos espacios.
- Toma un verbo e inventa una oración lógica.
- Completa un reto o pierde un turno.
- Inventa dos oraciones con dos verbos y una palabra del vocabulario.
- Pierde un turno.
- Explica una estructura de gramática y da un ejemplo.
- Toma una imagen y un verbo e inventa una oración lógica.

Category spaces: Verbos, Gramática, Imágenes, Vocabulario, Reto

SALIDA · Explica una estructura de gramática.

META

¡Atrévete!

VISTA HIGHER LEARNING

¡Atrévete!

VISTA HIGHER LEARNING

Toma tres palabras del vocabulario e inventa una oración lógica.

Toma dos palabras del vocabulario y una imagen e inventa una oración lógica.

Completa un reto.

Combina una estructura de gramática y una palabra del vocabulario e inventa una oración lógica.

Combina dos palabras del vocabulario y un verbo e inventa una oración.

Regresa dos espacios.

Toma un verbo e inventa una oración lógica.

Completa un reto o pierde un turno.

Inventa dos oraciones con dos verbos y una palabra del vocabulario.

Reto

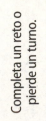

Completa un reto o pierde un turno.

Toma una palabra del vocabulario e inventa una oración lógica.

Conjuga un verbo.

SALIDA

Explica una estructura de gramática.

Toma una imagen y descríbela.

Pierde un turno.

Explica una estructura de gramática y da un ejemplo.

Toma una imagen y un verbo e inventa una oración lógica.

META

¡Atrévete! Spanish Game Board

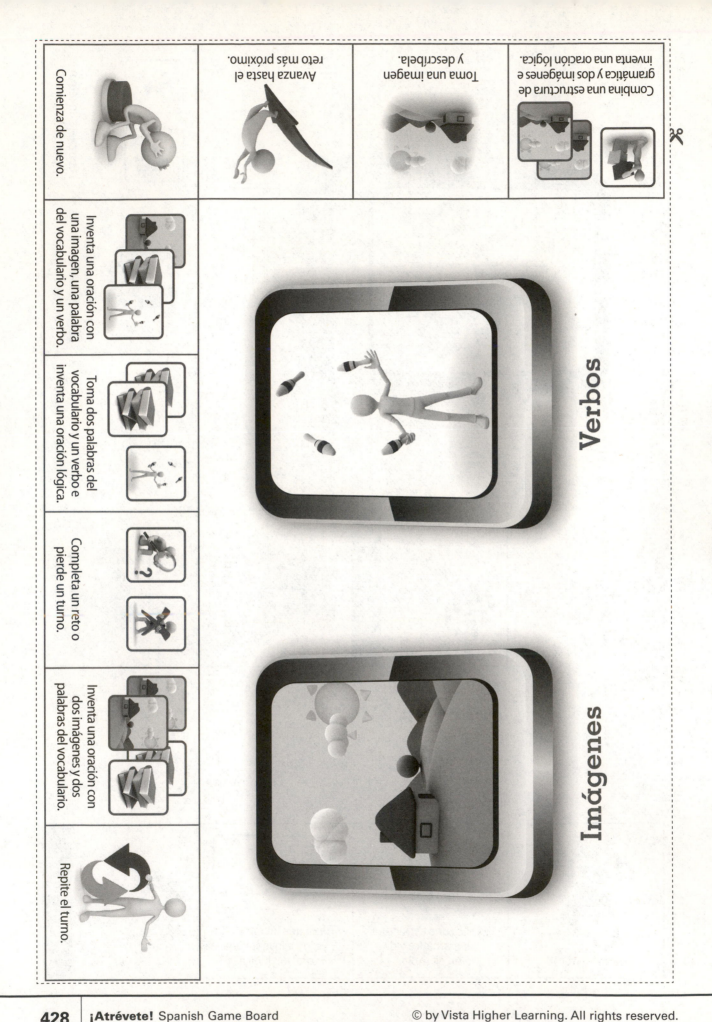

Verbos

Imágenes

Comienza de nuevo.

Inventa una oración con una imagen, una palabra del vocabulario y un verbo.

Toma dos palabras del vocabulario y un verbo e inventa una oración lógica.

Completa un reto o pierde un turno.

Inventa una oración con dos imágenes y dos palabras del vocabulario.

Repite el turno.

Avanza hasta el reto más próximo.

Toma una imagen y descríbela.

Combina una estructura de gramática y dos imágenes e inventa una oración lógica.

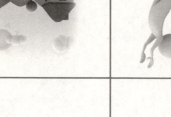

Gramática

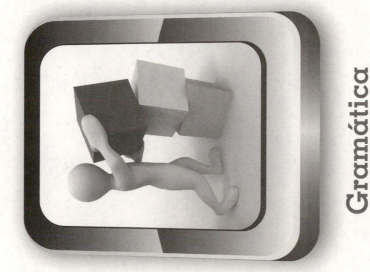

Toma un verbo e inventa una oración lógica.

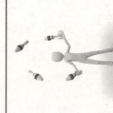

Avanza hasta el reto más próximo.

Escoge una estructura de gramática y da un ejemplo.

Vocabulario

Toma una palabra del vocabulario y un verbo e inventa una oración lógica.

Toma una imagen y un verbo e inventa una oración lógica.

¡Atrévete! Spanish Game Board

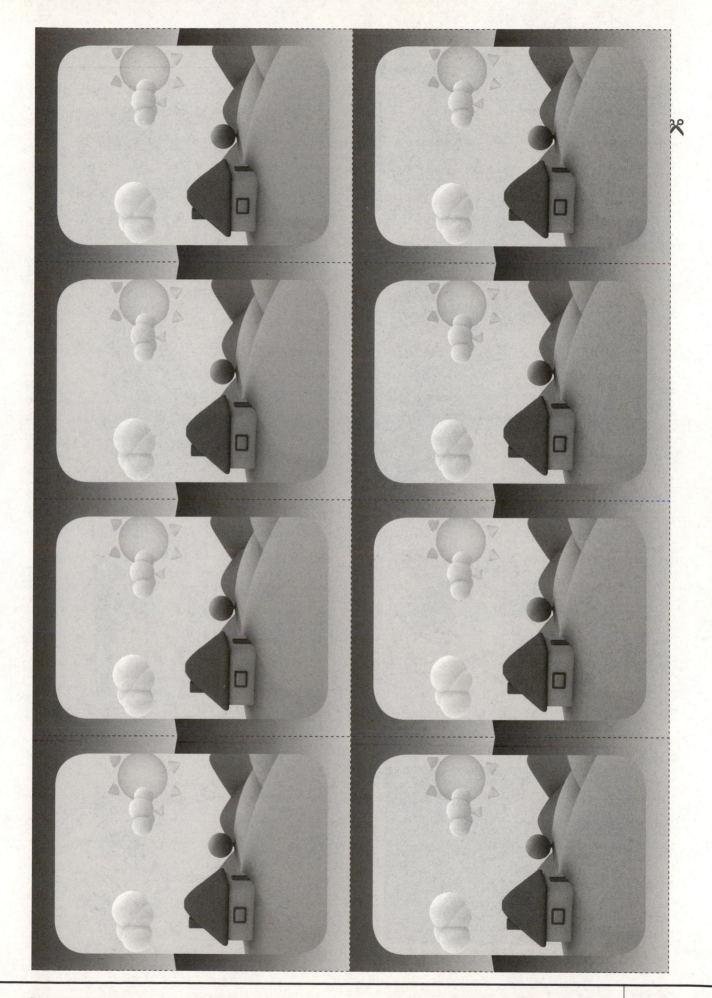

Lecciones 1–4 ¡Atrévete! Cards

433

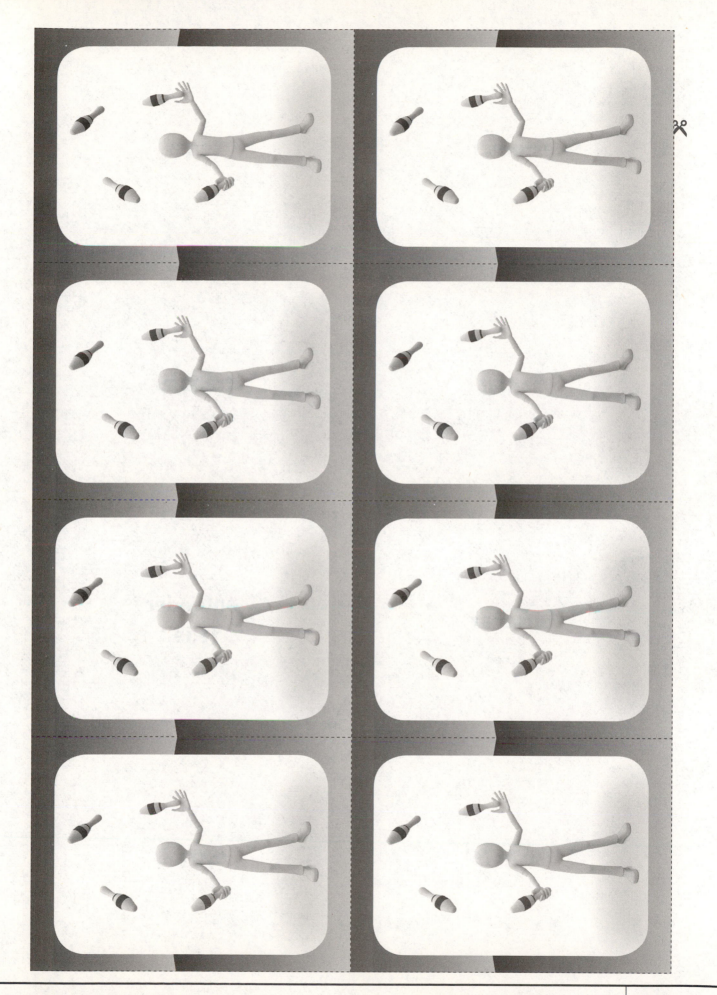

Lecciones 1–4 ¡Atrévete! Cards

estudiar

cenar

hablar

trabajar

enseñar

entender
(e:ie)

asistir (a)

escribir

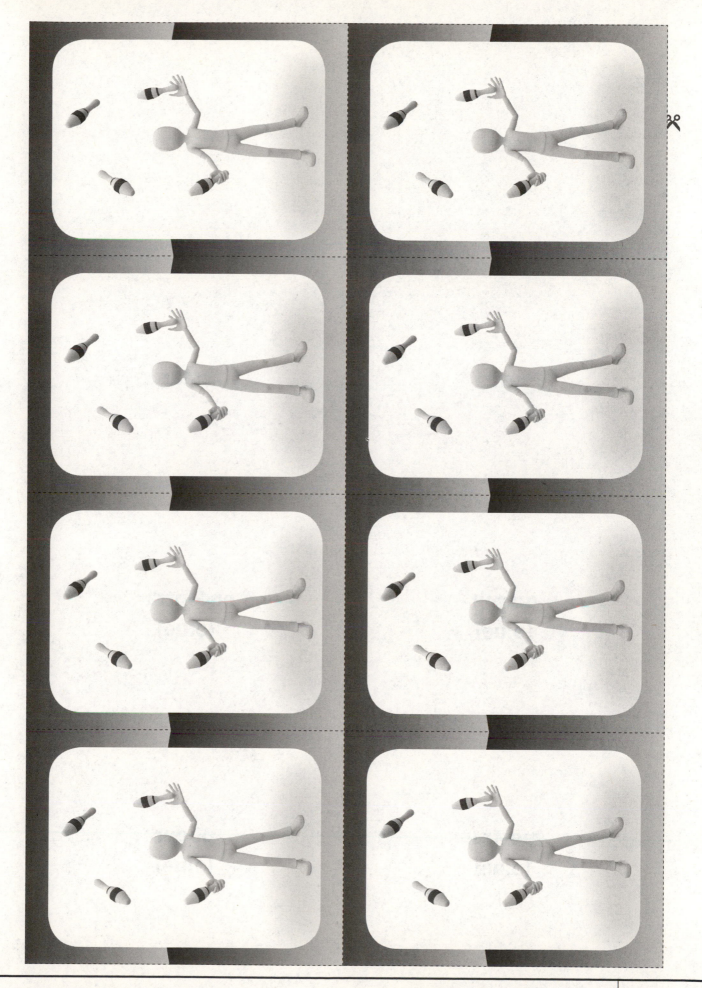

Lecciones 1–4 ¡Atrévete! Cards

439

tener

venir

vivir

estar

**dormir
(o:ue)**

**encontrar
(o:ue)**

**mostrar
(o:ue)**

**poder
(o:ue)**

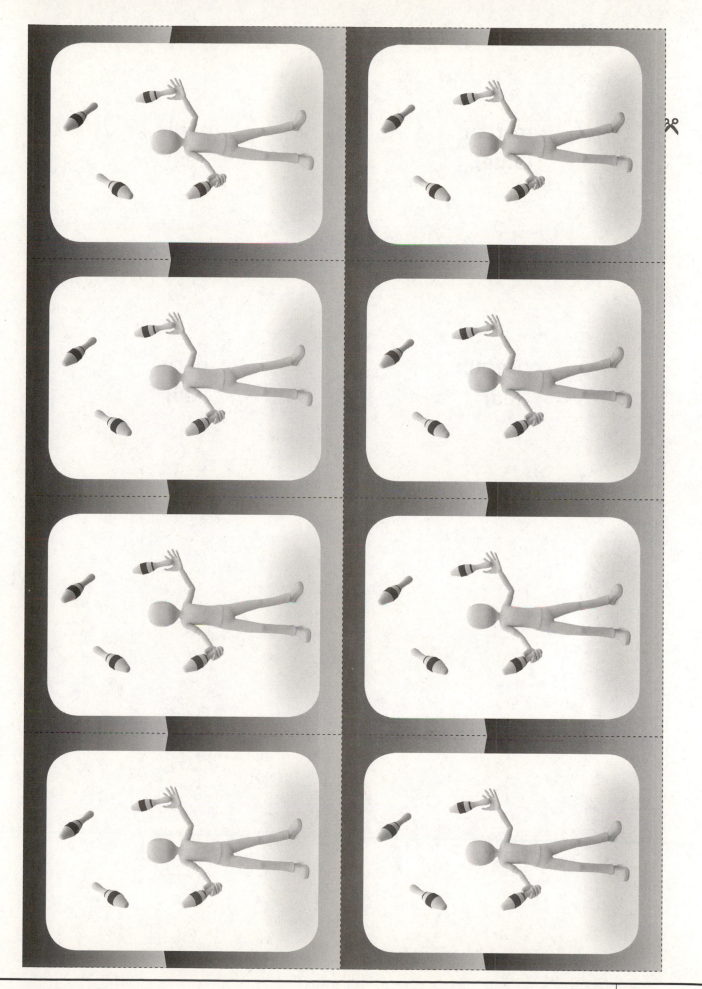

Lecciones 1–4 ¡Atrévete! Cards

recordar
(o:ue)

pedir
(e:i)

conseguir
(e:i)

decir
(e:i)

oír

ser

hacer

preguntar

el autobús

la computadora

el/la conductor(a)

el hombre

el/la joven

la mujer

el/la profesor(a)

la conversación

Lecciones 1–4 ¡Atrévete! Cards

el cuaderno

la escuela

la foto(grafía)

el/la pasajero/a

el/la estudiante

el escritorio

la biblioteca

el estadio

Lecciones 1–4 ¡Atrévete! Cards

447

la clase

la tarea

la biología

la historia

la química

la música

el reloj

la pluma

Lecciones 1–4 ¡Atrévete! Cards 449

el/la abuelo/a

el/la gemelo/a

el/la hijo/a

los padres

el/la amigo/a

el/la novio/a

el/la artista

el/la ingeniero/a

Lecciones 1–4 ¡Atrévete! Cards

el/la programador(a)

alemán, alemana

español(a)

ecuatoriano/a

el videojuego

los ratos libres

el baloncesto

el fútbol

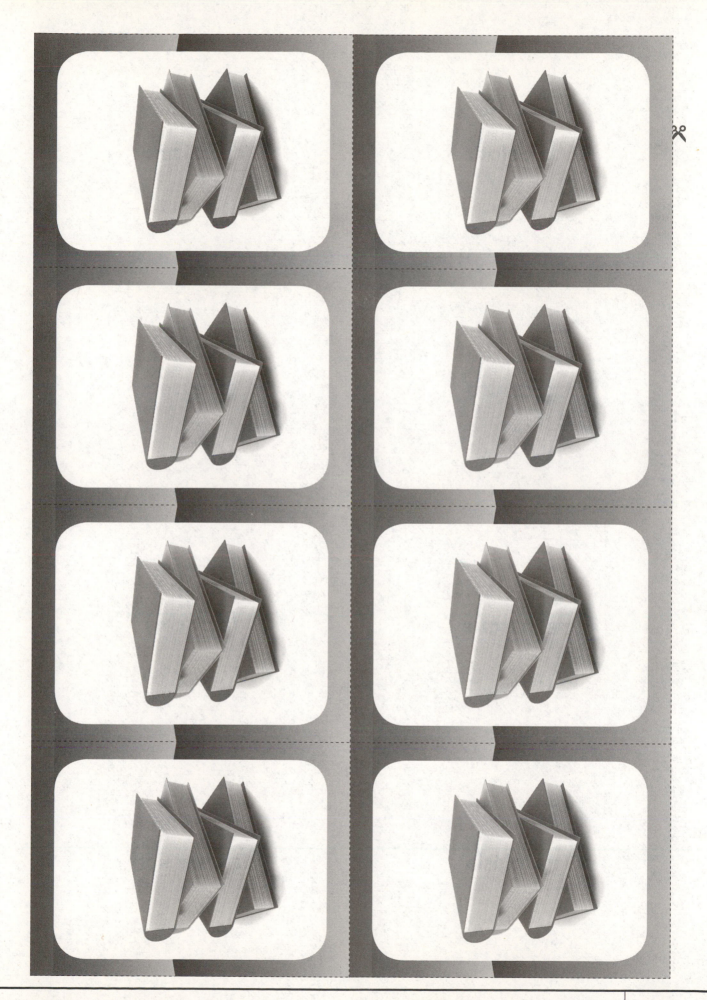

Lecciones 1–4 ¡Atrévete! Cards

453

la pelota

el ciclismo

el centro

el museo

el parque

la piscina

la iglesia

la diversión

Lecciones 1–4 ¡Atrévete! Cards

455

Nouns (feminine/masculine; singular/plural)

Numbers

Present tense of *ser*

Telling time

Articles

Hay/No hay

Present tense of *-ar* verbs

Forming questions in Spanish

Lecciones 1–4 ¡Atrévete! Cards

Present tense of *estar*

Numbers 31 and higher

Present tense of *-ir* verbs

Subject pronouns

Descriptive adjectives

Possessive adjectives

Present tense of *-er* verbs

Present tense of *tener*

Lecciones 1–4 ¡Atrévete! Cards

Present tense of *venir*

The verb *gustar*

Present tense of *ir*

Stem-changing verbs *e→ie*

Stem changing verbs *e→i*

Verbs with irregular *yo* forms

Stem changing verbs *o→ue*

Question words

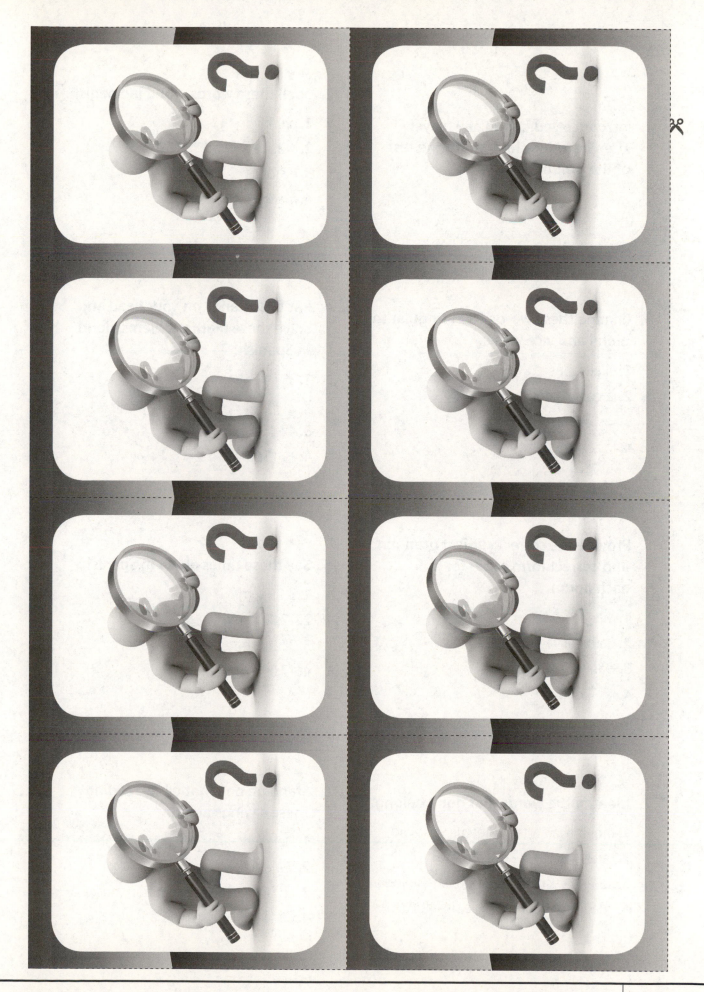

1. Introduce yourself to any player. Then introduce him/her to the rest of the group.

2. Spell these words aloud in Spanish:

1. por favor
2. gracias
3. historia
4. madrastra

3. Change these words from singular to plural and vice versa:

1. el autobús
2. la comunidad
3. los lápices
4. los exámenes

4. Put both hands on your head and solve these math problems aloud in Spanish:

1. 35+18=
2. 21-4=
3. 42-15=
4. 11+50=

5. Provide the correct subject pronoun and correct form of *ser* for each noun:

1. María
2. Carolina y yo
3. Danilo y Natalia
4. las jugadoras

6. Say these times aloud in Spanish:

1. 3:15 a. m.
2. 12:00 p. m.
3. 7:50 p. m.
4. 12:00 a. m.

7. Identify the words that don't belong:

1. biblioteca • arte • cafetería • estadio
2. tarea • examen • clase • casa
3. librería • español • geografía • biología
4. cuaderno • borrador • lápiz • física

8. Stand on one foot while reading these sayings aloud:

1. Del dicho al hecho hay un gran trecho.
2. Ver es creer.
3. En boca cerrada no entran moscas.
4. Cada loco con su tema.

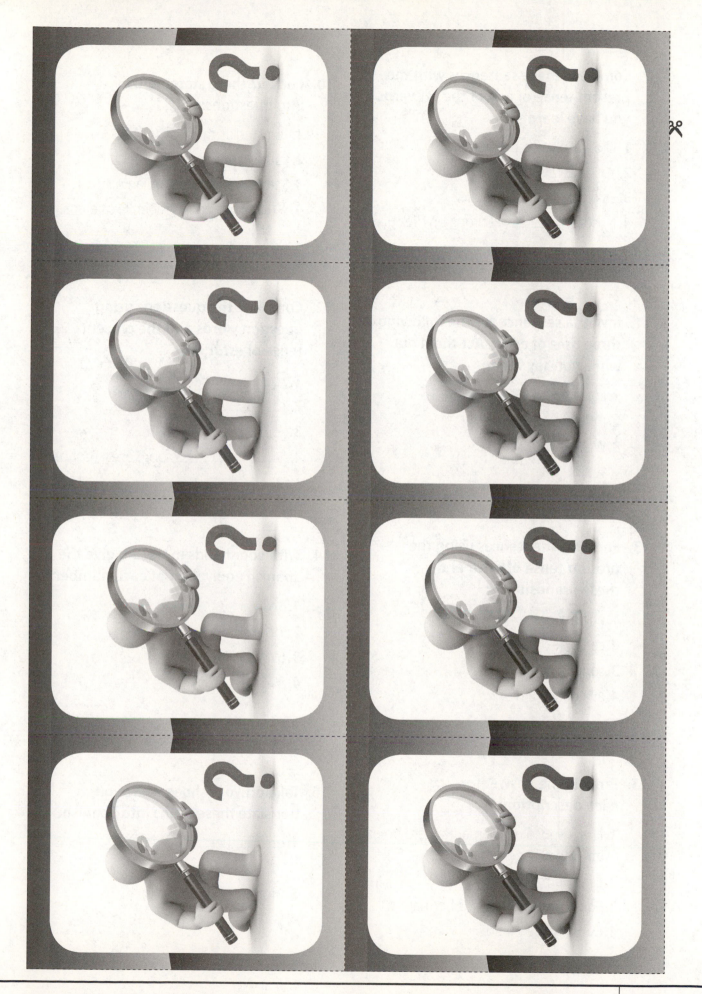

Lecciones 1–4 ¡Atrévete! Cards | **463**

9. **Complete these sentences with the present tense of any of the -ar verbs you have learned:**

1. Ellos _____ español.
2. Yo _____ merengue.
3. La clase _____ a las diez.
4. Nosotras _____ a Europa en diez días.

10. **Convert these statements into questions:**

1. Tú estudias mucho.
2. Pablo canta ópera.
3. Sandra y Ramón estudian historia.
4. A ti te gusta conversar en la cafetería.

11. **Invent a sentence for the following three uses of *estar*. Act them out while you say them:**

1. Location
2. Health
3. Well-being

12. **Complete the questions using question words and the present tense of *estar*:**

1. ¿_____ ____ Mariana?
2. ¿_____ ____ los niños?
3. ¿_____ ____ nosotros?
4. ¿_____ libros ____ sobre el escritorio?

13. **Form four sentences using the present tense of *estar* and these prepositions:**

1. encima de
2. cerca de
3. sobre
4. a la derecha de

14. **With your hands in the air, give the Spanish equivalent of each number:**

1. 328
2. 19.453
3. 635.200
4. 89

15. **Provide the answer for each description:**

1. Es el esposo de mi madre, pero no es mi padre.
2. Es el hermano de mi madre.
3. Son las esposas de mis hermanos.
4. Es el hijo de mi tío.

16. **Take off your shoes while you translate these terms into Spanish:**

1. grandfather
2. friend
3. mother
4. cousin

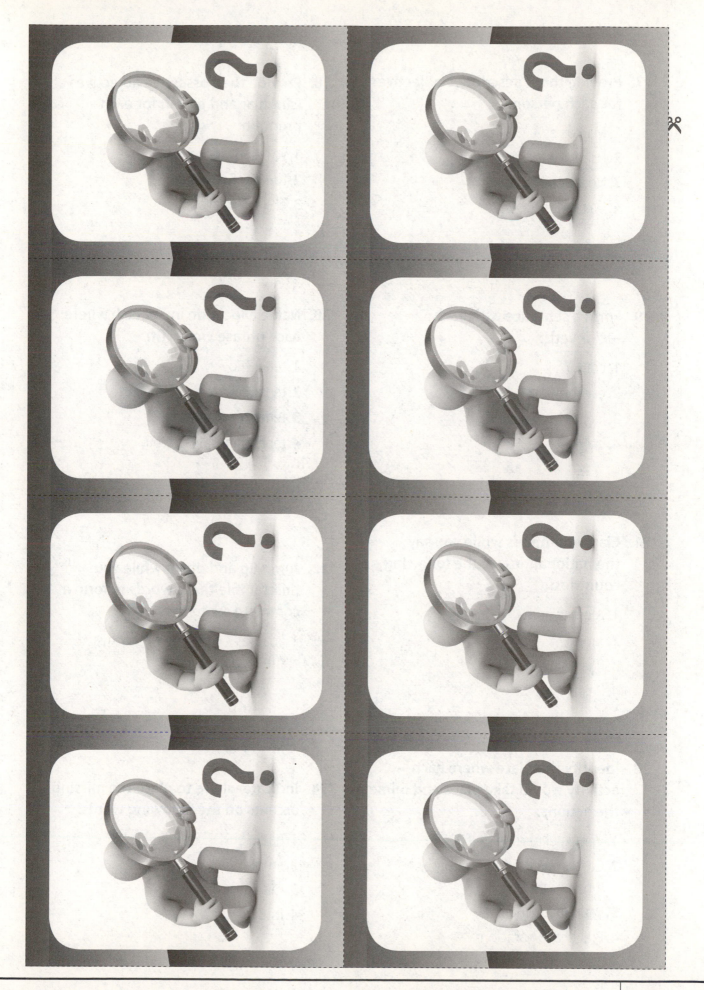

17. Provide three descriptive adjectives for each person:

1. Marcos es…
2. Luisa y Juan son…
3. Nosotros somos…
4. Mi madrastra es…

18. Provide the possessive adjectives (singular and plural) for each pronoun:

1. yo　　4. nosotras
2. tú　　5. ustedes
3. él　　6. ellas

19. Form a sentence with each -er/-ir verb:

1. comer
2. escribir
3. leer
4. vivir

20. Name a location in Spanish where each phrase would fit:

1. tener frío
2. tener calor
3. tener miedo
4. tener ganas de dormir

21. Clap your hands while you say the nationalities for the following countries:

1. Alemania
2. Japón
3. Puerto Rico
4. Rusia

22. Jump up and down while you unscramble these words to form a complete sentence:

volver / padres / lunes / México / mis / de / el / mañana / la / por

23. Identify the place where each activity would take place and mime the actions:

1. Vemos el partido de fútbol.
2. Como una hamburguesa y una ensalada.
3. Patinan en línea.
4. Practica la natación.

24. Indicate where to place the missing accents on the following words:

1. natacion
2. arbol
3. mama
4. futbol

reto

1 Answers will vary.

2 1. pe, o, ere, efe, a, ve, o, ere 2. ge, ere, a, ce, i, a, ese 3. hache, i, ese, te, o, ere, i, a 4. eme, a, de, ere, a, ese, te, ere, a

3 1. los autobuses 2. las comunidades 3. el lápiz 4. el examen

4 1. treinta y cinco más dieciocho son cincuenta y tres 2. veintiuno menos cuatro son diecisiete 3. cuarenta y dos menos quince son veintisiete y siete 4. once más cincuenta son sesenta y uno

5 1. ella, es 2. nosotros/as, somos 3. ellos, son 4. ellas, son

6 1. Son las tres y quince/cuarto de la mañana. 2. Es la medianoche. 3. Son las siete y cincuenta de la noche./Son las ocho menos diez de la noche. 4. Es el mediodía.

7 1. arte 2. casa 3. librería 4. física

8 Answers will vary.

9 Some answers will vary. Sample answers: 1. Ellos hablan español. 2. Yo bailo merengue. 3. La clase empieza a las diez. 4. Nosotras viajamos a Europa en diez días.

10 1. ¿Tú estudias mucho?/¿Estudias mucho tú?/ Tú estudias mucho, ¿verdad/no? 2. ¿Pablo canta ópera?/¿Canta ópera Pablo?/ Pablo canta ópera, ¿verdad/no? 3. ¿Sandra y Ramón estudian historia?/¿Estudian historia Sandra y Ramón?/Sandra y Ramón estudian historia, ¿verdad/no? 4. ¿A ti te gusta conversar en la cafetería?/¿Te gusta conversar en la cafetería?/A ti te gusta conversar en la cafetería, ¿verdad/no?

11 Answers will vary. Sample answers: 1. Danilo está en la cafetería. 2. Mi mamá está enferma. 3. Yo estoy muy bien.

12 Answers will vary. Sample answers: 1. ¿De dónde es Mariana? 2. ¿Dónde están los niños? 3. ¿Cómo estamos nosotros? 4. ¿Qué/Cuáles libros están sobre el escritorio?

13 Answers will vary.

14 1. trescientos veintiocho 2. diecinueve mil cuatrocientos cincuenta y tres 3. seiscientos treinta y cinco mil doscientos 4. ochenta y nueve

15 1. mi padrastro 2. mi tío 3. mis cuñadas 4. mi primo

16 1. (el) abuelo 2. (el/la) amigo/a 3. (la) madre 4. (el/la) primo/a

17 Answers will vary.

18 1. mi, mis 2. tu, tus 3. su, sus 4. nuestro/a, nuestros/as 5. su, sus 6. su, sus

19 Answers will vary

20 Answers will vary.

21 1. alemán, alemana 2. japonés, japonesa 3. puertorriqueño/a 4. ruso/a

22 Mis padres vuelven de México el lunes por la mañana./El lunes por la mañana mis padres vuelven de México.

23 1. el/un estadio 2. el/un restaurante café 3. el/un parque 4. la/una piscina

24 1. natación 2. árbol 3. mamá 4. fútbol

Lecciones 5–8 ¡Atrévete! Cards

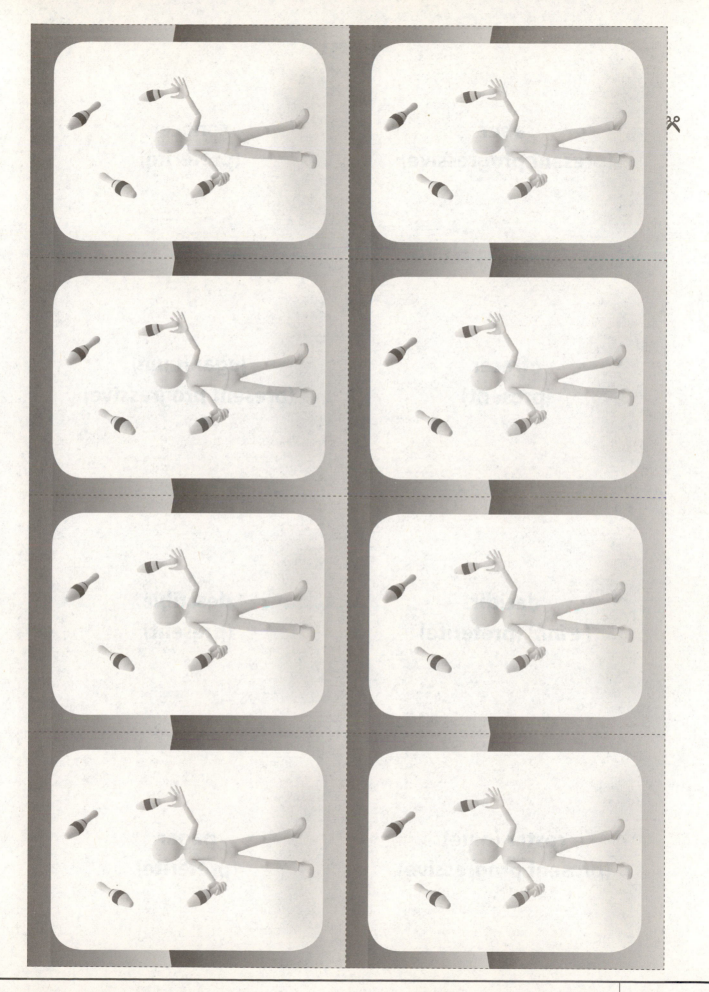

Lecciones 5–8 ¡Atrévete! Cards

saber
(present progressive)

conocer
(preterite)

ofrecer
(present)

jugar (u:ue)
(present progressive)

decidir
(+ _inf._) (preterite)

describir
(present)

costar (o:ue)
(present progressive)

pagar
(preterite)

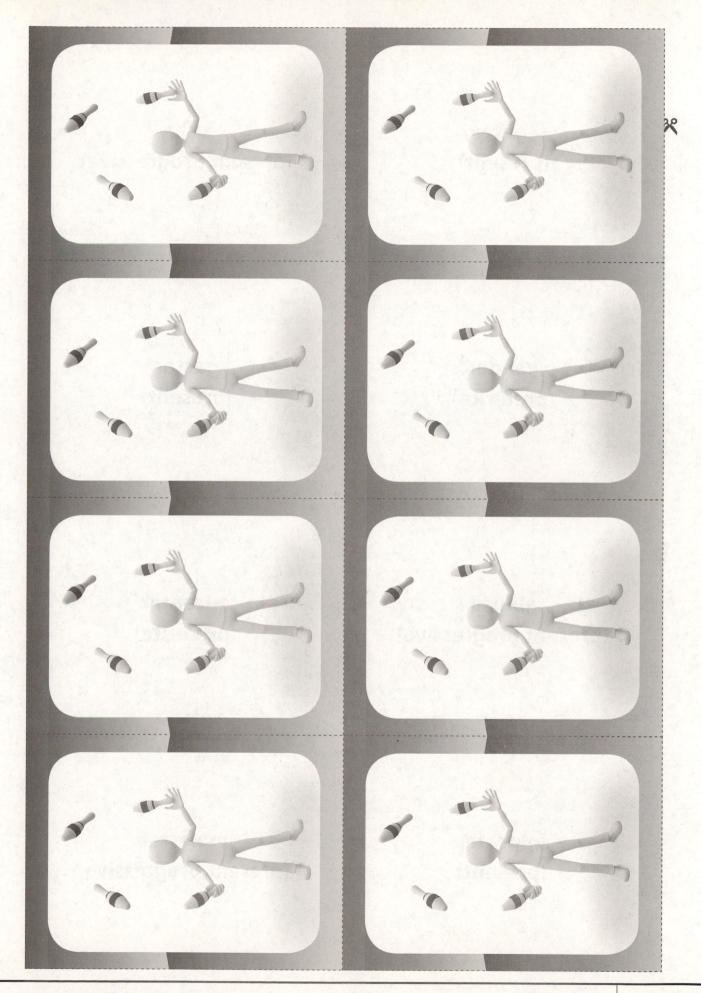

Lecciones 5–8 ¡Atrévete! Cards 477

regatear
(present)

usar
(present progressive)

vender
(preterite)

gastar
(present)

aburrir
(present progressive)

encantar
(preterite)

importar
(present)

molestar
(present progressive)

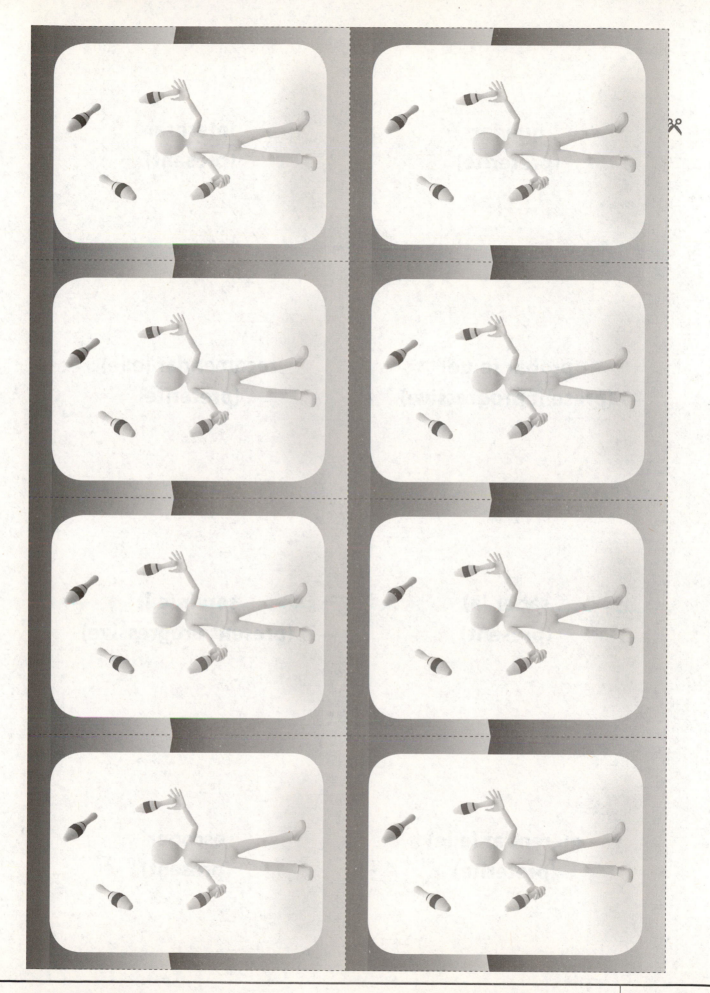

Lecciones 5–8 ¡Atrévete! Cards

quedar
(preterite)

interesar
(present)

probar (o:ue)
(present progressive)

recomendar (e:ie)
(preterite)

saber (a)
(present)

servir (e:i)
(present progressive)

merendar (e:ie)
(preterite)

escoger
(present)

confirmar una reservación

estar de vacaciones

el/la agente de viajes

la estación (de autobuses,
del metro, de tren)

el pasaje

el/la viajero/a

la habitación

el/la botones

Lecciones 5–8 ¡Atrévete! Cards   **483**

el equipaje

el hotel

el/la huésped

el/la empleado/a

el/la cliente/a

el/la dependiente/a

la rebaja

el precio (fijo)

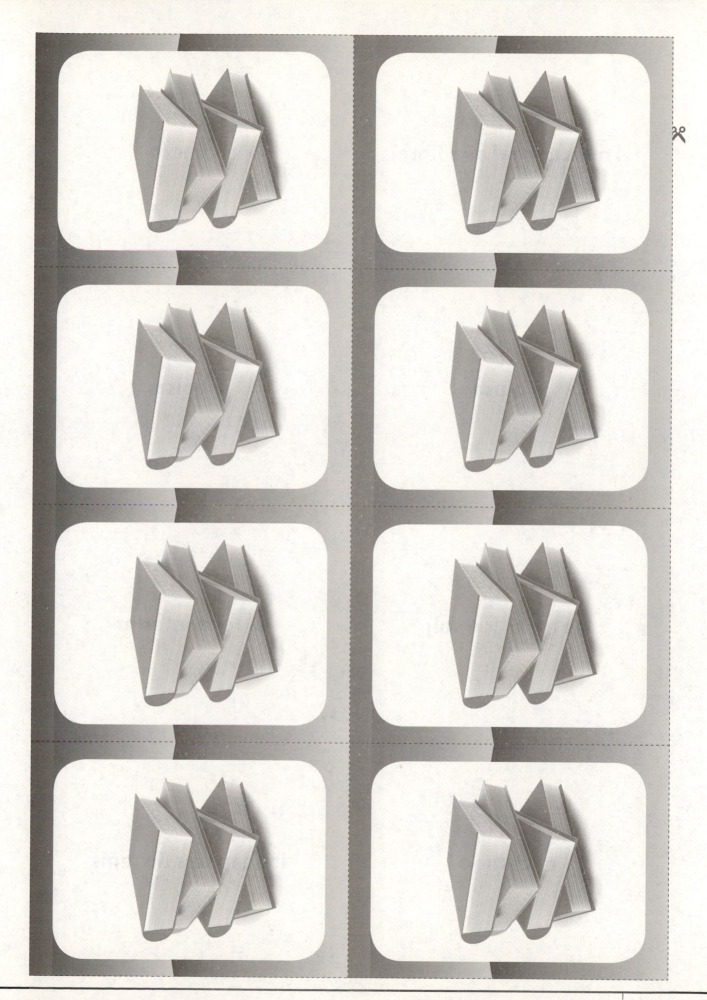

el mercado (al aire libre)

el dinero

la blusa

la bolsa

las gafas (de sol)

la ropa interior

el vestido

los zapatos de tenis

el (cuarto de) baño

la ducha

la rutina diaria

el jabón

el maquillaje

la toalla

bañarse

dormirse

Lecciones 5–8 ¡Atrévete! Cards

489

enojarse (con)

ponerse

vestirse

quedarse

el/la camarero/a

el menú

el almuerzo

la cena

Lecciones 5–8 ¡Atrévete! Cards

491

la sección de (no) fumar

el desayuno

el refresco

los frijoles

la manzana

la chuleta (de cerdo)

el pan (tostado)

el pollo (asado)

Lecciones 5–8 ¡Atrévete! Cards | **493**

Estar with conditions
and emotions

The present progressive

Uses of *estar*

Direct object nouns
and pronouns

Uses of *ser*

Irregular superlatives

Uses of verb *conocer*

Indirect object pronouns

Lecciones 5–8 ¡Atrévete! Cards

495

Preterite tense of regular verbs

Demonstrative adjectives

Uses of *saber*

Demonstrative pronouns

Reflexive verbs

Indefinite words

Preterite of *ser* and *ir*

Verbs like *gustar*

Lecciones 5–8 ¡Atrévete! Cards

497

Words commonly used with the preterite

Negative words

Preterite of stem-changing verbs

Double object pronouns

Comparisons of inequality

Superlatives

Comparisons of equality

Irregular comparisons

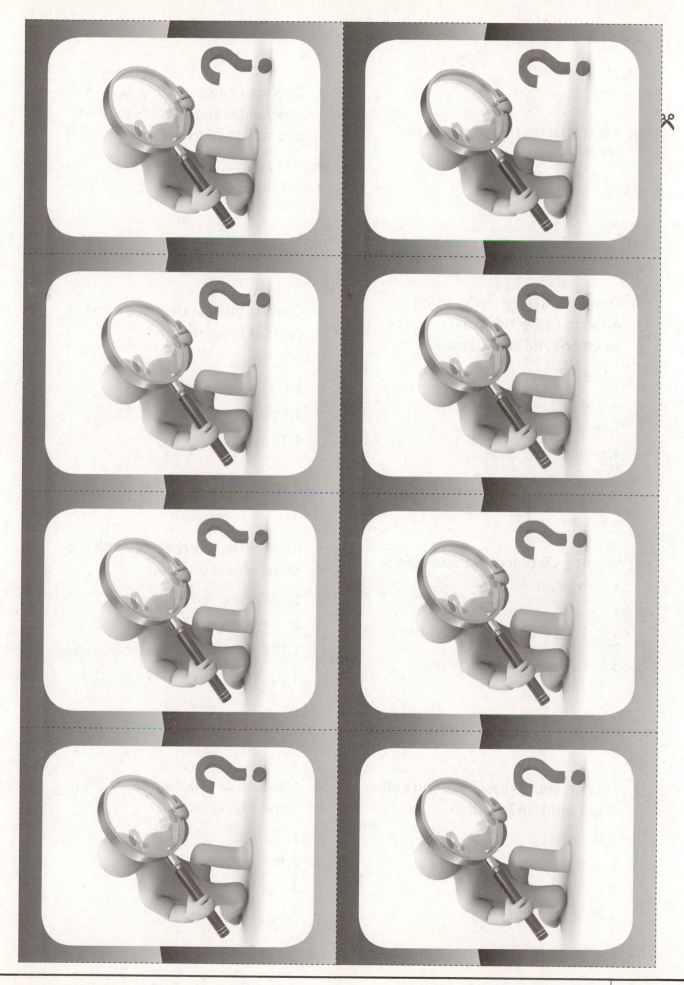

1. **Say at least ten things you can find at a hotel.**

2. **Clap your hands while you unscramble these words to form a complete sentence:**

   venir / casa / de / en / Viviana / la / novio / su / autobús / de

3. **Complete the sentences using *estar* and adjectives that describe emotions and conditions:**

   1. Diana y yo _____ _____.
   2. ¿Ustedes _____ _____?
   3. Mi amigo Raúl _____ _____.
   4. El hotel _____ _____.

4. **Convert these statements into the present progressive:**

   1. Mi esposo lee revistas.
   2. El profesor habla mucho.
   3. Nosotros escribimos un libro.
   4. Yo juego al fútbol.

5. **Invent a sentence for these uses of *ser* and *estar*:**

   1. Time and date
   2. Emotional states
   3. Certain weather expressions

6. **Replace the direct object with the direct object pronoun:**

   1. Necesito comprar los pasajes.
   2. Queremos llamar a mi primo Juan.
   3. Maria y Luis deben hacer sus maletas.
   4. ¿Ustedes buscan a la empleada?

7. **Take off your shoes while you define these terms in English:**

   1. la tienda
   2. el regalo
   3. los zapatos
   4. la tarjeta de crédito

8. **Stand on one foot while reading these sayings aloud:**

   1. Hombre prevenido vale por dos.
   2. En la variedad está el gusto.
   3. Perro que ladra no muerde.
   4. Panza llena, corazón contento.

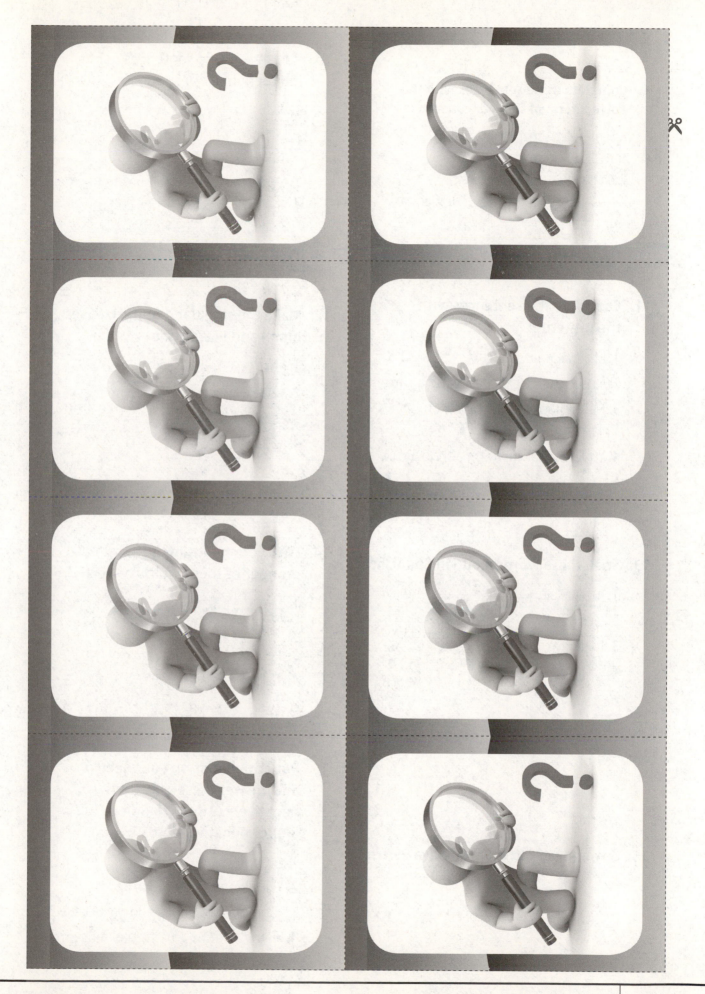

Lecciones 5–8 ¡Atrévete! Cards

9. **Complete these sentences with the correct form of *saber* or *conocer*:**

   1. Ellos _____ español.
   2. Yo _____ Costa Rica.
   3. Mi tía Rita _____ bailar salsa.
   4. Nosotras _____ al profesor de ciencias.

10. **Rephrase these sentences using indirect object pronouns:**

    1. Yo leo un libro. (a ti)
    2. Ustedes venden unos zapatos. (a ellos)
    3. Natalia habla en español. (a mí)
    4. Sus padres dan muchos consejos. (a ella)

11. **Complete the sentences with the preterite:**

    1. El almacén _____ (cerrar) a las 10 p.m.
    2. Nosotros _____ (llegar) tarde a clase.
    3. Mis amigos _____ (comer) en la cafetería.
    4. Yo _____ (comprar) un abrigo ayer.

12. **Make the singular demonstratives plural and vice versa:**

    1. este
    2. aquellas
    3. ésos
    4. aquél

13. **Spell these words aloud in Spanish:**

    1. maquillaje
    2. jabón
    3. toalla
    4. champú

14. **With your hands in the air, pronounce these words correctly:**

    1. caro
    2. perro
    3. crema
    4. madre

15. **Say and act out four reflexive verbs.**

16. **Put both hands on your head and answer these questions negatively using indefinite and/or negative words:**

    1. ¿Hay algo interesante en la tienda?
    2. ¿Alguien te llama todos los días?
    3. ¿Compraste algún regalo para Daniel?
    4. ¿Tienes alguna amiga en el museo?

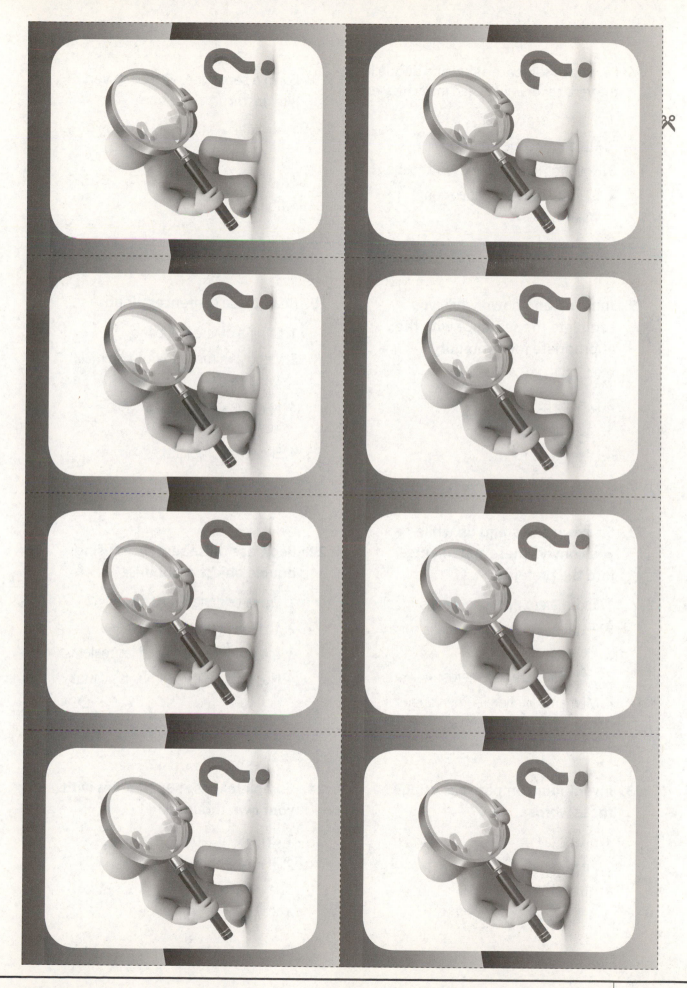

17. Read each sentence aloud and decide if the verb *ser* or *ir* was used in each case:

1. Mateo fue a México.
2. Mis abuelos fueron muy felices.
3. Nosotros fuimos al museo anoche.
4. Tú fuiste muy simpático con mis amigas.

18. Form a sentence with each verb like *gustar*:

1. encantar
2. molestar
3. fascinar
4. aburrir

19. Jump up and down while you complete the sentence with the appropriate food category:

1. Las peras son _____.
2. El pavo es _____.
3. La leche es _____.
4. La lechuga es _____.

20. Read these sentences aloud:

1. La niña quiere ir al baño.
2. Vamos a almorzar arroz con maíz y manzana.
3. Te recomiendo los cereales, son deliciosos.
4. El café colombiano es muy rico.

21. Sit down and stand up while you convert these statements into the preterite:

1. El camarero nos sirve agua mineral.
2. El dueño nos recomienda la sopa de arvejas.
3. Yo pido chuleta de cerdo.
4. Mi mamá prefiere comer langosta.

22. Rephrase these sentences using double object pronouns:

1. Diana te sirvió la ensalada.
2. Yo le pedí un café al camarero.
3. Los botones me llevan las maletas.
4. Nosotros les escribimos las cartas.

23. Invent four comparisons using these words:

1. guapo/a
2. interesante
3. simpático/a
4. trabajador(a)

24. Complete these superlatives with your own thoughts:

1. la peor comida
2. el mejor hotel
3. la ropa más cara
4. el viaje más barato

reto

1 Answers will vary.

2 Viviana viene de la casa de su novio en autobús./ Viviana viene en autobús de la casa de su novio.

3 Answers will vary. Sample answers: 1. Diana y yo estamos aburridas 2. ¿Ustedes están ocupados? 3. Mi amigo Raúl está enamorado. 4. El hotel está cerrado.

4 1. Mi esposo está leyendo revistas. 2. El profesor está hablando mucho. 3. Nosotros estamos escribiendo un libro. 4. Yo estoy jugando al fútbol.

5 Answers will vary. Sample answers: 1. Luisa es agente de viajes 2. Son las tres y cuarto. 3. Maru está triste. 4. Está nublado.

6 1. Necesito comprarlos./Los necesito comprar. 2. Queremos llamarlo./Lo queremos llamar. 3. María y Luis deben hacerlas./María y Luis las deben hacer. 4. ¿Ustedes la buscan?/¿La buscan ustedes?/Ustedes la buscan, ¿verdad/no?

7 Answers will vary. Sample answers: 1. A place where you can buy stuff. 2. Something you give to someone. 3. What you wear on your feet. 4. A card used instead of cash.

8 Answers will vary.

9 1. saben 2. conozco 3. sabe 4. conocemos

10 1. Yo te leo un libro. 2. Ustedes les venden unos zapatos. 3. Natalia me habla en español. 4. Sus padres le dan muchos consejos.

11 1. cerró 2. llegamos 3. comieron 4. compré

12 1. estos 2. aquella 3. ése 4. aquéllos

13 1. eme, a, cu, u, i, ele, ele, a, jota, e/eme, a, cu, u, i, elle, a, jota, e 2. jota, a, be, o, ene 3. te, o, a, ele, ele, a/te, o, a, elle, a 4. ce, hache, a, eme, pe, u

14 Answers will vary.

15 Answers will vary.

16 Answers may vary. Suggested answers: 1. No, no hay nada interesante en la tienda. 2. No, nadie me llama todos los días./No, nadie me llama nunca. 3. No, no compré ningún regalo para Daniel. 4. No, no tengo ninguna amiga en el museo.

17 1. ir 2. ser 3. ir 4. ser

18 Answers will vary.

19 1. frutas 2. (una) carne 3. una bebida 4. una verdura

20 Answers will vary.

21 1. El camarero nos sirvió agua mineral. 2. El dueño nos recomendó la sopa de arvejas. 3. Yo pedí chuleta de cerdo. 4. Mi mamá prefirió comer langosta.

22 1. Diana te la sirvió. 2. Yo se lo pedí. 3. Los botones me las llevan. 4. Nosotros se las escribimos.

23 Answers will vary.

24 Answers will vary.

Lecciones 9–12 ¡Atrévete! Cards

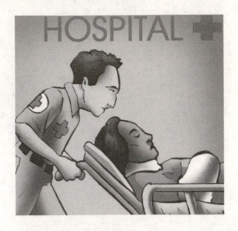

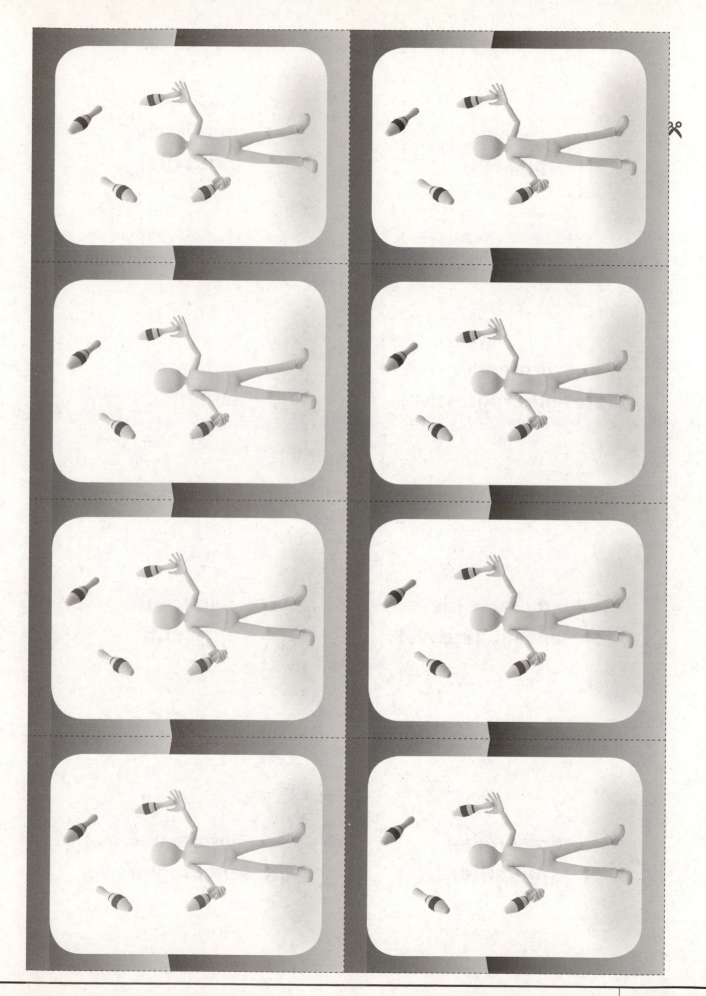

Lecciones 9–12 ¡Atrévete! Cards

regalar
(present)

sonreír (e:i)
(preterite)

sorprender
(present progressive)

relajarse
(imperfect)

enamorarse (de)
(present subjunctive)

salir (con)
(present)

doler (o:ue)
(preterite)

enfermarse
(present progressive)

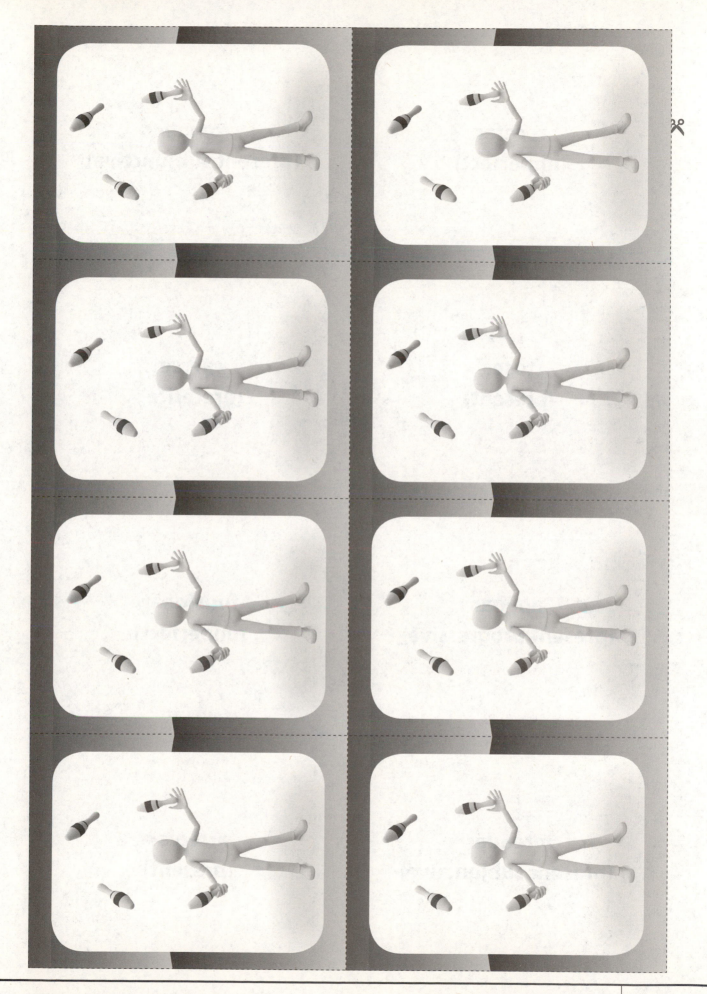

Lecciones 9–12 ¡Atrévete! Cards

515

recetar
(imperfect)

romper
(present subjunctive)

toser
(present)

caerse
(preterite)

apagar
(present progressive)

funcionar
(imperfect)

prender
(present subjunctive)

arreglar
(present)

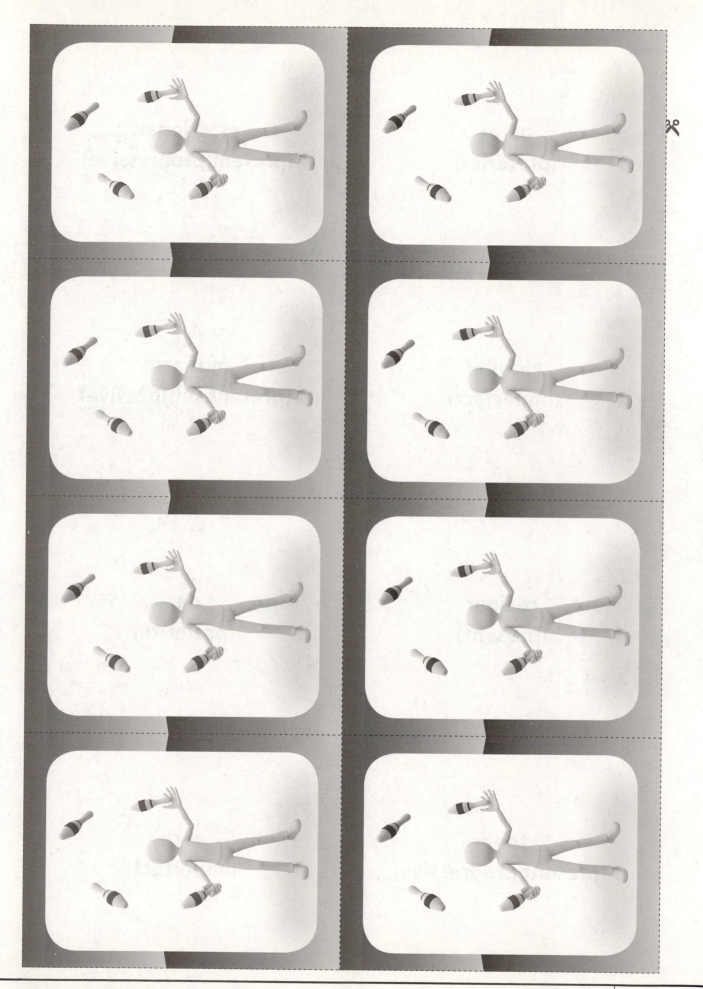

Lecciones 9–12 ¡Atrévete! Cards

517

parar
(preterite)

estacionar
(present progressive)

alquilar
(imperfect)

mudarse
(present subjunctive)

cocinar
(present)

dar
(preterite)

tener
(present progressive)

decir
(imperfect)

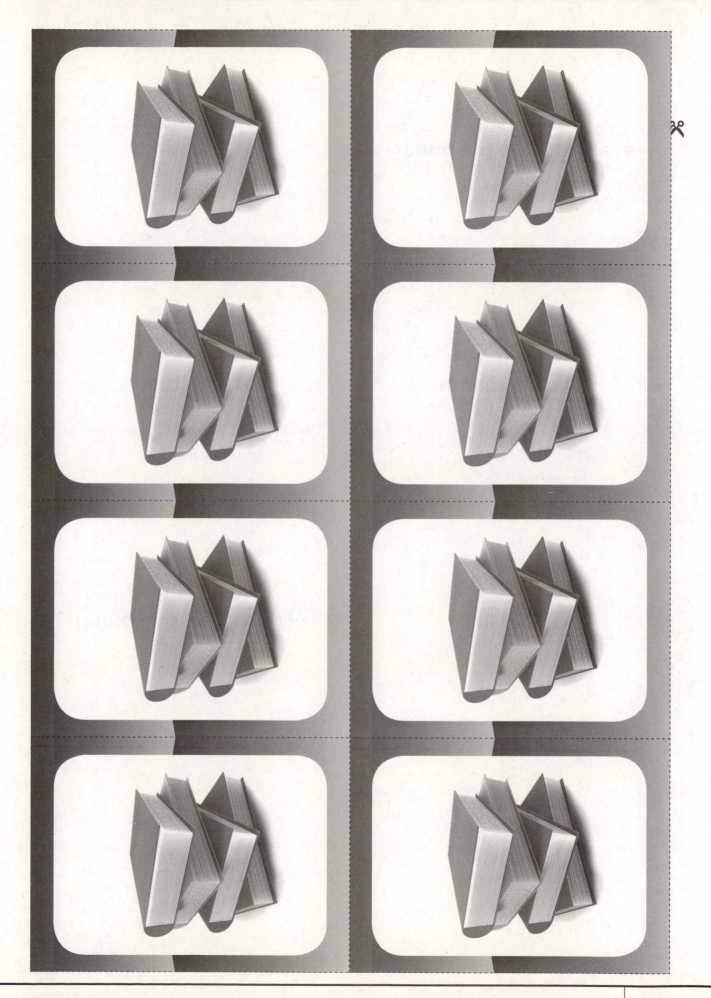

el aniversario (de bodas)

la boda

el cumpleaños

el/la invitado/a

el helado

el pastel (de chocolate)

la amistad

el divorcio

Lecciones 9–12 ¡Atrévete! Cards

el amor

la pareja

la juventud

la muerte

el consultorio

el dolor (de cabeza)

la farmacia

la gripe

Lecciones 9–12 ¡Atrévete! Cards

la infección

el/la paciente

la pastilla

la garganta

la cabeza

el corazón

el brazo

la pierna

la pantalla táctil

la televisión por cable

el (teléfono) celular

el archivo

la computadora (portátil)

el mensaje de texto

el programa de
computación

la velocidad máxima

Lecciones 9–12 ¡Atrévete! Cards

527

el volante

el baúl

la licencia de conducir

el parabrisas

el ama (*m., f.*) de casa

el barrio

el/la vecino/a

el sótano

Lecciones 9–12 ¡Atrévete! Cards

las cortinas

el congelador

el cuchillo

la estufa

la sala

el edificio de
apartamentos

los muebles

el vaso

Lecciones 9–12 ¡Atrévete! Cards

Irregular preterites

Verbs that change meaning
in the preterite

¿Qué? and ¿cuál?

Pronouns after prepositions

Interrogative words
and phrases

Prepositional pronouns

The imperfect

The preterite vs.
the imperfect

Constructions with *se*

Common adverbs and adverbial expressions

Uses of the imperfect

Impersonal contructions with *se*

Affirmative (regular/ irregular) *tú* commands

Uses of *por*

Reciprocal reflexives

Stressed possessive adjectives and pronouns

Se for unplanned events

Negative (regular/irregular)
tú commands

Relative pronouns

Formal commands
(*Ud.* and *Uds.*)

The present subjunctive

Subjunctive with verbs of
will and influence

Uses of *para*

General uses of
the subjunctive

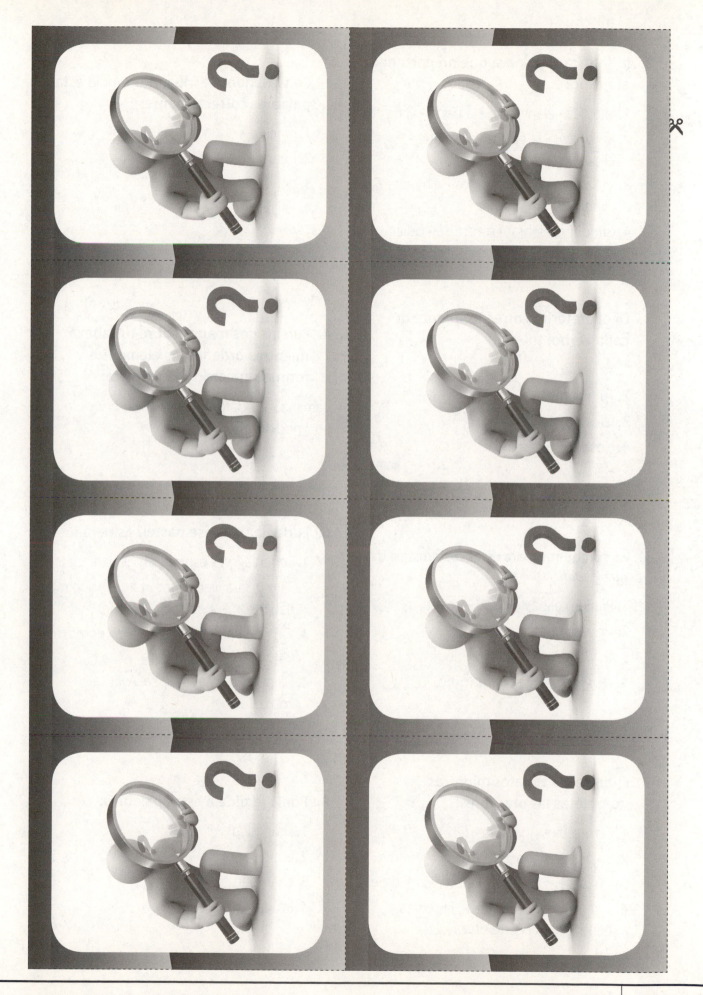

Lecciones 9–12 ¡Atrévete! Cards

1. Identifica la palabra que no pertenece al grupo:

1. la niñez • el invitado • la boda • la fiesta

2. los dulces • la pareja • el helado • el postre

3. la Navidad • el cumpleaños • la muerte • el aniversario

4. brindar • celebrar • divertirse • odiar

2. Con las manos arriba, pronuncia estas palabras correctamente:

1. gracias

2. guerra

3. geografía

4. galleta

3. Di el pretérito correspondiente de cada verbo:

1. Yo vengo.

2. Tú quieres.

3. Ellos pueden.

4. Nosotros estamos.

4. Pon las dos manos sobre tu cabeza mientras ordenas los elementos y formas una oración completa:

Carolina / ir / parque / ayer / querer / pero / no / poder / al

5. Haz preguntas para estas respuestas. Usa *qué* y *cual*:

1. Prefiero el pastel de chocolate.

2. Hoy es lunes.

3. Tomo matemáticas y biología.

4. El verde es mi color favorito.

6. Eugenia, ¿ves ese pastel? Es para _____.

1. Eugenia, ¿ves ese pastel? Es para _____.

2. Félix y Sara vienen más tarde. Anoche hablé con _____.

3. ¿Tu papá no está aquí? Traigo un postre para _____.

4. Diana es muy simpática. Ayer salí con _____.

7. Quítate los zapatos mientras completas las oraciones:

1. El hueso es una parte del _____.

2. La gripe es una _____.

3. Un _____ es alguien que estudió medicina.

4. Para saber si te rompiste la pierna tienen que hacerte una _____.

8. Ponle la tilde a estas palabras:

1. simpatico

2. antibiotico

3. champan

4. azucar

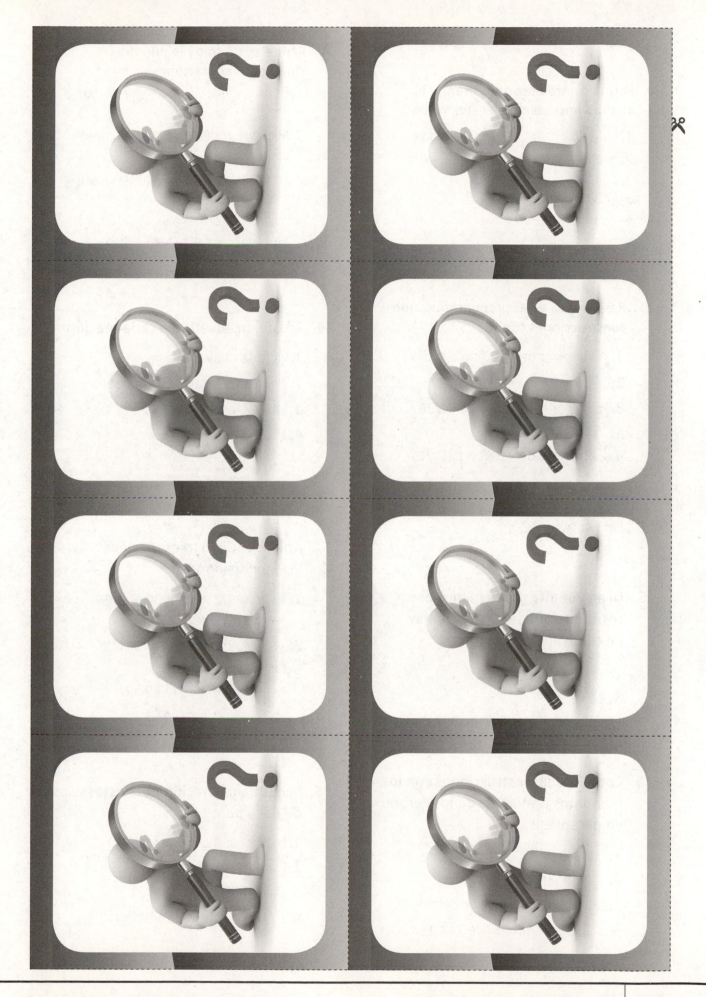

Lecciones 9–12 ¡Atrévete! Cards

539

9. **Forma cuatro oraciones usando el tiempo imperfecto de estos verbos:**

 1. tener
 2. querer
 3. vivir
 4. ir

10. **Párate en un solo pie mientras completas las oraciones:**

 1. De niña, Elena _____ (se enfermaba/se enfermó) con frecuencia.
 2. Miguel _____ (se rompió/se rompía) un brazo.
 3. De joven, mi tía _____ (jugaba/jugó) al tenis a menudo.
 4. Ayer _____ (olvidé/olvidaba) tomar la pastilla para el dolor de cabeza.

11. **Responde a estas preguntas usando construcciones con *se*:**

 1. ¿Sabes dónde enseñan español?
 2. ¿Qué venden en el almacén H&M?
 3. ¿Qué platos sirven en la cafetería de la escuela?
 4. ¿Sabes dónde venden pasteles?

12. **Añade un adverbio a cada oración:**

 1. Victoria va al gimnasio.
 2. Andrés come en el restaurante.
 3. Mi mamá va al doctor.
 4. Yo leo libros.

13. **Di en voz alta por lo menos diez cosas que puedes encontrar en un cibercafé.**

14. **Aplaude (*Clap*) mientras lees los minidiálogos:**

 1. —¿Por qué se te dañó la cámara?
    —Porque se me cayó.
 2. —¿Cuándo fuiste a la casa de tus papás?
    —Fui cuando me llamaron.

15. **Completa las instrucciones con los mandatos familiares de los verbos en paréntesis:**

 1. _____ (Ir) al cibercafé.
 2. _____ (Prender) el monitor.
 3. _____ (Abrir) el sitio web del correo.
 4. _____ (Escribir) una dirección electrónica.

16. **Inventa una oración para estos usos de *por* y *para*:**

 1. Motion or a general location
 2. Duration of an action
 3. Destination
 4. The recipient of something

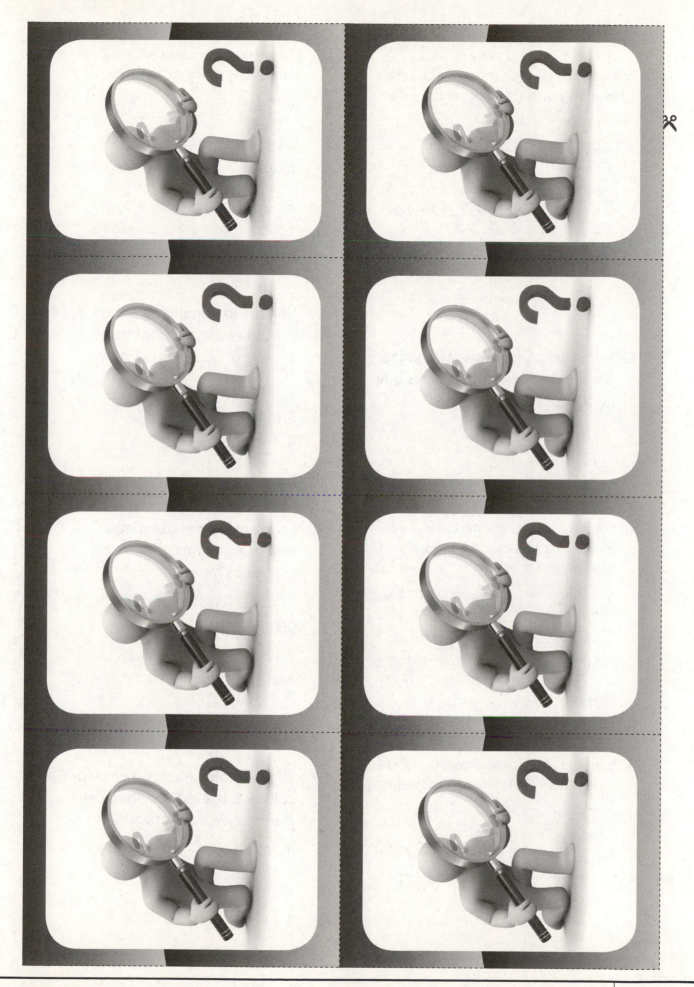

Lecciones 9–12 ¡Atrévete! Cards

541

17. Identifica el verbo recíproco en cada oración y actúa las oraciones:

1. Las chicas y yo nos abrazamos.
2. Los novios se besaron en la boda.
3. Javier y yo nos encontramos en el museo.
4. Mis amigos se saludaron alegremente.

18. Completa las oraciones con los adjetivos y pronombres posesivos correctos:

1. Aquí está mi estéreo. ¿Dónde está el _____ (tú)?
2. Este es mi carro. ¿Cuál es el _____ (usted)?
3. Los discos compactos de Diego están allí. ¿Dónde están los _____ (ellos)?
4. Los libros de Teresa están en su cuarto. ¿Dónde están los _____ (nosotros)?

19. Salta (*Jump*) mientras mencionas por lo menos diez quehaceres que no te gusta hacer.

20. Nombra los lugares de la casa donde puedes encontrar estos objetos:

1. la mesita de noche
2. el sofá
3. el horno de microondas
4. la servilleta

21. Combina las dos afirmaciones para formar una sola oración. Usa los pronombres relativos:

1. Beatriz es muy bonita. Beatriz trabaja en un almacén.
2. Carlos es mi vecino. Vi a Carlos ayer.
3. Compré una tostadora. La tostadora es de buena calidad.
4. Tengo un carro nuevo. El carro es azul.

22. Forma oraciones completas con los elementos dados. Usa mandatos formales:

1. usted / levantarse temprano
2. ustedes / barrer el suelo
3. usted / poner la mesa
4. ustedes / estudiar para el examen de arte.

23. Contesta afirmativamente. Usa la frase en paréntesis y el presente de subjuntivo:

1. ¿Vemos el partido de vóleibol? (Es necesario que…)
2. ¿Debo comer frutas? (Es importante que…)
3. ¿El mecánico arregla nuestro carro? (Es urgente que…)
4. ¿Van al hospital a ver al doctor? (Es mejor que…)

24. Elige un compañero y dale cuatro consejos. Usa estos verbos y el presente de subjuntivo:

1. aconsejar
2. insistir (en)
3. prohibir
4. recomendar

board game answer key   Lecciones 9–12

reto

1 1. la niñez 2. la pareja 3. la muerte 4. odiar
2 Answers will vary.
3 1. Yo vine. 2. Tú quisiste. 3. Ellos pudieron.
4. Nosotros estuvimos.
4 Carolina quiso ir al parque ayer, pero no pudo.
5 Answers may vary. Suggested answers: 1. ¿Qué postre prefieres? 2. ¿Qué día es hoy? 3. ¿Qué clases tomas? 4. ¿Cuál es tu color favorito?
6 Answers may vary. Suggested answers: 1. ti 2. ellos 3. él 4. ella
7 1. cuerpo 2. enfermedad 3. médico/doctor 4. radiografía
8 1. simpático 2. antibiótico 3. champán 4. azúcar
9 Answers will vary.
10 1. se enfermaba 2. se rompió 3. jugaba 4. olvidé
11 Answers will vary. Sample answers: 1. En la UNAM se enseña español. 2. En el almacén H&M se vende maquillaje y ropa. 3. En la cafetería de la escuela se venden sándwiches y hamburguesas.
4. En la pastelería se venden pasteles.
12 Answers will vary. Sample answers:
1. Victoria va mucho al gimnasio. 2. Andrés come en el restaurante a menudo. 3. Mi mamá apenas va al doctor. 4. Yo nunca leo libros.
13 Answers will vary.
14 Answers will vary.
15 1. Ve 2. Prende 3. Abre 4. Escribe
16 Answers will vary. Sample answers:
1. Caminamos por el parque durante dos horas. 2. Estuve trabajando en el cibercafé por dos meses. 3. Vamos para Panamá en Navidad. 4. Compré un regalo para mi esposo.

17 1. abrazarse 2. besarse 3. encontrarse 4. saludarse
18 1. tuyo 2. suyo 3. suyos 4. nuestros
19 Answers will vary.
20 Some answers may vary. Suggested answers: 1. el dormitorio 2. la sala 3. la cocina 4. la cocina/el comedor
21 Some answers may vary. Suggested answers: 1. Beatriz, que/quien es muy bonita, trabaja en un almacén. 2. Carlos, a quien vi ayer, es mi vecino. 3. La tostadora que compré es de buena calidad. 4. El carro nuevo que tengo es azul. /Tengo un carro nuevo que es azul.
22 Some answers may vary. Suggested answers: 1. Levántese temprano. 2. Barran el suelo. 3. Ponga la mesa. 4. Estudien para el examen de arte.
23 1. Es necesario que veamos el partido de vóleibol. 2. Es importante que comas frutas. 3. Es urgente que el mecánico arregle nuestro carro. 4. Es mejor que vayan/vayamos al hospital a ver al doctor.
24 Answers will vary.

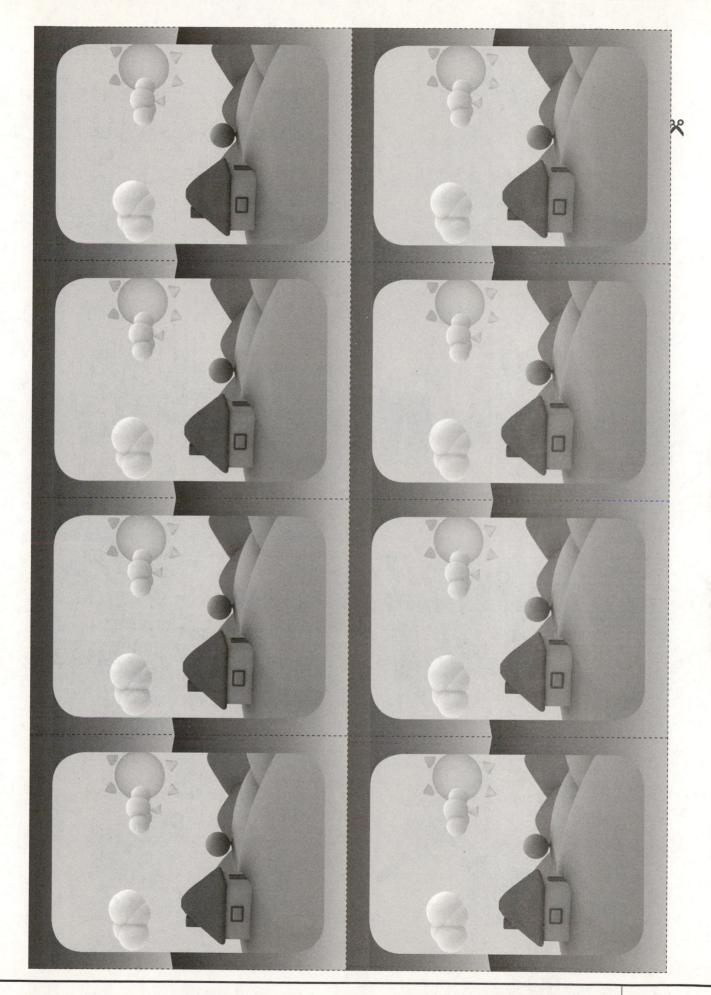

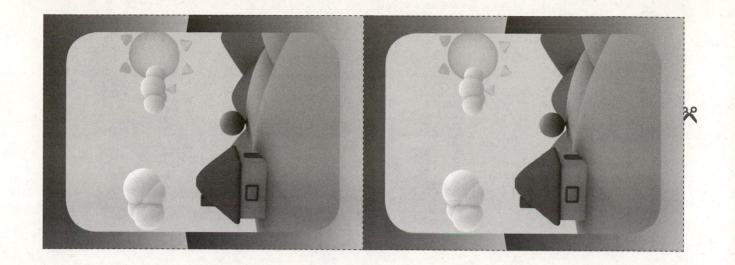

Lecciones 13–15 ¡Atrévete! Cards | **549**

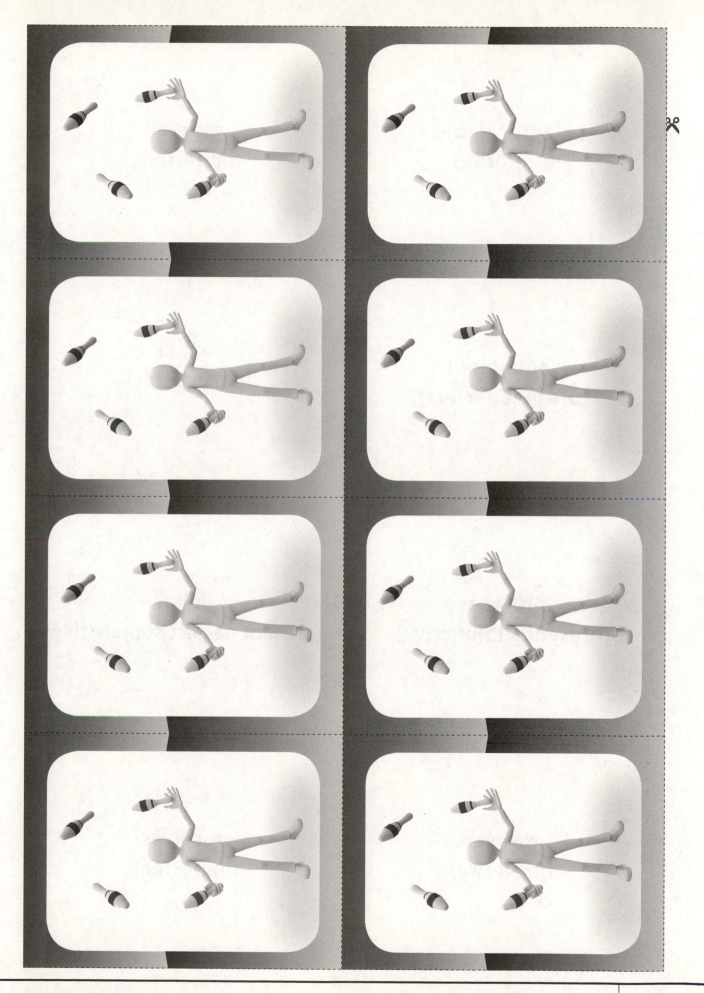

alegrarse (de)
(preterite)

esperar
(imperfect)

sentir (e:ie)
(present perfect)

temer
(past perfect)

proteger
(present subjunctive)

evitar
(present perfect subjunctive)

reciclar
(preterite)

resolver
(imperfect)

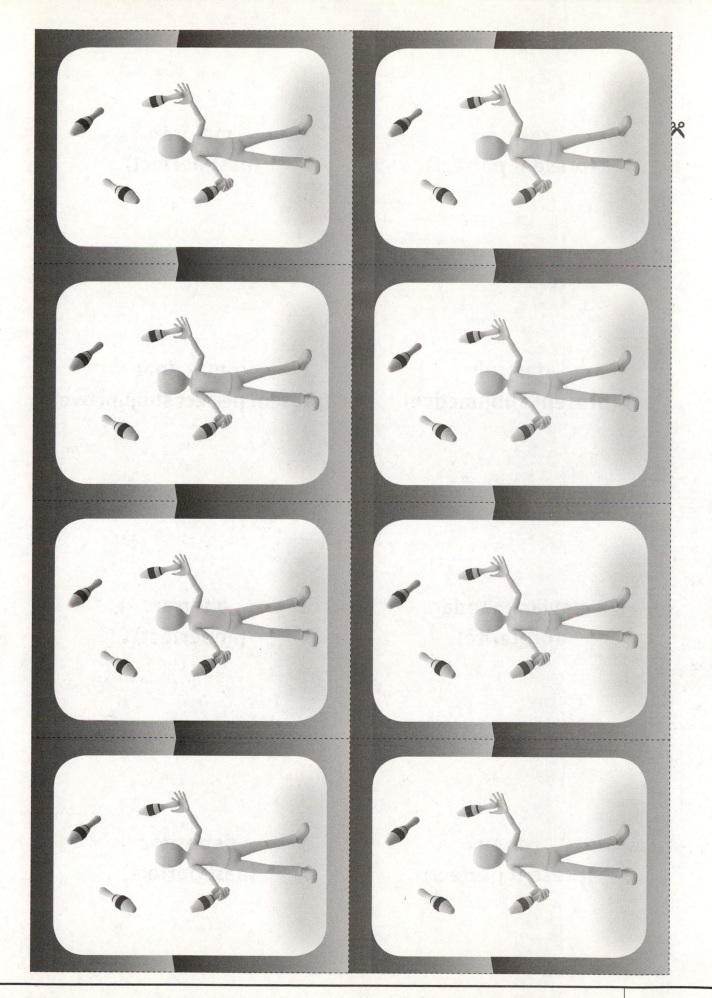

respirar
(present perfect)

mejorar
(past perfect)

destruir
(present subjunctive)

contaminar
(present perfect subjunctive)

enviar, mandar
(preterite)

ahorrar
(imperfect)

cobrar
(present perfect)

depositar
(past perfect)

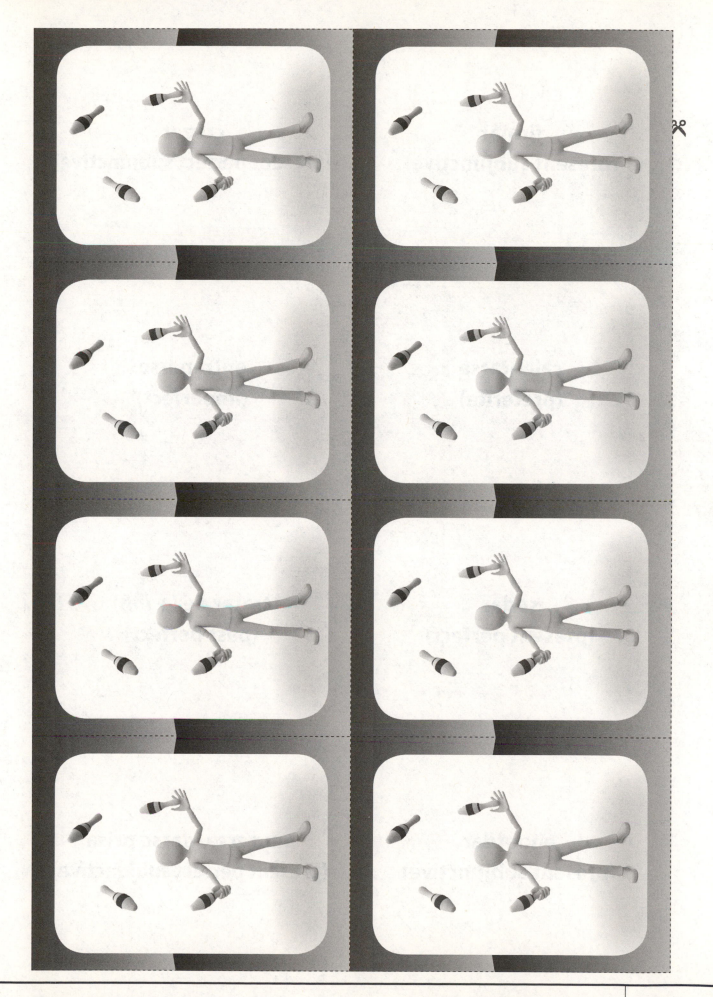

Lecciones 13–15 ¡Atrévete! Cards

firmar
(present subjunctive)

cruzar
(present perfect subjunctive)

calentarse
(preterite)

entrenarse
(imperfect)

sudar
(present perfect)

tratar de (+ *inf*.)
(past perfect)

engordar
(present subjunctive)

apurarse, darse prisa
(present perfect subjunctive)

el calentamiento global

la contaminación
(del aire; del agua)

la ecología

la deforestación

la extinción

el recurso natural

la (sobre)población

el reciclaje

la energía (nuclear, solar)

el gobierno

el ecoturismo

la fábrica

el bosque (tropical)

la tierra

el sol

el volcán

Lecciones 13–15 ¡Atrévete! Cards

la ballena

el perro

la cuenta corriente

la frutería

la heladería

la cinta caminadora

la grasa

la caloría

la carnicería

el cartero

el correo

la cuenta de ahorros

la dirección

el estacionamiento

la cuadra

el cheque (de viajero)

Lecciones 13–15 ¡Atrévete! Cards

el cajero automático

la lavandería

el banco

el paquete

el masaje

el/la teleadicto/a

el/la entrenador(a)

la bebida alcohólica

la merienda

el/la nutricionista

el colesterol

el/la drogadicto/a

la clase de
ejercicios aeróbicos

la cafeína

el músculo

el bienestar

The subjunctive with doubt, disbelief, and denial

The subjunctive with verbs of emotion

Expressions of certainty used with the indicative

The subjunctive with conjunctions

Affirmative *nosotros/as* commands

The subjunctive in adjective clauses

Negative *nosotros/as* commands

Regular past participles used as adjectives

Lecciones 13–15 ¡Atrévete! Cards

The past perfect

The present perfect

Irregular past participles used as adjectives

The present perfect subjunctive

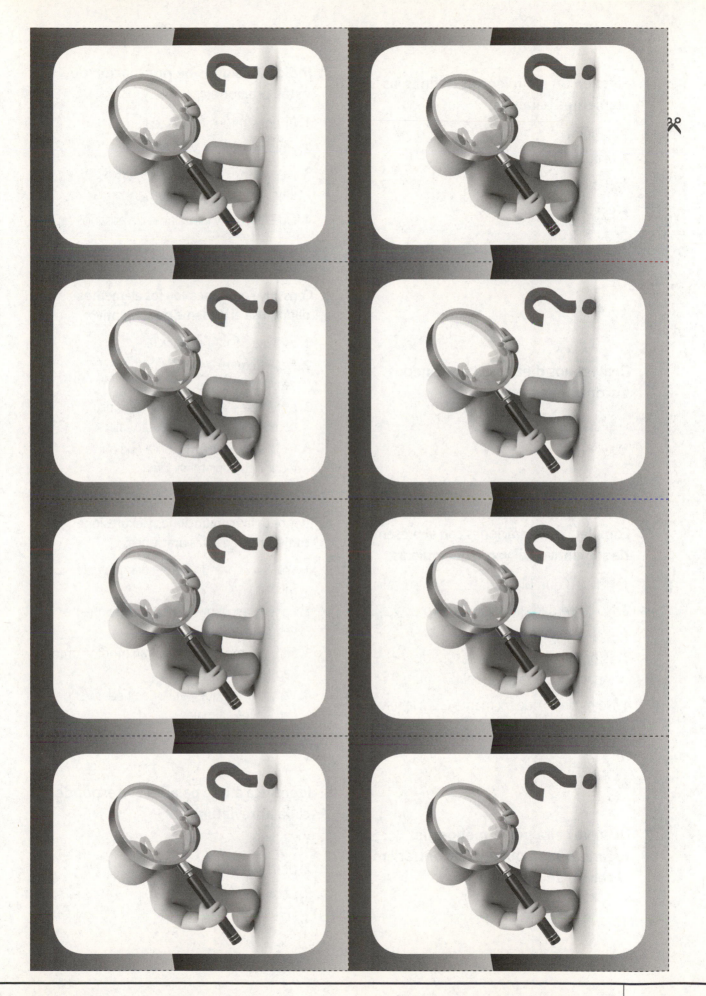

1. **Salta en un pie mientras defines las siguientes palabras:**

   1. la Tierra

   2. la energía solar

   3. el ecoturismo

   4. el valle

2. **Indica los signos de puntuación de estas oraciones:**

   1. Buenas tardes cómo te llamas

   2. Hola me llamo Marta

   3. Las vacas los perros y los gatos se llevan bien con los humanos

   4. Qué tal Yo soy estudiante de español y tú

3. **Di al menos diez cosas que puedes encontrar en la selva.**

4. **Construye oraciones con los elementos dados. Usa el presente de subjuntivo:**

   1. es triste / Sara / no reciclar

   2. (yo)/ alegrarse / Darío / proteger / aves / del parque

   3. es terrible / algunas personas / no conservar / los recursos naturales

   4. (yo) / sorprender / la fábrica / no querer reducir / la contaminación

5. **Completa estas oraciones con el presente de subjuntivo del verbo que quieras:**

   1. No creo que Manuela _____ en su casa.

   2. No es verdad que Claudia y yo no _____ el medio ambiente.

   3. Es probable que la profesora de español _____ aves en el bosque.

   4. No es cierto que mi mamá _____ la selva.

6. **Identifica las conjunciones y expresiones conjuntivas en estas oraciones:**

   1. Voy a comprar un perro cuando vuelva a mi país.

   2. Podemos ir al bosque con tal de que no venga José.

   3. Señor, llame a su esposa tan pronto como llegue al aeropuerto.

   4. Vamos al bosque para que puedas ver de cerca a los animales.

7. **Di en voz alta por lo menos diez lugares que se pueden encontrar en el centro de la ciudad.**

8. **Identifica a qué palabra corresponde cada abreviatura:**

   1. cm

   2. dcha

   3. Bco.

   4. Uds.

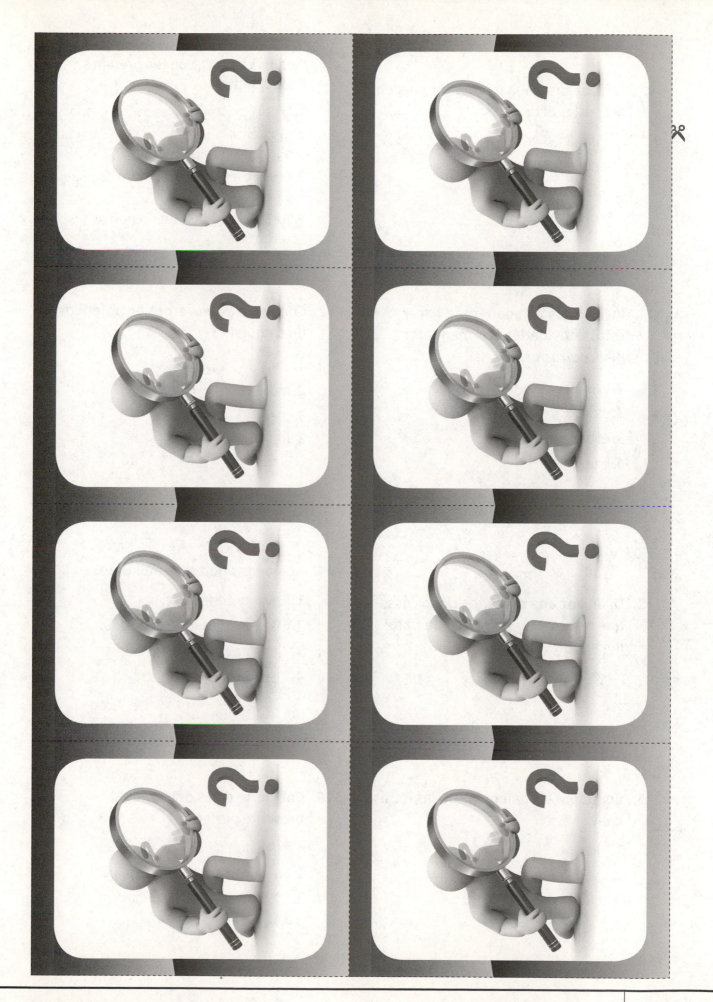

Lecciones 13–15 ¡Atrévete! Cards

9. Di en voz alta el lugar dónde se pueden hacer estas diligencias:

1. cobrar un cheque
2. comprar un pastel de chocolate
3. enviar un paquete
4. conseguir pan

10. Cambia estas oraciones a presente de subjuntivo:

1. Quiero conocer al chico que es guapo.
2. Mi hermana necesita comprar el abrigo que tiene muchos colores.
3. Deseamos encontrar el banco que presta dinero fácilmente.
4. ¿Ustedes buscan la carnicería que vende barato?

11. Invita a tus compañeros a hacer estas actividades con mandatos de *nosotros/as*:

1. cantar
2. escribir
3. cobrar
4. limpiar

12. Convierte estos verbos en adjetivos en singular:

1. abrir
2. morir
3. pagar
4. bailar
5. comer
6. leer
7. poner
8. volver

13. Di en voz alta al menos cinco cosas que debe hacer una persona para llevar una vida sana.

14. Actúa los siguientes mandatos:

1. ¡Levanta pesas!
2. ¡Haz ejercicios de estiramiento!
3. ¡Corre en la cinta caminadora!
4. ¡Haz ejercicios aeróbicos!

15. Completa las palabras con las letras b o v:

1. _ida
2. saluda_le
3. acti_o
4. gra_e

16. Convierte estas oraciones al presente perfecto:

1. Yo no tomo bebidas alcohólicas.
2. Tú no conoces a ningún teleadicto.
3. Diana y yo somos sedentarias.
4. Mis amigos van al gimnasio.

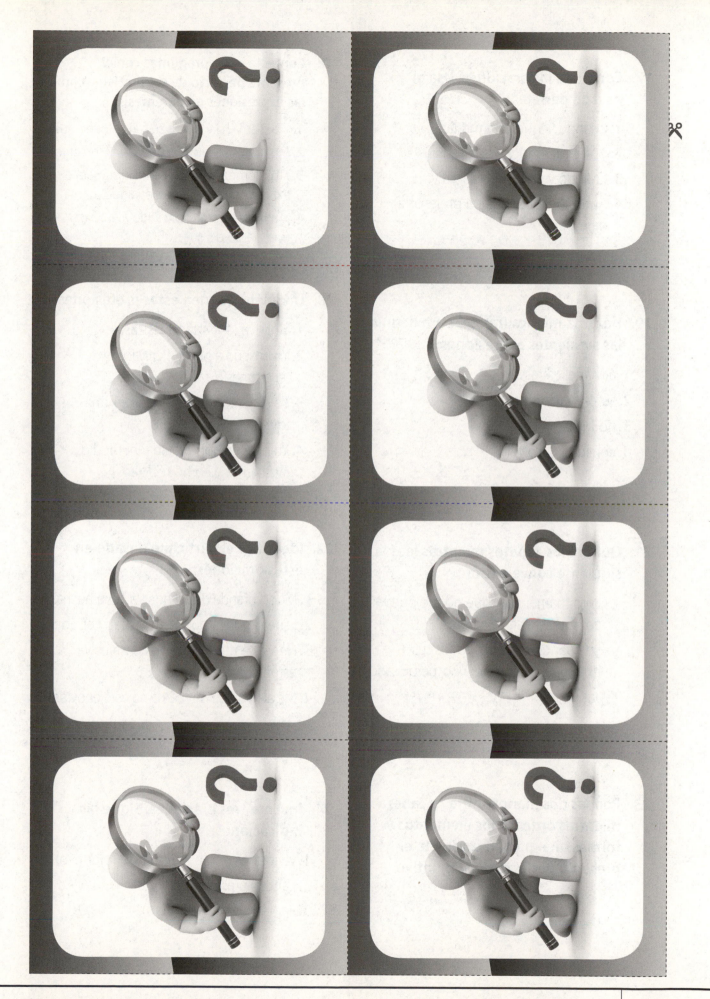

17. Completa las oraciones. Usa el pasado perfecto:

1. Cuando llegué esta mañana, ya…
2. Antes de empezar a estudiar, ya…
3. Cuando yo nací, mi mamá ya…
4. Antes de conocer a mi profesor(a) de español, …

18. Contesta estas preguntas con el presente perfecto de subjuntivo y con las expresiones en paréntesis:

1. ¿Tu mamá ha vendido su carro? (dudo que)
2. ¿Tu profesor ha enseñado latín? (no creo)
3. ¿Tus compañeros no estudiaron para el examen de hoy? (qué pena que)
4. ¿Tu mejor amiga ha venido a la fiesta? (me alegro de que)

19. Haz una mímica (mime) para definir las siguientes expresiones:

1. aliviar el estrés
2. sufrir muchas presiones
3. no fumar
4. consumir alcohol

20. Di quiénes tienen estas profesiones:

1. Yo llevo las cartas a las casas.
2. Yo enseño a hacer ejercicios en el gimnasio.
3. Yo digo cómo deben comer una dieta equilibrada.
4. Yo enseño cómo cuidar el medio ambiente y cómo reciclar.

21. Quítate los zapatos mientras lees la siguiente conversación:

—Pero mamá, ¿por qué no me puedes comprar un carro nuevo?

—En cuanto apruebes todos tus exámenes, te compro uno, pero usado.

—Ja.

22. Identifica el participio pasado en estas oraciones:

1. Me sorprende que tengas la cena hecha.
2. Espero que la puerta esté bien cerrada.
3. No voy a menos que los pasajes ya estén comprados.
4. Me alegra que mi mamá no esté enojada.

23. Pon las dos manos sobre tu cabeza mientras ordenas los elementos y formas una oración completa en presente perfecto de subjuntivo:

no creer que / Jaime / empezar / hacer ejercicio

24. Inventa tres oraciones. Sigue las indicaciones:

1. vivir (presente perfecto de subjuntivo)
2. cantar (presente perfecto)
3. llamar (pasado perfecto)

reto

1 Answers will vary. Sample answers: 1. el mundo donde vivimos 2. la energía que viene del sol 3. turismo que protege la naturaleza 4. lugar entre dos montañas

2 Some answers may vary. Possible answers: 1. Buenas tardes, ¿cómo te llamas?/Buenas tardes. ¿Cómo te llamas? 2. Hola, me llamo Marta./Hola. Me llamo Marta. 3. Las vacas, los perros y los gatos se llevan bien con los humanos. 4. ¿Qué tal? Yo soy estudiante de español. ¿Y tú?/¿Qué tal? Yo soy estudiante de español, ¿y tú?

3 Answers will vary. Sample answers: 1. piedras 2. flores 3. hierba 4. árboles 5. río 6. plantas 7. aves/pájaros 8. senderos 9. tierra 10. valles

4 1. Es triste que Sara no recicle. 2. Me alegro de que Darío proteja las aves del parque. 3. Es terrible que algunas personas no conserven los recursos naturales. 4. Me sorprende que la fábrica no quiera reducir la contaminación.

5 Answers will vary. Sample answers: 1. recicle 2. protejamos 3. mire 4. destruya

6 1. cuando 2. con tal de que 3. tan pronto como 4. para que

7 Answers will vary. Sample answers: 1. el banco 2. la peluquería 3. la lavandería 4. la joyería 5. el correo 6. el estacionamiento 7. la pastelería 8. la zapatería 9. el supermercado 10. la panadería

8 1. centímetro 2. derecha 3. Banco 4. ustedes

9 1. el/un banco 2. la/una pastelería 3. el correo 4. la/una panadería

10 1. Quiero conocer a un chico que sea guapo 2. Mi hermana necesita comprar un abrigo que tenga muchos colores. 3. Deseamos encontrar un banco que preste dinero fácilmente. 4. ¿Ustedes buscan una carnicería que venda barato?

11 Some answers may vary. Suggested answers: 1. ¡Cantemos! 2. ¡Escribamos! 3. ¡Cobremos! 4. ¡Limpiemos!

12 1. abierto/a 2. muerto/a 3. pagado/a 4. bailado/a 5. comido/a 6. leído/a 7. puesto/a 8. vuelto/a

13 Answers will vary. Sample answers: 1. hacer ejercicios aeróbicos 2. comer una dieta equilibrada 3. no fumar 4. levantar pesas 5. no consumir alcohol

14 Answers will vary.

15 1. vida 2. saludable 3. activo 4. grave

16 1. Yo no he tomado bebidas alcohólicas. 2. Tú no has conocido a ningún teleadicto. 3. Diana y yo hemos sido sedentarias. 4. Mis amigos han ido al gimnasio.

17 Answers will vary.

18 Answers may vary. Suggested answers: 1. Dudo que mi mama haya vendido su carro. 2. No creo que mi profesor haya enseñado latín. 3. Qué pena que mis compañeros no hayan estudiado para el examen de hoy. 4. Me alegro de que mi mejor amiga haya venido a la fiesta.

19 Answers will vary.

20 1. el/la cartero/a 2. el/la entrenador(a) 3. el/la nutricionista 4. el/la ecologista

21 Answers will vary.

22 1. hecha 2. cerrada 3. comprados 4. enojada

23 No creo que Jaime haya empezado a hacer ejercicio.

24 Answers will vary.

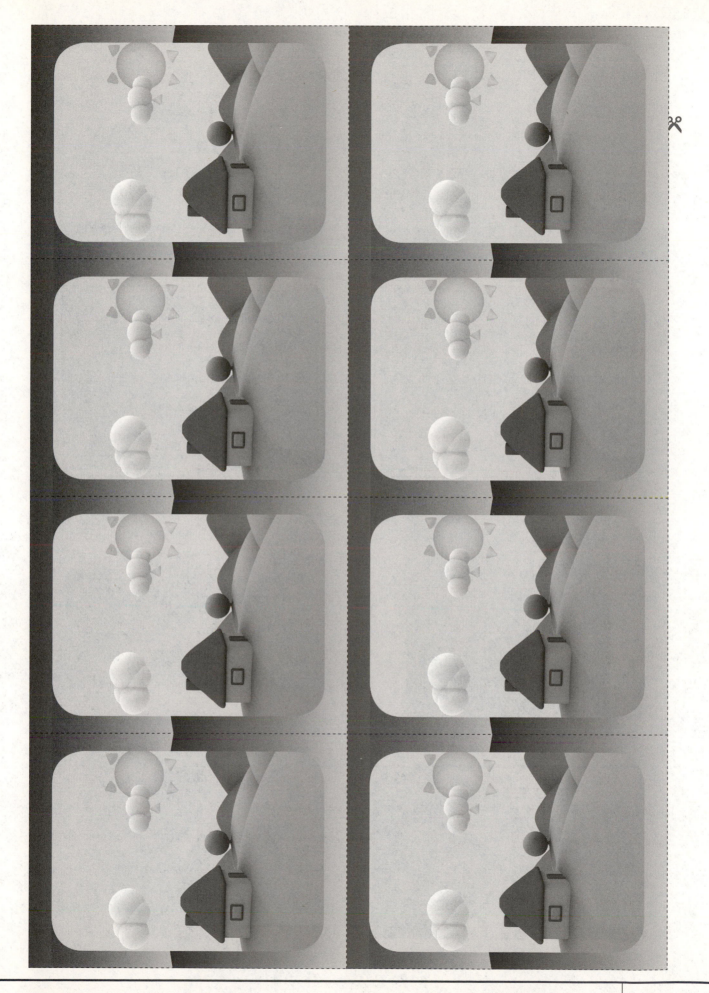

Lecciones 16–18 ¡Atrévete! Cards

583

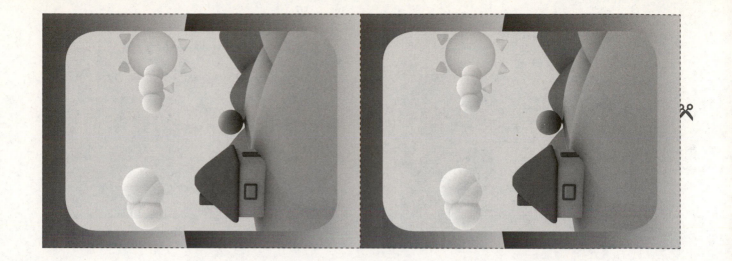

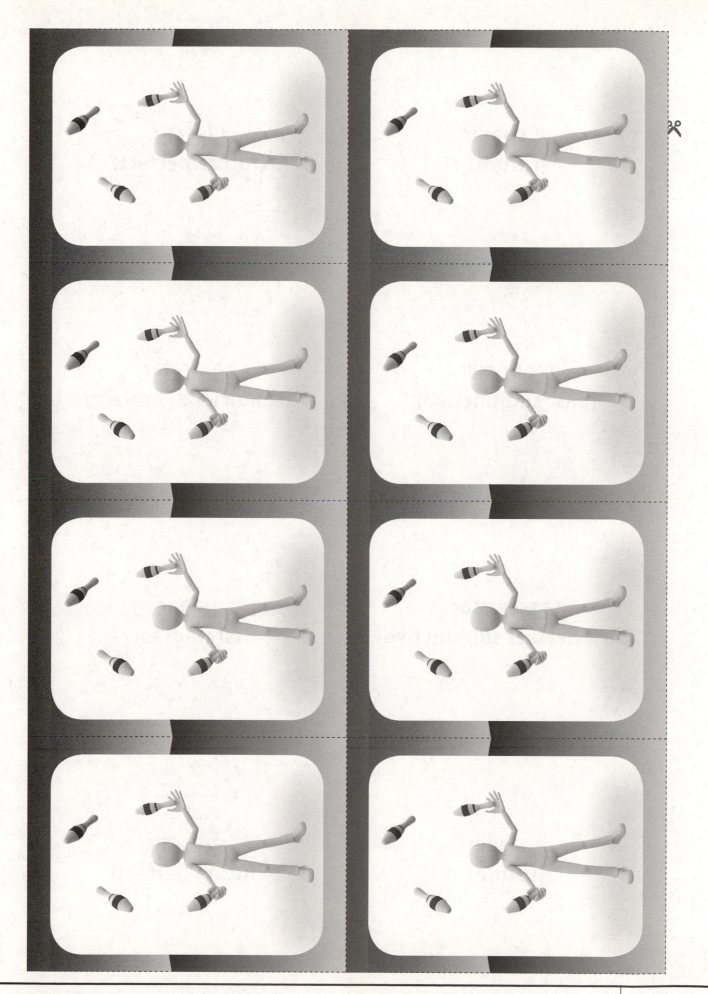

Lecciones 16–18 ¡Atrévete! Cards

587

despedir
(future)

invertir
(future perfect)

renunciar
(past subjunctive)

contratar
(condicional perfect)

entrevistar
(past perfect subjunctive)

ganar
(*si* clauses)

obtener
(future)

solicitar
(future perfect)

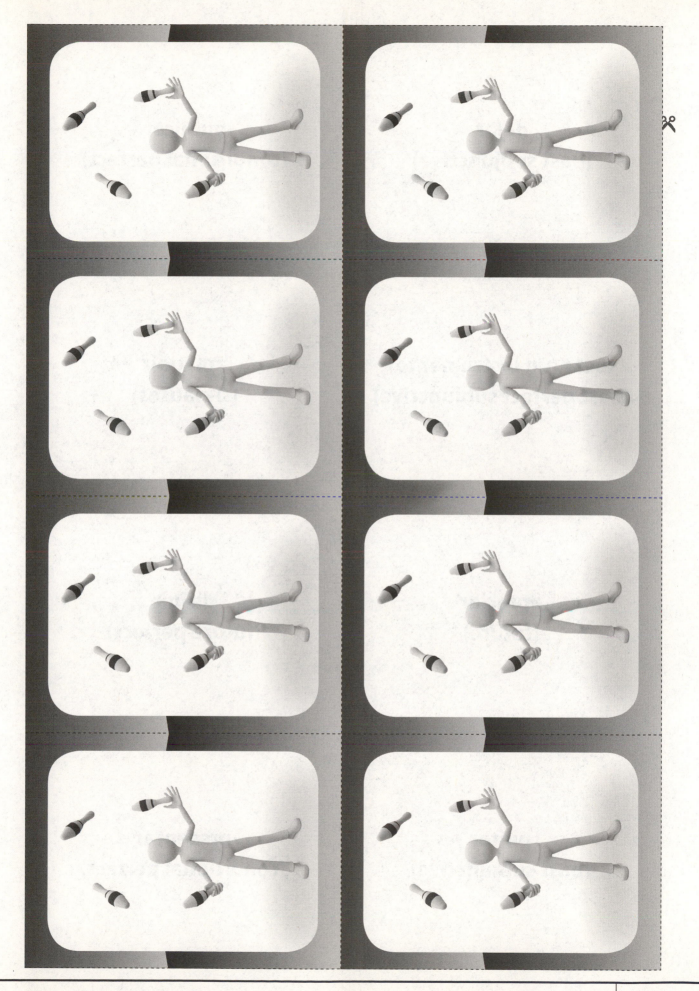

Lecciones 16–18 ¡Atrévete! Cards

dejar
(past subjunctive)

publicar
(condicional perfect)

tocar (un instrumento)
(past perfect subjunctive)

aplaudir
(*si* clauses)

apreciar
(future)

dirigir
(future perfect)

pintar
(past subjunctive)

presentar
(condicional perfect)

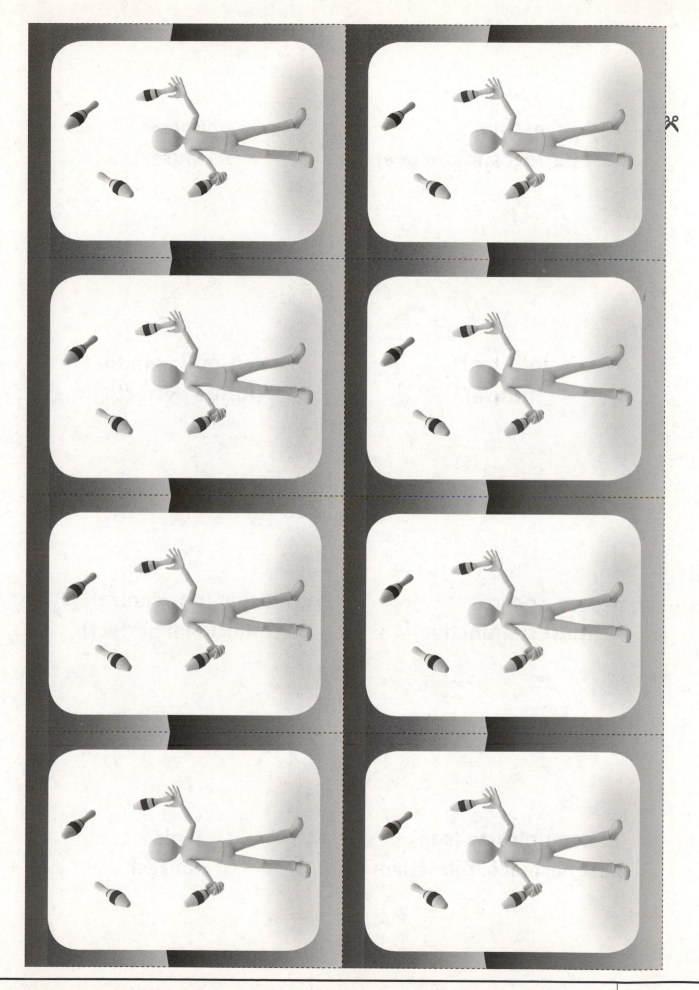

Lecciones 16–18 ¡Atrévete! Cards

esculpir
(past perfect subjunctive)

anunciar
(*si* clauses)

informar
(future)

transmitir, emitir
(future perfect)

ocurrir
(past subjunctive)

luchar (por/contra)
(condicional perfect)

comunicarse (con)
(past perfect subjunctive)

elegir
(*si* clauses)

Lecciones 16–18 ¡Atrévete! Cards

el/la aspirante

el/la entrevistador(a)

la solicitud (de trabajo)

el salario, el sueldo

el anuncio

la entrevista

el ascenso

la compañía, la empresa

Lecciones 16–18 ¡Atrévete! Cards

el empleo

el/la gerente

el/la jefe/a

los negocios

la videoconferencia

el/la reportero/a

el/la contador(a)

el/la abogado/a

el actor, la actriz

el hombre/la mujer
de negocios

el baile, la danza

las bellas artes

el concierto

el drama

el festival

la obra

la orquesta

la pintura

el público

la tragedia

el bailarín, la bailarina

el/la cantante

el/la escritor(a)

la estrella de cine

Lecciones 16–18 ¡Atrévete! Cards | **601**

el/la músico/a

los dibujos animados

la telenovela

la artesanía

el acontecimiento

los medios
de comunicación

el/la locutor(a)

el reportaje

Lecciones 16–18 ¡Atrévete! Cards **603**

el desastre (natural)

la (des)igualdad

el ejército

la inundación

el/la candidato/a

el/la ciudadano/a

las elecciones

la política

The future with
regular verbs

The future perfect

The past subjunctive

The conditional

The conditional perfect

The past perfect subjunctive

Si clauses

Summary of the uses of
the subjunctive

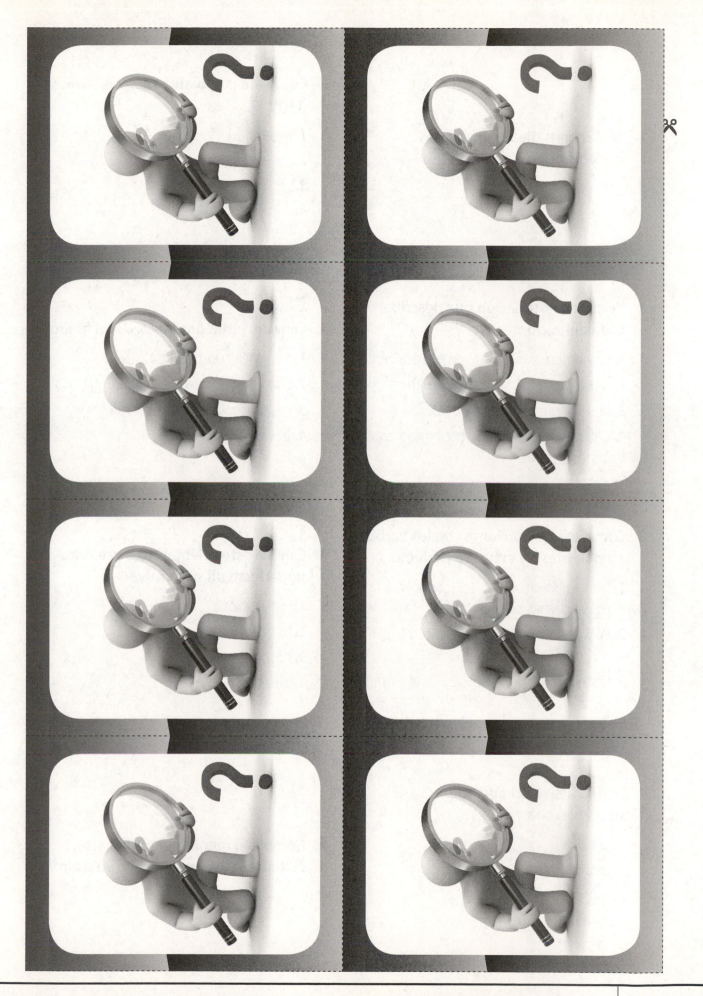

1. Di al menos diez ocupaciones o profesiones.

2. Completa las palabras con las letras y, ll o h:

1. le_eron
2. _ave
3. _ierba
4. o_ó

3. Nombra la ocupación que describe cada definición:

1. un hombre que le corta el pelo a la gente
2. una mujer que investiga en un laboratorio
3. un hombre que actúa en telenovelas
4. una mujer que trabaja cocinando en un restaurante

4. Convierte estas oraciones. Usa el futuro:

1. Juan va a comprar una casa.
2. Liliana y yo vamos a estudiar contabilidad.
3. Los políticos van a aprobar nuevas leyes.
4. Tú vas a viajar a España.

5. Completa las oraciones con los verbos en paréntesis y el futuro perfecto:

1. Dentro de un año, _____ (conocer) a la mujer de mis sueños.
2. Para el domingo, _____ (escribir) mi currículum.
3. Cuando tenga 30 años, _____ (viajar) por toda Europa.

6. Cambia estos elementos a pretérito imperfecto de subjuntivo:

1. yo estudiar
2. tú beber
3. nosotras decir
4. ellos hacer

7. Di una actividad que hacen estas personas:

1. escultor
2. pintor
3. escritor
4. cantante

8. Nombra al menos cuatro eventos culturales que se realizan en un teatro.

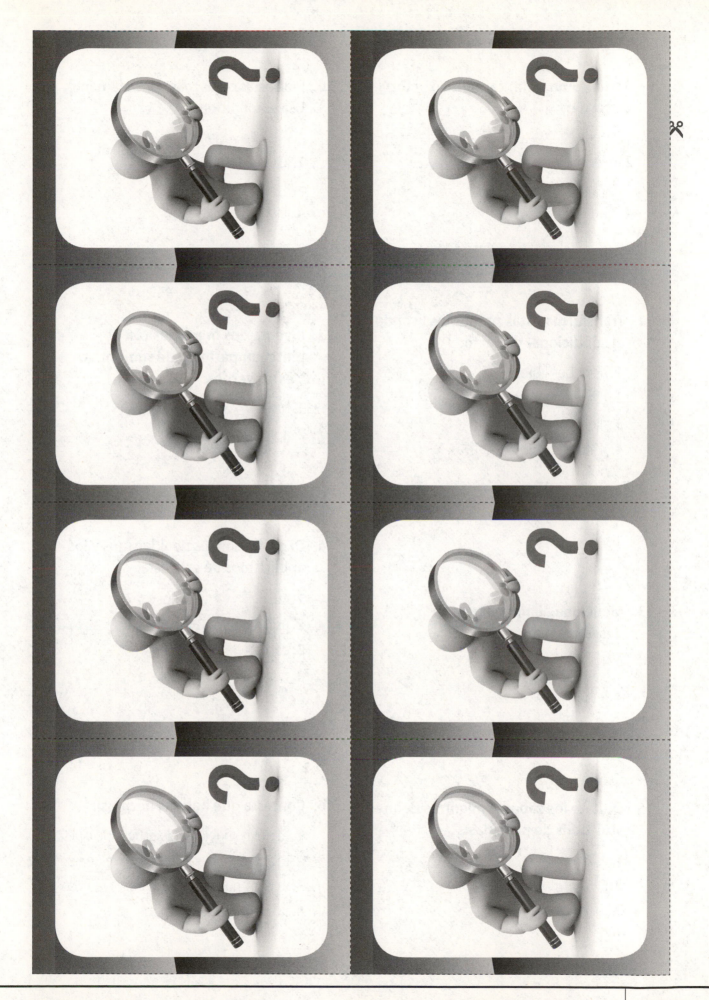

Lecciones 16–18 ¡Atrévete! Cards

9. Actúa como un(a) cantante o actor/actriz de:

1. ópera
2. telenovela
3. teatro
4. cine

10. Pide estas cosas más educadamente. Usa el condicional:

1. ¡Abre la ventana!
2. ¡Quiten la mesa!
3. ¡Haga su tarea!
4. ¡Llamen a sus papás!

11. Transforma estas preguntas usando el condicional perfecto:

1. ¿Escribes libros?
2. ¿Esculpen estatuas?
3. ¿Leemos poesía?
4. ¿Estudia computación?

12. Inventa dos oraciones con el pluscuamperfecto de subjuntivo y estos verbos:

1. bailar
2. aplaudir

13. Menciona al menos tres desastres naturales.

14. Di cuáles son los neologismos y los anglicismos de esta lista:

1. rap
2. escáner
3. escritor
4. persona
5. gol
6. banco
7. niño
8. enlace

15. Quítate los zapatos mientras defines estos tipos de películas:

1. … de horror
2. … de ciencia ficción
3. … de acción

16. Contesta qué habrías hecho si:

1. tu mamá hubiera sido estrella de cine
2. tu abuela hubiera sido cantante de ópera
3. tu papá hubiera sido un pintor famoso
4. tus tíos hubieran sido poetas

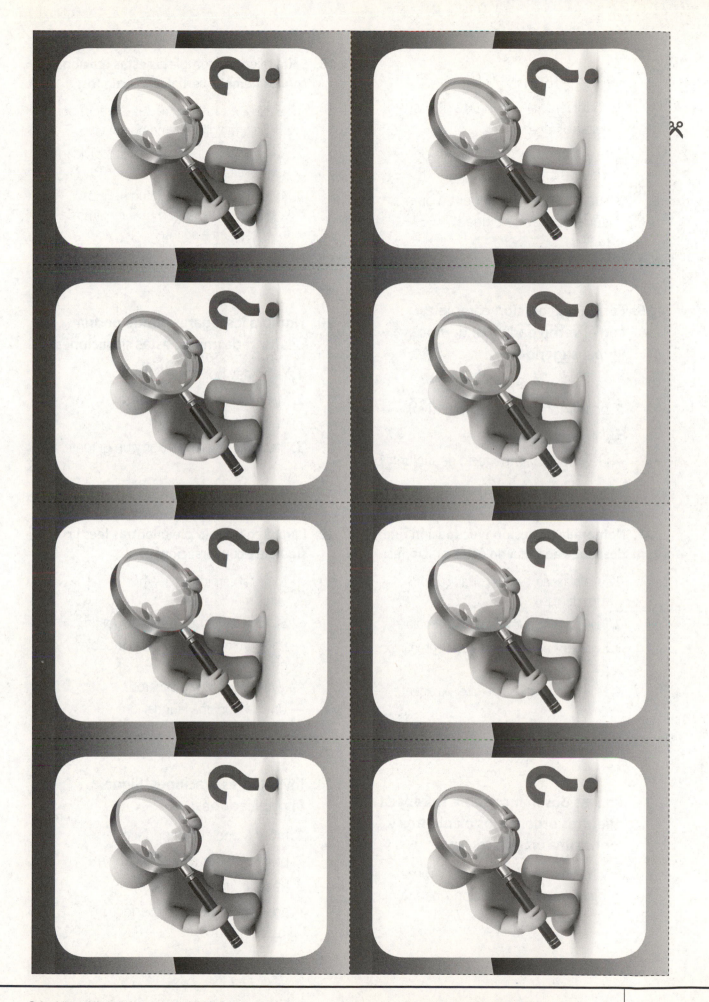

17. Contesta qué harías si:

1. conocieras al presidente de los Estados Unidos

2. te encontraras dos millones de dólares en el metro

3. supieras que va a haber un gran terremoto en tu ciudad

18. Salta mientras completas estas oraciones con los tiempos verbales adecuados:

1. Le dije a mi amigo que _____ (venir) por mí, pero me dijo que no podía.

2. Era imposible que Daniel _____ (olvidar) nuestra cita.

3. Yo me habría comprado un hermoso vestido si _____ (saber) que veníamos a una fiesta tan elegante.

19. Forma una oración completa con el verbo dado y el tiempo verbal sugerido:

1. caminar (presente)

2. ocurrir (presente de subjuntivo)

3. llamar (futuro)

4. elegir (pluscuamperfecto de subjuntivo)

20. Nombra los lugares donde podría ocurrir cada una de estas situaciones:

1. Ya no hay boletos.

2. Hay muchos actores y actrices y periodistas.

3. Hay muchos empleados y un gerente.

21. Nombra la profesión u ocupación que describe cada una de estas oraciones:

1. Es la persona que les corta el pelo a los demás.

2. Es la persona que apaga los incendios.

3. Es la persona a quien le gusta enseñar lo que sabe.

4. Es la persona que quiere ser presidente de un país.

22. Párate en un solo pie mientras lees la siguiente conversación:

— Busco al carpintero que hizo estos muebles.

— Sí. Soy yo. ¿En qué puedo ayudarlo?

— Hace un mes compré estos muebles y ya están dañados.

— ¿Qué? Y, ¿cómo se dañaron?

— Umm, hubo una inundación.

23. Pon las dos manos sobre tu cabeza mientras ordenas los elementos y formas una oración con *si*:

puesto / mis manos / sobre / mi cabeza / si / no / hubiera / podido / oración / habría / no / hacer / esta

24. Inventa tres oraciones. Sigue las indicaciones:

1. morir (condicional perfecto)

2. poder, vender (cláusula con *si*)

3. trabajar (futuro perfecto)

4. enseñar (pretérito imperfecto de subjuntivo)

reto

1   Answers will vary.

2   1. leyeron   2. llave   3. hierba   4. oyó

3   1. el/un peluquero   2. la/una científica   3. el/un actor   4. la/una cocinera

4   1. Juan comprará una casa.   2. Liliana y yo estudiaremos contabilidad.   3. Los políticos aprobarán nuevas leyes.   4. Tú viajarás a España.

5   1. habré conocido   2. habré escrito   3. habré viajado

6   1. (que) yo estudiara   2. (que) tú bebieras   3. (que) nosotras dijéramos   4. (que) ellos hicieran

7   Answers may vary. Sample Answers: 1. Esculpe estatuas.   2. Pinta cuadros.   3. Escribe libros/poemas.   4. Canta en una banda.

8   Answers will vary. Sample answers: 1. obras de teatro   2. óperas   3. conciertos   4. dramas

9   Answers will vary.

10   1. ¿Abrirías la ventana?   2. ¿Quitarían la mesa?   3. ¿Haría su tarea?   4. ¿Llamarían a sus papás?

11   1. ¿Habrías escrito libros?   2. ¿Habrían esculpido estatuas?   3. ¿Habríamos leído poesía?   4. ¿Habría estudiado computación?

12   Answers will vary. Sample answers: 1. Dudaba que alguien hubiera bailado en la fiesta.   2. Le molestó que no hubiéramos aplaudido.

13   Answers wil vary. Sample answers: 1. una inundación   2. un terremoto   3. un tornado

14   rap, escáner, gol, enlace

15   Answers will vary.

16   Answers will vary.

17   Answers will vary.

18   1. viniera   2. olvidara/hubiera olvidado   3. hubiera sabido

19   Answers will vary.

20   Answers will vary. Sample answers: 1. un teatro   2. un canal de televisión   3. una compañía/una empresa

21   1. el/la peluquero/a   2. el/la bombero/a   3. el/la maestro/a   4. el/la candidato/a

22   Answers will vary.

23   Si no hubiera puesto mis manos sobre mi cabeza, no habría podido hacer esta oración./ No habría podido hacer esta oración si no hubiera puesto mis manos sobre mi cabeza.

24   Answers will vary.